ALL IN ONE

군무원

정보사회론

SD에듀
㈜시대고시기획

Always **with you**

사람의 인연은 길에서 우연하게 만나거나 함께 살아가는 것만을 의미하지는 않습니다.
책을 펴내는 출판사와 그 책을 읽는 독자의 만남도 소중한 인연입니다.
SD에듀는 항상 독자의 마음을 헤아리기 위해 노력하고 있습니다.
늘 독자와 함께하겠습니다.

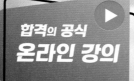

머리말

군사정보 · 기술정보 직렬 군무원 채용시험을 준비하는 예비 군무원들에게 정보사회론 파트는 애증의 영역이다. 익숙한 부분 같아 보이지만 막상 정리하기 힘들고, 단원별로는 양이 적어 보이지만 그 영역이 너무나도 다양해 기억해야 할 것들이 많은 과목이다. 모든 예비 군무원들이 같은 시간을 보낸다고 같은 성과가 나오는 것은 아니다. 분명한 것은 군무원 임용시험이 노력으로 성과를 내야 하는 전형적인 시험이라는 점이다. 그렇다면 '어떤 노력'을 기울여야 하는지가 핵심이라고 할 수 있다.

군무원 임용시험이라는 관문을 통해 군사정보 · 기술정보 직렬 군무원이 되기로 결심했다면 자신의 노력을 시험에 집중할 필요가 있다. 단순히 시간만을 많이 들이는 것뿐만 아니라 점점 더 심화되고 구조화되며 확장이 가능한 상태까지 들어갈 수 있어야 한다. 무엇을 공부할지, 어떻게 공부할지 더 고민하고 성찰해야 한다. 교재의 내용을 100% 암기하는 것은 불가능하다. 자신의 표현으로 이 책에 나와 있는 내용들을 재구성하고 다시 써보아야 한다. 이렇게 하면 여러분은 노력에 대한 성과, 즉 합격할 수 있다. 그 성과는 여러분의 시험 여정을 끌고 나가는 진정한 자산이 될 것이다.

이번 '2023 ALL-IN-ONE 군무원 정보사회론'은 다양한 전공서와 실제 기출에 나오거나 출제 예상되는 주제들을 기준으로 구성했다. 사회학과 정보학의 영역별 최대치의 전공서는 아니지만 이전에 나온 주제와 관련된 필수 전공서들의 내용을 최대한 담으려고 노력하였다. 전공서를 보기 부담스러운 군사정보 · 기술정보 직렬 수험생의 경우 이 교재를 통해 필수적으로 살펴봐야 할 전공서의 주요 요지를 파악하는 데 도움을 받을 수 있다. 물론 본 교재의 전공 내용은 결코 적은 분량이 아니다. 자신의 현 상황을 객관적으로 확인하고 그에 적합한 영역들의 범위와 깊이를 조절할 필요가 있다. 확장과 집중의 큰 줄기로 본 교재가 예비군무원들의 고민을 덜어 줄 수 있기를 바란다.

편저 **조 한**

★ 2023 ALL-IN-ONE 군무원 정보사회론 도서의 특징 ★

첫째, 최신 정보사회 관련 전공도서들을 최대한 반영했고, 그 외에 새롭게 나온 내용들을 추가해 함께 수록했습니다.

둘째, 정보사회론의 특성상 새롭게 등장하는 개념들에 대한 새로운 정보들을 수렴하고자 찾게 된 정보의 출처는 우선적으로 정부 공공기관의 공개 자료들을 활용했으며, 부족하다고 판단된 경우 논문들을 참고했습니다.

셋째, 문제는 최대한 기출 위주로 수록했습니다. 기출 문제를 복원함에 있어 최대한 유사하게 구성하였고 정보를 정리했습니다.

넷째, 많은 수험생들의 의견을 적극 반영해 본인들이 준비할 때 힘든 영역 위주로 강화했습니다.

군무원 채용 필수체크

응시자격

응시연령	• **7급 이상**: 20세 이상 • **8급 이하**: 18세 이상
학력 및 경력	제한 없음

군무원 채용과정

원서접수 → 필기시험 → 필기시험 합격자 발표 → 면접시험 → 최종합격자 발표

5월 초   7월 중순   8월 중순   9월 말   10월 초

1 필기시험

- 객관식 선택형 문제로 과목당 25문항, 25분으로 진행
- 합격자 선발 : 선발예정인원의 1.5배수(150%) 범위 내(단, 선발예정인원이 3명 이하인 경우, 선발예정인원에 2명을 합한 인원의 범위)
  ⋯→ 합격기준에 해당하는 동점자는 합격처리

2 면접시험

- 필기시험 합격자에 한해 응시기회 부여
- 평가요소
  - 군무원으로서의 정신자세
  - 의사표현의 정확성 · 논리성
  - 예의 · 품행 · 준법성 · 도덕성 및 성실성
  - 전문지식과 그 응용능력
  - 창의력 · 의지력 · 발전가능성
  ⋯→ 7급 응시자는 개인발표 후 개별 면접 진행

3 최종합격자 결정

필기시험 합격자 중, 면접시험 성적과 필기시험 성적을 각각 50% 반영하여 최종합격자 결정
⋯→ 신원조사와 공무원 채용 신체검사 모두 '적격' 받은 자에 한함

※ 위 채용일정은 2022년 군무원 국방부 주관 채용공고를 기준으로 작성하였으므로 세부 사항은 반드시 확정된 채용공고를 확인하시기 바랍니다.

⬡ 영어능력검정시험 기준점수

구분	5급	7급	9급
토익(TOEIC)	700점	570점	470점
토플(TOEFL)	PBT 530점 CBT 197점 IBT 71점	PBT 480점 CBT 157점 IBT 54점	PBT 440점 CBT 123점 IBT 41점
텝스(TEPS) 2018.5.12. 이전 실시된 시험	625점	500점	400점
新텝스(新TEPS) 2018.5.12. 이후 실시된 시험	340점	268점	211점
지텔프(G-TELP)	Level 2 65점	Level 2 47점	Level 2 32점
플렉스(FLEX)	625점	500점	400점

⋯ 당해 공개경쟁채용 필기시험 시행 예정일부터 역산하여 3년이 되는 해의 1월 1일 이후에 실시된 시험으로서 필기시험 전일까지 점수(등급)가 발표된 시험에 한해 기준점수 인정
⋯ 응시원서 접수 시 본인이 취득한 영어능력검정시험명, 시험일자 및 점수 등을 정확히 기재
⋯ 응시원서 접수 시 입력 사항에 변동이 있거나 원서 접수 후 발표된 성적 등록 시 추가등록 필수

⬡ 한국사능력검정시험 기준점수

구분	5급	7급	9급
한국사능력검정시험	2급	3급	4급

⋯ 2021년 5월 이후 한국사능력검정시험 급수체계 개편에 따른 시험종류의 변동(초 · 중 · 고급 3종 → 기본 · 심화 2종)과 상관없이 기준(인증)등급을 그대로 적용
⋯ 당해 공개경쟁채용 필기시험 시행 예정일부터 역산하여 4년이 되는 해의 1월 1일 이후에 실시된 시험으로서 필기시험 전일까지 점수(등급)가 발표된 시험에 한해 기준점수(등급) 인정
⋯ 응시원서 접수 시 본인이 취득한 한국사능력검정시험의 등급인증번호와 급수(성적)를 정확히 기재
⋯ 응시원서 접수 시 입력 사항에 변동이 있거나 원서 접수 후 발표된 성적 등록 시 추가등록 필수

※ 위 기준점수는 군무원인사법시행령을 기준으로 작성하였으므로 세부 사항은 반드시 확정된 채용공고를 확인하시기 바랍니다.

이 책의 구성과 특징

— ALL-IN-ONE 한 권으로 군무원 필기시험 합격하기! —

최신 출제경향에 맞춘 핵심이론과 보충·심화학습 자료

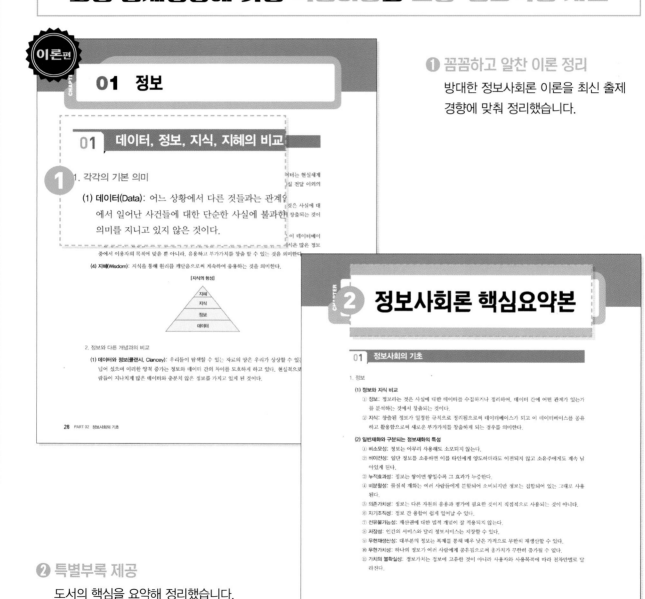

❶ 꼼꼼하고 알찬 이론 정리

방대한 정보사회론 이론을 최신 출제 경향에 맞춰 정리했습니다.

❷ 특별부록 제공

도서의 핵심을 요약해 정리했습니다.
학습을 마무리하고 내용을
확인 · 점검해 볼 수 있습니다.

ALL-IN-ONE 한 권으로 기출문제까지 섭렵하기!

핵심이론과 직결된 Full수록 합격

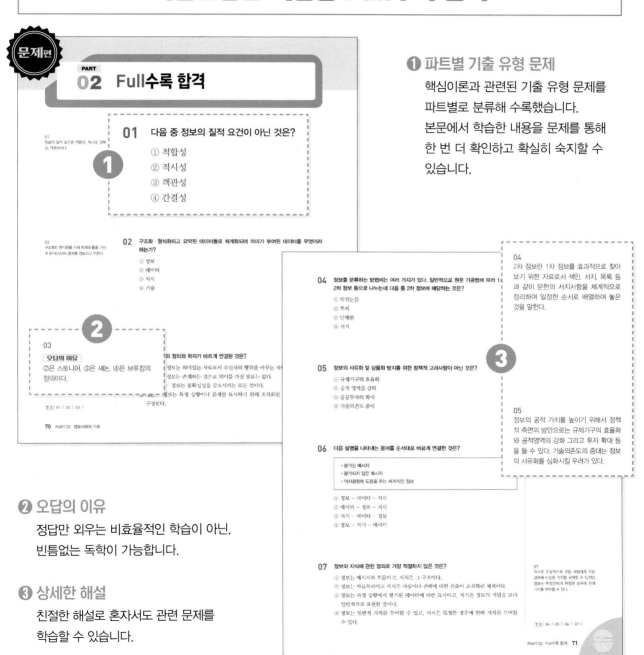

❶ 파트별 기출 유형 문제

핵심이론과 관련된 기출 유형 문제를
파트별로 분류해 수록했습니다.
본문에서 학습한 내용을 문제를 통해
한 번 더 확인하고 확실히 숙지할 수
있습니다.

❷ 오답의 이유

정답만 외우는 비효율적인 학습이 아닌,
빈틈없는 독학이 가능합니다.

❸ 상세한 해설

친절한 해설로 혼자서도 관련 문제를
학습할 수 있습니다.

이 책의 차례

정보사회론
특별부록

www.edusd.co.kr

01 정보사회의 기초

1. 정보

(1) 정보와 지식 비교

① 정보: 정보라는 것은 사실에 대한 데이터를 수집하거나 정리하여, 데이터 간에 어떤 관계가 있는가를 분석하는 것에서 창출되는 것이다.

② 지식: 창출된 정보가 일정한 규칙으로 정리됨으로써 데이터베이스가 되고 이 데이터베이스를 공유하고 활용함으로써 새로운 부가가치를 창출하게 되는 경우를 의미한다.

(2) 일반재화와 구분되는 정보재화의 특성

① 비소모성: 정보는 아무리 사용해도 소모되지 않는다.

② 비이전성: 일단 정보를 소유하면 이를 타인에게 양도하더라도 이전되지 않고 소유주에게도 계속 남아있게 된다.

③ 누적효과성: 정보는 쌓이면 쌓일수록 그 효과가 누증한다.

④ 비분할성: 물질적 재화는 여러 사람들에게 분할되어 소비되지만 정보는 집합되어 있는 그대로 사용된다.

⑤ 의존가치성: 정보는 다른 자원의 응용과 평가에 필요한 것이지 직접적으로 사용되는 것이 아니다.

⑥ 자기조직성: 정보 간 융합이 쉽게 일어날 수 있다.

⑦ 전유불가능성: 재산권에 대한 법적 개념이 잘 적용되지 않는다.

⑧ 저장성: 인간의 서비스와 달리 정보서비스는 저장할 수 있다.

⑨ 무한재생산성: 대부분의 정보는 복제를 통해 매우 낮은 가격으로 무한히 재생산할 수 있다.

⑩ 무한가치성: 하나의 정보가 여러 사람에게 공유됨으로써 총가치가 무한히 증가될 수 있다.

⑪ 가치의 불확실성: 정보가치는 정보에 고유한 것이 아니라 사용자와 사용목적에 따라 천차만별로 달라진다.

(3) 지식전환의 4개 모드

	암묵지	형식지
암묵지	**공동화** 사회화(Socialization)	**표출화** 외부화(Externalization)
형식지	**내면화** 내부화(Internalization)	**연결화** 종합화(Combination)

2. 정보화 사회

(1) 산업사회와 정보사회의 비교

구분		산업 사회	정보화 사회
핵심기술	주축	증기기관(동력)	컴퓨터(기억, 계산, 통제)
	기본 기능	육체 노동의 대체, 확대	정신 노동의 대체, 확대
사회 경제 구조	생산력	물질	정보
	생산물	상품 및 서비스	정보, 기술, 지식
	생산 중심	근대 공장(기계, 장비)	정보 효용(정보망, 데이터 뱅크)
	사회 문제	실업, 전쟁, 독재	테러, 프라이버시 침해
사회적 가치관	가치 기준	물질적 가치	시간적 가치
	윤리 기준	기본적 인권, 소유권	자율, 사회적 기여

(2) 정보사회의 낙관론과 비관론

낙관론	비관론
• 개인과 기업의 새로운 재산 형성 • 일상 생활의 편의성 향상 • 생산성의 제고 • 지식과 발견의 확대 • 인간 잠재력의 실현 증대와 생활의 의미 및 목적의식 심화	• 비인간화 • 해커와 테러리스트의 공격 • 언제 발생할지 모르는 소프트웨어 결함 • 취약한 광섬유 시스템과 네트워크 • 정부와 대기업들이 가정 활동을 감시할 수 있는 독재자로 군림할 수 있는 가능성

3. 정보사회 이론

(1) 다니엘 벨의 '탈산업사회론'

① 경제영역에서 상품생산 중심이 서비스 중심으로 전환한다.

② 직업구조에서 전문직과 기술직이 급속히 증가한다.

③ 사회혁신과 정책형성의 근원으로서 이론적 지식이 중심적 역할을 하게 된다.

④ 기술의 창조 · 관리 · 계획 등 일련의 기술통제가 강화된다.

⑤ 정보이론, 인공두뇌학, 게임이론 등 고도의 연산 · 논리 · 확률 · 수리 · 통계에 기반을 둔 새로운 지적기술(New Intellectual Technology)들이 창출된다.

(2) 앨빈 토플러의 '제3의 물결': "인류는 고도로 발달한 과학 기술에 의해서 제3의 물결이라는 대변혁을 맞이하였다."라고 말하였다. 그는 제3의 물결을 일렉트로닉스(Electronics)혁명 등 고도의 과학 기술에 의해 반산업주의의 성격을 가지고 역사상 처음으로 인간성이 넘치는 문명을 만들어내는 원동력이라고 하였다.

(3) 존 나이스비트의 '메가트렌드'

① 기계 중심 단순기술에서 인간 중심 첨단기술로

② 국가 경제에서 글로벌 경제로

③ 중앙집중형에서 분산형으로

④ 간접민주주의에서 참여민주주의로

⑤ 피라미드형에서 네트워크형으로

⑥ 양자택일에서 다자선택으로

⑦ 북반구에서 남반구로

⑧ 단기적 정책사회에서 장기적 정책사회로

⑨ 제도적 복지사회에서 스스로 돕는 사회로

⑩ 산업사회에서 정보사회로

(4) 울리히 벡의 '위험사회'

① 디지털시대, 초연결사회인 21세기 위험의 전염성은 빠르다.

② 특정 지역이나 계급과 상관없이 어디서든 발생할 수 있다.

③ 과학 발전에 비례해 위험 인식도가 높아진다.

④ 안전의 가치가 가장 중요해진다.

⑤ 안전은 물이나 전기처럼 공적 소비재가 된다.

(5) 마누엘 카스텔의 '네트워크사회': 네트워크 사회는 자본과 노동, 사람과 지식과 정보가 컴퓨터 네트워크를 통해서 서로 연결된 사회를 말한다. 정보와 상품, 자본과 사람과 지식이 컴퓨터 네트워크를 통해 서로 연결됨과 동시에 이동한다.

(6) 피터 드러커의 '지식사회': 산업의 핵심이 물질에서 지식으로 바뀌고 있고, 이에 따라 새로운 지식의 중요성이 과거와 비교할 수 없을 정도로 커지고 있으며, 그 결과 이런 지식을 생산하는 '지식 노동자'들이 사회 핵심으로 부상할 것이라고 보았다.

(7) **시몽동의 '기술적 대상들의 존재 양식'**: 정보를 수용하는 열린 기계의 비결정성의 여지에 개입하여 하나의 기계로부터 다른 기계로 정보를 번역 · 전달해 주는 매개이자 조정자로서의 역할, 즉 네트워크적 관계야말로 인간과 기술적 대상과의 적합한 관계를 맺을 것이라고 보았다.

(8) **하버마스의 '의사소통행위이론'**: 본래의 의사소통이 가지는 건전한 비판정신의 회복을 주장하며, 시민사회적 사회 운동 등 생활세계의 민주적 잠재력과 민주적 참여, 인권의 보호, 평등한 상호 인정과 존중 등을 바탕으로 하는 합리적 의사소통의 필요성과 그 힘에 의거한 대안을 제시했다.

(9) **베니거의 '제어혁명론'**: '제어혁명'은 베니거가 미국 사회를 대상으로 정보 사회가 언제 어떻게 왜 생겨났나를 연구하면서 사용한 개념으로 균형 상태로의 복귀라는 보수적 의미와 기존 균형의 파괴라는 혁명적 의미를 모두 함유하는 이중적인 위상을 지니고 있다.

(10) **장 보드리야르의 '시뮬라시옹'과 '시뮬라크르'**: 실재가 실재 아닌 파생실재로 전환되는 작업이 시뮬라시옹(Simulation)이고 모든 실재의 인위적인 대체물을 '시뮬라크르(Simulacre)'라고 부른다. 즉 실재가 아닌 가상 실재를 만드는 과정이 시뮬라시옹이며 그 결과물은 시뮬라크르다.

02 정보사회의 현실

1. 정보화 리스크

(1) **디지털중독의 원인**
① 건전한 놀이문화의 부재
② 끊임없는 재미와 호기심의 충족
③ 새로운 인격창출
④ 익명성과 탈 억제
⑤ 시간 왜곡 현상
⑥ 낮은 자아존중감과 우울
⑦ 대인관계 능력 부족
⑧ 문제의식의 부재

(2) **인포데믹스의 원인**
① 소셜 미디어의 정보 생산, 소비의 주체인 개인의 책임 문제
② 인포데믹스 방지에 취약한 구조를 지닌 소셜 미디어의 관련 시스템
③ 소셜 미디어를 둘러싼 우리 사회의 의식이나 제도적 문제

(3) **탈진실과 가짜뉴스**: 탈진실은 여론을 형성할때 객관적인 사실보다 개인적인 신념과 감정에 호소하는 것이 더 큰 영향력을 발휘하는 현상을 의미하며, 가짜뉴스는 상업적 또는 정치적 의도를 가지고 전통적 뉴스 매체나 소셜 미디어를 통해 전파되는 거짓 정보 또는 의도적 잘못된 정보 또는 미확인 뉴스를 의미한다.

(4) **'디지털 팬옵티콘'의 현실**: 인터넷의 접속기록과 다양한 비정형 정보들이 증발되지 않고 남아서 누군가에 의해 수집되고 활용될 수 있다. 스마트폰에 깔아 놓은 앱을 통해 내가 방문한 장소들이 제3자에게 감시될 수도 있다. 이러한 경향은 모든 것이 네트워크로 연결되는 초연결 사회(Hyper-Connected Society)로 접어들면서 더욱 심화될 가능성이 높다.

(5) **디지털 격차의 해결 장벽**
   ① 가시적 정보화 정책 위주, 제도적 지원책 취약
   ② 정보화 기본철학 미정립
   ③ 사회·문화적 합의 과정의 부재
   ④ 기업의 역할의 미미
   ⑤ 정부와 기업 간의 협력관계 부재
   ⑥ 현안에 맞는 프로그램의 부족

(6) **사이버 불링의 유형**
   ① 플레이밍
   ② 사이버 괴롭힘
   ③ 사이버 명예훼손
   ④ 인물 사칭
   ⑤ 폭행 동영상 유포시키기
   ⑥ 사이버 따돌림

2. 정보 윤리

(1) **정보 윤리의 기능**
   ① 처방 윤리
   ② 예방 윤리
   ③ 변혁 윤리
   ④ 세계 윤리
   ⑤ 책임 윤리
   ⑥ 종합 윤리

(2) **정보 윤리의 네 가지 도덕 원리**
   ① 존중의 원리
   ② 책임의 원리
   ③ 정의의 원리
   ④ 해악 금지의 원리

3. 정치영역의 정보화

(1) 전자정부의 주요 특성
① 효율적인 전자정부: 효율성 모델(Back Office)
② 서비스형 전자정부
③ 민주적인 전자정부: 민주성 모델(Front Office)
④ 시민참여형 전자정부(UN, OECD)

(2) 전자정부의 문제점
① 국민의 기본적 정보접근 권리에 대한 침해 가능성 내포
② 공공부문의 실업발생과 사회적 갈등 야기
③ 정보소외계층에 대한 사회적 형평성 저해
④ 프라이버시 침해
⑤ 행정서비스의 질적 저하
⑥ 코로나 이후 나타난 한국 전자정부의 과제

4. 경제영역의 정보화 – 비즈니스 혁신

(1) 전략적 제휴 동기와 목적
① 필요한 기술과 자원의 습득
② 신제품 개발과 시장 진입 속도 단축
③ 학습 기회 확보
④ 프로젝트 비용과 위험 분산
⑤ 과도한 경쟁 방지와 사업 성과 제고
⑥ 신규 시장의 진입과 확대 모색

(2) 다운사이징과 아웃소싱
① 다운사이징: 중앙집권적 관료주의의 조직 구조로 급변하는 경영 환경과 치열해지는 경쟁 양상에서 지속적으로 기업의 경쟁우위를 지켜나가기 힘들기 때문에 ICT를 활용해 스피드하고 유연한 조직으로 탈바꿈하기 위한 혁신이다.
② 아웃소싱: 조직이나 기관이 내부 기능과 활동의 전문화와 원가 절감을 실현하기 위해 전략적으로 중요하지 않거나 전문적 역량이 부족한 기능과 활동에 대해 외부의 전문 서비스를 채용하는 것이다.

(3) BPR의 개념: 비용, 품질, 서비스, 속도와 같은 핵심적 성과에서 극적인 향상을 이루기 위해 기업 업무 프로세스를 기본적으로 다시 생각하고 근본적으로 재설계하는 것이다.

(4) 스마트워크 유형
① 시간적 자율형 스마트워크
② 공간적 자유 기반 스마트워크
③ 스마트워크센터 근무
④ 모바일 근무(Mobile Office) 시스템

5. 전자상거래

(1) 전통적 상거래 방식과 인터넷 전자상거래 방식의 비교

항목	전통적 상거래	인터넷 전자상거래
유통경로	기업 → 중간상(도매, 소매상) → 소비자	기업 → 인터넷 쇼핑몰 → 소비자
거래시간	한정된 영업시간	하루 24시간
거래장소	한정된 물리적 시장 및 점포	인터넷 쇼핑몰
거래대상	한정된 지역의 정부, 기업, 소비자	전세계의 정부, 기업, 국민
거래수단	물리적 장비 및 시설	컴퓨터
거래대상 확보	시장조사 또는 영업사원이 확보	온라인(On-Line)으로 확보
결제수단	현금, 수표, 신용카드 외상, 연불 허용	신용카드 전자화폐(Electronic Cash), 전자수표, 전자자금 이체 대폭 축소
거래상문제	과다한 거래비용, 시간소요 거래상의 불편	개인정보 노출 및 악용 우려, 지적재산권의 침해, 반품처리 곤란, 과세상의 문제

(2) 전자상거래 요소기술

① EDI(Electronic Data Interchange): 무역이나 유통 등의 상거래에 필요한 문서를 서로 합의된 표준을 이용하여 전자적으로 교환하는 것을 말한다.

② CALS(Commerce At Lighting Speed): 광속거래 개념인 광속과 같이 빠른 전자상거래의 개념으로도 이용되고 있다.

③ ERP(Enterprise Resource Planning): 시간과 공간에 구애받지 않고 회사 내의 모든 정보를 통합 관리하여 경영에 이용하는 시스템이다.

④ SCM(Supply Chain Management): 정보통신 기술을 활용하여 제조와 물류, 유통 업체의 상품흐름을 한눈에 파악할 수 있도록 하는 유통 총공급망 관리를 말한다.

⑤ SET(Secure Electronic Transaction): 전자상거래에서 지불정보를 안전하고 효과적으로 처리할 수 있도록 규정한 프로토콜이다.

(3) 가상화폐의 종류

① 비트코인: 디지털 단위인 '비트(Bit)'와 '동전(Coin)'을 합친 용어다. 나카모토 사토시라는 가명의 프로그래머가 개발했다.

② 이더리움: 블록체인 기술에 기반한 클라우드 컴퓨팅 플랫폼 또는 프로그래밍 언어이다.

③ 리플: 글로벌 정산 네트워크에서 기관이 정산 과정 시 발생하는 시간, 비용, 절차를 줄일 수 있는 코인에 해당한다.

④ 라이트코인: 2011년 찰스 리가 개발한 은색의 가상화폐로, 비트코인 채굴 시 암호화 알고리즘인 스크립트를 사용해 블록을 해제하는 복잡성을 줄인 것이 특징이다.

03 정보 커뮤니케이션

1. 커뮤니케이션 이론

(1) 미디어 유형
① 방송 미디어(방송 매체)
② 디지털 미디어(전자 매체)
③ 매스 미디어(대중 매체)
④ 멀티미디어(복합 매체)
⑤ 출판 미디어(출판 매체)
⑥ 기록 미디어(기록 매체)
⑦ 디지털 미디어(컴퓨터 분야)
⑧ 소셜 미디어
⑨ 뉴미디어

(2) 미디어 결정론의 의미: 커뮤니케이션 테크놀로지인 미디어가 사회 변화를 이끄는 견인차 역할을 한다는 이론이다. 때문에 흔히 '기술 결정론(Technological Determinism)'이라고도 부른다.

(3) 쿨 미디어와 핫 미디어: 마샬 맥루한(H. Marshall McLuhan)은 정보의 양, 선명도, 수신자 관여도, 참가, 보완 등을 기준으로 미디어를 나누었다. 표면상 정보량이 많지만 감정전달이 용이하지 않으며, 참여의지가 없는 것이 핫 미디어(라디오, 영화 등), 직관적, 감성적으로 관여하고 수신자의 보완이 큰 것이 쿨 미디어(TV, 만화 등)이다.

2. 뉴미디어의 기본

(1) 뉴미디어의 특성
① 상호작용화(Interactivity)
② 비동시화(Asynchronocity)
③ 탈대중화(Demassification)
④ 디지털화(Digitalization)
⑤ 종합화(Integration)
⑥ 영상화(Visualization)
⑦ 능동화(Activity)

(2) 뉴미디어의 종류
① 유선계
② 무선계
③ 위성계
④ 패키지계

3. 미디어의 발달과정

(1) 인터넷방송의 등장배경

① WWW(World Wide Web)의 발전과 확산

② PC와 스마트폰의 보급 증가 및 멀티미디어 콘텐츠 수요 증가

③ 스트리밍 기술의 개발 및 압축 · 복원기술 발달

④ 전송망 개선 및 초고속 정보통신망 확산

⑤ 인터넷 방송국 구축의 저비용

⑥ 스트리밍 서버 산업의 활성화

⑦ DV용 카메라의 급속한 확산과 동영상 편집프로그램의 등장

⑧ 푸시(PUSH) 기술의 등장

(2) 웹미디어 진화

① 웹 1.0(정보형 웹): 사용자에게 정보를 보내는 것(일방적 정보전달형)이다.

② 웹 2.0(소셜 웹): '웹'을 플랫폼으로서 이용하기 시작하였다.

③ 웹 3.0(시만틱 웹): 유저에게 보다 편리하고 즐거운 테크놀로지(속도와 플랫폼의 변화)에 해당한다.

④ 웹 4.0(유비쿼터스): 유비쿼터스 웨이브 환경에서 인간과 그 외의 것이 명확한 의사를 가지면서 서로 통신하는 것을 가능하게 한다.

(3) 소셜 네트워크 서비스(SNS) 유형

① 타임라인형(Timeline Interface)

② 게시판형(Board Interface)

③ 대화형(Chating Interface)

④ 위키형(Wiki Interface)

(4) 재매개의 의미: 하나의 미디어가 다른 미디어의 인터페이스, 표상양식, 사회적 인식을 차용하고 나아가 개선하는 미디어 논리다. 하나의 미디어가 다른 미디어와 맺는 이런 재매개 관계가 두 가지 양상으로 전개된다고 하는데, 하나는 경의(Respect)고 다른 하나는 경쟁(Rivalry)이다.

04 네트워크 정보보안

1. 네트워크

(1) 네트워크 시스템의 개념
① 노드(Node): 인터넷에 연결된 시스템을 가장 일반화한 용어이다.
② 호스트(Host): 일반적으로 컴퓨팅 기능이 있는 시스템이다.
③ 클라이언트(Client): 서비스를 요청하는 시스템이다.
④ 서버(Server): 서비스를 주고받는 호스트들의 관계에서 특정 서비스를 제공하는 시스템이다.

(2) 프로토콜(Protocol)과 인터페이스(Interface): 프로토콜은 컴퓨터들 또는 장치들 사이에서 데이터를 원활히 주고받기 위하여 약속한 여러 가지 규약을 말한다. 인터페이스는 호스트의 계층 사이에 존재하는 규칙을 의미한다. 이중 하위 계층이 상위 계층에 제공하는 인터페이스를 특별히 서비스(Service)라고 부른다.

(3) 게이트웨이
① 리피터(Repeater): 물리 계층의 기능을 지원한다.
② 브리지(Bridge): 리피터 기능에 데이터 링크 계층 기능이 추가된 게이트웨이다.
③ 라우터(Router): 물리 계층, 데이터 링크 계층, 네트워크 계층 기능을 지원한다.

(4) 네트워크 주소와 관련된 용어
① IP 주소(IP Address): 네트워크 계층의 기능을 수행하는 IP 프로토콜이 호스트를 구분하려고 사용하는 주소 체계이다.
② DNS(Domain Name System): 주소와 이름 정보를 자동으로 유지하고 관리하여 이러한 문제를 해결하는 분산 데이터베이스 시스템이다.
③ MAC 주소: 계층 2의 MAC(Medium Access Control Address)에서 사용하며 LAN 카드에 내장되어 있다.
④ 포트 주소: 전송 계층에서 사용하며, 호스트에서 실행되는 프로세스를 구분해준다. TCP와 UDP가 독립적으로 포트 주소를 관리하며, 포트 번호 또는 소켓 주소라는 용어를 사용하기도 한다.
⑤ 메일 주소: 메일 시스템에서 사용자를 구분하려고 사용한다.

(5) 호스트 사이의 거리 기준 분류
① LAN(Local Area Network): 단일 건물이나 학교 같은 소규모 지역에 위치하는 호스트로 구성된 네트워크이다.
② MAN(Metropolitan Area Network): LAN보다 큰 지역을 지원한다. 사용하는 하드웨어와 소프트웨어는 LAN과 비슷하지만, 연결 규모가 더 크다.
③ WAN(Wide Area Network): 국가 이상의 넓은 지역을 지원하는 네트워크 구조이다.

2. 인터넷

(1) 인터넷과 관련된 다양한 개념

① 유스넷: 컴퓨터 네트워크를 통해 수만 개에 달하는 토픽들에 관해 토론하는 세계적인 범위의 집단을 말한다.

② 텔넷(Telnet)과 FTP(File Transfer Protocol): 텔넷은 인터넷을 이용해 전 세계에 걸쳐 있는 데이터베이스, 도서관 도서목록, 기타 정보 자원에 접속할 수 있도록 해주는 서비스이며 FTP는 한 인터넷 사이트에서 다른 인터넷 사이트로 파일들을 옮기는 방법이다.

③ 고퍼와 WAIS: 정보의 양이 급격하게 늘어나는 상황에서 보다 편리하게 정보와 파일들을 검색할 수 있도록 해 주는 것이 고퍼와 WAIS(Wide Area Information Servers)와 같은 서비스이다.

④ 월드와이드웹: 월드와이드웹은 WWW, W3 또는 웹(Web)이라고도 불리는데, 다양한 형태의 데이터와 정보에 접근할 수 있도록 해 주는 인터넷 서비스다. 현재 인터넷이라고 하면 웹을 지칭할 정도로 가장 보편화된 인터넷 서비스이다.

⑤ IRC와 MUD: IRC, MUD(Multi-User Dungeon/Dimension/Domain) 그리고 온라인게임은 다자간 실시간(Real Time)의 상호작용과 커뮤니케이션을 가능케 해 주는 인터넷 서비스이다.

(2) 인터넷의 네트워크 기술

① 표준 전송방식: TCP/IP

② 클라이언트/서버시스템(Client/Server System)

③ 스위칭 시스템(Switching System)

④ 니그로폰테 스위칭(Negroponte Switching)

(3) 모바일 인터넷 무선 접속 방식

① 와이파이(Wi-Fi) 방식

② 무선 ISP(Internet Service Provider)

③ 위성 통신 방식

④ 모바일 광대역(Mobile Broadband) 방식

3. 보안

(1) 보안의 3대 요소

① 기밀성

② 무결성

③ 가용성

(2) 보안 관련 법안

① 정보통신망 이용촉진 및 정보보호 등에 관한 법률

② 정보통신 기반 보호법

③ 개인정보보호법

④ 통신비밀보호법

⑤ 저작권법

4. 해킹

(1) 분산서비스 거부 공격 시스템

① 공격자(Attacker): 공격을 주도하는 해커의 컴퓨터이다.

② 마스터(Master): 공격자에게 직접 명령을 받는 시스템으로 여러 대의 에이전트를 관리한다.

③ 핸들러(Handler) 프로그램: 마스터 시스템의 역할을 수행하는 프로그램이다.

④ 에이전트(Agent): 공격 대상에 직접 공격을 가하는 시스템이다.

⑤ 데몬(Daemon) 프로그램: 에이전트 시스템의 역할을 수행하는 프로그램이다.

(2) 스니핑의 사례: 드라마에서 주인공이 문 앞에서 다른 이의 대화를 엿듣는 것이나 도청(Eavesdropping)하는 것, 전화선이나 UTP에 태핑(Tapping)을 해서 전기적 신호를 분석해 정보를 찾아내는 것, 그리고 전기적 신호를 템페스트(Tempest) 장비를 이용해 분석하는 것도 스니핑 공격이다.

(3) 스푸핑의 사례

① ARP 스푸핑 공격

② IP 스푸핑 공격

③ ICMP 리다이렉트 공격

④ DNS 스푸핑 공격

(4) 웹 서비스에 대한 이해

① HTML(Hyper Text Markup Language): 가장 단순한 형태의 웹 언어이다.

② SSS: 동적인(Dynamic) 웹 페이지를 제공할 수 있는 PHP(Personal Home Page), ASP(Active Server Page), JSP(Java Server Page)와 같은 언어가 있다.

③ CSS: 웹 서비스에 이용되는 스크립트에는 자바 스크립트(JavaScript)나 비주얼 베이직 스크립트(Visual Basic Script) 등이 있다.

(5) 바이러스의 역사

① 1세대 원시형 바이러스: 부트 바이러스와 파일 바이러스가 있다.

② 2세대 암호형 바이러스: 슬로우(Slow), 캐스케이드(Cascade), 원더러(Wanderer), 버글러(Burglar) 등이 있다.

③ 3세대 은폐형 바이러스: 브레인(Brain), 조시(Joshi), 512, 4096 바이러스 등이 있다.

④ 4세대 다형성 바이러스: 실행될 때마다 바이러스 코드 자체를 변경시켜 식별자를 통해 구분하기 어렵게 한다.

⑤ 5세대 매크로 바이러스: 주로 MS 오피스 프로그램의 매크로 기능을 이용하여 감염된다.

(6) 웜의 유형

① MASS Mailer형 웜

② 시스템 공격형 웜

③ 네트워크 공격형 웜

(7) 기타 악성코드

    ① 백도어와 트로이 목마

    ② 인터넷 악성코드

    ③ 스파이웨어

05 정보사회의 새기술

1. 사물인터넷

(1) 사물인터넷의 활용 영역

    ① 센서

    ② MEMS(Micro Electro-Mechanical Systems)

    ③ 엑추에이터 기술

    ④ 음성인식기술

    ⑤ RFID

    ⑥ 비콘(Beacon)

    ⑦ 사람 인식 기술

    ⑧ 서비스 디바이스

(2) 기계학습(Machine Learning)과 딥러닝: 기계학습은 많은 데이터를 컴퓨터에 입력하고 비슷한 것끼리 분류하도록 하는 기술이다. 또한 딥러닝은 인공신경망을 이용하여 데이터를 군집화하거나 분류하는데 사용하는 기술이다.

(3) 오픈소스 하드웨어

    ① OSHW

    ② 아두이노(Arduino)

    ③ 라스베리 파이(Raspberry Pi)

    ④ 갈릴레오(Galileo)

    ⑤ 비글본 블랙(BeagleBone Black)

2. 데이터베이스

(1) 데이터베이스의 특성

    ① 실시간 접근(Real-Time Accessibility)

    ② 계속 변화(Continuous Evolution)

    ③ 동시 공유(Concurrent Sharing)

    ④ 내용으로 참조(Contents Reference)

(2) 데이터베이스의 장점

　　① 데이터 중복을 통제할 수 있다.

　　② 데이터 독립성이 확보된다.

　　③ 데이터를 동시 공유할 수 있다.

　　④ 데이터 보안이 향상된다.

　　⑤ 데이터 무결성을 유지할 수 있다.

3. 빅데이터

(1) 빅데이터 특성

　　① 규모(Volume): 기술적 발전으로 정보통신 활용이 일상이 되어 디지털 정보가 빠르게 폭증한다.

　　② 다양성(Variety): 데이터 종류가 증가 하고, 텍스트 외 멀티미디어 등과 같은 비정형 데이터가 다양해졌다.

　　③ 속도(Velocity): 사물 정보, 스트리밍 정보와 같은 실시간 정보가 증가 하고 유통 속도, 실시간 데이터 생성이 증가 하였으며 이러한 데이터를 빠르게 처리하고 분석하는 속도가 중요해졌다.

　　④ 정확성(Veracity): 질 높은 데이터를 활용하는 것이 분석 정확도에 큰 영향을 미치기 때문에 그에 따른 데이터의 정확한 처리가 요구된다.

　　⑤ 가치(Value): 도출된 최종 결과물에 현재의 문제를 해결 할 수 있는 통찰력 있는 유용한 정보를 제공한다. 즉, 빅데이터는 가치를 추가해야 한다.

(2) 빅데이터의 활용

　　① 텍스트 마이닝

　　② 데이터 마이닝

　　③ 지능형 영상 분석

　　④ 실시간 대용량 스트림 분석

　　⑤ 프로세스 마이닝

02 ICT 용어정리

1. 딥페이크(Deepfake)

딥페이크는 딥러닝(Deep Learning)과 페이크(Fake)의 합성어다. 인공지능 기술을 사용하여, 기존 사진이나 영상을 원본에 겹쳐서 만들어 내는 가짜 동영상을 말한다.

2. 확장현실(XR; eXtended Reality)

확장현실은 가상현실(VR)과 증강현실(AR), 혼합현실(MR) 등의 기술을 모두 아우르는 용어이다. XR은 게임뿐만 아니라 교육에도 많이 쓰이고 있다.

3. 스마트 오더(Smart Order)

스마트폰이나 스마트 기기로 음식이나 음료를 주문하는 방법을 말한다. 대표적인 예로 스타벅스의 '스마트 오더'를 들 수 있다. 고객의 입장에서는 미리 주문을 할 수 있어서 편리하고, 매장은 대기시간을 줄이고 회전율을 높일 수 있다는 장점이 있다.

4. 오픈 API(Open API)

애플리케이션 프로그래밍 인터페이스(API; Application Programming Interface)는 누구나 사용할 수 있도록 공개된 API다. 여러 플랫폼 기업에서는 지도 및 다양한 데이터를 오픈 API 방식으로 제공하고 있다. 국가도 전국 공공시설 정보나 대중교통 운행 정보와 같은 데이터를 공공 API로 개방하고 있다.

5. 와이파이 6(Wi-Fi 6)

와이파이 6는 미국 전기전자학회(IEEE)가 발표한 무선랜 표준 기술 규격이다. 다중 사용자 다중 입출력(MU-MIMO) 기술이 접목되었고, 이전 표준 와이파이 5보다 4배 이상 빠르다.

6. 가명정보

성명 · 전화번호 등 개인을 식별할 수 있는 정보를 삭제하거나 모호하게(가명처리)하는 등의 방법으로 식별 가능성을 낮춘 개인정보와 익명정보의 중간단계를 말한다. 데이터 3법의 개정 시행으로 도입되었으며, 예를 들어 '홍○○, 20대, 남성, 010-○○○○-○○○○'의 정보를 가명정보라고 한다.

7. 라이다(LiDar)

라이다는 레이저 펄스를 발사해 대상 물체까지 거리, 속도와 운동 방향, 온도, 주변의 대기 물질 분석 및 농도 측정 등 주변의 모습을 정밀하게 그려낸다. 라이다는 자율주행 분야에서 핵심 기술로 활용된다.

8. 로보틱 처리 자동화(RPA; Robotic Process Automation)

반복적인 업무를 로봇이나 소프트웨어(SW) 등으로 비즈니스, 노동 등 업무를 자동화하여 수행하는 기술이다. 로보틱 처리 자동화 수행 로봇 또는 소프트웨어는 데이터를 수집하고 해석해서 업무에 활용하는 등 광범위한 반복 작업을 수행한다. 업무처리 속도는 단축시키고, 비용은 절감할 수 있다.

9. 3D 바이오 프린팅(3D Bio Printing)

3D 프린터와 생명공학이 결합된 인쇄 기술로 살아 있는 세포를 원하는 패턴으로 적층해서 조직이나 장기를 제작한다. 바이오 잉크를 활용하여 부작용을 최소화할 수 있고, 개인에 맞추어 생산할 수 있는 장점이 있다.

10. 분산 식별자(DID; Decentralized Identifiers)

블록체인 기술 기반으로 구축한 전자신분증 시스템으로 블록체인 지갑에서 분산 식별자를 제출해 신원을 증명할 수 있다. 기존 방식과 비교하면 신원 확인 과정에서 개인이 자신의 신원 정보를 관리할 수 있다. 분산 아이디(ID) 또는 탈중앙화 신원 확인이라고 한다.

11. 디지털세

구글, 페이스북 등 인터넷으로 사업을 영위하는 글로벌 기업이 주로 과세 대상으로 언급되며, 서버 운영 여부와 관련 없이 이익이 아닌 매출이 생긴 지역에 세금을 내는 것이다. 2018년 3월에 유럽연합(EU)은 글로벌 디지털 기업의 유럽 내 매출에 3% 가량의 세금을 부과하는 디지털세 법안을 발표하였다.

12. 디지털 치료제(DTX; Digital Therapeutics)

질병을 치료하고 건강을 향상시킬 수 있는 소프트웨어(SW) 의료기기를 말한다. 디지털 치료제에는 애플리케이션(앱), 게임, 가상현실, 챗봇, 인공지능 등이 활용된다. 1세대 치료제인 합성의약품, 2세대 치료제인 바이오의약품에 이은 3세대 치료제로 분류된다. 다른 치료제처럼 임상시험으로 효과를 확인하고, 의사의 처방으로 환자에게 제공된다.

13. 모바일 엣지 컴퓨팅(MEC; Mobile Edge Computing)

통신 서비스를 사용하는 사용자와 가까운 곳에 서버를 위치해 데이터를 처리하는 기술이다. 데이터 전송 시간 단축 및 맞춤형 서비스가 가능해 5G 네트워크의 핵심인 초고속·초저지연 서비스를 가능하게 한다.

14. 하이브리드 클라우드(Hybrid Cloud)

하이브리드 클라우드는 하나 이상의 외부 퍼블릭 클라우드(Public Cloud)와 자체 인프라를 활용하는 프라이빗 클라우드(Private Cloud) 또는 온 프레미스(On-Premise)를 묶어서 제공하는 방식이다. 기업은 하이브리드 클라우드를 사용하여 데이터를 빠르고 효율적으로 저장할 수 있다.

15. 테크핀(TechFin)

테크핀은 기술(Technology)과 금융(Finance)의 합성어로 정보기술(IT)에 금융을 접목한 혁신을 의미하는 용어이다. 반대로 핀테크(Fintech)는 금융산업에서 불편했던 문제에 기술을 접목한 혁신을 의미하는 용어이다. 네이버페이, 카카오페이, 삼성페이 등은 테크핀의 예시로 볼 수 있다. 테크핀이라는 용어는 알리바바그룹 창업자 마윈 회장이 2016년 한 세미나에서 처음 사용한 신조어로 알려져 있다.

16. 리치 커뮤니케이션 스위트(RCS; Rich Communication Suite)

세계이동통신사업자연합회(GSMA)가 정의한 기존 문자메시지(SMS)보다 다양한 정보를 담을 수 있는 국제 표준 메시지 규격이다. 이용자는 별도의 애플리케이션(앱)을 설치할 필요 없이 문자메시지 소프트웨어(SW)를 업그레이드하면 그룹 채팅, 읽음 확인, 선물하기, 송금하기, 대용량 파일 전송 등을 이용할 수 있다.

17. 뉴로모픽 반도체(Neuromorphic Chip)

뉴로모픽 반도체는 뇌신경을 모방하여 신경세포가 다른 신경세포로 신호를 전달하는 과정을 모방해 효율성을 높인 인공지능형 반도체를 말한다. 반도체 하나에서 연산, 학습, 추론이 가능해 에너지 손실이 적지만, 크기가 크고 가격이 비싸 상용화되지 않았다.

18. 뇌-컴퓨터 인터페이스(BCI; Brain Computer Interface)

뇌-컴퓨터 인터페이스는 뇌파를 이용해 기계에 명령을 내릴 수 있게 한다. 신체 움직임이 불편한 사람에게는 유용하게 사용될 수 있어 새로운 의사전달 수단이 될 것으로 기대를 모으고 있다.

19. 증강현실 글래스(Augmented Reality Glass)

가상현실 기기와 달리 서비스 이용 도중에도 시야가 막히지 않아 앞을 볼 수 있는 기기다. 이용자 중심으로 360도 모든 공간을 활용하여 현실과 AR 콘텐츠를 결합한 확장현실 경험을 지원한다. 기업 간 거래(B2B) 시장에서 AR 글래스 개발이 활발하게 진척되고 있다.

20. 데이터 3법

데이터 3법은 개인정보보호법, 정보통신망 이용촉진 및 정보보호 등에 관한 법률(정보통신망법), 신용정보의 이용 및 보호에 관한 법률(신용정보법)을 말하며, 소관 부처별로 나뉘어 있어 생긴 중복규제를 없애기 위해 마련되었다. 따라서 개인과 기업이 정보를 활용할 수 있는 폭이 넓어지게 된다. 데이터 3법은 2020년 8월 5일부터 시행되었다.

21. 망 중립성(Network Neutrality)

통신망 제공사업자는 모든 콘텐츠를 동등하고 차별 없이 망을 이용할 수 있어야 한다는 원칙이다. 2018년 기준 세계 195개국 중 159개국이 망 중립성 원칙을 도입하고 있으며, 당시 미국 연방통신위원회(FCC)는 망 중립성이 5G 부문 투자 감소로 이어져서는 안 된다고 강조하였다.

22. 반독점법

거대 기업이 시장을 독점하기 위해 인수합병을 하거나 가격 담합 등의 불공정 행위를 금지하는 법이다. 정보기술(IT) 업계에서는 마이크로소프트(MS)사의 사례가 잘 알려져 있다.

23. 폴리이미드(PI; Polyimide)

광범위한 온도 범위에서 사용이 가능하고, 내충격성, 치수안정성, 전기특성이 뛰어난 고분자 유기화합물이다. 다양한 분야에서 사용되고, 특히 전자 · 전기 및 IT분야의 많은 제품에 사용되고 있다. 최근 한국표준과학연구원(KRISS)이 일본 수출규제에 대응해 반도체용 불화수소 국산화 지원에 나섰다.

24. 이상금융거래탐지시스템(FDS; Fraud Detect System)

이상금융거래탐지시스템은 결제와 관련한 다양한 정보를 수집하여 패턴화하고, 평소 정상 패턴과 다른 이상 징후를 발견하면 거래를 중단키는 보안방식이다. 이상금융거래탐지시스템은 평소 소비 패턴이나 사용자 환경, 서비스 유형, 거래 시간, 대상 등 다양한 요소를 빅데이터로 분석하여 이상 거래 탐지 기준을 마련한다.

25. 인슈어테크(Insurtech)

인슈어테크는 보험(Insurance)과 기술(Technology)의 합성어로 사물 인터넷(IoT), 빅데이터(Big Data), 인공지능(AI), 블록체인(Blockchain)의 기술을 활용한 보험 서비스를 말한다. 빅데이터로 보험 가입자의 행동 패턴과 위험 예측을 분석하거나 안전한 결제시스템을 구축할 수 있다.

26. 양자암호통신(Quantum Cryptography Communication)

양자암호통신은 빛 알갱이인 광자를 이용한 통신을 의미한다. 빛 알갱이를 이용하여 더 이상 쪼갤 수 없는 '양자(퀀텀)'을 생성해 송신자와 수신자 간 해독이 가능한 암호키를 만들어서 해킹을 막는 기술을 말한다.

27. 앱(App) 미터기

위성 위치 확인 시스템(GPS)으로 시간 · 거리 · 속도를 반영하여 택시 요금을 산정하는 기술로 주로 택시에서 많이 사용된다.

28. 초고속 해상 무선통신망(LTE-M.)

엘티이(LTE) 표준 기술을 해상에 최적화, 최대 100km 해상까지 초고속으로 통신이 가능하도록 한 무선 통신망을 말한다. 첨단 정보통신기술(ICT)과 통신망을 활용하여 선박의 안전한 항해를 돕는 '전자 내비게이션(e-Navigation)' 체계의 기본이 된다.

29. 캄테크(Calmtech)

캄테크는 '조용하다(Calm)'와 '기술(Technology)'의 합성어다. 1995년 미국 정보기술 연구 기업인 제록스 파크의 소속 연구원 마크 와이저와 존 실리 브라운의 논문에서 처음 사용한 개념이다. 캄테크는 평소에는 이용자가 인지하지 못할 정도로 존재를 드러내지 않지만, 필요함이 생길 때 정보를 제공한다. 그러나 이용자가 주의를 기울이거나 집중할 필요는 없는 기술이다.

30. 서비스형 운송(Transportation as a Service)

단순한 차량 공유뿐만 아니라 수송 자체가 서비스로 인식되는 미래 모빌리티 비즈니스로 서비스형 이동수단(MaaS; Mobility as a Service)을 포괄하는 상위 개념이다. 서비스형 이동수단(MaaS)은 제한된 지역 공간에서 택시, 버스, 공유 차량을 포함한 일정한 이동 서비스를 제공하는 것을 의미한다.

31. 크로스 플레이(Cross Play)

플랫폼에 제한이 없어 다양한 기기에서 동일한 게임을 함께 즐기는 시스템을 말한다. 2010년 이후 스마트폰 및 통신 기술이 발달하면서 활성화되기 시작했다. 모바일 기기에서 PC 게임을 구동하거나, PC에서 모바일 게임을 구동할 수 있다.

32. 디지털 아카이브(Digital Archive)

정보를 디지털화하여 보관하는 시스템 또는 디지털상에 조성된 데이터 저장고로 시간 경과에 의해 질이 떨어지거나 소실될 우려가 있는 데이터를 장기 보존하는 시스템이다. 정보를 효율적이고 체계적으로 보관하여 활용이 쉽게 이루어지도록 한다.

33. 수소경제

화석연료인 석유 고갈에 따른 대체재로 수소 에너지가 지목되었다. 수소가 우주 질량 75%를 차지할 정도로 풍부하고, 지구에서 구하기 가장 쉬우며, 고갈되지 않고, 공해도 배출하지 않는 에너지원으로 수소를 설명하였다.

34. 가상 이동망 사업자(MVNO; Mobile Virtual Network Operator)

이동통신망을 갖추지 못했지만, 네트워크 운용사업자(MNO)에게 망을 임대 사용해 저렴하게 무선 서비스를 제공하는 사업자를 말한다. 1999년 영국에서 처음 사용화되었으며, 현재 우리나라에서는 알뜰폰의 이름으로 사용 중이다.

35. 개방형 무선접속망(Open-RAN)

무선 기지국 연결에 필요한 인터페이스와 기지국 운용체제(OS)를 개방형 표준으로 구축하는 기술 또는 개방형 무선접속망 기술로 구축한 망을 의미한다. 개방형 무선접속망의 당면 과제는 무선 기지국 '프런트홀 인터페이스'에 개방형 표준을 도입하는 것이다.

36. 차량 · 사물 통신(V2X; Vehicle to Everything communication)

차량 · 사물 통신은 유무선망을 통해 차량에 각종 정보를 제공한다. 자동차와 자동차(V2V; Vehicle to Vehicle), 자동차와 인프라(V2I; Vehicle to Infrastructure), 자동차와 보행자 및 보행자 소지 이동단말(V2P; Vehicle to Pedestrian) 간 통신은 물론이고 차량 내 유무선 네트워킹(IVN; In-Vehicle Networking)을 총칭하는 개념이다.

37. 팹리스(FabLess)

팹리스는 '제조설비(Fabrication)가 없다(Less)'는 뜻이다. 반도체를 직접 생산하지 않고 설계 및 기술 개발만 하는 기업을 말한다. 생산은 100% 위탁으로 제품을 판매한다. 퀄컴, 엔비디아, AMD가 대표적이다.

38. AB5 법(Assembly Bill 5)

우버 기사와 같은 주문형 플랫폼 경제 종사자의 법적 지위를 '독립계약자(개인사업자)'에서 '피고용인'으로 분류하는 내용을 담은 법이다. 플랫폼 업체가 이들을 정직원으로 채용해 제대로 된 임금과 처우를 보장하라는 내용이 중심이다. AB5 법은 고용 상태 분류를 위해 'ABC 테스트'를 통해 독립계약자로 고용할 수 있도록 규정하고 있다. 회사의 지휘 · 통제로부터 자유롭고, 그 회사의 통상적인 비즈니스 이외 업무를 해야 하며, 스스로 독립적인 고객층이 있어야 독립 사업자에 해당한다는 기준이다.

39. 양전자 단층촬영(PET; Positron Emission Tomography)

양전자를 방출하는 방사선 의약품을 이용하여 인체에 대한 기능적 영상을 3차원으로 확인할 수 있는 핵의학 검사 방법 중 하나이다. 현재 암을 진단하는데 주로 사용하고 있으며, 심장 질환이나 뇌 질환 등의 수용체 영상이나 대사 영상을 얻기 위해서도 많이 사용한다.

40. 콘텐츠 전송 네트워크(CDN; Content Delivery Network)

콘텐츠 전송 네트워크는 동영상이나 게임 등 대용량 콘텐츠를 다수 이용자에게 전송하도록 최적화된 네트워크 시스템이다. 서버 네트워크는 세계 여러 곳에 전략적으로 분산되어 있다. 분산형 서버를 이용하여 '캐시서버(임시저장장치)'를 설치하고, 수요가 있을 때 콘텐츠를 사용자에게 전달해주는 것을 말한다. 전송 속도를 향상시켜주고, 데이터 전송 시 중간과정에서 발생할 수 있는 데이터 손실도 막을 수 있다는 장점이 있다.

41. 클라우드 PC(Cloud PC)

가상 공간인 클라우드 서버에 개인용 PC 환경을 올려, 단말기에 구애받지 않고 원격으로 업무를 처리할 수 있는 방식을 말한다. 코로나19 이후 사회적 거리 두기로 인해 재택근무가 증가하면서 클라우드 PC가 주목받았다.

42. 핀테크 랩(Fintech Lab)

핀테크 스타트업을 지원하는 금융회사 전담 조직을 말한다. 핀테크 랩은 금융(Finance)에 기술(Technology)을 접목하는 핀테크(Fintech)를 넘어 정보기술(IT) 업체가 금융을 주도하는 테크핀(Techfin) 시대가 본격화되면서 주목받고 있다.

43. 밀리미터파(Millimeter Wave)

주파수가 30~300GHz고, 파장의 크기가 1~10mm인 극고주파(EHF; Extremely High Frequency)를 지칭하는 명칭이다. 광대역 전송이 가능하여 위성 통신, 이동 통신, 전파 천문 등 다양하게 사용된다. 강한 직진성으로 고체 물질을 잘 통과하지 못하는 특성이 있다.

44. 대량 다중 입출력(massive MIMO)

수십 개 이상의 안테나가 발생시키는 전파 신호를 한 방향으로 집중시켜 전파 세기를 강화해 빔포밍 기능을 제공하는 기술이다.

45. 서버 이름 표시(SNI; Server Name Indication)

홈페이지 보안 증서가 사용자에게 제대로 전달되지 않는 문제를 해결하기 위해 만든 기술이다. 서버 이름 표시는 실제 홈페이지(IP 주소)는 하나지만 여러 주소(URL)로 접속할 수 있도록 홈페이지를 구성할 때 사용한다.

46. 기계독해

인공지능 스스로 문장 속에서 의미를 찾고 답변한다. 데이터베이스를 학습하는 인공지능이 등장해 글자와 단어, 문장을 숫자 형태로 인식하여 독해하는 '인간의 방식'으로 접근한다. 기계독해는 딥러닝 기술과 접목한 솔루션으로 발전하고 있다.

47. 위성 인터넷(Satellite Internet)

위성을 활용하여 광범위하고 빠른 인터넷을 사용할 수 있는 기술이다. 기지국 구축이 어려운 산간·오지 등 통신 음영 지역을 줄이고, 해양과 극지 등 광범위한 지역에 활용할 수 있다는 장점이 있다.

48. 페이드 피어링(Paid Peering)

망 사용을 한 만큼 사용료를 지불하는 인터넷 접속료 정산 방식이다. 페이드 피어링은 피어링 계약 특성을 그대로 반영하고 있지만, 피어링 파트너가 트래픽을 고려하여 상대 계약자에게 대가를 지불한다는 피어링과의 차이가 있다.

49. 아폴로 프로젝트(Apollo Project)

중국 최대 인터넷 업체인 바이두가 추진하고 있는 자율 주행 차량 연구 프로젝트이다. 2019년 연말 기준 190여 개의 기업이 파트너사로 참여하고 있다. 완전 자율 주행을 목표로 연구 중이다.

50. 알레프(ALEPH)

알레프는 대전기초과학연구원(IBS)에서 2019년 4월 25일부터 가동하기 시작한 국내 공공기관의 세 번째 슈퍼컴퓨터이다. 알레프라는 이름은 영어 알파벳 에이(A)에 해당하는 히브리어의 첫 글자로 숫자로는 '1', 수학에서는 '무한'을 뜻한다.

51. 민간 광대역 무선서비스(CBRS; Citizens Broadband Radio Service)

민간 광대역 무선서비스는 미국이 군사 · 위성 등 공공용으로 사용하던 주파수 대역에 혁신 주파수 공유 기술을 접목하여 상업용으로 개방하는 주파수 활용 서비스다.

한국정보통신기술협회_정보통신용어사전
자세한 내용은 QR을 통해 확인할 수 있습니다.

정보사회의 기초

CHAPTER 01 정보

01 데이터, 정보, 지식, 지혜의 비교

1. 각각의 기본 의미

(1) 데이터(Data): 어느 상황에서 다른 것들과는 관계없는 항목이나 일을 나타낸다. 즉 데이터는 현실세계에서 일어난 사건들에 대한 단순한 사실에 불과한 것으로 그 자체로는 현실에 대한 사실 전달 이외의 의미를 지니고 있지 않다.

(2) 정보(Information): 정보라는 것은 사실에 대한 데이터를 수집하거나 정리하여, 데이터 간에 어떤 관계가 있는가를 분석하는 것에서 창출되는 것이다. 즉 데이터에서 패턴을 찾아내면 정보가 된다.

(3) 지식(Knowledge): 창출된 정보가 일정한 규칙으로 정리됨으로써 데이터베이스가 되고 이 데이터베이스를 공유하고 활용함으로써 새로운 부가가치를 창출하게 되는 지식을 의미한다. 즉 지식은 많은 정보 중에서 이용자의 목적에 맞을 뿐 아니라, 유용하고 부가가치를 창출할 수 있는 것을 의미한다.

(4) 지혜(Wisdom): 지식을 통해 원리를 깨달음으로써 계속하여 응용하는 것을 의미한다.

[지식의 형성]

2. 정보와 다른 개념과의 비교

(1) 데이터와 정보(클랜시, Clancey): 우리들이 탐색할 수 있는 자료의 양은 우리가 상상할 수 있는 정도를 넘어 섰으며 이러한 양적 증가는 정보와 데이터 간의 차이를 모호하게 하고 있다. 현실적으로 모든 사람들이 지나치게 많은 데이터와 충분치 않은 정보를 가지고 있게 된 것이다.

(2) 정보와 지식(베이트슨, Bateson)

① 지식은 단순한 정보와 달리 믿음이나 약속에 관한 것이라는 점이다. 지식은 특정한 자세·전망·의도의 기능을 갖고 있다.

② 지식은 정보와 달리 행위에 관한 것이다.

③ 지식은 의미에 관한 것이다. 지식은 내용 지향적이며 서로 상관관계를 가지고 있다.

[정보와 지식의 비교]

정보	지식
수동적 사고(외부에서 수용)	종합적 사고(시스템적 사고)
지식창조의 매개체	사고의 경험을 통한 정보 체계화
가치판단 및 정보체계	의사결정 및 행동을 통한 가치관

02 정보의 정의

1. 정보의 어원

(1) 정보라는 낱말은 영어인 Information의 역어이다. Information은 동사 Inform의 명사형으로 이는 다시 라틴어인 Informare에서 유래되었다.

(2) Inform의 사전적 의미는 'Give form to', 'Give character to furnish with knowledge' 등으로 풀이되고 있으며, Information은 'Action of informing'으로 풀이된다.

2. 학자별 정의

(1) **맥도너(McDonough)**: 정보란 '특정한 상황에 있어서 가치가 평가된 데이터'라고 정의하여 데이터로부터 얻어낸 부가 가치를 정보로 보고 있다.

(2) **데이비스(Davis)**: '정보란 받아들이는 사람에게 필요한 형태로 처리된 데이터이며, 현재 또는 장래의 의사결정에 있어서 실현되던가 또는 가치를 인정받는 것이다.'라고 규정하여, 의사 결정을 지원하는 기능을 강조하고 있다.

(3) **위너(Wiener)**: '정보란 인간이 체계에 적응하려고 행동하고 또 조절 행동의 결과를 체계로부터 감지할 때 체계와 교환하는 내용이다.'라고 말하고 있는데, 그의 정의는 정보를 인간이 환경에 효율적으로 적응하도록 도와주는 지혜로 보고 있다.

(4) **섀논(Shannon)**: 지금 일어날 수 있는 상황으로서 A, B, C 등이 생각되나 이 중에 어느 것이 실제로 일어날지는 명백하지 않다. 그때 이 상황은 일정량의 불확실성을 줄이는 정보 기능을 경영·사회의 일반적 측면에서 강조하였다.

(5) **켄트와 세라(Kent & Shera)**: 정보란 어떤 특징의 사실, 대상, 사상에 관한 지식으로서, 전달 가능한 형식을 하고 있는 것으로, 도큐멘테이션의 의미에서 보면 존재, 이용, 의미 내용의 세가지 요소를 갖고 있다. 실제 효과적인 측면에서 정보는 이미 알고 있는 사실에 무엇을 추가하거나 변화시키는 것이다. 정보이론에 있어서 정보는 메시지의 의외성의 척도이다.

(6) **헤이즈와 베커(Haze & Becker)**: 정보는 데이터 처리의 결과로서 생겨난 데이터라고 정의하면서, 데이터, 정보, 지식, 지혜 등의 개념을 구별하여 정의하고 있다. 효과 접근법과 유사하며 데이터 처리의 목적을 위해 편의상 정보에 대해 정의하고 있는 것에 불과하다. 정보의 축적, 검색에 관한 여러 논문에서 보면 정보의 정의는 말할 것도 없고 그 개념조차도 명확하게 정의하고 있지 않은 실정이다.

(7) **벨킨과 로버트슨(Belkin & Robertson)**: '정보는 구조의 변화를 가져오게 하는 것이다.'라고 정의하고 있다. 이들은 정보를 하나의 스펙트럼과 같이 다음의 범주로 나타낸다.
   ① 유전(구조는 대부분 유전 정보에 의해 결정된다)
   ② 불확실성(섀논의 커뮤니케이션의 개념)
   ③ 지각(감각데이터에 의한 메시지 구조의 변화)
   ④ 개인의 개념의 형성(언어=기호구조=텍스트의 관계가 성립)
   ⑤ 인간간의 커뮤니케이션(발신자가 수신자의 이미지에 미치는 영향)
   ⑦ 사회의 개념구조
   ⑧ 정식화된 지식

(8) **브룩스(Brooks)**: 정보란 지식구조의 일부라고 정의하고 다음과 같은 수식으로 표현하고 있다.

$$K[S]+\Delta I=K[S+\Delta S]$$

$K[S]$는 지식구조, ΔI는 정보, ΔS는효과, $K[S+\Delta S]$는 새로이 수정된 지식구조

즉, 정보라고 하는 것은 지식구조를 변화시키는 것으로도 볼 수 있기 때문에 베르지히가 분류한 접근법 가운데 효과 접근법에 의한 정의로 볼 수 있다.

(9) **다프트(Daft)**: 정보는 '의미있는 자료'로서 수신자의 행위를 바꾸는 자료이다.

(10) **마틴(Martin)**: 정보는 의사결정자에게 '의미있는 형태로 분석, 처리된 자료'이다.

3. 정보를 보는 관점에 따른 분류

(1) 역엔트로피로서의 정보(정보이론적 관점)
   ① 위너(Wiener): 사이버네틱스 이론을 제시하였다. 이 이론은 기계 및 인간을 위해 중요한 두 가지 기본 단위인 '시간'과 '정보'에 대한 이론이다.
   ② 섀논(Shannon), 위버(Weaver): 정보처리의 단위를 'Binary Digit'의 약어인 'Bit'로 확정하고 정보의 팽창에 대한 낙관론적 견해와 긍정적 의미부여의 원천을 이루었다.
   ③ 장점: 현실적으로 정보가 정보수용자로 하여금 효용을 증대시켜주든지, 그렇지 않든지, 심지어는 효용감소를 초래할지라도 정보는 무언가를 알게 해주었다는 점에서, 즉 불확실성을 제거하고 시스템의 혼란을 감소시켜주었다.

④ 한계점: 시스템 이론이 비역사적 · 정태적 · 기능주의적이라는 비판을 받아온 것처럼 정보이론 역시 정보가 확대되고, 정보기술이 발달하는 사회적 원인이나 그 귀결에 대해 별로 말해주는 것이 없다는 약점이 있다.

(2) 자원으로서의 정보(정보사회론 또는 후기산업사회론적 관점)

① 다니엘 벨(Daniel Bell): 문명사적 · 전환론적 관점에서 후기산업사회(탈산업사회)의 등장을 제시하였다.

② 나이스비트(Naisbitt): 사회공동체에서 일어나고 있는 거대한 시대적 조류를 뜻하는 말로 메가트렌트라는 개념을 제시하였으며, 여기서 트렌드(Trend)는 다수의 소비자가 따르는 흐름으로 일정 범위의 소비자들이 일정 기간 동조하는 소비가치를 말한다.

③ 장점: 정보자원은 20세기 중반에 첨예하게 드러난 기존 자원의 한계를 극복해줄 수 있을 것이며, 많은 사람들에게 '저렴한 비용으로' 커다란 혜택을 줄 수 있다. 예컨대 물류나 이동비용을 줄일 수도 있고, 저렴한 가격정보의 확보로 소비자주권이 확립되며, 언제 어디서든 원하는 정보를 얻을 수 있으며, 이를 토대로 진정한 민주주의도 만들어갈 수 있다는 것이다.

④ 단점: 정보가 왜 현재와 같은 형태로 존재하게 되었는지에 대한 역사적 · 사회적 조건에 대한 진지한 검토가 생략되어 있다. 즉 왜 하필이면 20세기 후반에 들어와서야 정보의 색다른 특징과 사회적 유용성이 이토록 주목받게 되었는가를 설명할 수 없게 된다. 또한 정보사회론은 정보를 둘러싼 사회적 과정을 분석하기보다는 사회변화의 추세를 묘사하고 예측하는데 머무르고 있다.

(3) 상품으로서의 정보(정치경제학적 관점)

① 맨델(Mandel): 정보를 단순한 '자원(Resource)'이 아닌 '상품(Commodity)'으로 파악하였다.

② 브레이버만(Braverman): 자본주의사회에서 정보라는 상품의 생산과 유통, 소비의 전과정, 즉 가치의 생산과 배분의 전과정은 물리적 속성의 차이에도 불구하고 물질적 재화의 그것과 동일하게 자본의 내적 논리에 의해 규정하였다.

③ 장점: 정보를 둘러싼 가치의 사회적 배분문제에 관심을 둘 뿐 아니라, 그것을 시장과 같은 순수한 경제적 현상으로서가 아니라 정치적 · 사회적 현상으로 연장시켜 포괄적으로 분석하는 시각을 제시한다. 따라서 구체적인 삶에 있어서의 정보사회의 '의미'를 분석하는데 에는 가장 적절한 관점이다.

④ 단점
  ㉠ 기본적 생산관계의 동질성을 강조함으로써 자칫 정보사회의 가능성 측면을 과소평가할 우려가 있다.
  ㉡ 19세기 이래의 사회이론이 공유하여 왔던 결정론적 · 진화론적 · 본질주의적 가정을 내포하고 있다.
  ㉢ 지나치게 비판적이어서 모든 사회변화를 기득권층의 권력유지를 위한 음모의 소산으로 보는 '음모(Conspiracy)적 시각'을 갖고 있다.

4. 정보의 특성

(1) 정보의 일반적 특성

① 낮은 가격으로 무한생산이 가능하다.

② 사용함에 따라 감가 상각되지 않는다.

③ 정보서비스는 서비스가 끝날 때 사라지지 않고 저장될 수 있다.

④ 사용하면 할수록 불어난다.

⑤ 생산은 에너지를 그리 많이 필요로 하지 않는다.

⑥ 자본과 노동력 및 물질자원을 대체할 수 있다.

⑦ 아무리 먼 거리라도 순식간에 운반될 수 있다.

⑧ 전파되는 성질이 있다.

⑨ 확산될수록 더욱 많은 정보를 재생산하게 된다.

⑩ 공유가능성이 무한하다.

(2) 자원으로서의 정보의 특성(캔턴과 코딕, Canton & Cordick)

① 다른 자원의 적절한 기능을 위한 기반이 된다.

② 정보자원은 분배를 해도 줄어들지 않는다.

③ 정보는 하나의 상품이다.

④ 정보를 관리하는 새로운 조직계층이 발생한다.

⑤ 정보는 교환상의 취약점을 지닌다. 그러나 정보교환의 필요성은 높다.

⑥ 정보는 역동적이다.

⑦ 정보는 자기 규제적, 자기 조직적이어서 정보 간에 융합이 쉽게 일어날 수 있다.

⑧ 사회 내에서 무한한 성장의 가능성을 제시할 수 있다.

(3) 일반재화와 구분되는 정보재화의 특성

① 비소모성: 정보는 아무리 사용해도 소모되지 않는다.

② 비이전성: 일단 정보를 소유하면 이를 타인에게 양도하더라도 이전되지 않고 소유주에게 계속 남아 있게 된다.

③ 누적효과성: 정보는 쌓이면 쌓일수록 그 효과가 누증한다.

④ 비분할성: 물질적 재화는 여러 사람들에게 분할되어 소비되지만 정보는 집합되어 있는 그대로 사용된다.

⑤ 의존가치성: 정보는 다른 자원의 응용과 평가에 필요한 것이지 직접적으로 사용되는 것이 아니다.

⑥ 자기조직성: 정보 간 융합이 쉽게 일어날 수 있다.

⑦ 전유불가능성: 재산권에 대한 법적 개념이 잘 적용되지 않는다.

⑧ 저장성: 인간의 서비스와 달리 정보서비스는 저장할 수 있다.

⑨ 무한재생산성: 대부분의 정보는 복제를 통해 매우 낮은 가격으로 무한히 재생산할 수 있다.

⑩ 무한가치성: 하나의 정보가 여러 사람에게 공유됨으로써 총가치가 무한히 증가될 수 있다.

⑪ 가치의 불확실성: 정보가치는 정보에 고유한 것이 아니라 사용자와 사용목적에 따라 천차만별로 달라진다.

(4) 정보의 질적 요건(웹스터, Webster)

① **적합성**: 정보가 의사결정에 필요한 사안에 있어서 얼마나 관련성이 있는지를 고려해야 한다.

② **적시성**: 정보의 시간적 효용성. 정보는 시간에 따라 가치가 변화하기 때문에 의사결정에 필요한 시점에 바로 제공되어야 효용성이 극대화될 수 있다.

③ **정확성**: 정보의 내용이 사실과 얼마나 부합되는가를 고려해야하며, 이는 의사결정의 방향 및 대응 방안이 달라지므로 가장 중요한 특성이다.

④ **객관성**: 누가 봐도 그렇다고 인정할 수 있는 내용이어야 하며, 정보의 특성 중 가장 기본적인 특성으로 의사결정에 필요한 판단 근거를 제공하는 중요한 역할을 한다.

5. 정보의 유형분류(베르지히와 네블링, G. Wersig & Ulrich Neveling)

(1) 구조적 접근(Structure Approach) – 관념론, 마르크시즘

① 정보는 물질대상 사이의 정적인 관계에 따라 정해진다. 즉, 정보는 이 우주의 모든 분자와 원자의 위치(상태) 혹은 어떤 경우에는 이들 원자와 분자의 결합된 상태로 정의한다.

② 정보는 물질 대상의 상태에 있어 어떤 변화가 일어날 때 인지되어 질 수 있는 관계이다.

③ 정보는 물질대상의 한 특징이다.

(2) 지식 측면에서의 접근(Knowledge Approach) – 의사결정이론

① 지식은 특정 목적의 요구를 충족시킨다. 즉 정보는 의사결정에 있어 가치 있는 데이터이다.

② 지식은 커뮤니케이션의 형태로 입수할 수 있어야 하고, 이용할 수 있어야 한다. 즉, 정보는 의사소통이 가능한 지식이다.

(3) 메시지 측면에서의 접근(Message Approach) – 수학적 커뮤니케이션 이론

① 기호의 집합체로서 메시지: 정보란 의사소통의 의향을 실현하기 위해 전달자(Communicator)에 의해 생산된 기호이다.

② 물리적 운반체(Carrier) 단위로서의 메시지: 정보는 의미적(개념적으로 어떤 것을 이해할 수 있는 것)이고 물리적인 운반체로 구성된 단위이다.

(4) 의미적 접근(Meaning Approach) – 언어학자: 메시지 접근방법은 메시지에 포함된 의미를 무시하고 있지만, 메시지의 의미만을 정보로 인정하는 접근방법을 의미적 접근으로 분류한다.

(5) 효과 측면에서의 접근(Effect Approach) – 행동과학자

① 정보는 불특정한 과정의 결과이다. 정보는 데이터 처리의 결과로서 발생한 단순한 전달 가운데 하나일 수도 있고, 선택 가운데 하나일 수도 있으며, 조직이나 분석 가운데 하나일 수도 있다.

② 정보는 지식의 추상적인 개념이다.

③ 정보는 불확실성의 감소이다.

(6) 과정 측면에서의 접근(Process Approach)

① 인간의 데이터 처리 과정: 정보란 문제해결을 위해 유용한 데이터가 생산적 요소로 인간의 마음속에서 나타나는 과정이다.

② 특정의 목적을 가진 커뮤니케이션 과정: 정보란 발생, 전달, 축적 및 문의 등의 요소를 지닌 일련의 목적 지향적 행위이다.

6. 정보의 가치

(1) 정보가 가치를 갖는 조건(앤드루스, R. Andrus)

① 시간 효용: 정보가 적시에 공급되어야 한다는 것을 의미한다. 오늘날 '실시간 정보처리'가 가능해짐에 따라 시간적 제약은 상당 부분 극복되었다.

② 장소 효용: 정보가 적소에 존재해야 한다는 것을 말한다. 오늘날 온라인 정보시스템에 의해 장소적 제약은 크게 해소되고 있다.

③ 형태 효용: 사용자가 이용 가능하고, 이용이 편리한 형태로 존재해야 한다는 것이다.

④ 소유 효용: 정보는 진실된 내용이라야 사용자가 정보를 소유함으로써 가치를 가질 수 있다는 것이다.

(2) 정보가치의 종류

① 정보의 상업적 가치: 오늘날 정보는 상업적 재화로 간주한다. 정보에 대한 사회적 의존도가 높아짐에 따라 정보의 가치는 점차 높아지게 되는데, 이때의 정보의 가치는 상업적 가치로 나타나게 된다. 상업적 가치는 기술에 의하여 확대되지만 컴퓨터 범죄, 복사와 저작권, 국가간의 정보유통 등에 관한 정책문제들이 야기될 수 있다.

② 정보의 사적 가치: 조직체들은 중요한 정보를 상업적인 재화로 간주하는데, 이러한 경향은 개인들에게도 나타나고 있다. 개인도 정보를 어떻게 수집하느냐에 따라 중요한 정보의 수집, 활용에 차이를 보이게 된다. 그 결과 풍부한 정보로 인해 개인적으로 이익을 향유하는 사람이 있는가 하면, 중요한 정보를 보유하고 있지 못해 불이익을 당하는 사람도 있다. 그러나 정보가 사적 가치를 갖는다고 바로 상업적 가치를 갖는다고 볼 수는 없다.

③ 정보의 공적 가치: 정보를 공공복리에 영향을 미치는 것으로 보는 관점이다. 이 때문에 정보의 유통에 대한 관심이 높아지게 된다. 즉, 정보가 대다수의 국민에게 공개됨으로써 가치를 갖게 된다.

(3) 정보가치의 삼각관계

① 공적 가치와 사적 가치의 관계: 공적인 가치를 반영하는 정보자유법은 사생활이 보호받아야 하는 사적 권리와 상충될 수 있다. 전산화된 검색시스템에서는 공적인 정보에 이용자가 쉽게 접근하고 자유롭게 이용할 수 있게 됨으로써 공적 가치와 사적 가치의 상충관계가 발생한다.

② 상업적 가치와 공적 가치의 관계: 정보가 점차 상품화됨에 따라 온라인 정보시스템을 통하여 정보상품을 판매하려는 사업체와 공공도서관과 같이 정보를 모든 사람이 이용 가능한 공공재로 취급하는 공공기관과의 마찰이 증가한다. 예를 들어 미국, 영국, 호주에서는 「정보자유법」에 의해 정부가 수집한 자료와 상업적인 정보서비스간의 경쟁에서 발생할 수 있다.

③ 상업적 가치와 사적 가치의 관계: 상업적으로 시장성이 있는 정보는 관련된 개인의 인지나 허락 없이 제3의 정보제공자로부터 사생활과 소유권의 침해를 초래할 가능성이 크다. 즉, 시장성이 높은 정보는 정보소유권자의 정당한 허락 없이 상업적으로 사용할 가능성이 크며 이 경우 양자간에 갈등이 발생하게 된다.

7. 정보의 종류

(1) 발생형태에 따른 구분

① **인공정보**: 인간에 의하여 인위적으로 전달되는 정보로 이는 다시 행동정보, 구술정보, 기록정보, 기기적 정보로 구분된다.

    ㉠ **행동정보**: 몸짓이나 손짓, 미소, 윙크와 같이 행동이나 동작에 의해 전달되는 정보를 의미한다.

    ㉡ **구술정보**: 인간의 입을 통하여 전달되는 정보로 대화, 강의, 연설, 토의, 노래 등이 포함된다.

    ㉢ **기록정보**: 기록의 형태로 전달되는 정보로 대표적인 예로는 문헌, 신문, 잡지, 서신, 일기, 필름, 슬라이드, 마그네틱테이프, 사진, 도표, 회화, 도형 등이 있다.

    ㉣ **기기적 정보**: 통신장비에 의하여 전달되는 정보로서 마이크, 전화, 전신, 텔레타이프, 라디오, TV, 비디오, 컴퓨터 등과 같이 기계나 기구를 사용하여 전달되는 정보를 의미한다.

② **자연정보**: 자연정보는 내부정보와 외부정보로 구분된다.

    ㉠ **내부정보**
- 유전정보: 생체의 각 세대 사이에서 전달되는 유전인자 등
- 생체정보: 신경계, 소화계, 혈액순환 등 생물체 내의 정보처리상 발생되어 전달되는 정보
- 본능정보: 인간의 신체자체가 지니고 있는 정보로서, 식욕, 물욕 등이 포함
- 직감정보: 육감이나 영감에 의하여 전달되는 정보

    ㉡ **외부정보**: 태양, 달, 별, 구름, 대기, 물, 산, 강, 풀, 나무 등 자연계 전체가 포함된다.

(2) 수신기관에 의한 구분
지각정보와 감각정보로 나눌 수 있다. 지각정보는 다시 시각정보와 청각정보로 구분되며, 감각정보는 후각정보, 미각정보, 촉각정보로 구분된다.

(3) 사용주체에 의한 구분
사내(내부)정보와 사외(외부)정보로 구분된다. 사내정보는 주로 하나의 개체 내에서 발생, 전달되는 정보를 의미하고, 사외정보는 개체와 개체 사이에서 전달되는 정보를 의미한다.

(4) 포함하는 내용에 의한 구분
어떠한 내용의 정보를 담고 있는가에 따라 구분하는 것으로 예를 들면 경제정보, 시장정보, 과학기술정보, 특허정보, 회사정보, 교육정보, 오락정보, 해외정보, 인터넷정보 등이 있다.

(5) 입수형태에 의한 구분
정보를 어떠한 방법으로 입수하는가에 따라 구분하는 것으로 직접정보와 간접정보가 있다. 직접정보는 정보의 입수자가 자기 자신의 직접적인 체험이나 경험에서, 또는 어떤 현상을 보고 듣거나 느낌으로 얻는 생정보를 의미한다. 한편 간접정보는 책이나 TV, 라디오, 신문, 컴퓨터 등을 통하여 간접적으로 입수하는 정보를 말한다.

(6) 가공단계에 의한 구분

① 1차 정보: 원래의 기록 자료를 의미한다. 이 범주에 속하는 자료의 유형으로는 학술잡지 논문, 기술 보고서, 학위논문 등을 들 수 있다.

② 2차 정보

    ㉠ 1차 정보를 효과적으로 찾아보기 위한 자료로서 색인, 서지, 목록 등과 같이 문헌의 서지사항을 체계적으로 정리하여 일정한 순서로 배열하여 놓은 것을 말한다.

    ㉡ 1차 정보에 포함되어 있는 정보를 압축, 정리해서 읽기 쉬운 형태로 간행한 정보로서 백과사전, 핸드북, 디렉토리, 통계집 등이 있다.

    ㉢ 양자의 기능을 겸하고 있는 정보로서 초록, 리뷰 등이 있다.

8. 정보탐색과정

(1) 엘리스(Ellis)의 8단계 탐색과정

① 시작단계(Starting): 탐색의 시작은 관심 주제영역에 대한 참고정보원을 찾는 것부터 진행된다. 시작 정보원은 연구자들에게 핵심 아이디어나 핵심 연구물을 알려주고, 주제영역에 대한 개관을 제공함으로써 탐색을 위한 기초적인 작업을 하도록 한다.

② 연결단계(Chaining): 이미 찾은 정보자료에 나와 있는 인용정보를 이용해 정보를 계속해서 탐색해 가는 과정을 말한다. 이 단계에서는 주로 후방연결 방식(Backward Chaining)과 전방연결 방식(Forward Chaining)이 있는데, 후방연결은 참조한 자료 내에서 인용된 참고문헌을 추적해 가는 방식이고, 전방연결은 참고하거나 알고 있는 자료에 대한 인용을 찾아가는 방식이다. 전방연결 방식은 주로 자연과학자들 사이에서 사용되고 있다.

③ 브라우징 단계(Browsing): 브라우징은 최근 출판된 학술지의 목차나 최근 출간된 단행본들을 살펴보면서 관심 영역에 대한 최근 연구 동향을 파악하는 과정을 말한다. 브라우징 단계에서는 친밀화와 차별화라는 두 가지 측면이 있다. 친밀화는 연구자들로 하여금 관련 분야의 정보원에 대해 알게 하는 측면이고 차별화는 정보원간의 차이에 대한 지식을 제공하는 측면이다. 비록 다음 차별화 단계가 독립적으로 존재하지만 둘은 서로 관련이 있다고 본다.

④ 차별화 단계(Differentiating): 연구 주제, 연구 방법론 및 연구의 질, 수준, 형태 등에 따라 사용하고자 하는 정보원 간의 차이를 비교함으로써 자료의 적절성을 평가하고 선별하는 과정을 말한다.

⑤ 검토 단계(Monitoring): 연구 분야의 발전 동향이나 연구 전선에 대해 지속적으로 검토하는 과정으로 주로 비공식 접촉이나 대표적인 학술지, 디렉토리, 목록 등을 검토함으로써 특정 관심분야의 연구 동향에 대한 정보를 계속 유지한다.

⑥ 추출 단계(Extracting): 선택한 특정 정보원으로부터 요구에 적합한 정보자료를 찾는 과정을 말한다. 주로 가치가 인정된 학술지, 단행본, 색인, 데이터베이스 등과 같은 광범위한 정보원에서 이루어지는 소급탐색을 의미한다.

⑦ 확인 단계(Verifying): 추출된 정보의 정확성을 검증하는 과정을 말한다. 즉 정보의 정확성 평가를 통해 탐색의 지속 여부가 결정된다.

⑧ 종료 단계(Ending): 연구 개발의 완료나 프로젝트 보고서의 출판 등으로 모든 정보탐색과정이 끝나게 된다.

(2) 마치오니니(Marchionini)의 8단계 탐색과정

① **정보문제의 이해**: 정보이용자는 내부의 호기심이나 외부 요구의 결과로서 정보가 필요하다는 사실을 깨닫게 된다. 문제의 정의는 정보탐색자가 탐색의 목표를 개념화하면서 구체적으로 정의된다.

② **탐색계획 및 실행**: 정보자원의 선택은 정보탐색자가 도서관이나 검색엔진 등 정보자원을 보유하고 있는 시스템을 선택하는 과정이다. 탐색 질의어의 공식화 단계는 탐색자가 시스템이 이해할 수 있는 용어로 정보요구를 표현하는 것을 의미한다. 탐색실행은 정보 탐색자가 요구한 내용에 따라 시스템에서 정보탐색을 실행하여 관련된 정보를 제공하게 된다.

③ **정보평가 및 이용**: 탐색결과 검토는 검색된 정보의 유형, 양이나 질, 형태 등 다양한 측면에서의 평가를 의미한다. 적합정보의 추출과 반영 및 중지는 탐색자가 결과에 대한 검토를 통해 탐색과정을 계속할 것인지를 결정하고, 마지막으로 정보탐색 전체과정의 중지 여부를 결정한다.

④ **마치오니니 정보탐색과정 모델의 특징**: 하향식 전략의 전형적인 예로서 비선형으로 표현하고 있다는 특징과 탐색과정의 각 단계가 상호 연관되어 있으며, 동적이고 상황적인 특성을 가지고 있어 이용자의 판단과 만족 여부에 따라 언제든지 반복과 순환이 가능하다.

[마치오니니의 8단계 정보탐색과정]

9. 지식

(1) 지식의 정의

① **지식의 사전적 의미**: '사물에 관한 똑똑한 의식과 그것에 대한 판단' 그리고 '알고 있는 내용 또는 그 범위'를 의미한다. 이는 '알고 있음' 혹은 알고 있음에 대한 '체계적 정리'라 할 수 있다. 여기서 한 걸음 더 나아가 철학적 지식의 개념은 '정당화된 진실에 대한 신념'을 이른다.

② **지식의 일반적 의미**: 상황에 따라 필요한 의사결정과 행동을 이끌어내는 본능, 사상, 법칙, 절차 등의 집합체로서 데이터가 정보로 전환되는 과정에서 이를 여과하고 수정하는 역할을 한다. 즉, 지식이란 '검증된 진리(Justified, True Belief)'라고 정의할 수 있으며, 상황에 따른 인간의 인지적 활동이 축적되어 생성된 것이다. 즉 정보나 데이터가 사용자의 인식, 해석, 분석 및 이해 등의 인지적 활동을 거치고 경험이나 특정 상황과 결합함으로써 보다 가치 부가적이고 활용 기간이 긴 지식으로 창출된다.

③ 관점에 따른 지식의 의미
　　㉠ 조직적 차원: 지식은 유용하고 강력하게 처리된 정보로서 행동의 바탕이 되는 재능, 기술, 통찰력, 이해력, 판단력 등과 관련되어 있다.
　　㉡ 개인적 차원: 지식은 각 개개인의 두뇌나 근육에 체현(體現)되어 있다.
　　㉢ 집단적·조직적 차원: 지식은 조직의 프로세스, 문서, 제품, 서비스, 설비, 시스템에 코드화되어 저장되어 있다

④ 학자별 지식의 정의
　　㉠ 삼성경제연구소: 지식은 조직의 최적 의사결정을 돕는 결정적인 핵심요소가 된다는 점에서, 환경 속에서 생존해 나가거나 환경을 변혁하기 위한 체계적이고 종합적인 개념의 집합체라고 할 수 있다.
　　㉡ 데이번포트와 프루삭(Davenport & Prusak): 지식은 정보가 인간의 경험, 상황 및 인간의 인지적 활동과 결합하여 생성되며, 자료나 정보보다 인간의 개입정도가 더 높은 고부가가치 정보를 말한다.
　　㉢ 스펙과 슈피케베르트(Spek & Spijkervet): 지식은 옳고 진실된 통찰력과 경험 그리고 과정들의 전체적인 집합이며, 그로 인해 전체적인 집합이 사람들의 생각과 행동 그리고 의사소통을 이끌어 가는 것을 말한다.

(2) 지식의 특징

① 지식자산은 자원의 유한성에 제약을 받지 않는다: 하드웨어(Hardware)인 자산과는 달리 지식자산은 자원으로써의 유한성에 제약받지 않는다. 공장이나 설비 등의 자산은 이동이 불가능한 데 비해 지식자산은 지역이나 입지라고 하는 공간적인 제약을 초월한다.

② 사용에 의해서 감소되지 않고 오히려 사용함으로써 증가한다: 지식은 사용하면 할수록 증가하고, 반대로 사용하지 않으면 감소해 버리거나 진부해진다. 지식은 다른 사람에게 전달하더라도 없어지지 않는다. 오히려 지식은 가공, 유통의 프로세스를 통해 이익을 만들어 낸다.

③ 생산과 활용의 프로세스를 나눌 수 없다: 기존의 지식자산을 공유·활용함으로써 가치와 연결시킬 수 있다. 활용과정이 창조과정과 함께 이루어질 수 있다는 것이 특징이다. 예를 들면 특정한 문제 해결은 새로운 지식의 창조와 함께 이루어질 수 있다. 하드웨어적인 자산이 생산에 활용되면 그 즉시 상각, 감소되는 것과는 상반된다.

④ 재생산이 가능하다: 정보도 재생산되지만 그것은 단순한 복사이지 어떠한 가치로 변환되는 것은 아니다. 이에 비해 지식 재생산의 경우에는 지식을 창조한 사람 혹은 구현하는 사람이 의도한 구조가 그 지식을 받아들이는 사람의 내부에 의해 재구축되는 성질을 지닌다. 즉, 그것은 수신자에게는 가치의 창조과정이고, 이와 같은 경로로 지식은 연쇄적으로 재생산되어 간다.

⑤ 분할에 의해 가치차원이 증가한다: 지식은 분할함으로써 새로운 가치를 생성한다.

⑥ 1명이 지식을 이용하나 100명이 지식을 이용하나 원가는 같다.

⑦ 공간이나 시간의 제약이 없다.

⑧ 지식을 창출하는 초기비용은 높을 수 있으나 사용에는 추가비용이 거의 발생하지 않는다.

(3) '지식'이 가져야 할 특성(윈슬로, Winslow)

① 지식은 응용할 수 있거나, 또는 실용적이어야 한다(Applicable or Practical): 지식은 전에 응용되어 왔던 특성들을 수반하는 정보이며 큰 노력 없이 곧바로 응용 가능하다.

② 지식은 전후관계가 있다(Contextual): 지식은 그 자체로 창조되어 존재하는 것이 아니라 전후관계 속에서 특별한 단편적인 지식에 적절한 학습과 경험이 있을 것이라고 추정하는 것이다.

③ 지식은 경험적인 것이다(Experiential): 지식은 정보를 가지고 실생활의 문제에 실제로 부딪히고, 테스트함으로써, 그것을 재정의함에 의해 얻어지는 것이다.

④ 지식은 역사적인 것이다(Historical): 지식은 '기억을 지닌 정보' 즉, 역사를 가지고 있으며, 시간을 더하며 개발되어 왔고 토론되어 왔다는 것을 말한다.

⑤ 지식은 공공적인 것이다(Communal or Social): 지식이 상호활동 영역에서 공동으로 일하는 방법, 말하는 방법, 신념, 가치를 개발하고 나누는 비공식적 집단을 '실행의 공동체'라 하며 이러한 조직 안에서 대화를 통한 지식의 획득과 교환은 중요한 것이다.

⑥ 지식은 개인적인 것이다(Individual): 학습은 행위 안에서, 공동체 구성원들과의 상호작용 안에서 발생한다. 그러나 마지막에도 지식은 일을 수행하는 근로자의 생활 안에서 차이점을 만들어야 한다는 것이다.

(4) 노나카(Nonaka)의 지식의 분류

① 암묵지(暗默知, Tacit Knowledge)

    ㉠ 극도로 개인적인 것이며 공식화되기도 힘들고, 다른 사람들과 교환하거나 공유하기도 어렵다. 주관적인 통찰력·영감·직감같은 것이 지식의 범주에 속한다. 즉 한 개인의 행동과 경험·사상·가치·감정 등에 깊숙이 뿌리내리고 있다.

    ㉡ 기술적인 분야의 암묵지는 비공식적이고 구체적으로 설명할 수 없는 기술이나 기능, 노하우 등을 포함한다. 예를 들어 숙련된 기능공은 오랜 경험을 바탕으로 손끝으로 부를 창조하지만 자신이 알고 있는 것들의 이면에 숨겨져 있는 과학·기술적 원칙을 정확히 구사할 수 없는 경우가 많다.

    ㉢ 인식론적 분야의 암묵지는 도식·정신적 모델·신념 등으로 구성된다. 이 분야에는 실재에 대한 이미지와 미래에 대한 비전을 반영하고 있다.

② 형식지(形式知, Explicit Knowledge)

    ㉠ 단어나 숫자 등으로 표현할 수 있으며 특히 하드 데이터·과학공식·규격화된 절차·보편적인 원리 등으로 소통되거나 공유될 수 있는 종류의 것이다.

    ㉡ 지식은 컴퓨터 코드나 화학공식, 일반화된 원칙 따위와 동일한 개념으로 이해된다.

③ 형식지와 암묵지의 차이점

    ㉠ 형식지는 컴퓨터로 손쉽게 처리하여 전자적으로 전송하거나 데이터베이스에 저장될 수 있다. 그러나 암묵지는 주관적이고 감각적인 속성으로 인해서 체계적이거나 논리적인 방법으로 처리·전송하는 것이 불가능하다.

    ㉡ 암묵지를 기업 내에서 교환·공유하기 위해서는 누구나 이해할 수 있는 말이나 숫자로 전환시킬 수 있어야 한다. 따라서 암묵지를 형식지로 전환하거나, 암묵지로 되돌리는 과정에서 기업 지식이 창조된다.

ⓒ 노나카는 도식화되어 있는 형식지가 아닌 개인들이 가지고 있는 암묵지의 표출과 공유를 통해 새로운 지식의 창조를 이룰 수 있다고 하였다.

④ 지식전환의 4개모드

[노나카의 지식전환 4개모드]

1. 공동화
① 사내 · 외 암묵지 획득
② 축적 · 전수 · 이전

2. 표출화
③ 암묵지 → 형식지
④ 자기 암묵지 표출

	암묵지	형식지
암묵지	1. 공동화 사회화(Socialization)	2. 표출화 외부화(Externalization)
형식지	4. 내면화 내부화(Internalization)	3. 연결화 종합화(Combination)

4. 내면화
⑦ 행동실천을 통해
   형식지 체화

3. 연결화
⑤ 신형식지 획득 · 통일
⑥ 형식지 조합에 의해
   신지식 창조

ⓐ 1단계(Socialization: 공동화)
- 회사 외부에서의 암묵지 획득: 공급자와 고객과의 공동체험(직접 경험)
- 회사 내부에서의 암묵지 획득판매 및 제조현장, 사내 각 부문에 파견되어 공동체험
- 암묵지의 축적: 획득한 지식과 정보에 대한 프로세스
- 암묵지의 전수 · 이전 프로세스: 언어화되지 않은 아이디어나 이미지를 회사 내외에 직접 이전
- 공동화는 경험을 공유하여 정신모델이나 기술 등의 암묵지를 창조하는 과정
- 개인은 언어를 사용하지 않고도 다른 사람들에게서 직접 압묵지를 체득
- 견습공은 숙련공과 함께 일하는 동안 말을 통해서가 아니라 관찰과 모방 연습 등을 통해서 숙련도를 터득해감. 암묵지를 얻기 위한 열쇠는 경험

ⓑ 2단계(Externalization: 표출화)
- 자신의 암묵지 표출: 언어, 개념, 도형, 형태화
- 암묵지로부터의 형식지로의 전환: 고객 및 전문가등 암묵지를 구현하여 이해하기 쉬운 형태로 변환
- 암묵지를 구체적인 개념(형식지)으로 구성하는 과정을 표출화 과정이라고함. 이 과정은 지식창조의 필수적인 과정으로 이 과정을 통하여 암묵지가 구체화되고, 은유 · 유추 · 개념 · 가정 · 모델 등이 형태를 잡아가게됨. 글을 쓰는 것은 암묵지를 형식지로 전환하기 위한 동작에 해당함. 지식전환의 표출화 모드는 개념 창조과정에서 주로 볼 수 있으며 대화나 집단적인 사고를 통해 시작됨

© 3단계(Combination: 연결화)
- 새로운 형식지의 획득·통합: 형식지화된 지식 혹은 공표된 데이터를 회사 내외로부터 수집, 결합하는 프로세스
- 형식지의 전달·보급: 프리젠테이션이나 회의 등 형식지 자체를 전달·보급하는 프로세스
- 형식지의 편집: 형식지를 이용가능한 특정형식으로 편집·가공하는 프로세스
- 연결화는 개념을 체계화하여 지식체계로 전환하는 과정을 가리킴. 이 모드의 지식전환에는 다른 형태의 형식지들을 결합하는 과정이 포함됨. 즉 객관화된 지식은 또 다른 객관화된 지식을 창출하고 이 연결고리를 통해 더 발전함. 어떻게 보면 이 연결화 과정은 응용(Application)이라고 할 수도 있음
② 4단계(Internalization: 내면화)
- 행동 및 실천을 통한 형식지의 체화: 전략, 혁신, 개선에 관한 개념과 기법을 구현하기 위한 직무교육 등을 통한 체득과정
- 시뮬레이션·실험에 의한 형식지의 체화: 가상의 상태에서 새로운 개념과 기법을 실험적으로 의사체험 및 학습하는 프로세스
- 내면화란 형식지를 암묵지로 전환하는 과정으로 '실천을 통한 학습'과 밀접한 관련이 있음. 공동화·표출화·연결화를 통해 얻은 경험이, 공유된 정신모델이나 기술적 노하우의 형태로 개인의 암묵지로 변화할 경우, 이는 매우 가치 있는 자산임

CHAPTER 02 정보화 사회

01 정보화 사회의 도래 배경

1. 인류문명발달사적 측면

산업사회의 내부적 모순으로 인한 필연적 변화이다.

2. 경제적 측면

산업사회에서 한계에 달한 소비 시장, 자원 문제, 인구 문제와 같은 외적 환경의 변화이다.
예 다품종 소량생산, 에너지 절약형 산업구조

3. 사회적 측면

획일화, 대량화, 물질 추구의 욕구로부터 보다 다양화, 개성화, 분권화, 그리고 정신적 만족을 추구하게
된 인간의 가치관과 욕구변화이다.

4. 기술적 측면

광섬유, 신소재 등 요소기술의 발전과 컴퓨터, 네트워크 등 시스템화 기술의 발전, 기술혁신에 의한 대폭
적인 원가 절감으로 가능한 변화이다.

02 정보화 사회의 정의

1. 사전적 정의

(1) 정보가 자본보다는 더 가치를 가지며 보다 중요한 생산요소가 되는 사회이다.

(2) 정보와 지식이 사회적, 경제적 교환수단으로 중요한 기능을 하는 사회이다.

(3) 정보의 수집, 전달, 분석정리에 대부분의 시간을 보내는 사회이다.

(4) 급속한 정보기술 혁신의 진척과 함께 정치, 경제, 문화 등 사회구조 전반에 걸쳐 정보와 지식의 가치가
높아지는 사회이다.

2. 학자들의 정의

(1) 다니엘 벨(D. Bell): 정보화 사회는 정보와 지식이 사회적, 경제적 교환수단으로 중요한 기능을 하는 사회이다.

(2) 토플러(A. Toffler): 인류역사의 변화 과정이 농업에서 출발한 제1의 물결을 시작으로 하여 산업혁명으로 시작된 제2의 물결을 거쳐 정보가 사회체제의 중심이 되는 제3의 물결 시대로 구분한다.

(3) 오브라이언(O'Brien): 정보화 사회는 경제활동이 상품 생산의 제조에서 정보와 지식을 만드는 영역으로 변모하고 정보와 새로운 지식이 결합된 새로운 기술의 효율적 이용이 각광받는 사회이다.

(4) 1968년 일본의 미래학자 심포지엄: 후기산업사회를 정보화 사회(Informational Society)라고 정의하였다. 정보화 사회는 정보화가 진행 중인 상태를 강조한 말이었으나 최근에는 정보화가 이루어진 사회(Information-Oriented Society)라는 의미를 포함한다.

(5) 이토 유이치(Ito Yuichi): 정보화 사회는 풍부한 정보를 저장·유통시킬 수 있으며 정보의 분배와 변형이 신속하고 효율적이어서 사회의 모든 구성원이 값싸게 정보에 접근할 수 있는 사회이다.

(6) 마쓰다(Masuda): 사회적 관점에서 공공선이 극대화되는 이상적인 사회로 정의하면서 정보통신 기술로 인하여 초래하게 될 정치, 사회, 문화적 측면에서의 부정적인 영향을 강조하였다.

(7) 제임스 마틴(J. Martin): 정보화 사회를 가능하게 한 기술적인 측면에서 네트워크의 기능을 강조하는 '그물망 사회'라는 개념을 제시하였고 또한 정보화 사회에서의 생산성 향상과 노동시간의 감소, 여가시간의 증대와 같은 긍정적인 변화에 초점을 맞추었다.

(8) 피터 드러커(P. E. Drucker): 현대문명을 지식화, 정보화라고 결론을 내리고 이후 보수와 자유, 자유와 진보라는 근대적 이분법의 패러다임이 이제는 관료적 형식주의와 자율적 개혁론을 양쪽으로 하는 다양한 스펙트럼의 패러다임으로 바뀐 사회로 정의한다.

(9) 마크 포랏(Marc Porat): 1차, 2차, 3차 산업에 추가하여 정보 산업을 고려할 경우, 노동력의 절반 이상이 정보산업에 종사하는 사회이다.

(10) 일본의 전기통신종합연구소: 노동인구의 50% 이상이 대학생이고 개인소득이 4,000달러 이상이며 총지출 중 정보비가 35% 이상인 사회가 정보화 사회라고 정의한다.

(11) 카스텔: 정보사회(Information Society)의 개념과 정보화 사회(Informational Society or Information-Oriented Society)의 개념을 구분하여 정의하였는데, 정보화 사회는 정보기술혁명에 의해서 정보가 네트워킹 논리를 가지면서 생산성과 사회 구조의 중심이 되는 현재적 속성이 있다고 한 반면, 정보사회에서는 단순히 정보의 역할만이 강조되는 사회라고 구분하였다.

3. 경제, 기술, 사회적 관점에서의 정의

구분	연구자	정의	연구범위
경제적 관점	Daniel Bell (1973)	정보화 사회는 경제활동의 중심이 재화의 생산에서 서비스나 정보의 생산으로 이행되는 사회인 후기산업사회(Post-Industrial Society) 또는 탈산업사회를 말한다.	• 정보사회를 정보이용자의 정보소비 활동의 측면에서 규명하여 이를 정보화 진전 정도의 척도를 사용할 수 있는 기틀을 마련
경제적 관점	Alvin Tollfer (1980)	사회 구성원 개개인의 의식발달이 강조되며 고도의 과학기술에 의지하는 사회인 초 산업사회(Super-Industrial Society)로 정의한다.	• 정보의 생산에만 초점을 맞추기 때문에 정보사회에 관련된 사회, 문화적 합의를 설명하지 못함
기술적 관점	James Martin (1977)	정보사회는 디지털 네트워크의 확산을 기반으로 하는 그물망사회(Wired Society)로서, 이러한 디지털 네트워크 기술은 생산성의 향상과 노동시간의 감소, 여가시간의 증대와 같은 변화를 가져다 줄 것이다.	• 정보의 대량생산, 유통, 소비를 가능하게 한 기술혁신과 기술 하부구조의 변화를 중요시하는 해석임 • 기술변화를 사회의 정치적, 경제적, 사회적 변화의 일차적 요인으로 간주
기술적 관점	Cleveland Wilhoit (1981)	사회, 경제, 정치적 요인의 중요함을 인정하면서도, 커뮤니케이션 네트워크와 정보기계(Information Machine) 확산의 관점에서 정보화 사회를 정의하였다.	• 해당 사회의 정치적, 경제적 환경 및 역학 관계를 고려하지 않은 단순화의 위험이 존재
사회적 관점	Masuda (1981)	정보사회에서는 경쟁과 축적으로 대표되는 산업사회의 논리와는 달리 공동 상승 작용과 공공선(Public Good)이 극대화될 것이다.	정보통신 기술이 사회구조와 정치권력 구조, 인간의 일상생활과 문화적 삶에 미칠 긍정적, 부정적 영향에 초점을 둠

4. 정보화 사회에 관한 한국 학계의 정의

(1) 사회적 측면의 정의

① 정보가 핵심적인 사회 · 문화 · 경제적 자원으로 생산 · 소비 · 유통되는 사회

② 정보와 관련된 기술과 기계가 사회의 보편적 가치인 민주화에 적극적으로 기여하는 사회

(2) 사회 관계론적 측면의 정의

① 사회적 행위가 정보망을 통해 주로 이루어짐에 따라 사회적 상호작용의 시 · 공간적 제약이 약해지는 사회

② 정보 매체를 장악한 자와 그렇지 못한 자의 간격이 확대되는 사회

③ 정부나 기업의 정보 독점과 통제가 약화되어 일반인들의 정보에 대한 접근과 소유가 계층적 · 지리적으로 평준화된 사회

(3) 사회 기술적 측면의 사회

① 통신매체와 컴퓨터 기술의 융합으로 쌍방향적 커뮤니케이션 네트워크가 가능해지는 사회

② 다양한 정보들을 생산하고 전달하는 일에 종사하는 사람들의 지적 창조력을 정당하게 평가하는 사회

③ 기계를 생산수단으로 하는 공업사회에서 벗어나 정보 산업이 주가 되는 사회

03 정보화 사회의 특징

1. 외적 특징

(1) 정보의 중요성이 큰 사회이기 때문에 이 사회에서는 정보를 수집하고 정리하는 기계, 즉 컴퓨터와 원격통신 기술이 핵심기술의 기능을 수행한다. 특히 컴퓨터의 역할이 중요해서 정보화 사회는 컴퓨터 사회라고 부를 정도로 컴퓨터가 광범위하게 보급된다.

(2) 산업상으로는 1차 · 2차 · 3차 산업을 제치고 선도 산업으로 등장한다. 이것은 종사자 수뿐만 아니라 국민총생산에서 차지하는 비중도 월등해진다.

(3) 정보화 사회에서는 먼 거리에 있는 사람들에게 정보를 값싸게 전달할 수 있는 수단이 발달했다. 통신 면에서 보면 정보는 음성정보, 문자정보, 그림정보로 나누어지는데, 정보화가 진행되면서 이들 정보가 하나로 통합되어 전달되는 기술이 보급된다.

(4) 인터넷의 전 세계적인 보급으로 정보유통에서 국경선이 의미를 상실한다. 홈페이지의 일상화, 이를 이용한 전자상거래가 큰 줄기를 형성하고, 정부도 모든 정보를 디지털화하여 전자정부를 구현한다.

(5) 정보를 전달하는 매체가 종이에서 전자매체로 서서히 변한다. 즉 종래에는 거의 대부분의 최종정보가 종이에 인쇄되는 형태였으나, 보관용 정보는 디스크나 테이프 형태로 전환되고 비보관용 정보는 화면을 통해서 전달되는 형태를 갖게 된다.

2. 내적 특징

(1) 공간이 심리적으로 축소된다. 즉, 물리적으로 떨어져 있다는 것이 심리적으로 아무런 부담을 주지 않게 되는 현상을 말한다.

(2) 정보화 사회는 문화적 통일성과 다양성이 공존하는 사회가 된다. 통일성이란 교통 · 통신의 발달로 지역이 의미를 갖지 못하기 때문에 경쟁에서 이긴 생활양식이나 물건이나 사고방식이 광범한 지역에서 통용되기 시작하는 현상이다. 다양성이란 정보화 사회는 다양한 정보가 원활하게 유통되고, 공작기계 등 소위 만능기계가 등장하기 때문에, 각자의 취미와 취향에 맞는 제품이 다양하게 등장할 수 있게 된다는 것을 말한다.

(3) 정보화 사회에서는 개인이 당면하는 문제를 해결하는 데 있어서 가장 중요한 것이 정보, 이 가운데에서도 지식이다. 지식지향적인 인간의 등장으로 정보화 사회에서는 전문가의 지식이 일반화되는 현상을 갖는데, 이것은 일반인이 컴퓨터를 통해서 전문가의 지식을 싼 값으로 집에서 이용할 수 있게 된다는 것을 전제로 한다.

(4) 컴퓨터와 통신세계가 만들어 내는 사이버 공간이 사람의 머릿속에 실존하는 것으로 인식된다. 사이버 공간에서 구성된 현실을 Virtual Reality라고 부른다. 사이버 공간에서의 인간관계는 수평적이고, 직접적이며, 현장 중심적이고 다양성이 존중되는 특징을 갖는다. 그러나 인간관계의 기본문제인 빈부격차, 가치관의 차이가 주는 문제, 공익과 사익 사이의 갈등 등은 이전의 사회에서와 같이 존재한다.

04 정보 사회의 변화상

1. 질과 양적인 측면에서 충분한 정보가 전달되는 사회

(1) 각종 정보가 디지털화됨으로써 일반 재화와 달리 정보는 무한 복제성을 가지게 되었다. 따라서 예전에 는 개개인이 접근할 수 없었던 희귀하고 중요한 정보에 손쉽게 접근할 수 있다. 이는 인간에게 새로운 가능성을 열어줄 뿐 아니라 많은 정보를 선별하고 수집, 가공하는 능력을 요구하게 된다.

(2) 정보가 중요한 경제적 자원으로 인식되어 컴퓨터와 통신을 활용하여 정보를 수집, 처리, 가공하는 행 위가 경제 활동의 중심이 될 것이다. 물질 자원이나 인간의 노동력, 기계위주의 산업사회와는 달리 정 보를 효율적, 생산적으로 운용할 수 있는 인간의 지적 창조력이 사회의 운영과 발전을 위한 원동력으 로 작용함으로써 지식 산업의 확장이 급속하게 이루어진다.

(3) 정보통신 기술이 급속하게 발달하고 중앙 통제가 존재하지 않은 시스템은 사회의 변화를 가속화시킨 다. 이에 사회 구성원의 생활방식이 시시각각 달라짐은 물론 습득하여야 할 지식과 기술도 빠른 속도 로 변화하고 이를 위한 교육 체제도 변화할 것이다.

2. 네트워킹이 활성화되는 사회

(1) 네트워크는 상호 연결된 결절점들이 구조화된 집합으로서, 또 다른 결절점들을 통하여 밖으로 확장 가 능한 개방구조를 가지고 있으며, 사회 구조의 균형을 흩트리지 않고 피드백이 가능한 유연성과 지속적 인 변화를 가능케 하는 역동성을 그 특성으로 한다. 이는 상호작용의 복잡성이 증가하고 이러한 상호 작 용에서 비롯된 창조력에 의해 이후의 예측은 불가능한 상황이며, 즉 정보화 사회에 잘 적용되고 있다.

(2) 정보기술에 의해 재편되는 네트워크 사회는 무엇보다도 네트워크 형태로 조직되는 사회구조와 네트워 크적 작동 논리에 의해 이전 산업사회와 구분되는 새로운 형태의 자본주의 사회이며, 네트워킹 논리에 의해 균질화된 사회구조로 수렴하는 현상을 보인다.

3. 뉴미디어의 발생과 대중의 역할이 전환된 사회

(1) 네트워킹의 활성화는 대중 사회와 대중문화의 쇠퇴를 초래하고 있으며, 문화적 다양성은 급격하게 증 가하고 있다.

(2) 기술개발로 발생한 다양한 방식의 뉴미디어는 매스 커뮤니케이션의 공적, 일방향적, 다수의 수신자를 대상으로 하는 특성을 대중의 파편화, 쌍방향성과 다방향성, 능동적 수신자들로 전환시키고 있다. 이 는 뉴미디어에 의해 수용자의 개별성이 강화되고 자율성도 증진되었기 때문이다.

(3) 결국 문화에서 대중은 약화되며 개인이 강화될 가능성이 높아진다. 즉 대중매체의 역할 축소는, 문화 의 소비자에 머물러 있던 대중이 문화의 생산자로 등장하게 되는 현상이다.

4. 조직이 변화하고 진화한 사회

(1) 정보기술 혁명에 의해 쌍방향 네트워크가 급증하면서, 커뮤니케이션의 새로운 유형과 채널을 만들고, 새로운 사회를 구체화시킨다. 이렇게 발생한 커뮤니케이션 기술은 남녀 성별 관계의 변화, 환경 의식의 대두, 사회운동의 파편화 경향을 가져왔다.

(2) 정보화 사회에서는 네트워크화의 진전으로 다른 종류의 공동사회를 탄생시켰다. 이 사회에서 개인의 물리적 공간은 기존 네트워크를 유지하고 있지만, 사회적으로는 대규모로 확장된 사회적 네트워크를 이용하는 개인들로 구성된다.

(3) 네트워크를 통해서 개인의 물리적 행위의 범위는 공간적, 시간적으로 압축되고 개인이 속한 사회의 인식적 경계는 대규모로 확장되는 현상을 보인다. 이로 인해 물리적 현실과 가상적 개념이 혼화되어 나타나는 현실적 가상성의 문화가 발생하게 된다.

[산업사회와 정보사회의 비교 – 마쓰다 요네지]

구분		산업 사회	정보화 사회
핵심기술	주축	증기기관(동력)	컴퓨터(기억, 계산, 통제)
	기본 기능	육체 노동의 대체, 확대	정신 노동의 대체, 확대
사회 경제 구조	생산력	물질	정보
	생산물	상품 및 서비스	정보, 기술, 지식
	생산 중심	근대 공장(기계, 장비)	정보 효용(정보망, 데이터 뱅크)
	사회 문제	실업, 전쟁, 독재	테러, 프라이버시 침해
사회적 가치관	가치 기준	물질적 가치	시간적 가치
	윤리 기준	기본적 인권, 소유권	자율, 사회적 기여

1. 낙관론

(1) 불평등의 해소

① 정보통신 기술의 발달로 인해 누구나 정보를 쉽게 입수하고 활용할 수 있게 되어, 자유롭고 평등한 사회관계가 발달하고 참여가 확대된다.

② 사이버 공간에서의 시·공간적 제약의 극복과 활발한 의사소통 기회의 증가는 다양한 문화의 확대와 함께 자유와 평등이 늘어난다.

③ 국제적으로도 실시간 네트워크 시스템을 확장하면서 국제적 불평등을 해소하는데 기여할 수 있다.

(2) 사회조직의 원리 전환 - 설헌영 등(2003)

① 사회적인 면에서의 정보화 사회는 위계적인 피라미드형 구조에서 네트워크형으로 전환되고, 산업 사회의 주요한 문제였던 비인간화 및 소외 문제를 해결하는 데에도 크게 도움이 될 것이다.

② 네트워크화된다는 것은 산업 사회의 전형적인 조직 원리인 관료주의적, 중앙 집권적, 권위주의적 획일성이 해소된다는 것을 의미하며, 이는 분권적 평등주의를 바탕으로 다양화와 소규모화 등의 원리가 지배하게 됨으로써 모든 부문간의 연결이 정보 네트워크에 의해 이루어진다는 것을 의미한다.

(3) 사회적 평등이 실현 - 김종숙(2008)

① 통신기술이 광범위하게 활용되는 사회가 도래함에 따라 정보의 독점이나 일방적 지배가 허용되지 않기 때문에, 시민들의 직접 참여에 의한 원격 민주주의, 분산화된 정치권력, 그리고 그에 따른 사회적 평등이 실현될 것이다.

② 정보통신기술의 쌍방향성은 좀 더 손쉬운 참여 방식을 제공해 줌으로써 시민들이 정치 과정에 적극적으로 참여할 수 있는 가능성을 확대시켜 줄 것이다.

(4) 경제적 측면에서의 긍정적 전망 - 앨빈 토플러(A. Tollfer)

① 산업 사회의 표준화, 획일화 등의 특성에서 탈피하여 소비자의 욕구가 다양해짐에 따라 다품종 소량생산의 형태로 이행하게 되는 경제의 소프트화가 이루어질 것이라고 전망하였다.

② 정보화 사회는 물질적 풍요에 따라 소비자의 제품과 서비스의 수요가 개성화, 다양화되는데 개인의 이러한 다양한 욕구를 충족시키기 위해 생산 방식이 다품종 소량생산으로 변하고 소비자의 소비 양식도 탈 획일화, 탈 규격화된다고 보았다.

(5) 효율적인 완전 경쟁 체제 - 김욱진(2008)

① 정보 사회의 일차적인 동인은 정보 기술인데, 이는 인간의 두뇌를 비약적으로 확장시킨 것으로 인간의 의식, 가치관, 사회 제도 등을 근본적으로 변혁시킬 수 있다.

② 시장은 점점 더 효율적인 완전 경쟁 모델에 가까워지고, 그리하여 종래에 인간적 노동에 의존하던 일들을 각종 정보시스템으로 대체함에 따라 단순 반복적인 일이 줄어들게 되고, 사람들이 보다 창조적인 업무에 종사할 수 있게 될 것이다.

2. 비관론

(1) '기술도구론'의 입장 - 김욱진(2008)

① 과학 기술이 단지 지배 세력의 도구에 지나지 않으며, 따라서 기술 발전의 의미는 사회 역사적 맥락에 의해 규정된다.

② 정보 기술의 발명과 활용에 대자본의 힘이 작용하고 있으며, 정보 기술은 결국 자본주의 체제를 유지하는데 이바지할 뿐이다.

③ 정보화 사회가 자본주의의 모순을 근본적으로 해결한 이후의 새로운 사회가 될 수 없다는 입장을 취하고 있는데, 산업 구조의 변화로 인해 대량 실업의 위기와 정보 접근의 불평등으로 인한 정보 격차가 발생하기 때문이다.

④ 생산 과정 전체가 전자화되고 고도화됨에 따라 숙련 노동자의 숫자가 과거에 비해 훨씬 더 줄어들게 되고 필요한 노동력 규모 역시 소수의 전문가만으로 충분하기 때문에 오히려 실업이 가속화될 수 있다.

(2) 정치적 측면에서의 부정적 측면 - 추병완(2005)

① 정보화 사회는 정치적 무관심을 조장하는 정보환경이 조성될 수 있다.

② 첨단 통신 전자장치를 소수의 엘리트가 장악하는 경우 역사상 유례없는 정보에 의한 전제 정치가 출현할 위험성도 제기될 수 있다.

(3) 사회적 관점에서의 부정적 측면 - 강정인(1995)

① 정보의 확대로 인한 사회적 불평등 구조의 심화를 우려하였다.

② 모든 사람이 다양한 정보에 노출되어 있긴 하지만 정보에 쉽게 접근할 수 있고 이를 전문적으로 다룰 수 있는 능력을 갖춘 자들에게만 유리하게 되어 불평등한 비민주주의 사회관계가 심화될 수 있다.

[낙관론과 비관론의 예상]

낙관론	비관론
• 개인과 기업의 새로운 재산 형성 • 일상 생활의 편의성 향상 • 생산성의 제고 • 지식과 발견의 확대 • 인간 잠재력의 실현 증대와 생활의 의미 및 목적의식의 심화 • 자기표현과 창의성의 부활 • 세계적 인식과 상호 의존성의 제고 • 전자 방식의 마을 회관을 통한 고대 그리스 식의 광장 민주주의로의 복귀 • 전자 게시판과 대화형 도구에 의한 관료주의의 감퇴 가능성 • 소외감이 줄어든 작업환경 • 지식과 정보에 의존하는 새로운 경제 모델 • 높고 깨끗하고 지속적인 성장을 계속적으로 가져오는 창의성이 정보 사회에서 실현될 것	• 지나치게 기술에 의존하게 되는 것에서 비롯되는 비인간화 • 해커와 테러리스트의 공격 • 언제 발생할지 모르는 소프트웨어의 결함 • 단전 및 쥐들로부터 쉽게 파손될 수 있는 취약한 광섬유 시스템과 네트워크에 대한 지나친 의존 • 정부와 대기업들이 가정 활동을 감시할 수 있는 독재자로 군림할 수 있는 가능성 • 지적 재산권을 존중하지 않고 쓸 수 있는 비트로 인해 새로운 질서로서 야기될 경제적 무질서 • 영상과 소리의 바이트에 미쳐서 정신 못 차리는 사회의 비이성화와 문맹화 • 중우정치로 변할 원격 민주주의 • 정보 부자와 빈자 사이에 세계적으로 발생할 세대간 · 계급간의 싸움

03 정보사회 이론

01 다니엘 벨의 '탈산업사회론'

1. '탈산업사회'의 정의

'탈공업화사회'라고도 한다. 탈산업이란 20세기 후반 선진국들에서 나타난 현상으로, 과거 공업 중심의 산업 구조에서 지식 · 정보를 기반으로 한 서비스업이 중심이 되는 사회로의 변화를 가리킨다. 시대별로 중심되는 산업에 의해 사회 특징을 언급할 때, 산업혁명 이후를 공업화 사회 또는 산업 사회라 명명한다면, 20세기 후반부터 현재까지는 기존 산업 사회의 성격을 벗어버리고 다른 차원의 산업(서비스업)이 중심이 된다는 의미에서 '후기산업 사회'라고도 한다.

[다니엘 벨]

2. '탈산업사회'의 특징

(1) 경제영역에서는 상품생산 중심에서 서비스 중심으로 전환한다. 벨은 서비스업을 아래와 같이 4가지 집단으로 나눈다.

> 제1집단: 청소부, 세탁소, 미용실과 같은 개인적 서비스
> 제2집단: 금융, 보험, 부동산과 같은 기업적 서비스
> 제3집단: 운수, 통신, 설비업
> 제4집단: 의료, 교육 등 인간적 서비스와 연구, 정부 등 전문적 서비스

이들 중에서 바로 제4집단이 후기산업사회의 대표적인 산업이 될 것이며, 후기산업사회를 이끌어갈 새로운 지식계층의 확장을 나타내주는 것이다.

(2) 직업구조에서 전문직과 기술직이 급속히 증가한다. 서비스업의 비중이 증가할수록 육체노동자(Blue Collar)보다 정신노동자(White Collar)의 비율이 늘어나고 있으며, 더욱 특징적인 변화는 고등교육을 필요로 하는 전문직과 기술직의 급격한 증대이다.

(3) 사회혁신과 정책형성의 근원으로서 이론적 지식이 중심적 역할을 하게 된다(기축적 원리). 지식의 역할은 물론 어떤 사회에서나 중요하다. 현대로 올수록 경영기술을 포함한 기술혁신은 그 이전에 이루어진 과학이론적 연구들이 상호결합된 산물로서 나타나게 된다. 후기산업사회에 있어서 과학적 이론은 이론 상호 간, 또는 기술 및 정책 등 여타 분야와의 결합을 통해 사회를 변화시키는 원동력으로 작용한다. 따라서 후기산업사회는 변화와 혁신의 관리, 사회적 통제를 위한 지식을 중심으로 조직화되는 사회라 할 수 있다.

(4) 기술의 창조 · 관리 · 계획 등 일련의 기술통제가 강화된다. 과학기술이 고도로 발달하고 그에 대한 사회의 의존도가 높아질수록 과학기술의 예측치 못한 피해의 가능성도 커진다. 따라서 과학기술의 발달과 함께 이러한 기술을 관리하고 통제하기 위한 기술 역시 발달하게 된다.

(5) 정보이론, 인공두뇌학, 게임이론 등 고도의 연산 · 논리 · 확률 · 수리 · 통계에 기반을 둔 새로운 지적기술(New Intellectual Technology)들이 창출된다. 20세기는 거대한 조직의 발달, 사회적 상호작용의 증가 등으로 인해 위버의 표현을 빌면 "조직화된 복잡성"이 증가하는 시대이다. 조직화된 복잡성을 관리하기 위한 과학적 방법들이 속속 개발되기 시작했다. 정보이론, 사이버네틱스, 의사결정이론, 게임이론, 확률과정론, 마코프 체인, 시뮬레이션, 선형계획법 등이 그것이다. 벨은 "지적 기술이란 직관적 판단을 알고리즘(문제해결의 규칙)으로 대체하는 것(1973)"이라고 정의하고 있다.

[탈산업사회와 그 이전 사회와의 비교]

구분	산업사회 이전	산업사회	후기산업사회
생산방식	자원 채취	제조	처리: 반복적
경제부문	제1차 농업, 광업, 어업, 임업, 석유 · 가스	제2차 재화생산, 제조업, 내구재, 비내구재, 대규모 건설	서비스 제3차 · 제4차 수송 무역, 공익사업 재무, 보험, 부동산 제5차 보건 · 교육, 연구 · 정부, 레크리에이션
자원의 변형	자연력 바람, 물, 가축, 인력	인공에너지 전기, 석유, 가스, 원자력, 석탄	정보 컴퓨터 및 자료전송 시스템
전략적 자원	자연자원	자본	지식
기술	수공업	기계기술	지식기술
기능요소	직공, 농부, 수공업노동자	미숙련노동자, 기술자	과학자, 기술적 · 전문적 직업
방법론	상식, 시행착오, 경험	경험주의, 실험	추상적 이론 모델, 시뮬레이션, 의사결정 이론, 시스템 분석
시간적 전망	과거지향	임기응변적 적응성, 실험	미래지향 예측과 계획
설계	자연에 대한 게임	인공적 자연에 대한 게임	인간 상호간의 게임
기축원리	전통주의	경제성장	이론적 지식의 집대성

3. '탈산업사회'에서의 정보와 지식

(1) 정보 – '자료처리'

① 기록에 대한 자료처리: 급여, 정부의 급부(예를 들면 사회보장), 은행결제, 신용대부결제 등이 여기에 포함된다.

② 계획을 위한 자료처리: 비행기 예약, 생산일정계획, 재고분석, 제품믹스정보 등이 여기에 포함된다.

③ 데이터베이스: 국제조사에서 나타난 인구의 특성, 시장조사, 여론조사, 선거자료 등이 여기에 포함된다.

(2) 지식 – '사실이나 아이디어의 논리적인 진술(Statement)'

① 논리정연한 판단이나 실험결과가 포함되며 통신매체를 통해 체계적인 형태로 다른 사람에게 전달되는 것: 지식은 뉴스나 오락과는 구별되며 새로운 학문이나 연구결과 그리고 결과물에 대한 교과서, 수업, 도서관이나 공문서 보관소의 자료 등이 포함된다.

② 이론적 테크놀로지: 산업발전의 기초원동력이며, 과학지식이 포함되면 사회혁신의 원천이 된다.

③ 사회간접자본의 일부를 형성하며 노동과는 달리 가치의 원천: 저술이나 연구에 소요되는 시간이라는 형태로 혹은 통신과 교육매체에 의한 금전적 보수라는 형태로 그 대가가 치루어진다.

4. 탈산업사회의 지식인 – 신계급

벨은 지식인을 후기산업사회에서 기술적 능력과 교육을 갖춘 '신계급'이라고 정의하고 있다. 또한 이들은 기본적으로 비판의 속성을 갖는다.

(1) 직업별 기능별 분류

① 지식인과 지식창조자: 지식의 창출과 평가, 그리고 연구수준에서의 지식전달 및 응용에 관계하는 사람들로, 자연과학자 및 인문과학자, 수학자 및 경제학자, 이론물리학자, 그리고 법학자 등이 속한다.

② 문화창조자와 비평가: 소설가, 화가, 음악가, 그리고 비평가들로서, 예술세계에서 상호-비평체계를 형성하고 있다.

③ 문화와 지식전달자: 문화 및 정기간행물, 박물관, 출판사, 도서관에 종사한다.

④ 뉴스와 오락관계자: 인쇄 및 전파매체의 기자, 언론인, 그리고 방송관계자들, 영화제작업자, 쇼비지니스맨들이 속한다.

⑤ 지식응용자와 전달자: 공학자, 의학자, 변호사, 교사, 그리고 사회사업가들이 속하며 이들은 동업자단체나 조합을 조직하는 경우가 많으며 이런 전문직 분야에 참여하려면 특정 자격증이 요구된다.

⑥ 기업 · 공공기관 · 비영리기관(예 병원, 학교, 대학)내의 경영자와 관리자들이 있다.

(2) 문화적-정치적 범주

① 성직 지식인층(종교인)

② 정책지식인층 즉 엘리트층: 정부에 밀착하여 정책과 행동을 목적으로 자신의 지식을 이용하는 전문가 및 조언자들이 속한다.

③ 이데올로기적 지식인층: 사상투쟁에 참여하는 사람들로 기존의 제도를 공격하거나 수호하기 위하여 사상이나 가치관을 동원하는 지식인들이 속한다.

(3) 지식층내의 직능별 지위로 분류

　　① 자연과학과 인문과학의 관련분야 종사자

　　② 테크놀로지 관련분야 종사자

　　③ 경영관리분야 종사자

　　④ 문화관련분야 종사자

(4) 제도적인 위치로 분류

　　① 경제사업체와 영리기업

　　② 정부(관료-행정, 사법)

　　③ 대학과 연구기관

　　④ 사회단체(병원, 사회서비스, 지역조직)

　　⑤ 군사

5. '탈산업사회'의 사회적 · 경제적 변화

(1) 도시의 입지: 벨은 '도시화' 개념이 변화할 것이라고 보았다. 즉 전기통신의 특성과 패턴이 변화함으로써 국토이용의 문제, 분산과 집중에 따른 사회적 비용의 문제, 기존 도시의 쇠퇴에 대한 관리, 그리고 신흥도시의 산발에 대한 통제 등 제반 문제가 나타날 것이다.

(2) 국가계획의 가능성: 벨은 통합, 조정된 정보시스템이 기업이나 정부기관에서 계획될 가능성이 높다고 보았다. 사회 어디서나 '국가권력'이 성장하여 사회권력의 중앙집중화가 예상되며 그 원동력은 전쟁이 될 것이다. 또한 거시경제 정책을 운영, 세계경제 침체이후로 국가적 이해가 강력히 대두되며 경제협정을 체결할 필요가 생기면서 국가의 경제조정 역할의 확대가 불가피할 것이다.

(3) 집권화와 사생활: 벨은 개인의 감시는 정보처리의 공동화로 더 강화될 것이라고 보았다. 확실한 점은 권력을 가진 어떠한 기관이 관료주의적인 규칙을 설정하여 놓고, 그것을 행사하는데 제한을 하지 않고 진행하려는 경우, 남용을 야기시킬 가능성이 있다. 또한 정보의 통제는 남용을 보다 수월하게 하는 구실이 되며 특히 정보분야에 있어서 그러한 남용을 방지하기 위하여 제도적인 제한조치가 필요하다고 보았다.

1. 토플러가 말한 '제3의 물결'

"인류는 농경 기술을 발견한 이래 1만 년의 제1의 물결을 지나, 산업혁명에 의한 기술 혁신으로 300년 동안 제2의 물결을 경험하였으며, 이제는 고도로 발달한 과학 기술에 의해서 제3의 물결이라는 대변혁을 맞이하였다."라고 말하였다. 그는 제3의 물결을 일렉트로닉스(Electronics)혁명 등 고도의 과학 기술에 의해 반산업주의의 성격을 가지고 역사상 처음으로 인간성이 넘치는 문명을 만들어내는 원동력이라고 하였다.

[앨빈 토플러]

2. 제3의 물결 이전의 문명구조

(1) 기술영역

① 제1의 물결: 재생 가능한 자연 · 인력, 축력의 증폭 · 자급자족, 수공업적 주문생산이 있다.

② 제2의 물결: 재생 불가능한 화석연료 · 대량생산체제 · 대량유통 및 대량판매가 있다.

(2) 사회영역: 핵가족, 공장식 학교, 대기업 제도가 있다.

(3) 정보영역

① 제1의 물결: 원거리 정보망은 부귀, 권력에 의해 독점되어 일반인은 이용할 수 없었다.

② 제2의 물결: 우편, 전화, 전보, 대중매체 등을 제품이나 원료처럼 능률적으로 유통시킬 수 있는 커뮤니케이션 채널, 즉 정교한 정보영역이 생겨나게 되었다.

3. 제3의 물결 시대 중추적 산업군

(1) 전자공학과 컴퓨터산업: 생산비용감소로 인한 컴퓨터의 급속한 보급으로 영업, 노동의 성격과 가족의 구조까지 변한 것이다. 전자공학산업(컴퓨터, 전자공학, 광섬유체제, 반도체 물리학 등)도 폭발적으로 성장 할 것이 예상된다.

(2) 우주산업: 중력의 영향이 없는 우주공장의 설치로 인하여 고도기술 물질들을 취급할 수 있다.

(3) 해저개발: 생태계를 해치지 않으면서도 세계 식량위기의 해결에 도움이 된다. 석유나 각종 광물, 의약품 제조에도 도움이 되고 있다.

(4) 유전자 산업: 우수인종, 에너지 문제, 질병치료와 예방, 식량공급증대 등 여러 방면에서 도입하고 있다.

(5) 여러 기술이 결합하는 단계에 이를 때 제3의 물결의 충격을 실감할 수 있으며 인간적이고 소규모적으로 운영되는 '저속' 산업들이 결합되어 새로운 기술영역을 형성한다고 보았다.

4. 매체의 탈대중화 - 정보영역

(1) 대중매체의 영향력이 점차 분산되고 약화하여 탈대중매체의 현상이 드러나고 있으며 나아가 인간정신의 탈대중화가 확산된다.

(2) 제1의 물결에서는 공동체 내에서의 합의와 강력한 복종의 압력이 작용하여 수락 가능한 이미지와 행동의 범위는 매우 좁다.

(3) 제2의 물결에서는 대중매체에 의해 생산된 이미지들이 '대중의 마음'속에 심어져 산업사회의 생산체제가 요구하는 표준화된 행동을 만들어낸다.

(4) 제3의 물결에는 탈대중매체(소량부수 발행주간지, 격간지, 쇼핑안내지, 탈대중화 미니잡지 등)에 의해 대중매체는 그 영향력이 하락하며, 인간이 획일화되면 될수록 사람들이 보다 개성화, 탈대중화함에 따라 상대의 행동을 예측하기 위해 보다 많은 정보가 요구된다.

(5) 제3의 물결에서는 컴퓨터가 주역으로 부상하면서 단속적 자료들로부터 의미 있는 '전체상'을 종합하도록 도와줄 수 있으므로 인간이 지금보다 더 지적인 존재가 될 가능성이 크다.

(6) 컴퓨터는 새로운 아이디어와 이론, 이데올로기, 여러 방면의 혁신들을 가능하게 해줌으로서 역사변화를 가속화시키고 제3의 물결 사회의 다양화를 추진하는 원동력을 제공한다.

5. 새로운 가치관의 등장

(1) **기존 자연관의 변화**: 환경보호운동이 퍼져가고 있으며 과학의 차원에서는 생태관계를 규명하여 자연에 대한 인간의 영향을 완화하거나 그 영향을 건설적인 방향으로 돌리고자 하고 이와 같은 관계가 갖는 복잡성과 그 역학관계를 평가하여 사회 자체를 자연계의 재순환, 복원, 수용력이라는 관점에서 재조명하기 시작한다.

(2) **인간이 진화의 설계자**: 제2의 물결 사상가들은 인류가 오랜 진화과정의 정점에 있다고 생각했으나 이제는 인간이 진화의 주체가 되어가고 있다.

(3) **다양한 발전관**: 진보에 대한 낙관적인 생각도 변하여 진보는 자동적으로 달성되는 것이 아니고 물질적 기준만으로 규정할 수 없다고 생각하기 시작하였으며 사회는 다양한 방식으로 종합적인 발전을 이룩해 가고 있다.

03 메가트렌드 – 존 나이스비트

1. 메가트렌드의 정의

어떤 현상이 단순히 한 영역의 트렌드에 그치지 않고 전체 공동체에 사회, 경제, 문화적으로 거시적인 변화를 불러일으킬 때를 가리킨다. 예컨대 소비자의 동조와 그 지속 기간을 기준으로 했을 때 사회 대다수의 사람들이 동조하고 10년 이상 지속되면 메가트렌드라고 볼 수 있다. 나이스비트는 현대사회의 메가트렌드가 탈공업화 사회, 남북문제의 전환, 유동성 증가, 개인화, 네트워크형 조직 등을 그 특징으로 한다고 보았다.

[존 나이스비트]

2. 네트워크형 조직 – 연결성

(1) 마켓 섹터와 전체 시장은 융합되고 있으며, 새로운 생태계를 형성하고 있다. 기업들은 개방적인 가치 창조 네트워크를 개발하고 있다.

(2) 개별화와 독신이 증가함에 따라 사람들은 특정 주제를 중심으로 다른 임시적 집단들에 대한 연결을 추구하는 빈도가 늘어나고 있다.

(3) 연결성과 디지털화는 불가분의 관계에 해당한다. 디지털화의 증가는 새로운 연결, 외면, 행동 개념을 만들고 있으며, 일, 커뮤니케이션 그리고 공동생활의 속도가 꾸준히 빨라지고 있다.

(4) 친구 관계, 컨설팅, 영업 등은 점점 온라인상에서 이루어지고 있다. 특별한 주제를 다루는 온라인 네트워크와 커뮤니티는 고객과의 관계에서 점점 더 중요성을 더하고 있다.

(5) **이와 관련된 기술들**

① **디지털화**: 디지털화 할 수 있는 모든 것이 디지털화된다.

② **사물 인터넷**: 장치들 사이의 커뮤니케이션이 증가한다.

③ **빅데이터**: 지능적 분석을 통해 새로운 통찰과 비즈니스 모델을 창조한다.

④ **전자상거래와 모바일 커머스**: 즉각적인 배송 수요가 증가한다.

⑤ **SoLoMo(Social, Local, Mobile)**: 협력적 기술, 지역 기반 기술, 모바일 기술의 융합이다.

⑥ **팝업 머니**: "병용 통화"가 점점 더 활성화 된다(예 비트코인 등).

3. 새로운 일자리 – 창조적 계층

(1) 미래의 지식 노동자, 기업가, 부호들은 창조적 계층을 형성한다. 이러한 계층은 쾌락주의적이며, 새로운 호화스러움을 즐기고, 그들의 가족들은 세계 시민이면서도 자신의 지역에 헌신한다고 느낀다.

(2) 창조적 계층은 탁월한 퍼포먼스, 뛰어난 기량, 최신 기술, 투명성, 지속 가능성, 우정, 자율적 최적화, 삶의 질과 같은 가치들을 중요시한다. 그들은 탄력적 근무 시간 모델, 더 많은 자율성, 자아실현을 요구함으로써 노동을 재정의한다.

(3) 창조성이 가장 잘 발현되며 직위에 좌우되지 않는 유연한 일자리, 일과 삶 사이의 적절한 균형이 일반적인 기준이 된다. 탄력 근무제, 안식년, 일과 삶의 균형 원칙, 의미 있는 노동이라는 가치를 통해 매력적인 고용주로서의 입지를 다진 기업들만 재능 있는 인재들을 확보할 수 있다.

4. 개인화

(1) 개인의 '실제' 삶과 자아실현에 대한 욕구가 높아짐에 따라 전통적인 라이프스타일도 점점 변화한다. 업무장소의 변화, 위치의 변화, 파트너의 변화가 나타난다.

(2) 사람들은 자신을 표현하고 개인적인 콘텐츠를 발표하기 위한 플랫폼으로 인터넷을 활용한다. 매일 사용하기 위한 나만의 디자인을 가진 물건에 대한 욕망을 특히 강조하는 DIY(Do-It-Yourself) 웹 사이트들이 증가한다.

(3) 모듈식 개념을 기반으로 하는 개인 맞춤형 제품과 서비스의 개발이 상업적인 성공을 거두게 된다.

5. 정보사회의 변화 양상

(1) 기계 중심 단순기술에서 인간 중심 첨단기술로

(2) 국가 경제에서 글로벌 경제로

(3) 중앙집중형에서 분산형으로

(4) 간접민주의에서 참여민주주의로

(5) 피라미드형에서 네트워크형으로

(6) 양자택일에서 다자선택으로

(7) 북반구에서 남반구로

(8) 단기적 정책사회에서 장기적 정책사회로

(9) 제도적 복지사회에서 스스로 돕는 사회로

(10) 산업사회에서 정보사회로

04 위험사회 – 울리히 벡

1. 위험사회의 정의

현 사회가 위험하다는 직접적인 의미를 담고 있기보다 위험 여부가 모든 결정의 우선순위에 놓이는 사회를 의미한다. 과학과 기술이 성장을 낳고 그에 따라 재원이 사회 성원에 골고루 돌아갈 수 있다는 믿음이 팽배했던 산업사회의 '초기 현대성'을 대체하는 사회 기류다.

[울리히 벡]

2. 시대별 위험의 특성 변화

구분	위험의 특성	사회구조적 특성과 연관점
전통사회	신분과 명예가 위험발생의 주요 요인. '자기원인귀속성'이 강함. 자연재해, 전염병, 전쟁 등은 불가항력적으로 이해됨	명예와 신분을 원인으로 하는 위험의 감수는 공동사회를 유지하는 데 중요한 역할을 수행함으로써, 직업윤리의 토대를 마련하였고, 집단소속감을 발생시켜 집단의 범위를 고정
산업사회	확률적 통계의 도움을 받아 위험 예측이 가능해짐. 위험을 통제관리의 대상으로 인식	위험의 예측가능성은 위험관리의 학문적 접근을 가능케 하였고, 보험제도를 발생시킴. 한편, 보험제도는 위험을 사회적으로 공동분배하여 신분집단의 동질성을 해체시키고, 직업윤리의 토대를 약화시켰으며, 개인주의를 초래
현대사회	기술공학 및 매스 미디어의 발달로 인하여 위험은 일상성, 타율성, 피해산정의 불확실성 등을 지니게 됨	환경오염 등의 새로운 위험은 위험유발자와 피해자간의 상호무관심과 사회적 무력감으로서의 위험불감증을 심화시키나, 집단경계를 초월한 자발적 시민연대를 생성시키기도 함

3. 위험사회의 원인과 배경

(1) 윤리성을 상실한 과학기술과 금융자본

(2) 무절제한 환경파괴

(3) 억압당한 개인과 집단의 반발

(4) 정보사회의 위험성

4. 위험사회의 특징

(1) 디지털시대, 초연결사회인 21세기 위험의 전염성은 빠르다.

(2) 특정 지역이나 계급과 상관없이 어디서든 발생할 수 있다.

(3) 과학 발전에 비례해 위험 인식도가 높아진다.

(4) 안전의 가치가 가장 중요해진다.

(5) 안전은 물이나 전기처럼 공적 소비재가 된다.

5. 위험사회의 해결책 – 성찰적 근대화

(1) 성찰적 근대화란 위험을 포함한 모든 준비를 국가와 전문가만 독점하지 말고 시민들이 소통하고 대화하면서 공론의 장을 만들어 해결에 동참하는 사회다. 지식과 과학기술의 전 과정을 공중이 비판적으로 개입할 수 있도록 하는 것이다.

(2) 벡은 근대문명의 발달로 인류가 파국을 맞고 있으니 '문명적 탈바꿈'을 해야 한다고 주장했다. 일상화된 위기 속에서 대재앙이 잠재하니 이제부터라도 '부'가 아닌 '위험'의 개념을 바탕으로 산업사회를 해체하고 제2의 근대, 즉 '성찰적 근대화'를 열어가야 한다고 설파했다.

(3) 벡은 소통을 강조했다. 그는 소통은 신뢰와 협력이라고 했다. 위험에 대한 인식과 지식을 확산하는 시민 참여가 필요하다고 했다. 코로나 바이러스의 전염 속도는 행정권의 통제 밖이다. 그만큼 위험이 크면 클수록 더 강한 신뢰와 협력이 필요하다고 강조했다.

05 네트워크사회 – 마누엘 카스텔

1. 네트워크사회의 정의

(1) 네트워크사회는 자본과 노동, 사람과 지식과 정보가 컴퓨터 네트워크를 통해서 서로 연결된 사회를 말한다. 정보와 상품, 자본과 사람과 지식이 컴퓨터 네트워크를 통해 서로 연결됨과 동시에 이동한다. 카스텔의 네트워크사회는 자본과 정보 지식, 노동이 흘러 다니는 '흐름사회(Flow Society)'로, 현대 정보사회를 설명하는 중요한 이론 가운데 하나로 등장했다.

[마누엘 카스텔]

(2) 네트워크사회는 데이터와 자료, 지식의 네트워크로 이루어진다. 이 모두는 개별적으로 있는 것이 아니라 네트워크를 통해 연결되어 하나의 구조물(Architecture)을 이루고 있다. 자본과 상품의 네트워크, 인간의 네트워크, 지식과 정보의 네트워크, 자본과 노동, 상품 그리고 지식, 정보 이런 모든 것들이 네트워크를 통해서 서로 흐르고 얽히는 사회가 네트워크사회이다.

(3) 흐름(Flow)사회에서는 사람도 흐르고 정보도 흐르고 자본도 흘러 다닌다. 자본과 노동이 국경 없이 흘러 다니고 국적이 다른 자본과 노동이 결합한다. 정보와 지식도 인터넷망을 통해 국민국가의 지리적 경계를 넘어 전 지구 범위에서 흘러 다닌다. 컴퓨터 네트워크를 통해서 실시간으로 전달되는 흐름의 사회가 네트워크 정보사회이다.

2. 네트워크 기업

(1) 자본주의 재구조화와 산업주의에서 정보화로의 전환

① 재구조화는 지구적 경제와 새로운 기술 패러다임 속에서 경쟁력과 생산성 증대를 위한 방향으로 발전하였다.

② 변화의 기본적인 성격은 기업 유연성의 강화, 노동력 절감을 목적으로 함으로써, 노동과정과 고용관행의 재정립, 지식경영과 정보처리를 통한 경제 조절이다.

③ 기본적인 변화 경향은 대량산업에서 유연생산으로의 전환, 기업 상호간의 네트워크, 기업의 전략적 제휴, 수평적 기업과 지구적 사업 네트워크로 요약할 수 있다.

(2) 대량생산과 유연생산으로의 전환

① 대량생산은 수직적 통합원리에 근거하여 구축되어 있으면서 노동의 사회적 · 기술적 분업을 제도화시키는 대기업의 경영방식이다.

② 이 방식은 수요예측이 질적 · 양적으로 불가능해졌을 경우, 시장이 전세계적으로 다양화되어 통제하기 힘들어졌을 경우, 기술변화가 단일 목적의 생산설비를 쓸모없는 것으로 만들었을 경우, 경직성과 대규모성으로 인해 신(新)경제의 특성에 맞추기는 비효율적이었다.

③ 대체수단으로 유연생산체계가 등장하였는데, 이 방식은 산업기술이나 주문생산 부문에서 '생산이 변화를 통제하려 하지 않으면서 끊임없는 변화에 적응하는 것을 목적으로 하였다.

(3) 기업 상호간의 네트워크와 기업의 전략적 제휴

① 생산방식의 변화뿐만 아니라 기업 간의 연결 구조를 변화시켰다.

② 기업 간의 의사소통 및 협력관계를 효율적으로 하기 위해 기업 상호간의 네트워크가 나타났고, 현재 기업 간의 네트워크의 형태는 중소기업이 활동하는 다방향적인 네트워크 모델과 대기업의 우산 아래 있는 생산의 라이선싱−하청 모델로 나누어 질 수 있다.

③ 기업 상호간의 네트워크 외에 나타는 것은 기업의 전략적 제휴이다. 기업의 전략적 제휴는 대기업들 간의 상호결합을 말한다.

④ 제휴는 특정기간, 특정시장, 특정제품, 특정공정에서만 유효하고 협정의 대상이 아닌 부분에서는 경쟁을 배제하지 않기 때문에, 전통적인 과점적 협정들과 매우 다르다. 제휴는 특히 첨단산업에서 적절한 방법으로 보이는데, 그 이유는 연구개발비용이 매우 높고, 그 산업에서 가장 중요한 경쟁무기는 혁신이므로 정보를 획득하기가 매우 어렵기 때문이다.

(4) 수평적 기업과 지구적 사업 네트워크

① 수평적 기업 모델은 종종 공통의 전략 하에 있더라도 기업 내부 각 단위 사이의 경쟁이 허용되고, 각 단위에 부여된 자율성의 증가와 분권화 등으로 확대된다.

② 예를 들면 업무가 아니라 과정을 중심으로 조직화, 수평적 위계질서, 팀 관리, 고객 만족도에 의한 실행성과 평가, 팀 성과에 기초한 보답 등을 들 수 있다.

1. 지식 사회의 정의

(1) 최근 많이 사용되는 '지식 사회(Knowledge Society)', 혹은 '지식기반 사회(Knowledge-Based Society)'란 말은 완결된 개념이 아니다. 지식 사회라는 말은 1962년 다니엘 벨(Daniel Bell)이 '기술과 사회변동'이란 토론회에서 처음 사용했다. 벨의 탈산업 사회론이 지식 사회에 대한 최초의 논의를 담고 있기는 하지만 '지식 사회'에 관한 최근의 논의는 경영학자 드러커에 의해 촉발된 것으로 볼 수 있다.

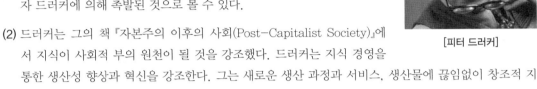

[피터 드러커]

(2) 드러커는 그의 책 『자본주의 이후의 사회(Post-Capitalist Society)』에서 지식이 사회적 부의 원천이 될 것을 강조했다. 드러커는 지식 경영을 통한 생산성 향상과 혁신을 강조한다. 그는 새로운 생산 과정과 서비스, 생산물에 끊임없이 창조적 지식을 적용했다.

(3) 드러커는 육체노동자(Blue Collar)의 급속한 몰락을 지적하면서 혁신과 경쟁의 주체로서 '지식노동자(Knowledge Worker)'의 중요성을 역설한다. 이러한 드러커의 설명 방식은 분명 1990년대에 급속하게 성장한 미국 정보산업의 경쟁력을 설명해 주는 측면이 있다. 비록 이런 설명 방식이 엄격한 사회과학적 개념틀과 합의를 얻어낸 것은 아니지만 현상 변화에 대한 설명 방식으로 어느 정도의 설득력을 갖고 있음을 부정할 수는 없다.

(4) 드러커는 정보와 지식에 기반한 탈자본주의 사회를 지식사회라 부른다. 자본이나 천연자원 또는 노동은 이제 더 이상 기본적인 경제 자원(생산수단)이 아니라는 드러커의 주장은 '물질의 폐기'에 주목하는 조지 길더(George Gilder)의 주장과 일치한다.

(5) 드러커는 새로운 생산수단은 지식이 될 것이고 부를 창조하는 중심적인 활동 또한 지식을 작업에 적용하는 것이 된다고 보았다. 이런 경우 지식 노동자가 지식 사회의 주도적인 사회집단으로 떠오른다. 드러커는 마치 생산적인 곳에 자본을 배분할 줄 아는 자본가처럼 생산성 있는 곳에 지식을 배분할 줄 아는 지식 경영자 곧 지식 전문가들이 지식 사회의 주역이 될 것이라고 예언했다.

(6) 이러한 지식 사회와 지식 노동자에 대한 논의는 1990년대 중반 이후 인터넷 사용이 일반화되는 한편 디지털 경제가 활발하게 전개되자 더욱 활성화되고 있다. 디지털 경제론, 혹은 신경제론은 최근의 미국 경제 활황에 힘입어 주목을 받게 되었다.

2. 지식사회의 특징

(1) 피터 드러커(Peter Drucker)는 산업의 핵심이 물질에서 지식으로 바뀌고 있고, 이에 따라 새로운 지식의 중요성이 과거와 비교할 수 없을 정도로 커지고 있으며, 그 결과 이런 지식을 생산하는 '지식 노동자'들이 사회 핵심으로 부상할 것을 예측한 바 있다.

(2) 드러커는 정보와 지식에 기반한 탈자본주의 사회를 지식사회라 부른다. 드러커의 '지식사회론'은 경영 혁명, 생산성 혁명의 연장선에서 이루어졌다. 드러커는 현대자본주의의 가장 큰 변화로 테일러의 작업─시간연구에 입각한 과학적 관리를 꼽는다. 이전의 지식이 도구에 대한 지식에 머무는 것이라면 테일러리즘(Taylorism)은 지식을 작업에 적용한 최초의 예로서 엄청난 생산성 증대를 가져왔다.

(3) 드러커는 지식노동자들이 조직에 의해 고용됨과 동시에 생산수단과 생산도구를 가지고 있음을 지적한다. 생산수단은 연기금을 소유하고 있기 때문이며, 생산도구는 그들이 전문 지식을 소유하고 있기 때문이라는 것이다. 따라서 경제적 차원에서는 그들이 가진 지식의 생산성이 중요해지고 사회적 차원에서는 지식노동자와 서비스 노동자 간의 격차 문제가 대두될 것으로 전망한다.

(4) 드러커는 부의 유일한 창출자는(적어도 주요한 창출자는) 정보와 지식이라고 진단하면서도 지식이 어떻게 경제 자원으로 행동하는가에 대해서는 잘 모르겠다고 말한다. 지식경제학 이론을 만들거나 실험하는 데 필요한 경험이 아직 축적되고 있지 못하다는 진단이다. 그는 지식이 이익 창출 과정의 핵심이 되는 경제이론을 필요로 한다는 것만 주장할 뿐이다.

3. 지식사회론의 한계

(1) 수행으로 옮길 수 없는 지식은 무의미한 지식이며 수행성을 결여한 지식은 '죽은 지식'이거나 '쓸모없는 지식'으로 평가 절하될 수밖에 없다. 이러한 지식관은 지식의 협소화로 이어지는 문제점이 있다.

(2) 지식은 반드시 상품으로 생산되는 것도 아니고, 시장경제의 영역 안에서 교환이 이루어지는 것도 아니다. 지식은 새로운 공유물이 될 수도 있고 여러 사람이 함께 만드는 협업의 생산물이 될 수 있으며 시장경제의 바깥에 존재하는 공유와 나눔의 공공재가 될 수도 있다. 이런 경우 지적 재산권의 배타적 권리에 대응하는 새로운 관행이 만들어지고 그것은 자본과 지식의 결합을 반대할 것이다.

1. 기술적 대상들의 정의

(1) 기술적 대상들은 인간들의 노예나 적대자가 아니라, 마치 생물체처럼 생성·진화하는 고유의 존재 양식을 가지면서 인간들과 동등하게 협력하는 존재이며, 인간들 역시 기계들을 발명하고 조정하는 존재로서 기술적 대상들의 생성과 진화의 과정에 참여한다.

[시몽동]

(2) 이용가치만을 갖는 '물질의 조립물'로 보는 관점, 반대로 기술적 진보에 대한 무조건적인 믿음을 갖는 테크노크라시적 관점, 그리고 인간을 적대하는 위협적인 '자동로봇'으로 인식하는 관점을 모두 비판하였다.

2. 기술적 대상과 인간이 맺는 관계의 양상들

(1) 개체적 수준에서 기술적 대상에 대한 인간 개체의 접근 방식

① **소수적 양식:** 기술적 대상들이 연장이나 도구의 수준에 머무를 때 가능한 것으로, 이때 기술적 대상과 인간 사이의 만남은 본질적으로 어린 시절에 이루어진다. '수습공의 인식'에 비유되는 이 소수적 양식에서 기술적 대상은 일상적 삶에 필요한 사용 대상으로 취급되어 인간 개체를 성장시키고 형성하는 환경으로 작동하는 것이다.

② **다수적 양식:** 과학들로 정교해진 합리적 인식의 수단들을 자유로이 쓸 수 있는 어른의 반성적인 의식화에 상응한다. 기술적 대상이 '엔지니어의 인식'에 비유되는 이 다수적 양식은 구술과 통과의례만으로 비밀스럽게 전해지던 소수적 양식의 기술교육과 다르게 보편적이고 종합기술적인 기술교육을 지향하는데, 소수적 양식에서 다수적 양식으로의 이러한 전환은 디드로와 달랑베르의 『백과전서』에서 잘 드러난다.

(2) 기술적 대상과 인간이 맺는 관계의 양상들

① 과학과 기술의 발전에 의해 요소들의 개량이 활발하게 이루어지던 18세기에는 낙관적인 진보에 대한 믿음이, 연장의 운반자인 인간 개체를 기계가 대체한 것으로 보이던 19세기에는 진보에 대한 비관적인 인식과 이로 인한 좌절과 불안감이 기술적 대상과 인간 간의 관계의 지배적인 양상이었다.

② 시몽동은 기계가 인간을 대체할 것이라는 비관적 인식이나, 기계를 통해 무제한의 힘을 확보할 수 있다는 테크노크라시적 믿음, 혹은 인간의 간섭이 필요 없는 완벽한 자동기계(로봇)가 가능할 것이라는 사이버네틱스 이론을 모두 비판하였다.

③ 인간의 진정한 본성은 기술적 개체를 조직하는 발명가이며, 앙상블 속에서 기계들 사이의 양립 가능성의 문제를 해결할 수 있는 생명체로서의 지위를 갖는다는 것이다.

④ 정보를 수용하는 열린 기계(완벽한 자동기계, 즉 완벽하게 닫힌 기계란 존재할 수 없다)의 비결정성의 여지에 개입하여 하나의 기계로부터 다른 기계로 정보를 번역·전달해 주는 매개이자 조정자로서의 역할(생명체와 비–생명체의 접속), 즉 네트워크적 관계야말로 인간과 기술적 대상과의 적합한 관계 맺음이다.

1. 의사소통행위

(1) 의사소통행위는 말 그대로 사람들이 언어를 통하여 서로의 의사를 소통하는 행위이다. 우선 의사소통행위는 우리가 흔히 생각하는 대로 그저 말을 하고 들으면 되는 것처럼 보이는 단순한 행위가 아니다. 진정한 의사소통행위란 사람들 사이의 직접적인 상호 이해가 목적이라고 할 수 있다. 이러한 행위는 다른 언어행위와는 구분지어 생각할 수 있다.

[하버마스]

(2) 어떤 특정한 목적의 실현을 목표로 삼고 있는 행위(목적론적 행위: 상품을 팔기 위해 선전하는 행위)나, 사회적으로 지켜져야 한다고 여겨지는 규범을 따르는 행위(규범적 행위: 강의나 교육), 자신의 진실성이나 진정성을 표현하는 듯한(연출적 행위: 친구에게 반갑게 인사하는 행위) 언어행위도 언어가 사용된다는 점에서는 마찬가지이지만 이들 행위는 사람들 사이의 직접적인 상호 이해가 부차적인 기능인 데 비해서 의사소통행위에서는 상호 이해 도달이 가장 큰 목적이 되기 때문이다. 다시 말하자면 의사소통행위는 이들 언어 행위의 기초가 되는 것이며, 이와 같은 언어적 상호 이해 없이는 어떤 다른 기능들도 수행할 수 없다.

(3) **의사소통행위에서 언어적 상호 이해가 이루어지는 의사소통이 되기 위해서는 몇 가지 주의해야 할 점**

① 다른 사람들이 자신의 말을 알아들을 수 있도록 이해 가능하게 말을 해야 한다(이해 가능성).
② 상대방이 믿을 수 있는 방식으로 말을 해야 한다(진리성).
③ 자신이 말하고자 하는 바가 상대방이 생각하는 규범과 어긋나지 않는다는 것을 보여주어야 한다(규범적 정당성).
④ 말하고자 하는 바가 진실된 마음에서 우러나고 있다는 것을 설득해야 한다(진실성, 진정성).

(4) 말을 듣는 상대방은 말하는 사람과 마찬가지로 말하는 사람의 주장에 대해 의문을 제기하거나 자세한 설명을 요구하는 것이 가능하다. 그렇지 않고 다른 사람이 반론을 제기할 수도 있다는 가능성을 인정하지도 전제하지도 않는 언어행위는 비정상적인 독백이거나 강요가 될 수밖에 없다. 이것은 의사소통행위가 말하는 사람과 듣는 사람의 상호 동의 위에서만 이루어진다는 점을 명확히 해주는 것이다.

2. 의사소통적 이성

(1) 하버마스에 따르면 우리가 '이성적'이라거나 '합리적'이라고 말하는 것은, '타당성 주장'들을 제기하고 수용하는 행위와 관련이 있다. 이렇게 '타당성 주장'들을 제기하고 수용하는 행위 속에서 흔히 '이성', 혹은 '합리성'이라고 말해 온(하버마스는 이를 '의사소통적 이성'이라고 명명했다) '이성'의 힘이 존재할 수 있는 것이다.

(2) 이성이란 한 사람의 고독한 주체가 홀로 자기만의 방식으로 세계를 판단하고 평가할 수 있는 잣대가 아니라, 나와 너를 포함한 '우리' 모두가 함께 의사소통 속에서, 서로를 인정하는 가운데에서만 성립 가능한 잣대이다. 이렇게 이성을 규정지을 때 이를 '의사소통적 이성'이라고 부른다.

(3) 의사소통적 이성은 바로 그 의사소통적 이성 또는 합리성이 얼마나 제대로 체계적으로 발휘되고 보장되느냐에 비추어 현재와 미래의 모든 사회를 평가할 수 있는 잣대를 제공한다. 우리 사회가 언어에 의한 의사소통에 의해 만들어지고 유지되는 한, 이 의사소통적 행위 차원에서의 합리화는 도덕적 · 실천적 관점에서 이루어진다.

(4) 사회의 진화란 체계적으로 왜곡된 의사소통을 극복하는 것이며, 강압으로부터 자유로운 의사소통이 확대되는 것으로 이해할 수 있다. 또한 이런 의사소통 주체들의 상호 인정과 그에서 비롯되는 화해와 자유의 이념은 왜곡되고 억압되었으며 모순을 가지고 있는 현실 사회를 비판적으로 바라볼 수 있게 해준다.

3. 생활세계의 식민화

(1) 하버마스는 의사소통적 이성이라는 바탕 위에서 의사소통행위에 의한 행위 조정이 이루어지는 '생활세계'와 화폐나 권력과 같은 비언어적 매체를 통해 행위의 조정이 이루어지는 '체계'라는 두 가지 개념을 제시했다.

(2) 현대 사회의 모든 문제의 핵심은 '체계'의 명령이 '생활세계'를 위협하고 도구화하며 '생활세계'를 식민지화하는 데에 그 원인이 있다. 화폐와 권력의 논리에 포섭될 수 없는 영역조차 이들 논리가 지배하고, 이에 따라 의사소통이 본래 의미인 상호 이해와 비판정신의 가능성을 잃어버리고 기능적 목적에 따른 행위로 변질된 데에서 현대 사회의 문제가 생겨나는 것이다.

(3) 이를 극복하기 위해서는 의사소통 행위의 과정 그 자체가 행위의 갈등을 규제하고 조정하는 중요한 매커니즘이 되고, '생활세계'가 돈과 권력이라는 매체에 의해서가 아니라 상호 이해와 비판 정신에 그 뿌리를 둔 개인들의 의사소통적 행위에 의해 이루어져야만 한다.

4. 생활세계와 체계

(1) 현실세계의 의사소통적 실천은 언제나 일정한 문화적 맥락과 배경을 바탕으로 진행되는데, '생활세계(Lebenswelt)'는 이러한 언어적 의사소통의 실천이 이루어지고 의사소통에 의한 행위의 조정이 이루어지는 사회문화적 맥락을 말한다.

(2) 사람들은 의사소통 전제들의 작용 덕분에, 자신들의 사회적 행위의 맥락과 원천으로 삼고 있는 생활세계를 단순히 전해져 오는 대로 받아들이지 않고 자신들 스스로가 '예/아니오'의 능동적 태도를 가지고 참여하는 해석 과정을 통해 반성하고 비판적, 합리적으로 수용하는 과정을 거치게 되는 것이다.

(3) '체계(System)'는 이와 달리 어떤 자동 기계처럼 작동하는 사회의 계기들을 말한다. 사회가 복잡해짐에 따라 언어적 의사소통만으로는 인간의 행위를 조정하는 것이 어려워지게 되었다.

(4) 이를 보완하기 위해 권력이나 화폐와 같은 비언어적 매체를 통해 행위조정이 이루어지는 '체계'가 분리되어 경제와 행정이라는 독립 체계를 형성하게 되었다. 사회의 진화는 화폐와 권력과 같은 비언어적 매체들에 의해 조정되는 '체계'와 의사소통이 언어에 의해 매개되는 '생활세계'의 분화과정이라고 할 수 있다.

5. 생활체계와 체계의 대립

(1) 하버마스는 현대 사회의 모든 문제가 일어나게 되는 원인의 핵심이 '생활세계의 식민지화'에 있다고 보았다. 처음에는 그렇지 않았던 체계의 명령이 생활세계를 도구화하고 위협하게 되면서, 경제 체계의 압도적인 힘은 사회의 모든 삶의 영역을 경제적 가치로만 규정하고 재단하려고 하고, 정치의 논리는 사회 성원들에게 권력에 대한 일방적 순응을 조작하고 강제하려고 하게 되었다. 다시 말하면 문화 영역과 같이 경제와 행정의 체계에 포섭될 수 없는 인간 삶의 모든 영역에조차 돈과 권력의 논리가 침입하는 것이다.

(2) 도구적 합리성이 지배하는 사회의 의사소통은 커뮤니케이션이 가지는 본래적 의미인 상호 이해와 비판정신의 가능성을 잃어버리고, 각각의 체계에서 요구하는 기능적 목적에 따른 의사소통행위로 변질되었다. 이렇게 기본적으로 반민주적인 화폐의 논리와 권력의 논리에 따라 사회가 움직이게 됨으로써 다양한 사회 병리적 현상이 나타나게 된 것이다.

(3) 하버마스에게 이것은 역사의 진행에 따른 필연적인 과정이 아니라 양자를 매개하는 제도들이 어떤 식으로 역할을 하느냐에 따라 달라질 수 있는 선택의 문제로 인식되었다.

(4) 의사소통행위의 과정 그 자체가 행위의 갈등을 규제하고 조정하는 중요한 매커니즘이 되고, 생활세계가 돈과 권력이라는 매체에 의해서가 아니라 개인들의 의사소통적 행위에 의해 이루어지는 사회의 이념을 제시하였다.

(5) 본래의 의사소통이 가지는 건전한 비판정신의 회복을 주장하며, 시민사회적 사회 운동 등 생활세계의 민주적 잠재력과 민주적 참여, 인권 보호, 평등한 상호 인정과 존중 등을 바탕으로 하는 합리적 의사소통의 필요성과 그 힘에 의거한 대안을 제시하기도 했다.

09 제어혁명론 – 베니거

1. 제어혁명의 정의

(1) '제어혁명'은 베니거가 미국 사회를 대상으로 정보 사회가 언제 어떻게 왜 생겨났나를 연구하면서 사용한 개념이다. 여기서 제어혁명이란 '볼을 잘 제어한다'라는 문장에서 보듯이 자신이 원하는 대로 제어한다는 사실과 관련이 있다.

[베니거]

(2) 제어란 목적에 이르기 위해 대상과 환경을 잘 통제하고 관리한다는 뜻이다. 그가 사용하는 제어혁명이라는 말은 균형 상태로의 복귀라는 보수적 의미와 기존 균형의 파괴라는 혁명적 의미를 모두 함유하는 이중적인 위상을 지니고 있다.

2. 제어혁명의 특징

(1) 자본주의 체제에서는 데이터와 정보가 발생되면 시의적절하게 그것들을 처리해 다시 생산과 연결시켜야 한다. 자본주의가 발전하면 무조건 생산만 하는 것이 아니라 언제 얼마나 생산해야 되느냐, 그리고 유통은 어떻게 예측·관리해야 하는지, 시장 상황에 관한 여러 가지 다양한 정보를 처리해야 할 필요성이 생겨난다. 그런 것들을 제때에 처리하지 못하면 자본과 상품의 원활한 순환이 이루어지기 힘들다. 그래서 거기에 필요한 각종 정보 기기들이 발전하게 되었고 그 결과 19세기 산업혁명기에 이미 정보사회가 등장하게 되었다는 것이 베니거가 주장하는 '제어혁명론'의 요지다.

(2) 제어혁명은 자본주의가 발전함에 따라서 생산품에 대한 생산·유통·소비·분배를 원활하게 돌아가게끔(다른 말로 하면 자본주의적인 재생산이 원활하게 이루어질 수 있도록) 조절하고 통제하고 제어할 필요성이 증가하기 때문에 생겨난 것이다. 본질적으로 자본주의 재생산의 원활한 진행을 위해 생겨난 것이 제어혁명이고, 이것이 현대 정보사회의 기반을 이루었다는 것이 베니거의 '제어혁명론'이다.

(3) 베니거는 도구·기계·정보를 통해 생산·유통·분배·소비 분야에서 제어 기제가 어떻게 발전해 왔는가를 실증적으로 검토하고 있다. 산업혁명을 통한 기계화와 그를 통한 생산의 발전이 생산·유통·분배·소비의 차원에서 제어 위기를 낳게 되며 이를 극복하기 위해 결국 제어 방식의 급격한 혁명이 이루어진다는 설명이다. 이러한 제어 방식의 변환을 통해 정보 사회가 도래했다는 것이 정보 사회의 기술적·경제적 기원에 대한 그의 결론이다.

(4) 산업혁명에 의한 생산과 유통, 소비의 확장은 체제의 전체 차원에서 통합의 결여로 나타나게 되는데, 이것이 제어위기라는 것이다. 이러한 제어위기에 대응하기 위해 제어혁명이 이루어지는데, 베니거는 이것을 정보사회의 직접적인 원인으로 본다. 이 이론의 장점은 정보 사회의 기원을 단순히 컴퓨터나 네트워크 같은 기계의 출현에서 찾지 않고 자본주의 발전과 연관해서 자본주의의 재생산에 필요한 여러 가지 정보 관련 기기의 출현을 설명하는 데 있다.

10 시뮬라시옹 이론 – 장 보드리야르

1. 시뮬라시옹의 의미

(1) 실재가 실재 아닌 파생실재로 전환되는 작업을 시뮬라시옹(Simulation), 모든 실재의 인위적인 대체물을 '시뮬라크르(Simulacre)'라고 부른다.

(2) 우리가 살아가고 있는 이곳은 다름 아닌 가상실재, 즉 시뮬라크르의 미혹 속인 것이다. 현대 자본주의 사회는 사물이 기호로 대체되고 현실의 모사나 이미지, 즉 시뮬라크르들이 실재를 지배하고 대체하는 곳이다.

(3) 현대 사회는 더이상 원본은 없고 어느 의미에서는 원본과 모사물의 구별도 없다고 본다. 즉 이러한 시뮬라시옹의 질서를 이끌고 나아가는 것은 정보와 매체의 증식이다.

[장 보드리야르]

(4) 온갖 정보와 메시지를 흡수하지만 그것의 의미에는 냉담한 스폰지 또는 블랙홀 같은 존재가 현대의 대중이다. 사유가 멈추고 시간이 소멸된 현대사회에서 역사의 발전은 불가능하며 인권이란 미명 아래 강요된 정보에 노출된 대중과 시뮬라시옹의 무의미한 순환이 있을 뿐이다.

(5) 보드리야르가 자신의 사상 체계를 만들어 가던 1960년대는 프랑스가 본격적인 대량 소비 사회로 접어들던 시기였다. 넘치는 물건, 넘치는 일자리, 넘치는 이미지 앞에서 보드리야르는 우리가 실제 사용할 수 있는 것보다 훨씬 넘치는 많은 물건들이 우리의 삶과 어떤 의미 관계를 맺는지를 고찰했다.

2. 시뮬라크르

(1) 시뮬라크르는 원래 플라톤에 의해 정의된 개념이다. 플라톤에 의하면, 사람이 살고 있는 이 세계는 원형인 이데아, 복제물인 현실, 복제의 복제물인 시뮬라크르로 이루어져 있다. 여기서 현실은 인간의 삶 자체가 복제물이고, 시뮬라크르는 복제물을 다시 복제한 것을 말한다.

(2) 복제되면 복제될수록 진짜와는 점점 거리가 멀어진다. 이 때문에 플라톤은 시뮬라크르를 한 순간도 자기 동일로 있을 수 없는 존재, 곧 지금 여기에 실재(實在)하지 않는 것이라 하여 전혀 가치가 없는 것으로 보았다. 시뮬라크르를 정의할 때, 최초의 한 모델에서 시작된 복제가 자꾸 거듭되어 나중에는 최초의 모델을 생각할 수 없을 정도로 뒤바뀐 복사물을 의미하게 된 것도 이러한 이유 때문이다.

(3) 들뢰즈는 역사적인 큰 사건이 아니라 우주에서 일어나는 모든 사건, 즉 순간적이고 지속성과 자기 동일성이 없으면서도 인간의 삶에 변화와 의미를 줄 수 있는 각각의 사건을 시뮬라크르로 규정하고, 여기에 커다란 가치를 부여하였다.

(4) 들뢰즈가 생각하는 시뮬라크르는 단순한 복제의 복제물이 아니라, 이전의 모델이나 모델을 복제한 복제물과는 전혀 다른 독립성을 가지고 있다. 들뢰즈의 시뮬라크르는 모델과 같아지려는 것이 아니라, 모델을 뛰어넘어 새로운 자신의 공간을 창조해 가는 역동성과 자기정체성을 가지고 있기 때문이다. 따라서 단순한 흉내나 가짜(복제물)와는 확연히 구분된다.

3. 소비사회

(1) 소비사회에서 중요한 것은 상품의 사용가치(얼마나 튼튼하거나 쓰기 편한지 따위의)나 교환가치(다른 상품으로 교환이 가능한지)가 아니라 사회적으로 의미가 부여된 '기호가치'이다.

(2) 현대에서 소비는 단순히 물건 자체를 구매하는 것이 아니라 물건이 '재현하는 기호'를 '구매'하는 행위이다. 사람들이 물건 대신 기호를 욕망하며 소비할수록 이미지의 비중도 커져간다. 더 나아가 이러한 기호체계가 현실 자체를 구성하고 창출한다.

(3) '시뮬라크르'는 실제로는 존재하지 않는 대상물을 존재하는 것처럼 만들어 놓은 인공물이다. '시뮬라시옹'은 '시뮬라크르 하기'와 같은 시뮬라크르의 동사형을 가리킨다.

(4) 실재가 아닌 가상 실재를 만드는 과정이 시뮬라시옹이며 그 결과물은 시뮬라크르다. 시뮬라크르는 벤야민이 말하는 원본의 상실을 의미하여 보드리야르는 현대인은 이러한 복제 시대에서 과다한 이미지를 소비한다고 말한다.

(5) 이미지는 처음에 '실재의 반영'으로 출발했지만, 언젠가부터 '실재를 감추고 변질'시키더니 '실재의 부재를 감췄는가'하면, 이제 '어떤 실재와도 무관함을 선언'해버리고 시뮬라크르들의 세계를 구축해냈다. 이것이 바로 이미지의 사회이자 현대 소비사회이다.

[이미지의 4계열]

- 이미지는 깊은 사실성(실재)의 반영이다: 1차적 시뮬라크르이자 원대상의 모방인 선량한 외양이다.
- 이미지는 깊은 사실성(실재)을 감추고 변질시킨다: 2차적 시뮬라크르로 저주의 계열이라 부른다.
- 이미지는 깊은 사실성(실재)의 부재를 감춘다: 3차적 시뮬라크르로 마법의 계열이다.
- 이미지는 실재와 무관한 순수한 시뮬라크르이다.
- 예 쥐 → 미키마우스 → 디즈니랜드

01 다음 중 정보의 질적 요건이 아닌 것은?

① 적합성
② 적시성
③ 객관성
④ 간결성

02 구조화 · 형식화되고 요약된 데이터들로 체계화되어 의미가 부여된 데이터를 무엇이라 하는가?

① 정보
② 데이터
③ 지식
④ 기술

03 다음 중 정보의 정의와 학자가 바르게 연결된 것은?

① 다프트 – 정보는 의미있는 자료로서 수신자의 행위를 바꾸는 자료이다.
② 브루킹 – 정보는 존재하는 것으로 의미를 가질 필요는 없다.
③ 스토니어 – 정보는 불확실성을 감소시키는 모든 것이다.
④ 섀논 – 정보는 특정 상황이나 문제를 묘사하기 위해 조직화된 사실이나 데이터로 구성된다.

04 정보를 분류하는 방법에는 여러 가지가 있다. 일반적으로 원문 가공법에 따라 1차 정보, 2차 정보 등으로 나누는데 다음 중 2차 정보에 해당하는 것은?

① 학위논문
② 특허
③ 단행본
④ 서지

04
2차 정보란 1차 정보를 효과적으로 찾아보기 위한 자료로서 색인, 서지, 목록 등과 같이 문헌의 서지사항을 체계적으로 정리하여 일정한 순서로 배열하여 놓은 것을 말한다.

05 정보의 사유화 및 상품화 방지를 위한 정책적 고려사항이 아닌 것은?

① 규제기구의 효율화
② 공적 영역을 강화
③ 공공투자의 확대
④ 기술의존도 증대

05
정보의 공적 가치를 높이기 위해서 정책적 측면의 방안으로는 규제기구의 효율화와 공적영역의 강화 그리고 투자 확대 등을 들 수 있다. 기술의존도의 증대는 정보의 사유화를 심화시킬 우려가 있다.

06 다음 설명을 나타내는 용어를 순서대로 바르게 연결한 것은?

```
• 평가된 메시지
• 평가되지 않은 메시지
• 의사결정에 도움을 주는 체계적인 정보
```

① 정보 – 데이터 – 지식
② 데이터 – 정보 – 지식
③ 지식 – 데이터 – 정보
④ 정보 – 지식 – 데이터

06
평가된 메시지는 정보이며, 평가 전 메시지는 데이터에 해당하고, 의사결정에 도움을 주는 체계적 정보는 지식이라고 부른다.

07 정보와 지식에 관한 정의로 가장 적절하지 않은 것은?

① 정보는 메시지의 흐름이고, 지식은 그 구조이다.
② 정보는 자료처리이고 지식은 사실이나 견해에 대한 진술이 조직화된 체계이다.
③ 정보는 특정 상황에서 평가된 데이터에 대한 표시이고, 지식은 정보의 개념을 보다 일반적으로 표현한 것이다.
④ 정보는 일반적 가치를 부여할 수 있고, 지식은 특정한 경우에 한해 가치를 부여할 수 있다.

07
지식은 포괄적으로 모든 사람에게 모든 경우에 비슷한 가치를 부여할 수 있지만, 정보는 특정인에게 특정한 경우에 한해 가치를 부여할 수 있다.

정답 04 ④ 05 ④ 06 ① 07 ④

08
적시성(Timeliness)은 적절한 시기에 정보가 사용되어지도록 작성되어 있어야 한다는 말이다. 정확하고 완전한 정보라 해도 너무 늦어서 소용이 없게 된 때에 제시된다든지, 또는 현실적으로 필요성을 느끼지 않을 정도로 빨리 제시된다면 사용자에게는 그다지 사용가치가 없게 된다.

08 다음 중 정보의 전달속도와 획득시점에 따라 그 가치가 결정되는 정보의 본질적 특성은?

① 비소모성

② 비이전성

③ 적시성

④ 누적가치성

09
일반적으로 가치를 부여할 수 있는 것은 지식이며 정보는 특정한 경우에 한해서 가치 부여가 가능하다.

09 다음 중 정보의 정의에 대한 설명으로 올바르지 않은 것은?

① 정보는 특정 상황에서 평가된 데이터이다.

② 정보는 일반적으로 가치를 부여할 수 있다.

③ 정보는 데이터의 구조화된 집합이다.

④ 정보는 넓은 의미의 자료처리에 해당한다.

10
사건, 사실, 뉴스 등의 의미를 지니기 시작한 것은 지시나 가르침의 의미 이후이다.

10 다음 중 정보에 대한 설명으로 올바르지 않은 것은?

① 'Inform'은 영향을 미치다라는 의미로 사용되며 'Information'은 형성 또는 교육 등 가치지향적인 속성을 가지고 있디.

② 라틴어 'Informatio'에서 유래했으며 형태, 내용을 지니는 무엇인가의 제공이라는 의미를 가지고 있다.

③ 컴퓨터공학에서는 특정 목적을 위해 전자적 방식으로 처리된 부호, 문자, 음성, 음향, 영상 등을 표현하는 모든 종류의 자료 또는 지식을 말한다.

④ 사건, 사실, 뉴스 등의 의미에서 16세기부터 지시, 가르침의 의미로 확장되었다.

11
누적가치성은 축적성과 유사한 의미를 가지며 정보가 누적될수록 그 가치나 의미가 풍부해진다.

11 다음 중 정보의 특성에 대한 설명으로 올바르지 않은 것은?

① 비소모성 – 정보는 반복해서 사용해도 사라지지 않는다.

② 비분할성 – 정보는 집합되어 잇는 상태로 사용해야 한다.

③ 누적가치성 – 정보는 누적될수록 가치가 떨어진다.

④ 매체의존성 – 정보는 전달되는 매체에 의존한다.

정답 08 ③ 09 ② 10 ④ 11 ③

12 다음 사례에 대한 올바른 개념은?

> 사실을 문자, 소리, 이미지, 화상 등의 기호로 표현한 것이다. 정보와 동일한 의미로 사용되기도 하지만 가공되지 않은 상태를 말한다.

① 기술
② 자료
③ 지식
④ 정보

13 다음 중 암묵지와 형식지에 대한 설명으로 올바르지 않은 것은?

① 암묵지를 암묵지로 전환하는 것을 사회화라고 말한다.
② 개인의 숙련된 노하우를 암묵지라고 말한다.
③ 형식지는 언어와 문장으로 표현하기 매우 어렵다.
④ 형식지에서 암묵지를 얻는 과정을 내면화라고 말한다.

14 다음 중 정보배포에 대한 설명으로 올바르지 않은 것은?

① 정보는 사용자의 사용 시기에 맞추어 배포되어야 한다.
② 정보는 필요한 대상자에게만 배포되어야 한다.
③ 배포된 정보와 관련성을 가진 새로운 정보는 계속 배포해야 한다.
④ 정보는 사용자의 기호에 맞추어 배포되어야 한다.

15 다음 중 정보의 이용가치와 용이성의 관계에 대한 설명으로 올바르지 않은 것은?

① 정보를 활용하려면 전문가와 관계를 잘 유지해야 한다.
② 개인적으로 이용할 목적으로 관리하는 것은 개인적 가치이다.
③ 공공적 가치는 특허권과 저작권을 보호할 때 획득된다.
④ 상업적 가치는 경제활동의 대상으로서 정보를 말한다.

12
가공되지 않은 상태를 자료라고 부른다.

13
형식지가 언어와 문장으로 표현하기 쉽고, 암묵지는 표현이 쉽지 않다.

14
정보는 사용자의 기호에 맞추어 재가공될 경우 객관성을 잃어버릴 수 있다.

15
특허권과 저작권을 보호하는 것은 사적 가치를 보호하는 것에 해당한다.

정답 12 ② 13 ③ 14 ④ 15 ③

PART 02 Full수록 합격 **73**

16
정보는 다른 정보와 융합이 매우 용이하다.

16 다음 중 자원으로서의 정보에 대한 설명으로 올바르지 않은 것은?

① 정보는 자기 규제적이고 자체 조직적이라 융합이 되지 않는다.
② 정보는 데이터가 구조화된 집합이다.
③ 정보는 단편적이며 특정적이다.
④ 정보는 의미와 주제를 가지고 있다.

17
기술제도나 관리부분이 주도하는 관료제 하의 노동력의 중요성은 산업사회에서의 경제에 해당한다.

17 정보경제가 다른 경제분야와 차별화되는 요인이 아닌 것은?

① 노동력은 기술제도나 관리부분이 주도한다.
② 지식산업이 주도한다.
③ 현금유통보다는 신용유통에 기반을 둔다.
④ 국지적 시장이 아닌 국제적 시장이 대상이다.

18
정보화 사회에서는 산업시설이 자동화, 로봇화가 이루어지면서 인간을 대체하여 일자리에 대한 구조적 변동이 일어나게 된다.

18 정보사회의 장점과 단점에 대한 설명으로 바르지 않은 것은?

① 정보화 사회가 더욱 발전되면 산업도 급속도로 발전하여 산업시설은 기계화 내지는 자동화를 이루게 되어 다양한 일자리 창출이 일어난다.
② 사회참여의 기회가 늘어난다.
③ 운동량이 감소하고 이로 인해 여러 가지 질병이 등장한다.
④ 정보취약 계층은 정보의 사각지대에 놓이게 된다.

19
정보통신의 기술발전과 다양한 부문에서의 이동량 증가는 정보사회의 특징에 해당한다.

19 산업사회의 특징을 설명하는 내용으로 바르지 못한 것은?

① 대량생산과 대량소비라는 대규모의 경제활동, 모든 생활과 사회활동의 대중화의 특징을 갖는다.
② 도시적 생활양식이 주를 이루는 전 사회의 도시화가 일어난다.
③ 산업사회는 인간의 경제적 생활수준의 전반적인 향상이 가능하여 풍요사회라고 지칭하기도 한다.
④ 개인의 가용시간 증대와 정보통신 기술의 발전으로 다양한 부문에서 이동이 증가한다.

정답 16 ① 17 ① 18 ① 19 ④

20 다음 중 정보사회의 특징에 대한 설명으로 바르지 않은 것은?

① 행정서비스가 원스톱 혹은 논스톱으로 개선되었다.
② 참여민주주의가 확대되면서 권력남용이 사라졌다.
② 조직이 피라미드형에서 네트워크형으로 전환되었다.
④ 전자정부의 실현으로 정치적 참여가 늘어났다.

21 정보사회의 고용구조에 대한 설명으로 바르지 않은 것은?

① 고용의 유연화로 비정규직이 확대되면서 소득불평등이 증가하고 있다.
② 여성이 정규직 노동자로 진입할 수 있는 기회가 확대되었다.
③ 정규직 노동자보다 임시직, 파트타임 노동자가 더욱 증가하고 있다.
④ 대기업은 비핵심 업무를 아웃소싱 하고 있다.

22 다음 중 소프트화에 대한 설명으로 바르지 않은 것은?

① 사회적응을 위해서는 유연성이 요구된다.
② 고정된 사회가 아니라 변화되면서 흘러가는 사회가 만들어진다.
③ 사회시스템이 복잡해지고 변화로 인한 불확실성이 커진다.
④ 수평적 협력에 의해 움직이는 민주적 사회가 구축된다.

23 다음 중 정보사회의 조직 내 변화에 대한 설명으로 바르지 않은 것은?

① 효율적 의사결정을 돕게 되어 중간관리자의 역할이 축소된다.
② 조직 내 고위임원단의 숫자가 감소하게 된다.
③ 완전자동화로 인해 제조원가가 감소한다.
④ 상향식 의사구조결정이 나타난다.

24 다음 중 다니엘 벨이 주장하는 탈산업사회의 특징에 대한 설명으로 바르지 않은 것은?

① 블루칼라보다 화이트칼라의 비중이 커진다.
② 지식, 기술, 연구개발이 기업 활동의 핵심이 된다.
③ 경제는 제조업보다 서비스산업이 발전하게 된다.
④ 단순하고 총괄적인 지식이 더 중요하게 된다.

정답 20 ② 21 ② 22 ④ 23 ② 24 ④

25
나이스비트는 단기에서 장기로, 산업사회에서 정보사회로, 그리고 대의민주주의가 참여민주주의로 변모할 것이라고 예측하였다.

25 다음 중 존 나이스비트가 제시한 정보사회의 특징은?

① 장기정책에서 단기정책으로

② 고도사회에서 정보사회로

③ 중앙집권화에서 지방분권화로

④ 참여민주주의에서 대의민주주의로

26
관료제적 분업조직은 제2의 물결에서 나타난 조직원리에 해당한다.

26 앨빈 토플러의 정보사회 조직원리로 보기 힘든 것은?

① 분산화

② 관료제적 분업조직

③ 분권화

④ 소규모화

27
앨빈 토플러는 정보화혁명이 20~30년 사이에 이루어질 것이라고 예견하였다.

27 다음 중 앨빈 토플러에 대한 설명으로 바르지 않은 것은?

① 정보화혁명은 향후 100년에 걸쳐 달성될 것이라고 보았다.

② 미국의 대표적인 미래학자로서 정보화혁명의 도래를 예견했다.

③ '제3의 물결'에서 재택근무, 전자정보화 가정 등의 용어를 사용하였다.

④ 『미래의 충격』이라는 책에서 기업의 리스트럭처링은 끊임없이 진행될 것이라고 주장하였다.

28
앨빈 토플러는 『제3의 물결』을, 다니엘 벨은 『이데올로기의 종언』을 그리고 네그로폰테는 『디지털이다』를 저술하였다.

28 다음 중 정보사회와 관련된 책의 저자와 제목이 바르게 연결된 것은?

① 앨빈 토플러 - 『디지털이다』

② 프랭크 웹스터 - 『정보사회이론』

③ 다니엘 벨 - 『제3의 물결』

④ 니콜라스 네그로폰테 - 『이데올로기의 종언』

29
네트워크사회에서는 교류를 통한 지식의 상호교환을 더 강조한다.

29 다음 중 네트워크사회에 대한 설명으로 바르지 않은 것은?

① 구조와 계층을 중시하는 조직을 파괴한다.

② 외부 환경변화에 신축적으로 대응한다.

③ 경직되지 않고 유연한 조직구조를 지향한다.

④ 지식과 정보를 교류하기보다는 축적하는데 중점을 둔다.

정답 25 ③ 26 ② 27 ① 28 ② 29 ④

30 다음 중 마누엘 카스텔이 주장한 정보사회에 해당하는 것은?

① 네트워크 사회

② 디지털 사회

③ 사이버 사회

④ 인터넷 사회

30
『네트워크 사회의 도래』를 통하여 네트워크 사회의 개념을 이론화하였다.

31 정보사회의 기술결정론에 대한 설명으로 바르지 않은 것은?

① 사회변동의 핵심은 기술이라고 판단한다.

② 기술의 발전은 구체적인 시간 및 공간과 무관하다.

③ 기술발전은 한번 시작되면 중단이 어렵다.

④ 기술발전은 특정 사회 및 정치적 맥락에 의하여 결정된다.

31
기술발전이 그 사회의 정치적, 문화적 그리고 역사적 맥락을 통해 결정된다고 보는 입장은 사회문화결정론의 관점이다.

32 '모조품이 실재보다 더 선명하게 느껴지는 것'을 지칭하는 말은 무엇인가?

① 악어효과

② 디즈니랜드 효과

③ 투사효과

④ 시뮬라시옹

32
장 보드리야르의 시뮬라시옹은 원본 없는 이미지가 현실을 대체하며 이미지 자체가 더 현실적이라고 강조하는 입장이다.

33
경영학자인 테일러가 창시한 과학적 관리 기법이다. 노동자의 움직임, 동선, 작업 범위 등 노동 표준화를 통하여 생산 효율성을 높이는 체계로서, 노동의 관리 방법은 작업 과정에 대한 세밀한 연구를 통하여 각각의 작업들을 정확하게 시간이 부여되고 조직화된 단순 조작들로 세분화하는 것이다.

33 다음 중 정보사회와 관련된 이론으로 바르지 않은 것은?

① 포스트포디즘

② 테일러리즘

③ 후기산업사회

④ 탈근대론

정답 30 ① 31 ④ 32 ④ 33 ②

34

하버마스(Habermas)는 "공론장(public sphere)은 여론이 만들어질 수 있는 우리 사회 삶의 영역이며. 공론장은 모든 사람들에게 열려 있다"고 주장했다. 다시 말하면. 공론장은 자유로운 사적 개인이 모여 이성적이고 합리적인 소통 행위를 통해 공공선을 추구하는 이념적. 도덕적. 정치적 소통 행위의 모델이라고 하버마스는 설명했다. 정부는 공론장에 대한 봉건화를 시도하며 시민사회는 이를 방어하기 위한 공론을 형성한다.

35

하이퍼컬처란 빠른 것을 최고의 가치로 여기는 미래의 속도경쟁 문화를 의미한다. 컴퓨터와 네트워크기술이 발달하면서 나타나는 새로운 사회상이다. 빌게이츠가 『생각의 속도』에서 밝혔듯이 앞으로 다가올 10년 동안에 지난 50년간의 변화보다 더 빠른 속도의 생활변화가 일어날 것으로 전망된다. 즉. 변화의 속도에 적응하지 못하면 정보화 사회에서 낙오하게 될 것이라는 주장이다.

36

낙관론자들은 정보에 대한 손쉬운 접근이 가능해지며. 이로 인해 부와 권력의 분산이 가능하다는 견해를 보인다. 반면 비관론자들은 정보가 사회적 가치화 됨에 따라 기업과 권력은 정보에 대한 접근을 체계적으로 제한함으로써 자신들이 지닌 가치를 높이려 하며. 정보의 상업화가 가속화되어 결국 부와 권력의 집중을 가져올 것이라고 주장한다.

34 다음 중 하버마스의 공론장에 대한 설명으로 바르지 않은 것은?

① 공론장은 의사소통의 합리성에 지배되는 공간이다.
② 공론장이 유지되기 위해서는 대중들의 역할이 중요하다.
③ 공론장은 정부로부터 독립성과 자율성을 누리는 공간이다.
④ 정부는 공론장에서 시민들이 자유롭게 토론하도록 독려한다.

35 다음 중 장 보드리야르가 제시한 개념에 해당하지 않은 것은?

① 시뮬라시옹
② 하이퍼컬처
③ 기호학
④ 시뮬라크르

36 다음 중 정보사회 담론에 대한 설명으로 바르지 않은 것은?

① 정보사회가 이전의 사회와 질적으로 다른지 여부에 따라 연속론과 단절론으로 구분된다.
② 정보사회의 변화가 긍정적인지 여부에 따라 낙관론과 비관론으로 구분할 수 있다.
③ 정보사회의 진전으로 기존의 경제구조가 변한다는 입장은 비관론에 해당한다.
④ 정보기술의 힘과 영향력을 따라 기술결정론과 사회구조론으로 구분할 수 있다.

37 다음 중 위험사회에 대한 설명으로 바르지 않은 것은?

① 위험 여부가 모든 의사결정의 우선순위에 놓이는 사회를 의미한다.
② 사회의 불평등 구조를 망라한 위험을 모두 포괄한다.
③ 위험사회에서 개인은 집단의 구성원으로써 위험에 직면한다.
④ 위험은 지구화의 경향을 보이며 보편성을 가진다.

38 다음 중 존 나이스비트의 '메가 트렌드'에 대한 설명으로 바르지 않은 것은?

① 국가경제체제에서 세계경제체제로 변화한다.
② 대의민주주의에서 참여민주주의로 이행한다.
③ 미국의 근로자들은 남부 지역에서 북부 지역으로 이동한다.
④ 제도적 복지사회에서 자조적 사회로 진전한다.

39 다음 중 기술 자체는 중립적일 수 있지만, 기술의 이용방식은 중립적일 수 없다는 주장과 관련된 사조는?

① 사회구조론
② 기술결정론
③ 사회유기체론
④ 탈산업사회론

40 정보사회의 낙관론과 관련이 적은 내용은?

① 정부관료제가 확산되면서 분권화가 발생한다.
② 일상생활의 편리함에서 미디어의 발달, 네트워크로 연결된 방대한 정보 등 다양한 혜택을 누릴 수 있다.
③ 정부는 다양한 채널을 통해 국민의 의견을 수렴할 수 있다.
④ 성역할 개념이 퇴색하고 여성의 사회진출 증대와 여가선용의 기회가 확대되었다.

37
위험사회론이 주의를 끄는 데는 '위험사회'란 용어 자체의 주의 환기성도 작용하고 있다. 즉, 최소한 우리에게 '다가오는 현실(Becoming Real)'로서 어떤 종류, 어떤 성격의 위험이 도사리고 있는가에 대한 탐색의 동기부여를 '위험사회'라는 말이 유발한다는 의미다. 물론, 위험 여부에 대한 고려가 개인과 사회의 일상적 결정의 우선적인 기준이 되는 '2차적 현대성'이, 현대사회의 본질을 설명하는 사회학적 통찰이 될지에 대한 최종적인 판단은 미룬다 하더라도 말이다.

38
근로자들은 전통성이 강한 북부와 동북부로부터 개방적이고 자유분방한 남부, 남서부로 이동하고 있다.

39
사회구조론에서 기술의 위치는 수단적 요소에 해당하며 기술의 이용방식은 기술을 이용하는 주체에 따라 달라질 수 있다는 입장이다.

40
관료제는 산업사회의 대표적인 현상에 해당한다.

정답 37 ③ 38 ③ 39 ① 40 ①

정보사회의 현실

01 정보화의 리스크와 정보 윤리

01 디지털 중독

1. 정의

(1) 총체적 개념으로 인터넷이나 스마트폰 또는 SNS 중독 등과 같은 개념을 모두 포괄한다. 보통 디지털 중독이라고 하면, 일상생활이 곤란할 정도로 컴퓨터, 인터넷, 스마트폰 등을 과도하게 사용하는 것으로 좀 더 정확한 용어는 '디지털 중독 장애(Digital Addiction Disorder)'라고 할 수 있다.

(2) 디지털 중독은 디지털 기기의 지나친 남용이나 금단을 포함하는 과도한 의존, 지나친 사용으로 자신에게 어떤 불이익이 발생할 수 있다는 사실을 알면서도 반복적으로 사용하는 통제력 상실 및 강박적 증상을 포함한다.

(3) 인터넷 중독 장애(IAD; Internet Addiction Disorder)라는 말은 골드버그(Goldberg)가 1996년 처음 언급하였으며 인터넷이 다른 중독 증상과 마찬가지로 내성과 금단 현상 및 심리·사회적 문제를 야기할 수 있다는데서 비롯된다.

(4) 영(Young)은 인터넷 중독을 새로운 중독장애의 일종으로 분류하면서 "인터넷중독이란 인터넷 사용에 의존하는 사람들이 중독적 행동 양상을 보이는 것으로 인터넷 사용이 병리적 도박이나 섭식장애, 알콜 중독 등의 다른 중독들과 비슷한 양상으로 학문적·사회적·재정적·직업적 생활에 부정적 영향을 미치는 것이다."라고 정의하였다.

2. 디지털 중독의 종류

(1) **게임 중독**: 강박적으로 컴퓨터 게임을 하는 것을 말한다.

(2) **사이버관계 중독**: 사이버상의 관계에 과도하게 집착하는 것을 말한다. 채팅이나 이메일 등을 통해 관계를 시작하며 유지하게 된다.

(3) **사이버섹스 중독**: 이것은 성인 사이트를 통해 가상적인 섹스를 즐기고 더욱더 자극적인 것을 찾기 위해 성인 대화방(채팅)이나 성인 사이트를 충동적으로 찾고 모든 시간을 투자하는 유형이다.

(4) **네트워크 강박증**: 충동적인 온라인 도박, 쇼핑, 경매를 하거나 강박적으로 온라인을 통해 매매하는 것을 말한다.

(5) **정보과몰입**: 웹 서핑, 자료검색, 홈페이지 구축 등에 중독적으로 매달리는 현상을 가리킨다.

3. 디지털 중독의 원인

(1) 사회 환경적 요인

① 건전한 놀이문화의 부재

② 핵가족화 및 가정해체

③ 접근의 용이성

(2) 인터넷 자체의 속성

① 끊임없는 재미와 호기심의 충족: 인터넷을 통한 게임은 다른 참여자들과 상호교류를 통해 전개되기 때문에 그만큼 변수도 다양하고 흥미진진하여 흡입력과 중독성이 강하다.

② 새로운 인격창출: 인간은 누구나 현실의 자기 모습에 대한 불만이 있기 마련이다. 온라인 속에서는 자기의 모습을 얼마든지 새롭게 창조할 수 있다. 따라서 현실의 모습에 불만이 많을수록, 왜곡된 자아상을 가지고 있을수록, 자기 존중감이 낮은 사람일수록 인터넷에 빠질 가능성이 높아진다. 현실 도피의 한 방편으로 게임을 이용한다.

③ 익명성과 탈억제: 익명성은 이러한 스스로의 통제력을 약화시키는데 중요한 역할을 한다. 따라서 온라인상에서 쉽게 공격적인 성향을 보이는 등의 사회문제가 일어날 소지가 많다.

④ 시간 왜곡 현상: 인터넷에 빠져 있으면 시간이 빠르게 흐른다.

⑤ 강한 친밀감: 온라인상에서는 현실에서보다 더 빨리, 더 깊이 유대감이 형성된다. 같은 관심사를 가지고 만났기 때문에 마치 현실세계의 동호회처럼 공감대가 형성된다.

(3) 개인적 특성

① 낮은 자아존중감과 우울: 인터넷은 사회생활에 적응하지 못하거나 다른 사람들의 인정을 받지 못해 자존심에 상처를 입기 쉬운 사람들에게 매우 유혹적인 공간으로 여겨진다. 실생활에서 자신의 모습이 아닌 인터넷에서는 자신의 이상적인 모습을 가질 수 있기 때문이다.

② 대인관계 능력 부족: 인터넷 중독은 인터넷 자체로 인해 유발되는 것이 아니라 현실 세계에서 충족되지 못한 사회적 욕구를 대체하는 수단으로 이용된다. 따라서 인터넷에 초점을 두어 문제를 논의하기보다는 왜 특정인들이 현실의 인간관계를 회피하고 사이버 공간으로 도피하는지를 파악해야 한다.

③ 스트레스 대처 능력 부족: 한스 셀리에(Hans Selye)박사의 정의에 의하면 스트레스란 생성된 어떤 요구에 따른 신체의 비특이적 반응을 말한다. 스트레스에는 우리 몸에 도움을 주는 좋은 스트레스, 우리 몸에 혼란을 야기하는 나쁜 스트레스가 있다. 스트레스를 극복하기 위해서는 스트레스 원인을 먼저 이해하고 스트레스를 해소하기 위한 방안을 찾아야 한다.

④ 문제의식의 부재: 인터넷 중독은 물질 장애와는 달리 인터넷 자체가 가지고 있는 긍정적인 혜택들 때문에 인터넷 사용으로 인한 문제의식을 갖기는 쉽지 않다. 이는 인터넷이 생활화되면서 그 유용한 혜택들이 중독인지 편리한 기능들을 사용하고자 하는 것인지에 대한 구분이 애매하기 때문이다. 실제로 인터넷 중독 경향이 있는 청소년의 부모님과 주변인들도 다른 중독 장애와 달리 인터넷으로 인한 문제를 잘 인식하지 못하고 있다.

4. 스마트폰 중독

(1) 의의: 스마트폰을 과다하게 사용하여 스마트폰 사용에 대한 금단과 내성을 지니고 있으며, 이로 인해 일상생활 장애가 유발되는 상태를 말한다.

(2) 내성: 스마트폰 사용시간이 점점 더 늘어나 나중에는 많이 사용해도 만족감이 없다.

(3) 금단: 스마트폰을 과다하게 사용하여 스마트폰이 없으면 불안하고 초조함을 느낀다.

(4) 일상생활장애: 스마트폰을 과다하게 사용하기 때문에 가정, 학교, 직장 등에서 문제를 일으킨다.

(5) 가상세계지향성: 직접 현실에서 만나서 관계를 맺기보다는 스마트폰을 활용해서 관계를 맺는 것을 선호한다.

(6) 스마트폰 중독 유형

① 정보 검색 중독 : 자신에게 정말 필요한 것보다는 정보수집 자체에 집착하여 강박적으로 웹 사이트나 자료를 검색하는 경우

② 모바일 메신저 중독: 모바일 메신저를 통한 인간관계에 몰두해 실제 인간관계를 등한시 하는 경우

③ SNS 중독: 개인홈페이지, 인터넷동호회 등을 운영하거나 소셜 네트워크 서비스를 사용하는 데 과도하게 시간을 할애하는 경우

④ 앱 중독(앱피로 증후군): 스마트폰에서 모바일 앱을 끊임없이 설치하는 경우

⑤ 모바일 게임 중독: 스마트기기를 통한 게임을 과다 사용하는 경우

⑥ 모바일 성인용콘텐츠 중독: 섹스나 포르노 등의 모바일 콘텐츠를 강박적으로 계속 드나드는 경우(음란채팅, 음란물공유, 야동, 야설 등)

---

02 인포데믹스(Infodemics)

1. 정의

(1) 정보전염병이라고 일컬어지는 인포데믹스는 'Information(정보)'과 'Epidemic(전염병)'의 합성어로, 위험에 대한 잘못된 정보나 행동에 관한 루머들이 인터넷, 휴대전화 등과 같은 IT 기기나 미디어를 통해 빠르게 확산되어 근거 없는 공포나 악소문을 증폭시켜 사회, 정치, 경제, 안보 등에 치명적인 위기를 초래하는 것을 의미한다.

(2) 2003년 미국 워싱턴에 있는 컨설팅업체인 인텔리브리지(Intellibridge)의 회장 데이비드 로스코프(David J. Rothkopf)가 『워싱턴포스트(The Washington Post)』에 언급하면서 처음 거론되었다.

(3) 인포데믹스는 트위터, 페이스북과 같은 소셜 네트워킹 서비스(SNS; Social Networking Service)에 가입한 이용자들이 서로 정보와 의견을 공유하면서 대인관계망을 넓힐 수 있는 플랫폼인 소셜 미디어의 발전과 연계가 깊다.

2. 발생원인

(1) 소셜 미디어의 정보 생산, 소비의 주체인 개인의 책임 문제로 인포데믹스가 발달했다. 실제로 사생활 침해, 사이버 테러 및 범죄 등 소셜 미디어로 인한 파급효과를 개인이 과소평가함으로써 많은 이들이 피해자 또는 가해자가 될 수도 있다. 또한 윤리 의식 부족으로 언어폭력, 인신공격, 불건전한 정보의 유통 등 충동적 감정이나 행동을 그대로 표출하거나 개인의 정보 분별 능력 부족으로 불완전하고 왜곡된 정보를 비판적인 의식이나 판단 없이 그대로 받아들이는 경향이 지배적인 것도 인포데믹스 심화에 영향을 미칠 수 있다.

(2) 인포데믹스 방지에 취약한 구조를 지닌 소셜 미디어의 관련 시스템도 원인이 된다. 지역적 제약이 없기 때문에 국가가 독자적 규제를 마련하기 어렵고, 본인 확인 절차가 없는 간단한 가입으로 타인 계정을 사칭해 사생활을 침해하거나 왜곡된 정보를 유통시킬 우려도 높다.

(3) 소셜 미디어를 둘러싼 우리 사회의 의식이나 제도적 문제 역시 중요한 원인이다. 많은 이용자들은 정보 재생산, 공유, 확산 과정에서 익명성의 편리함에 길들여져 타인에 대한 인격 모독, 유언비어 유포 등의 문제점에 대한 책임 의식이 부족하다. 하지만 이러한 문제점이 불거짐에도 불구하고 소셜 미디어 상에서 개인의 자유를 보장하는 이상 이를 강제적으로 제어할 수 있는 법·제도의 수립도 쉽지는 않은 상황이다.

3. 탈진실

(1) **정의**: 여론을 형성할 때 객관적인 사실보다 개인적인 신념과 감정에 호소하는 것이 더 큰 영향력을 발휘하는 현상을 말한다.

(2) **탈진실의 유래**
① 이름 없는 이들의 거짓 소문들로부터 시작된다기보다는 말과 정보의 독점적 권위를 갖고 이를 확산할 메가폰을 쥔 이들에 의해 시작된다.
② 가짜뉴스는 우리에게 '초현실(Hyperreality)' 효과를 더한다. 즉 현실에 더 가까울수록 영상들은 그만큼 더 현실을 벗어난 것처럼 보인다.
③ 초현실을 더욱 부채질하는데는 기술적으로 '필터버블(Filter Bubble)' 효과가 있다. 필터버블은 맞춤형 데이터에 익숙해져 그것의 과잉 정보 수취가 이루어지면서 각자가 편향된 정보 거품에 갇히게 되는 효과이다.
④ '실재의 소멸' 효과가 궁극적으로 발생한다. 탈진실, 초현실, 필터버블의 3중 효과는 모든 역사적, 인본적, 사회적인 가치들의 자명한 질서를 불완전하고 비결정적인 지위로 만들어버린다.

4. 가짜뉴스

(1) 정의

① 상업적 또는 정치적 의도를 가지고 전통적 뉴스 매체나 소셜 미디어를 통해 전파되는 거짓 정보, 의도적으로 잘못된 정보, 미확인 뉴스 등을 말한다.

② 해외의 개념

    ㉠ 풍자 뉴스는 전통적인 저널리즘 양식을 모방하여 비판적이고 풍자적으로 비꼬는 것을 의미

    ㉡ 패러디 뉴스는 유머에 의존하여 청중을 끌기 위한 것

    ㉢ 사기 뉴스는 정당성을 창출하는 뉴스 기사의 형식을 갖추고 있으나 사실적 근거가 없는 것

    ㉣ 사진 조작은 잘못된 서사를 만들어내기 위해 실제 이미지나 영상을 조작하는 것

    ㉤ 광고 및 홍보는 트래픽을 유도하거나, 네이티브 광고(Native Advertising), 클릭 베이트 등을 통해 상업적 혹은 경제적 이익을 취하려는 것

    ㉥ 선전은 대중의 인식에 영향을 미치기 위해 정치적 목적을 가지고 만들어낸 뉴스 기사로, 궁극적 목적은 공적인 특정 인물, 조직, 혹은 정부의 이익을 위한 것

(2) 가짜뉴스의 배경

① 정보화 · 정보통신기술의 발전에 따른 뉴스 생산 및 유통 구조의 변화

② 과학기술의 비약적 발전에 따른 정교한 조작의 가능성

③ 정보의 범람과 사실 확인의 어려움

④ 필터버블과 확증편향

⑤ 기성 언론에 대한 불신과 정치적 양극화

5. 인포데믹스가 초래하는 문제점

(1) 국가 안보(특히 우리와 같은 분단국가에서)와 관련되어 있거나 국가 차원의 총력 대응이 필요한 심각한 질병 발생 사안 등에서 인포데믹스 현상을 빈번하게 경험하고 있다.

(2) 질병과 관련한 괴담도 소셜 미디어를 통해 확산되었다.

(3) 프라이버시를 심각하게 침해하는 루머도 소셜 미디어를 통해 만들어지고 유포되어 개인에게 피해를 주고 있다.

(4) 소셜 미디어를 통해 퍼진 루머가 경제적 혼란을 초래할 수도 있다.

03 스마트 감시

1. 디지털 감시

(1) 정보화가 진전될수록 개인의 신상에 관한 정보는 정부와 기업의 거대 데이터베이스에 모인다. 네트워크를 활용한 의사교환과 상거래가 활발하게 이루어지면 개인의 신상에 관한 정보뿐만 아니라 네트워크를 통해 이루어진 개인의 생각과 활동까지도 데이터베이스에 축적된다. 정부는 이를 주민 통제의 도구로 사용할 수 있고, 기업은 상업 목적으로 소비자 정보를 활용한다. 이것이 '데이터베이스 기반 감시(Database Based Surveillance)'이다.

(2) 국가 권력과 자본에 의한 감시와 통제는 자본주의 사회에서 일상적으로 이루어진다. 국가 권력은 사회 구성원의 활동과 사회적 환경을 토대로 그들이 무엇을 생각하는지, 어떤 행동을 할 것인지를 예측하고 통제한다.

2. 전자 감시

(1) 데이터베이스를 활용해 개인의 생각과 행동을 감시하는 것을 말한다. 개인의 신상에 관한 주민등록정보가 경찰청의 범죄 기록 데이터베이스와 연동되어 활용되기는 매우 쉬운 일이다. 공공질서 유지와 사회의 안녕이라는 명목 아래 공공연하게 이루어지고 있는 국가권력의 감시와 통제에서 자유롭지 못한 것이다.

(2) 전자 감시는 비단 국가 권력에 의해서만 이루어지지 않는다. 정보기술이 생산에 도입되면서 각종 감시와 통제 기술이 발전하게 되고 작업장에서는 각종 신기술을 활용해 노동자의 작업 과정을 낱낱이 감시하고 통제한다. 작업반장이나 감독의 눈이 아니라 전자 눈으로 감시와 통제가 이전되고 있다. 감독관의 노골적 통제에서 정보와 기계를 활용한 통제와 감시로 옮겨지고 있는 것이다.

(3) 전자 감시와 통제는 현실 세계뿐만 아니라 사이버 스페이스에서 더욱 공공연하게 이루어진다. 사이버 스페이스는 컴퓨터 네트워크를 통해 이루어지는 정보와 생각의 나눔터이다. 이곳에서는 갖가지 생각이 오가고, 공동체가 만들어지고, 아이디어와 생각과 의견이 교환된다. 그러나 사이버 스페이스는 전자기술을 활용해 만들어지는 공간으로 전자기술을 활용한 감시와 통제가 일상적으로 이루어질 수 있다.

(4) 소셜 네트워크 서비스와 클라우드 컴퓨팅이 결합하면서 인터넷 이용 자체가 감시의 대상으로 변화하고 있다. 자유의 왕국이라 불리는 인터넷에서 프라이버시는 감시로부터 결코 자유롭지 못하다. 전자 감시에 대한 사회적 대책을 마련하지 않는다면 사이버 스페이스는 자유의 왕국이 아니라 감시와 통제의 왕국으로 전락할 수 있다.

3. '빅브라더'와 '디지털 팬옵티콘'

(1) 조지 오웰(George Orwell, 1903~1950)의 소설인 『1984』에서는 모든 사람들을 감시하는 허구적 독재자로서 '빅브라더(Big Brother)'가 언급된다. 소설 속에서 빅브라더는 모든 사람들의 일거수일투족을 감시한다. 일터는 물론 화장실과 같은 은밀한 공간에서도 감시의 눈을 피하기 어렵다.

(2) 팬옵티콘은 그리스어의 '모두'를 뜻하는 'Pan'과 '본다'를 뜻하는 'Opticon'을 합성한 말로, 죄수를 효과적으로 감시할 목적으로 고안된 원형 감옥을 의미한다. 팬옵티콘은 가장 바깥쪽에 원형의 높고 긴 담을 둘러치고 케이크나 피자를 자르듯이 부채꼴 모양으로 칸을 나누어 놓은 형태로, 단 한 사람의 간수로도 다수를 완벽하게 감시할 수 있다. 벤담에 의해서 근대적 감옥의 이상적인 모델로 제출되었지만 실현되지 못했다.

(3) 푸코는 『감시와 처벌』에서 '최대 다수의 최대 행복'이라는 기치를 내걸었던 벤담의 공리주의가 역설적이게도 팬옵티콘이라는 감시의 메커니즘을 낳았다고 보았다. 당시에는 아이디어에 그쳤지만 벤담이 창조했던 팬옵티콘의 감시 원리가 사회 곳곳에 자동 규율 장치로서 정착되었다는 것이다.

(4) 팬옵티콘에 수감된 죄수는 보이지 않는 곳에서 간수가 자신의 행동을 모두 관찰하고 감시한다고 생각하기 때문에 스스로 규율을 어기지 않도록 노력하고 내면화하는데, 이 과정이 바로 현대사회에도 그대로 적용된다는 것이다. 생활 도처의 '감시'를 사람들이 자연스러운 일상으로 받아들이게 된 것이다.

(5) 인터넷의 접속기록과 다양한 비정형 정보들이 증발되지 않고 남아서 누군가에 의해 수집되고 활용될 수 있다. 스마트폰에 깔아 놓은 앱을 통해 내가 방문한 장소들이 제3자에게 감시당할 수도 있다. 이러한 경향은 모든 것이 네트워크로 연결되는 초연결 사회(Hyper-Connected Society)로 접어들면서 더욱 심화될 가능성이 높다. 만물(萬物)이 나를 감시하는 '디지털 팬옵티콘'의 시대가 열리는 것이다.

4. 감시의 일상화 – 거대 권력에서 개인 간 감시로

(1) 2013년 미국 국가안보국(NSA; National Security Agency) 직원이었던 에드워드 스노든(Edward Snowden)이 미국 정부의 광범하고도 무차별적인 정보 수집 행위를 폭로한 사건인 소위 '스노든 사건'이 발생하면서 정부의 민간 감시에 대한 논쟁이 세계적으로 확산되었다. 국내에서도 2015년 국정원이 해킹 프로그램인 'RCS(Remote Control System)'를 이용해 개인 PC를 해킹하려 했다는 의혹이 불거지기도 했다. 시민을 위한 안전장치로 만든 도구가 감시의 도구로 이용되었다는 것이다.

(2) 미국 뉴욕시는 2012년 마이크로소프트(MS)와 합작으로 개발한 첨단 범죄 감시 시스템 'DAS(Domain Awareness System)'를 선보였다. DAS는 뉴욕시 전역에 있는 3,000대의 CCTV 카메라와 수백여 대의 차량 번호판 인식 카메라, 방사선 측정 장비 등으로부터 받아들인 정보를 경찰 정보 데이터베이스와 연계, 실시간으로 정리해 보여 주는 장비로, 잠재적 범죄 시도를 막아 내는 등의 성과를 내기도 했다. 하지만 시스템 자체의 보안과 관리자 및 활용 인력의 도덕적 해이로 개인 정보가 유출되기도 하고, 원치 않는 CCTV 촬영으로 인해 프라이버시를 침해할 가능성도 있다.

(3) 문제는 우리가 정보를 제공하지 않거나 인식하지 못하는 사이에도 개인 정보가 수집될 수 있다는 것이다. 디지털 기술과 인터넷 네트워크의 발전으로 인해 우리의 개인 정보가 전자 공간 어딘가를 부유(浮游)하면서 벌어진 현상이다. 이렇게 기업들의 개인 정보 수집에 대한 비판이 높아지면서, 구글은 소비자가 안경을 쓰기만 해도 정보를 수집할 수 있는 스마트 안경 '구글 글래스(Google Glass)'를 출시했다가 사생활 침해 논란으로 판매가 중지되었다.

(4) 스마트폰이라는 개인 휴대 매체가 일반화되면서 개인 간 감시, 더 나아가 디지털 마녀사냥이 심각한 사회문제가 되고 있다.

(5) 무선전파로 조종할 수 있는 무인항공기를 의미하는 드론(Drone)이 감시와 사생활 침해 논란의 중심에 있다. 사람의 머리 위에서 아무런 제한 없이 촬영을 한다는 점 때문에 프라이버시 침해 가능성이 있다.

04 디지털 격차

1. 디지털 격차의 정의

(1) 디지털이 보편화되면서 이를 제대로 활용하는 계층(階層)은 지식이 늘어나고 소득도 증가하는 반면, 디지털을 이용하지 못하는 사람들은 전혀 발전하지 못해 양 계층 간 격차가 커지는 것을 의미한다.

(2) 신기술 개발은 일반적으로 인간의 삶을 풍요롭고 편리하게 하지만, 새로운 기술들은 대체로 가격이 비싸고 다루기가 복잡하기 때문에 지식과 재산을 가진 특정한 계층이 접근하기 쉽다.

(3) 디지털 격차는 단순히 '정보'의 격차에만 한정되지 않고 인식과 생각의 격차, 감정의 격차, 문화의 격차로 확대되면서 새로운 사회적 격차와 갈등으로 작동할 개연성을 높이고 있다. 이에 기회확충(Opportunity), 포용, 포섭 또는 통합(Inclusion)을 중심으로 하여 접근성(Access)과 활용성(Usage) 향상 관점에서 연구와 정책 개발이 이루어지고 있다.

2. 디지털 격차의 특징

(1) 인터넷과 같은 신기술의 등장은 필연적으로 한 사회에 급격한 변화를 가져옴
① 신기술은 경제적 변화를 초래하나 이에 못지않게 사회변동을 수반하며, 특히 지식기반사회에서는 전체 사회구조에서 핵심 동력으로 작용한다.
② 신경제시스템에서 정보는 자본이자 상품으로 독점화 경향이 강하다.
③ 승자독점경제에 기반한 신기술의 속성은 혜택을 받는 자와 받지 못하는 자 사이의 간격을 더욱 심화한다.
④ 네그로폰테의 『디지털이다』는 기술의 변동뿐만 아니라 생각하는 양식과 생활양식의 변동을 의미한다.

(2) 디지털 사회는 인적 자본 투자 여부에 따른 계층간 경제적 격차를 가속화

① 지식이 부의 새로운 근거가 되면서 쓸모있는 지식의 소유 여부에 따른 '빈익빈 부익부' 현상이 산업 사회보다 더욱 심각하다.

② 디지털 사회의 인적 자본 투자는 산업사회보다 더 큰 의미와 파급효과를 가진다.

③ 디지털 사회에서는 소득과 직업이 특정 지식과 기술 소유 정도에 크게 영향을 받으며, 지식과 기술 의 습득은 인적 자본의 투자에 비례한다.

④ 유형의 재산과 자산의 중요성은 점차 감소하는 반면 무형의 자산으로서 교육이나 훈련 등으로 얻게 되는 인적 자본의 중요성은 빠르게 증가한다.

(3) 디지털 사회의 계층 간 격차 더 크게 만듦

① 인적 자본의 전이를 통해 경제적 지위를 '대물림' 받는 경향 때문이다.

② 고소득이면서 제대로 된 교육을 받은 부모를 둔 아이들은 가정이라는 사적 제도를 통해 인적 자본 을 여유 있게 획득하는 반면 중산층 이하의 가정에서는 사교육 부문에 투자할 여유가 부족하다.

③ 향후 사회활동 참여시 더 좋은 직업과 소득을 갖는데 중요한 영향을 미쳐 새로운 부의 재생산으로 나타난다.

3. 디지털 격차의 발생 배경

(1) 지식과 정보의 불균형

① 세계적으로 정보화가 급속하게 진행되었지만 정보를 가진 자와 못 가진 자의 격차가 더욱 심화된다.

② 디지털 사회에서 정보통신 기술은 부자와 빈자 간의 불평등과 배제를 초래하는 새로운 기제로 등장 한다.

③ 학교와 사회에서 인터넷과 같은 새로운 정보통신기술의 활용을 지나치게 강조함으로써 가난한 학 생들은 학교와 가정에서 모두 불이익을 받게 된다.

(2 사회통합의 걸림돌로 작용

① 디지털 격차의 문제를 중산층 복원 대책의 하나로 인식하고 계층간 부의 격차가 커지는 부정적 시 나리오를 검토한다.

② 악순환: 중산층의 몰락 → 사교육비 지출 감소 → 교육의 질 격차 → 디지털 격차 → 중산층 복원의 장애물

4. 사회적 장벽으로서 디지털 격차

(1) 디지털 격차는 정보 보유 차이에 따른 '물리적 장벽' 이외에 '사회적 장벽'이 존재함

① 정보의 빈자들은 디지털화된 기기들을 삶과 접목시키려는 의지가 약하며 일상 언어 등에서도 정보 를 가진 자가 더 유리하다.

② 사회의 디지털화는 삶의 양식이 인터넷에 의존하는 것을 의미한다.

③ 정보시스템을 능숙하게 사용하지 못하는 정보 빈자들은 '20:80의 사회'에서 배척되어 80%로 삶을 영위한다.

④ 결과적으로 디지털 격차는 사회통합을 저해하는 요소로 작용한다.

⑤ 컴퓨터나 인터넷 등 정보수단의 중요성은 온라인으로 책을 사거나 채팅하는 접근성만을 의미하는 것은 아니며, 개개인의 경제적 성공과 발전을 결정짓는 핵심적 요소가 된다.

(2) 디지털 격차는 궁극적으로 한 사회의 계층 구성에 큰 변화

① 기호철학자인 움베르토 에코는 디지털 사회의 시민 계급이 3가지로 분화될 것임을 주장한다.

　㉠ TV만 보고 주어진 영상만 받아들이려 하는 프로렉스(Prolex)

　㉡ 소극적이고 수동적인 방법으로 컴퓨터를 사용하려는 쁘띠 부르주아지(Petite Bourgeoisie)

　㉢ 기술에 친숙한 노멘클라투라(Nomenklatura)

② 디지털 정보 사회에서 정보 접근에 유리한 전문 직종인들은 상위계층으로 부상하고 정보화에서 소외되는 사람들은 하위계층으로 전락함을 의미한다.

③ 상위계층을 디제라티(Digerati: Digital 과 Literati의 합성어) 또는 'Virtual Class'라고 부르고 이들의 사고와 이념을 'California Ideology'라 부른다.

④ 디지털에 익숙한 계급은 디지털 사회의 부를 독점하게 되고 이들의 사회적 영향력이 급증하게 됨에 따라 점차 새로운 지배계급으로 변화한다.

5. 디지털 격차의 해결 장벽

(1) 가시적 정보화 정책 위주, 제도적 지원책 취약

① 선진국 정책 프로그램을 모방했으나 과시적 정책 위주이다. 정보인프라 구축과 교육 정보화 사업의 경우 계획상으로는 선진국 수준과 대등하지만 예산문제나 실행되는 내용 등에 있어서는 부실하다.

② 정부는 디지털 격차 문제를 IMF 경제위기 극복과 연계해 계층 간의 빈부격차 확대를 방지하기 위한 중산층, 서민정책의 일환으로 접근하는 경향이 있다. 디지털 격차 해소방안들도 정치적 고려에 따른 선심성 과시적 효과를 기대하는 경향이 강하고 장기적으로 실행여부가 불투명하다.

③ 정보화 사업에 참여하는 기업에 대한 세제혜택이나 정보교육기관에 대한 통신요금 인하와 같이 제도적 지원을 요하는 부분에는 취약하다. 제도적 지원의 경우 정부 부처 간, 해당 기업 간의 이해관계가 맞물려 있어 실제 시행까지 많은 시간이 소요된다.

(2) 정보화 기본철학 미정립

① 정보화에 대한 중요도는 인지하고 있다. 정보화를 통해 지향하는 사회가 어떤 모습인지, 그 사회에서 삶의 질이 어떻게 변화할 지를 고민하는 자세가 부족하다.

② 디지털 격차가 의미하는 바를 단순히 경제적 부의 격차 정도로 인식한다. 디지털 부자와 빈자 간의 생활양식 차이에서 비롯되는 변화가 가져올 미래 사회 변동에 대한 밑그림이 없다.

(3) 사회, 문화적 합의 과정의 부재

① 정보화에 대한 국민들의 사회, 문화적 합의 도출 과정과 보편적 지지 확보 과정을 생략한다.

② 디지털 격차 해소를 위한 정책 시행과정에서 정보 부자들이 가질 수 있는 불안감을 덜어서 이해당사자단의 갈등을 미연에 방지한다.

(4) 기업의 역할이 미미

① 기업의 사회적 책임을 인식하여 이윤의 일부를 사회에 환원하는 '나눔의 경제 의식'이 미흡하다. 선진국 기업과 달리 국내 기업의 경우 디지털 격차 해소를 위한 국민 봉사 프로그램이 부족하고 제품을 생산하고 판매하는데 기업의 역할을 한정시키는 경향이 강하여 보편적 서비스의 개념이 부족하다.

② 디지털 격차의 해소를 위한 기업 주도의 기부나 교육훈련 프로그램이 가져올 미래의 장기적 이익을 간과한다.

③ 디지털 격차의 확산은 장기적으로 기업의 정보통신 기술(ICT) 인력 확보가 어렵다. 디지털 사회에서 고급 ICT 인력의 확보 여부는 기업 간 격차를 유발하는 요인이며 기업이 내부 정보화 교육을 하는 것보다 고등학생이나 대학생들에게 정보화 교육을 제공하여 이들을 채용하는 것이 비용면에서 이익이다.

(5) 정부와 기업간의 협력관계 부재

① 정부는 정치적 관계가 고려된 정보화 정책에 주력하는 반면 기업은 이윤추구에 치중하여 정보통신 제품 판매에 주목한다.

② 정부와 기업의 이해관계가 다른 상황에서는 양자간의 상호협력이 어렵다.

(6) 현안에 맞는 프로그램의 부족

① 선진국들의 디지털 격차 프로그램은 그들이 처한 최대의 현안과 관련되어 입안, 시행된다. 미국의 경우 'Race & Ethnicity(인종과 민족문제)'가 가장 시급한 사회문제이며 디지털 격차 또한 인종 간, 민족 간의 정보격차에서 출발한다.

② 우리의 경우 선진국과 달리 근대 산업화 과정에서 발생한 계층간의 감정적 골이 깊다는 점을 인식하고 있다. 1970년대 이후 경제발전 과정에서 초래된 일부 계층으로 부가 집중되는 현상은 타 계층이 갖는 상대적 박탈감을 증대시킨다.

③ 정부와 기업 모두 디지털화가 주는 장밋빛 미래를 제시하지만 디지털 격차를 통해 부의 원천인 정보의 빈익빈 부익부가 악화될 경우 심각한 사회적 저항에 직면한다.

6. 격차 극복의 기본방향: 디지털 통합

(1) 나눔의 철학 정립

① 디지털이 주는 혜택을 국민 모두가 동등하게 나누어 가져야 한다는 기본철학으로부터 디지털 격차 정책을 시작한다.

② 선진국들의 보편적 서비스 개념은 공공재로서 정보와 지식을 염두에 두고 있다. 승자독점경제에서 초래될 수 있는 어느 특정계층이나 집단의 정보, 지식 독점을 방지하는 수단이며 보편적 서비스의 개념은 '디지털 격차'를 '디지털 기회'로 인식을 전환하는 출발점이다.

(2) 사회적 포용책 수립

① 디지털 경제가 정보화 소외 계층의 사회적 배제를 증가시킨다는 인식에서 이들을 동참하게 하는 사회적 포용 정책을 실시한다. 정보화로부터 소외되는 계층과 지역을 타깃으로 산업화 과정에서 벌어진 격차가 디지털 사회에서 되풀이 되지 않게 하는데 역점을 둔다.

② 디지털 경제가 발달한 나라일수록 장애인이나 노령인의 정보화 소외와 같은 사회 제반의 세세한 부분까지 신경쓴다. 경제적, 신체적으로 소외된 계층과 정보화로 인한 경제적 부를 나누어 가진다는 점에서 사회적 평등 실현에 근접한다.

(3) 국가 차원의 종합정보화 프로그램 가동

① 단편적인 기술적 정보인프라 구축을 넘어서 종합적인 정보화 프로그램을 제시한다. 지식기반을 구축하기 위해서는 기술적 기반 이외에도 사회, 문화적 기반 구축이 필요하다.

② 국민들의 정보화 마인드 함양을 위해 국민 정보화 교육에 집중한다. 일회성이 아닌 지속적인 국민 정보화 교육을 통해 이미 갖추어진 기술적 기반이 사장되지 않고 계속 활용될 수 있도록 시스템화 한다.

(4) 기업의 디지털 사회공헌 프로그램 활성화 촉진

① 기업들은 사회적 책임을 인식하고 '나눔의 경제'를 실천한다. 기업 스스로 정보화에 소외된 계층, 지역의 정보화 기반 구축과 교육훈련 사업에 투자함으로써 이윤 재분배를 실천한다.

② 기업의 사회공헌 활동 촉진을 위해 정부의 세제혜택과 같은 동기가 필요하다. 현재 우리 기업들은 나눔의 정신보다는 사회적 압력에 의해 사회공헌 활동에 투자하는 경우가 많다.

(5) 정부와 기업간 협력체계 구축

① 디지털 계층분화에 따른 빈부의 양극화를 방지하기 위해서는 정부나 시장의 일방적 기능에만 의지할 수 없다는 인식을 공유한다. 정부가 일방적으로 나설 경우 재원 마련의 부감이 결국 시민에게 돌아오게 되어 정책이 환원되는 결과를 초래한다.

② 정부는 생산적 복지의 측면에서 기업은 미래의 고객에 대한 장기적, 전략적 투자의 측면에서 협력하여 접근한다. 선진국은 디지털 격차 해소를 위해 정부와 기업이 함께하는 협력적, 양방향 정책을 정책방향의 모범사례로 정착시키는 추세이다.

(6) 사회 오피니언 리더들의 적극 참여

① 사회 각계 지도자들이 앞장서서 디지털 격차의 심각성을 여론에 호소한다.

② 미국의 클린턴 대통령, 고어 부통령이나 영국의 블레어 수상, 빌 게이츠 등의 경우 디지털 격차가 불러 올 문제의 심각성을 수시로 경고하고 있었다. 사회 지도층의 이러한 발언은 디지털 격차에 대한 사회적 관심과 여론을 불러 일으켜 정책 시행시 국민적 합의를 촉진시킨다.

05 사이버 불링(Cyber Bullying)

1. 사이버 불링의 정의

(1) 사이버 불링은 인터넷과 휴대전화와 같은 정보 통신 수단을 활용하여 상대방을 괴롭히고, 조롱하며, 모욕을 주며, 의도적인 해로움을 입힌다는 점에서 전통적 불링 과정의 현대판 변종이라고 말할 수 있다. 사이버 불링은 인터넷, 상호작용적인 디지털 기술, 휴대전화를 사용하여 다른 사람을 고문·위협하고 괴롭히거나 모욕감을 주는 공격 행동을 의미한다.

(2) 전통적인 불링 개념을 확대하여 사이버 불링에 적용할 경우에, 사이버 불링은 자신을 쉽게 보호할 수 없는 사람들을 향해 개인이나 집단이 전자 통신 수단을 활용하여 반복적이고 오랜 시간에 걸쳐 실행하는 공격 행동을 의미한다. 이러한 관점에서 볼 때, 사이버 불링은 정보 통신 기술의 활용을 통하여 발생하는 힘의 체계적인 남용인 셈이다.

2. 전통적 따돌림과의 차이점 - 스미스(Smith)

(1) 사이버 불링은 기술적 전문성과 관련이 있다.

(2) 사이버 불링은 대면적인 직접 접촉이 아닌 간접적인 접촉에서 발생한다.

(3) 사이버 불링의 경우에 가해자는 적어도 단기적으로 피해자의 반응을 볼 수가 없다.

(4) 사이버 불링에서 방관자 역할의 다양성은 전통적 불링에 비해 매우 복잡하다.

(5) 전통적 불링에서 가해자는 관찰자들 앞에서 피해자를 능가하는 힘을 과시하여 우월함을 얻을 수 있으나 사이버 불링은 그렇지 않다.

(6) 사이버 불링은 전통적인 불링에 비해 잠재적 청중의 숫자가 훨씬 많다.

(7) 피해자는 그가 어디에 있든지 가해자의 괴롭힘으로부터 벗어나는 것이 매우 어렵다.

3. 사이버 불링의 특성

(1) **익명성**: 사이버공간에서 익명성의 보장은 개인의 신분이 드러나지 않으며, 처벌에 대하여 걱정할 필요가 없고, 피해자의 반응에 신경 쓸 필요도 없고, 죄책감을 느끼지도 않는다. 익명성은 사이버 공간이라는 특성을 이용하여 오프라인에서 불가능한 행동들을 유발한다.

(2) **공격성**: 일부 청소년들은 자신의 공격성의 발산으로 사이버 불링을 사용한다. 일반적으로 언어적 폭력 성향이 강하고 자기통제력이 약할수록 사이버 공간에서 사이버 불링을 행할 가능성이 크다.

(3) **방관성**: 사이버 불링의 경우 익명성으로 인한 방관자의 수가 매우 많아 책임자가 분산되며, 전통적 불링보다 중재자의 역할이 어렵다. 온라인 상에서 괴롭힘이 발생하였을 때 참여자들이 실제 사이버 불링을 저지하려는 참여자들은 거의 없다.

(4) **반복성**: 사이버 불링이 특히 고통스럽게 느껴지는 이유는 계속되는 반복과 지속 때문이다. 인터넷 공간에서 사이버 불링은 가해자의 통제로부터 무방비하게 다양한 형태로 반복된다. 특히, 대중적 관심이 있는 상황에서는 기하급수적으로 증가하는 경향이 있다.

(5) **무제약성**: 사이버 공간에서는 공간과 시간의 제약이 없다. 따라서 사이버 불링 가해자들은 피해자를 목표로 삼아 계속적이고 지속적인 사진, 비디오 및 소셜 미디어 채팅 등 다양한 미디어를 사용하여 괴롭힌다. 또한 피해자의 심리적, 정서적 고통은 지속적으로 가중되며 이는 국가를 초월한 형태로 발전하고 있다.

4. 사이버 불링의 가해자 유형 – 애프탭(Aftab)

(1) **복수심이 강한 천사(The Vengeful Angel)**: 자신이나 타인을 괴롭히는 사람들을 표적으로 삼아 앙갚음을 한다. 최초의 문제는 어떤 다른 곳에서 시작하지만, 복수심이 강한 천사는 온라인에서 복수를 한다. 이들은 자신을 가해자가 아니라 타인을 보호해주는 사람이라고 생각한다. 대개의 경우 복수심이 강한 천사의 정체는 아주 가까운 친구들이나 전체 상황을 인지하고 있는 소수의 사람들에게만 노출된다.

(2) **힘에 굶주린 자(The Power Hungry)**: 힘에 굶주린 자는 전형적으로 오프라인에서의 가해자와 유사하다. 그들은 자신들이 강자라는 느낌을 갖기를 바라고 있으며, 타인에게 해로움을 주고 공포를 조성하고자 한다. 그들에게 있어서 중요한 것은 자신들의 불링 행동을 누군가가 알고 있다는 사실이다. 그들은 자신들의 행동을 자랑스럽게 여긴다. 만약 타인들의 반응이 그들을 만족시키지 못한다면, 더욱 강하고 비열한 방식으로 불링 행동을 확산시킨다.

(3) **얼간이(Nerds)의 복수**: 얼간이의 복수에 해당하는 학생들은 오프라인에서 힘이 약하고, 작고, 뚱뚱하고, 장애를 가진 학생들인 경우가 많다. 그러나 그들은 온라인에서는 힘이 있으며 특히 탁월한 기술적 힘을 갖고 있다. 얼간이의 복수는 사이버 불링에서 가장 위험한 유형이다. 그들은 자신들의 불링 행위를 지극히 개인적인 문제로 인식하여, 한 피해자를 지속적으로 표적으로 삼는 경우가 많다.

(4) **심술궂은 소녀(Mean Girls)**: 이들은 무언가 해야 할 거리를 찾으며, 그것을 행하는 동안에 타인에게 해로움을 줄 수도 있다는 사실을 신경 쓰지 않는 일군의 학생들이 속하는 유형이다. 그들은 타인을 희생시켜 재미를 보고자 한다. 달리 말해 그들은 자신들을 즐겁게 하는 데에만 신경을 쓴다. 그들은 자신들의 행동이 타인들의 관심을 끌 경우에는 불링 행동을 더욱 강화하고, 그렇지 못했을 경우에는 불링 행동을 멈추거나 다른 방도를 모색한다.

(5) **부주의한 학생(The Inadvertant)**: 이들은 자신의 행동이 불링으로 여겨진다는 것을 이해하지 못한다. 대개의 경우 부주의한 학생은 불링 행동을 그저 노는 것 혹은 흉내를 내는 것이라고 생각한다. 그들은 그것이 게임의 일부라고 생각한다. 부주의한 학생은 자신의 행동이 사이버 불링으로 여겨질 수 있음을 인식하지 못하며, 자신의 행동이 타인에게 해로움을 주었다는 사실을 깨달았을 때에는 종종 기분이 상하기도 한다. 우리나라의 경우 상당수가 부주의한 학생의 부류에 속한다.

5. 사이버 불링의 일곱가지 유형 – 윌러드(Willard)

(1) **플레이밍**: 개인이나 집단에게 노여움, 무례함, 속된 내용을 담은 메시지를 보내는 것을 의미한다.

(2) **괴롭힘(Harassment)**: 불쾌한 메시지를 타인에게 반복적으로 보내는 것이다.

(3) **사이버스토킹(Cyberstalking)**: 온라인에서 타인을 쫓아다니면서 위해나 위협을 포함하고 있는 지속적인 괴롭힘을 의미한다.

(4) **명예훼손(Denigration)**: 어떤 사람에 대한 해롭고 거짓이며 잔혹한 진술을 타인들에게 전달하거나 게시하는 것을 의미한다.

(5) **거짓꾸밈(Masquerade)**: 어떤 다른 사람인 척 하는 것 혹은 타인을 나쁜 사람으로 보이게 만들거나 위험에 빠뜨릴 수 있는 자료들을 게시하는 것을 의미한다.

(6) **공표와 속임수(Outing And Trickery)**: 민감하고 사적이고 당황스럽게 만드는 정보를 포함하고 있는 어떤 개인에 관한 자료들을 전송하거나 게시하는 것을 말한다.

(7) **배제(Exclusion)**: 온라인 집단에서 어떤 사람을 의도적으로 따돌리거나 배제시키는 행동을 의미한다.

6. 한국의 사이버 불링에 관한 법률

(1) 사이버 불링을 '사이버 따돌림'으로 규정으로 하는 「학교폭력예방 및 대책에 관한 법률」 이외에 국내 사이버 불링과 직·간접적으로 관련된 법률은 「정보통신망 이용촉진 및 정보보호 등에 관한 법률」의 사이버명예훼손, 사이버비밀침해죄, 사이버스토킹, 온라인서비스제공자(OSP; Online Service Provider)의 의무규정 등이다. 또한 사이버 불링 관련 형법으로는 명예훼손죄, 모욕죄, 협박죄, 강요죄를 들 수 있고 그 외 플레이밍, 허위사실 유포, 위협, 스토킹을 포괄하는 개념으로 그 적용 범위가 매우 넓다.

(2) **학교폭력예방 및 대책에 관한 법률 제2조(시행 2021. 6. 23) – 법무부**

> **제2조(정의)** 이 법에서 사용하는 용어의 정의는 다음 각 호와 같다. 〈개정 2021. 3. 23.〉
> 1. "학교폭력"이란 학교 내외에서 학생을 대상으로 발생한 상해, 폭행, 감금, 협박, 약취·유인, 명예훼손·모욕, 공갈, 강요·강제적인 심부름 및 성폭력, 따돌림, 사이버 따돌림, 정보통신망을 이용한 음란·폭력 정보 등에 의하여 신체·정신 또는 재산상의 피해를 수반하는 행위를 말한다.
> 1의2. "따돌림"이란 학교 내외에서 2명 이상의 학생들이 특정인이나 특정집단의 학생들을 대상으로 지속적이거나 반복적으로 신체적 또는 심리적 공격을 가하여 상대방이 고통을 느끼도록 하는 모든 행위를 말한다.
> 1의3. "사이버 따돌림"이란 인터넷, 휴대전화 등 정보통신기기를 이용하여 학생들이 특정 학생들을 대상으로 지속적, 반복적으로 심리적 공격을 가하거나, 특정 학생과 관련된 개인정보 또는 허위사실을 유포하여 상대방이 고통을 느끼도록 하는 모든 행위를 말한다.

06 정보 윤리

1. 정보 윤리의 정의

미국 수학자이자 사이버네틱스의 창시자인 노버트 위너(Norbert Wiener)가 창시한 분야로, 컴퓨터와 정보기술이 어떻게 인간 사회의 새로운 윤리적 문제들을 만들어내는지, 그리고 우리가 이 문제들을 어떻게 해결할 수 있는지를 다루는 것이다.

2. 정보 윤리의 필요성

(1) 인터넷 역기능의 증가: 인터넷 이용이 증가하면서 인터넷은 정치, 경제, 사회, 문화 등 우리 생활의 모든 분야에 걸쳐 영향을 미치고 있으며, 이에 따르는 역기능 또한 확대되고 있다. 컴퓨터 시스템이 갑자기 정지되거나, 비정상적인 작동, 오류, 고의적인 조작 등에 의한 사고뿐만 아니라 개인의 재산과 생명, 프라이버시 침해, 금융 범죄, 자료의 유출 및 해킹사례 등 다양한 문제가 발생하고 있다.

[인터넷 역기능 분류체계도표]

유형	항목
인터넷 중독	게임, 채팅, 거래(쇼핑 · 증권), 음란물, 정보검색
유해정보	음란물 유포, 청소년유해매체, 불법 · 유해 사이트
인격침해	인터넷 모욕, 인터넷 명예훼손, 인터넷 스토킹, 인터넷 언어폭력
정보침해	개인정보 침해, 저작권 침해, 비밀 침해
인터넷테러	해킹, 웜 · 바이러스, 스팸메일
일반범죄	피싱, 인터넷 사기, 인터넷 도박, 인터넷 절도, 인터넷 성폭력 · 성매매

(2) 정보 기술의 유혹 7가지 – 리차드 루빈(Richard Rubin)

① **속도**: 정보를 수집하고 전달하는 속도는 컴퓨터 기술에 의해 엄청나게 발달했다. 따라서 비윤리적 행동들이 눈 깜짝할 사이에 일어날 수 있게 된 것이다. 허가를 받지 않고 정보를 구하는 방법을 결정하는 데 있어서 어느 정도의 준비 시간이 소요되지만, 그러한 정보를 몰래 빼내는 행위 자체는 아주 짧은 시간 안에 이루어질 수 있다.

② **프라이버시와 익명성**: 가정이나 사무실에서 사용되는 컴퓨터 관련 기기의 발달로 비윤리적인 행동이 프라이버시 보호 아래, 다른 사람에게 전혀 들키지 않고도 행할 수 있다. 다른 사람에게 들키지 않고 어떤 일을 해낼 수 있다는 일종의 흥분감마저 생긴다.

③ **매체의 본질**: 원래의 정보를 제거하거나 훼손시키지 않으면서도 정보를 훔치는 것이 가능하다. 비록 우리가 다른 사람의 파일을 몰래 훔쳐보거나 사용한다고 할지라도, 그 파일은 전혀 손상되지 않은 채 원래의 소유자에게 그대로 남아 있다. 이러한 매체의 본질은 우리로 하여금 위반자는 실제로 훔친 것이 아무것도 없으며, 피해자도 도난을 당한 것이 아무것도 없다는 생각한다.

④ **심미적 매료**: 일반적으로 사람들은 자신의 기술이나 기능을 이용하여 어려운 문제들을 해결했을 때 모종의 성취감을 느끼게 된다. 더구나 다른 지적인 사람들에 의해 만들어진 보안 장치들을 무력하게 만들면서 다른 컴퓨터 체계에 자신이 처음으로 침투해 들어갔을 때, 사람들은 자신이 드디어 해냈다는 그릇된 성취감을 갖기 쉽다. 해커들이 이 경우에 해당된다.

⑤ **최소 투자에 의한 최대 효과**: 상대적으로 적은 노력으로도 많은 사람들에게 접근하여 최대의 효과를 낼 수 있다는 생각이 비도덕적 행동을 유발한다. 컴퓨터를 이용한 신종 사기 행위들이 급증하고 있는 것은 바로 이 때문이다.

⑥ **국제적 범위**: 새로운 정보 통신 기술이 발달하면서 전 세계에 접근하는 것이 가능하게 되었다. 정보를 훔치기 위해 그리고 이윤을 얻기 위해 이제는 전 세계적으로 활동하는 것이 가능해졌다.

⑦ **파괴력**: 정보 통신 기술이 오용될 경우 그것이 수반하는 파괴력은 엄청나다. 가장 대표적인 경우가 컴퓨터 바이러스이다. 컴퓨터 바이러스를 유포시키는 사람들은 파괴적 행위로부터 모종의 쾌감을 얻고 있다. 그러한 사람들은 더욱 치유가 곤란한 바이러스를 유포시키는 것에서 만족감과 보람을 찾는다.

(3) **온라인에서의 탈억제(Disinhibition)**: 대부분의 사람들은 현실 세계에서 일상적으로 말하거나 행동하지 않는 것을 사이버 공간에서는 서슴지 않고 말하거나 행동한다. 그들은 사이버 공간에서 긴장이 풀어짐을 느끼고, 무언가에 얽매여 있다는 느낌을 훨씬 적게 가지며, 보다 개방적으로 그들 자신을 표현하게 된다. 이러한 현상을 일컬어 탈억제 효과(Disinhibition Effect)라고 부른다(술러, Suler).

3. 정보 윤리의 기능

(1) **처방 윤리(Prescriptive Ethics)**: 우리가 인터넷을 이용함에 있어서 해야 할 것과 해서는 안 되는 것을 분명하게 규정해 준다.

(2) **예방 윤리(Preventive Ethics)**: 향후 정보 통신 기술의 발전이 수반하게 될 제반 윤리적 문제들에 대해 우리가 사전에 숙고하고 예방하도록 도와준다.

(3) **변혁 윤리(Transformative Ethics)**: 인터넷이 수반하고 있는 역기능, 특히 사이버 공간의 무질서와 혼돈에 대한 하나의 반응으로서 출현한 것이기에, 인간의 경험이나 제도 · 정책의 변혁 필요성을 강조한다.

(4) **세계 윤리(Global Ethics)**: 국지적 윤리가 아닌 세계 보편 윤리가 되어야만 한다. 인터넷 자체가 세계적 미디어이듯이 인터넷 윤리학은 지구상의 모든 구성원들이 따라야 할 보편적인 규범 체계를 제시한다.

(5) **책임 윤리(Responsibility Ethics)**: 인터넷과 관련된 인간의 책임을 강조하는 윤리이다. 책임 윤리에 따라 행동한다는 것은 행위의 실현 가능성을 수단−목적의 관점에서 추론하고, 예측할 수 있는 자기 행동의 결과를 설명하고, 수단을 목적에 비추어서 그리고 목적을 부수적 결과 및 다른 모든 가능한 목적들과 비교하고 합리적으로 숙고하여 행동하는 것이다.

(6) **종합 윤리(Comprehensive Ethics)**: 기존의 윤리학 이론들 가운데 인터넷을 통해 야기되는 여러 가지 도덕적 문제들의 해결에 직 · 간접적으로 도움을 줄 수 있는 여러 윤리학 이론들을 종합하여 활용한다. 인터넷 특성상 어느 한 가지의 배타적인 윤리학 이론만으로는 온라인에서 발생하는 복잡한 문제들의 본질을 이해하고 어떤 도덕적 판단이나 평가를 내리는 것이 사실상 어렵기 때문이다.

4. 정보 윤리의 네 가지 도덕 원리

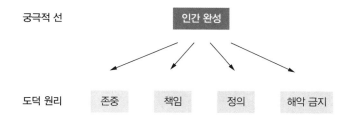

(1) 존중의 원리: 사람이나 사물이 지닌 고귀한 가치에 대해서 경의를 표하는 것을 뜻한다. 먼저 자신에 대한 존중을 의미하는 것이며, 자신에 대한 존중은 우리 자신의 생명과 몸을 소중한 것으로 대우할 것을 요구한다. 따라서, 사이버 공간에만 지나치게 빠져서 자신의 몸과 마음을 제대로 돌보지 않아 건강을 잃는 것은 바로 자기 자신을 존중하지 않는 것이 된다.

(2) 책임의 원리: 자기에게 주어진 일을 다하는 것을 뜻한다. 또한, 다른 사람들을 피하지 않고 그들에게 향하는 것, 그리고 그들에게 관심을 기울이는 것을 뜻한다. 그러므로, 책임은 서로를 보살피고 관심을 가져야 할 우리의 적극적인 행동을 강조하고 있다.

(3) 정의의 원리: 첫째, 공정한 것 자체를 추구하려는 것이다. 동일한 경우는 동일한 방식으로 다루려고 하는 것이다. 둘째, 함께 살아가는 다른 사람들을 위해 주는 이타적인 삶을 뜻한다. 셋째, 정해진 규칙과 법을 준수하지만, 때에 따라서는 옳지 못한 규칙이나 법에 저항하는 것을 뜻한다. 정보사회에서 우리는 정의의 원리에 따라 참되고 공정한 정보를 교환해야 하고, 정보화의 혜택이 고르고 보편적으로 돌아갈 수 있게 해야 하며, 타인의 권리를 함부로 침해해서는 안 된다.

(4) 해악 금지의 원리: 남에게 피해를 주지 않는 것을 뜻한다. 그러므로 사이버 공간에서 다른 사람에게 폭력을 행사하는 것, 해킹을 하거나 바이러스를 퍼뜨리는 것, 타인을 비방하거나 욕설을 일삼는 것과 같은 행동들은 남에게 해로움을 주는 것이므로, 마땅히 해서는 안 된다.

(5) 정보 윤리의 네 가지 기본 원리 적용 절차
　① 그 상황과 관련된 사실을 정확하게 수집한다.
　② 그 상황에서의 도덕적 딜레마를 확인한다.
　③ 어느 대안적 행동이 더 많은 윤리적 지지 근거를 확보하고 있는가를 결정하기 위해 네 가지 원리를 이용하여 도덕적 딜레마를 평가한다.
　④ 자신의 해결 방안을 보편화 가능성 및 인간 존중의 관점에 입각하여 평가한다.

5. 정보 윤리의 전개

(1) 1940~1950년대: MIT 위너(N. Weiner) 교수는 사이버네틱스(Cybernetics)라는 새로운 연구 분야를 개척하였다. 그는 사이버네틱스 개념들을 그 당시 개발하고 있던 디지털 컴퓨터와 결합시켜 현재 우리가 정보·커뮤니케이션 기술이라고 부르는 기술에 대한 매우 통찰력 있는 윤리적 결론을 이끌어냈다.

(2) 1960년대: 1960년대 중반 파커(D. Parker)는 컴퓨터 전문가에 의한 비윤리적·불법적인 컴퓨터 사용에 대해 조사하였다. 그는 "사람들이 컴퓨터 센터에 들어갈 때 윤리는 문 앞에 두고 들어가는 것 같다."고 말했다. 그는 1968년에 컴퓨터협회 학술지에 「정보 처리의 윤리적 규칙」이라는 논문을 발표하였으며, 그 협회를 위한 전문가 행위 규범을 개발하였다. 파커는 컴퓨터 윤리 분야를 새롭게 발전시켰을 뿐만 아니라, 이 분야에 대한 중요성을 널리 인식시켰다.

(3) 1970년대: 1970년대 중반 매너(W. Maner)는 컴퓨터 기술로 인해 생겨나거나 변형된 혹은 심각해진 윤리 문제를 다루는 직업윤리 분야를 지칭하기 위해 '컴퓨터 윤리'라는 용어를 사용하기 시작했다. 매너는 대학에서 컴퓨터 윤리 강좌를 개설하는데 앞장섰으며, 대학 교수들을 위한 강의 자료와 교수법 자료들을 보급하였다. 매너로 인해 미국의 많은 대학에서 컴퓨터 윤리 강좌가 개설되었으며, 일부 저명 학자들이 이 분야에 관심을 갖게 되었다.

(4) 1980년대: 1980년대에 이르러 정보 기술이 수반한 수많은 사회적·윤리적 결과들이 미국과 유럽에서 공개적인 논의 주제가 되었다. 컴퓨터로 인해 생겨난 범죄, 컴퓨터 오작동으로 인해 생긴 재난, 컴퓨터 DB를 통한 프라이버시 침해, 그리고 소프트웨어 소유권과 관련된 법정 소송 등과 같은 주제들이 논의의 대상이 되었다. 파커와 매너를 비롯한 많은 사람들의 연구 덕택에 학문 분야로서 컴퓨터 윤리의 토대는 꾸준히 확립되어 왔다. 그러므로 이 시기는 컴퓨터 윤리에 있어서 왕성한 연구 활동이 이루어질 수 있는 최적기였다.

(5) 1990년대: 1990년대 중반에 이르러 연구 분야로서 컴퓨터 윤리에 대한 관심은 유럽과 호주로 확산되었다. 이러한 중요한 발전에는 로저슨(S. Rogerson)의 선구적 연구가 결정적인 역할을 했다. 로저슨은 컴퓨터 사용과 사회적 책임을 연구하는 기관을 설립하였고, 바이넘(T. Bynum)과 함께 국제 학술대회를 개최하였다. 1990년대는 정보 윤리 발전의 제2세대에 해당한다.

(6) 2000년대: 2000년대에 진입하면서 정보 윤리 학자들의 관심 영역은 사이버 공간으로 확대되기 시작했으며, 그 결과 사이버 윤리학이라는 새로운 학술 용어를 사용하기 시작하였다. 그들은 사이버 윤리학을 사이버 공간에서 발생하는 도덕적·윤리적 이슈들의 전 영역을 탐색하는 학문이라고 규정하였다 (Baird, Ramsower, & Rosenbaum, 2000). 현재 사이버 윤리학을 주도하고 있는 사람은 바로 스피넬로(Spinello)와 헤임링크(Hamelink)이다.

CHAPTER 02 지식재산권과 개인정보보호

01 지식재산권

1. 지식재산권 제도의 정의

(1) **지식재산**: 인간의 창조적 활동 또는 경험 등에 의하여 창출되거나 발견된 지식·정보·기술, 사상이나 감정의 표현, 영업이나 물건의 표시, 생물의 품종이나 유전자원, 그 밖에 무형적인 것으로서 재산적 가치가 실현될 수 있는 것을 말한다.

(2) **지식재산권**: 법령 또는 조약 등에 따라 인정되거나 보호되는 지식재산에 관한 권리로 산업재산권, 저작권, 신지식재산권을 포괄하는 무형적 권리를 뜻한다.

2. 지식재산권의 종류

		특허권	원천·핵심기술(대발명)
지식재산권	산업재산권	실용신안권	주변·개량기술(소발명)
		디자인권	물건의 디자인
		상표권	식별력 있는 기호·문자, 도형
	저작권	저작권	문학, 예술분야 창작물
		저작인접권	실연가, 음반제작가, 방송사업자의 권리
		데이터베이스	데이터베이스 제작자
	신지식재산권	첨단산업재산권	산업저작권, 정보재산권 등

3. 산업재산권의 분류

(1) **특허권**

① 보호대상: 자연법칙을 이용한 기술적 사상의 창작으로서 고도한 것을 말한다.

② 특허요건

　㉠ 출원발명은 산업에 이용할 수 있어야 한다(산업상 이용가능성).

　㉡ 출원하기 전에 이미 알려진 기술이 아니어야 한다(신규성).

　㉢ 선행기술과 다른 것이라 하더라도 그 선행기술로부터 쉽게 생각해 낼 수 없는 것이어야 한다(진보성).

(2) 실용신안권

① 보호대상: 물품의 형상·구조 또는 조합에 관한 자연법칙을 이용한 기술적 사상의 창작을 말한다.

② 심사 후 등록제도

㉠ 특허출원에 대한 심사처리기간이 대폭 단축될 것으로 전망됨에 따라, 신속한 권리설정을 목적으로 도입된 심사 전 등록제도인 실용신안 선등록제도의 장점이 감소되고, 심사 없이 등록된 권리의 오·남용, 복잡한 심사절차로 인한 출원인의 부담 증가 및 심사업무의 효율성 저하 등 심사 전 등록제도의 문제점이 상대적으로 부각되고 있는 점을 감안하여 실용신안제도가 심사 후 등록제도로 전환되었다.

㉡ 실용신안제도가 특허제도와 마찬가지로 심사 후 등록제도로 변경됨에 따라 합리적 제도 운영을 위해 특허제도와의 통일된 절차를 마련하여 민원인의 편익을 도모하고 있다.

(3) 상표권

① 상표의 개념

㉠ 상표법상 상표: 사회적 사실로서 상표란 자타상품을 식별하기 위하여 사용하는 감각적인 표현수단을 의미한다. 이전에는 기호, 문자, 도형, 입체적 형상 또는 이들을 결합한 것과 이들 각각에 색채를 결합한 것만으로 상표의 구성 요소를 한정하였으나, 2007년 7월 1일부터는 상표권의 보호대상을 확대하여 색채 또는 색채의 조합만으로 된 상표, 홀로그램상표, 동작상표 및 그 밖에 시각적으로 인식할 수 있는 모든 유형의 상표를 상표법으로 보호할 수 있도록 하였다. 광의의 상표개념으로서 상표외에 서비스표, 단체표장, 업무표장을 포함한다.

㉡ 서비스표: 서비스업(광고업, 통신업, 은행업, 운송업, 요식업 등 용역의 제공업무)을 영위하는 자가 자기의 서비스업을 타인의 서비스업과 식별되도록 하기 위하여 사용하는 표장이다.

㉢ 단체표장: 상품을 공동으로 생산·판매 등을 하는 업자 등이 설립한 법인이 직접 사용하거나 그 감독하에 있는 단체원으로 하여금 자기의 영업에 관한 상품 또는 서비스업에 사용하게 하기 위한 표장이다.

㉣ 업무표장: YMCA, 보이스카웃 등과 같이 영리를 목적으로 하지 아니하는 업무를 영위하는 자가 그 업무를 나타내기 위하여 사용하는 표장이다.

② 심사절차

㉠ 상표의 출원공고제도: 상표로의 권리를 설정등록 하기 전에 이를 일반에게 공개하여 공중심사에 회부함으로써 각계의 의견을 듣고 이의가 있으면 이의신청을 할 수 있게 하여 심사에 공정성을 확보하기 위한 일련의 과정이다. 출원인은 타인이 무단으로 출원된 상표를 사용하여 업무상의 손실이 발생했을 경우 보상금을 청구할 수 있다.

㉡ 상표의 이의신청제도: 출원공고된 상표에 대하여 이의가 있을 때에는 누구나 출원공고일로부터 2월 이내(연장 불가)에 이의신청을 할 수 있고, 이의신청서는 소정의 양식에 의거 작성하되 반드시 이의신청의 이유를 기재하고 이에 필요한 증거를 첨부하여야 한다.

(4) 디자인권

① 디자인의 출원 및 심사처리 절차

  ㉠ 디자인등록출원에는 디자인심사등록출원과 디자인무심사등록출원이 있다.

  ㉡ 물품의 특성상 유행성이 강하고 라이프싸이클이 짧은 식품류(A1), 의복료(B1), 침구류(C1), 용지·인쇄물류(F3), 포장용기류(F4), 직물지류(M1), 잡화류(B2), 신발류(B5), 교재류(F1), 사무용품류(F2) 등에 대해서는 디자인무심사등록출원으로 해야 하며, 기타 물품에 대해서는 디자인심사등록출원으로 해야 한다.

② 디자인보호법상 특유의 제도

  ㉠ 유사디자인제도: 자기의 등록디자인이나 디자인등록을 출원한 디자인(기본디자인)에 관한 물품의 형상·모양·색채 등을 변경한 디자인을 유사디자인으로 등록함으로써 디자인권의 모방·도용을 사전에 방지할 수 있는 제도이다.

  ㉡ 한 벌 물품 디자인제도: 상관습상 한 벌로 판매되고 한 벌로 사용되는 물품으로서 전체적인 통일성이 있는 경우에는 하나의 출원으로 등록할 수 있도록 한 제도이다(한 벌의 차 세트, 한 벌의 끽연용구 세트 등).

  ㉢ 비밀디자인제도: 출원 시 출원인의 신청이 있는 경우에는 디자인권 설정등록일로부터 3년 이내의 기간 동안 디자인공보 등에 공고하지 아니하고 비밀상태로 둘 수 있도록 한 제도이다.

4. 저작권

(1) 개념

① 저작자의 권리인 저작권은 저작인격권과 저작재산권으로 나뉜다.

② 저작인격권은 저작물과 관련하여 저작자의 명예와 인격적 이익을 보호하기 위한 권리이고, 저작재산권은 저작자의 경제적 이익을 보전해 주기 위한 권리에 해당한다.

(2) 종류

① **저작인격권**: 공표권, 성명표시권, 동일성유지권

② **저작재산권**: 복제권, 공연권, 공중송신권, 전시권, 배포권, 대여권, 2차적 저작물 작성권

(3) 발생 및 법적 성질

① 저작권의 발생

  ㉠ 저작권은 저작물의 창작과 동시에 발생하며, 어떠한 절차나 방식을 요구하지 않는 무방식주의를 채택한다.

  ㉡ 특허청에 출원하여 등록을 하지 않으면 권리가 발생하지 않는 산업재산권(특허권, 실용신안권, 상표권, 디자인권)과 차이가 있다.

② 저작권의 법적 성질

  ㉠ 저작권은 배타적 권리이며, 준물권성이 있다.

  ㉡ 저작물을 이용하는 사람은 반드시 권리자에게 사전 허락을 받아야 하며 저작재산권은 전부 또는 일부 권리의 양도나 이전이 가능하지만 저작인격권은 저작자만 가질 수 있는 권리로서, 다른 사람에게 양도되거나 상속될 수 없다.

(4) 저작재산권의 제한: 저작재산권은 저작물을 배타적·독점적으로 이용할 수 있는 권리이다. 다만, 직·간접적인 사회의 도움을 받아 저작물이 창작된다는 점을 고려할 때 권리자의 독점을 무제한 인정하는 것은 공공의 이익에 맞지 않으며, 문화발전에 지장을 줄 수 있으므로 제한이 가능하다.

(5) 저작재산권의 보호기간

① 원칙: 저작자의 생존 기간 및 사망 후 70년

② 무명 또는 이명저작물, 업무상저작물, 영상저작물, 프로그램저작물: 공표된 때로부터 70년

③ 공동저작물: 맨 마지막으로 사망한 저작자의 사망 후 70년

④ 보호기간의 기산: 보호기간은 저작자가 사망하거나 저작물을 공표한 해의 다음 해 1월 1일부터 계산

⑤ 2013년 7월 1일부터 저작재산권의 보호기간이 저작자의 사망 또는 공표일로부터 50년에서 70년으로 상향 조정되어 시행되고 있지만, 2013년 7월 1일 이전에 저작권 보호기간이 소멸한 저작물에 대하여는 종전과 같이 50년 기간이 만료한 것으로 간주한다.

(6) 저작권의 등록 후 발생하는 효력

① 추정력: 등록된 저작자, 저작재산권자, 창작연월일, 공표연월일로 추정한다. 다만, 저작물을 창작한 때부터 1년이 경과한 후에 창작연월일을 등록한 경우에는 등록된 연월일에 창작된 것으로 추정하지 않는다. 등록된 저작물이 침해를 당했을 때 과실에 의하여 침해받은 것으로 추정한다.

② 대항력: 저작재산권을 양도받거나 출판권을 설정받은 후 양도 혹은 설정 등록을 해놓은 경우 나중에 이중양도 혹은 출판권 설정이 발생하더라도 제3자에 대해 대항력을 갖게 된다.

5. 저작인접권

(1) 개념: 저작인접권은 저작물을 공중에 전달하는데 있어서 자본 투자와 창의적인 기여를 한 자에게 부여하는 권리이다.

(2) 저작인접권자

① 실연자: 저작물을 연기, 무용, 연주, 낭독 그 밖의 예능적 방법으로 표현하거나 저작물이 아닌 것을 이와 유사한 방법으로 표현하는 실연을 하는 자를 말하며, 실연을 지휘, 연출, 감독하는 자를 포함한다(배우, 가수, 연주자, 지휘자 등).

② 음반제작자: 음반을 최초로 제작하는 데 있어서 전체적으로 기획·책임을 지는 자를 말한다.

③ 방송사업자: 방송을 업으로 하는 자를 말한다.

(3) 저작인접권자의 권리

① 저작인접권자의 권리도 저작권과 마찬가지로 저작물의 이용에 있어 공공의 이익 등을 위하여 일정한 경우 그 권리가 제한된다.

② 저작인접권의 보호는 저작권에 영향을 미치지 않는다.

③ 실연이나 음반 또는 방송물을 공연하거나 방송할 때에는 저작인접권자의 허락뿐만 아니라 이용 대상이 되는 저작물의 저작재산권자의 허락도 별도로 받아야 한다.

(4) 보호기간

① 실연: 실연을 한 때로부터 70년

② 음반: 음반을 발행한 때로부터 70년

③ 방송: 방송을 한 때로부터 70년

6. 데이터베이스 제작자의 권리

(1) **개념**: 소재를 체계적으로 배열 또는 구성한 편집물로서 개별적으로 그 소재에 접근하거나 그 소재를 검색할 수 있도록 한 것을 말한다.

(2) **권리의 내용**: 데이터베이스의 제작 또는 그 소재의 갱신, 검증 또는 보충에 인적 또는 물적으로 상당한 투자를 한 자는 그 데이터베이스의 전부 또는 상당한 부분을 복제, 배포, 방송 또는 전송할 권리를 가진다.

(3) **보호기간(저작권법 제95조)**: 데이터베이스 제작자의 권리는 데이터베이스의 제작을 완료한 때부터 발생하며, 그 다음 해부터 기산하여 5년간 존속한다. 또한 데이터베이스의 갱신, 검증 또는 보충을 위하여 인적 또는 물적으로 상당한 투자가 이루어진 경우에 당해 부분에 대한 데이터베이스 제작자의 권리는 그 갱신 등을 한 때부터 발생하며, 그 다음 해부터 기산하여 5년간 존속한다.

7. 지식재산권 보호노력

(1) 지식재산권 보호의 강화

① G5(선진 5개 특허청) 수준의 지식재산 서비스체계 구축

② 관련 법제 및 시스템 정비

③ 위조 상품 방지 지원

④ 지식재산권 보호에 대한 대국민 인식 강화 노력

(2) 국제 협력 강화

① 다자간 협력 강화: APEC 지식재산권 전문가 단체(IPEG)에 가입한다.

② 특허협력조약에 따른 국제 출원 제도

㉠ PCT(특허 및 실용신안에 관한 해외 출원절차의 통일화와 간소화를 위한 조약)를 체결하였다.

㉡ 한국은 특허협력조약(PCT)을 1984년 1장에, 1990년 2장에 가입하여 WIPO(세계 지식재산권 기구) 또는 한국특허청에 직접 국제출원 가능하다.

③ 외국의 저명 상표의 보호: 한국의 상표법상 누구에게나 알려진 저명한 상표는 그 등록여부를 불문하고 그와 동일하거나 유사한 상표는 등록할 수 없다.

1. 개인정보의 정의

(1) 사전적 정의

① 살아있는 개인에 관한 정보: 생존한 자연인에 관한 정보이다.

② 특정 개인과의 연관성: 특정 정보 또는 정보의 결합 등을 통하여 특정 자연인을 다른 자연인과 구별할 수 있는 정보이다.

③ 개인정보의 임의성: 정보 주체를 알아볼 수 있는 모든 종류 · 형태 · 성격 · 형식의 정보이며 개인에 관한 부정확한 정보 또는 거짓 정보도 포함한다.

④ 식별가능성: 특정 개인에 대한 사실, 판단, 평가 등 개인을 특정할 수 있는 정보이다.

(2) 법률에서의 정의

① 개인정보보호에 관한 법률

ㄱ 적용대상: 개인정보처리자

ㄴ 살아있는 개인에 대한 정보로 성명 · 주민등록번호 및 영상 등을 통하여 개인을 알아볼 수 있는 정보(해당 정보만으로는 특정 개인을 알아볼 수 없더라도 다른 정보와 쉽게 결합하여 알아볼 수 있는 것을 포함)

② 정보통신망 이용촉진 및 정보보호 등에 관한 법률

ㄱ 적용대상: 정보통신서비스 제공자

ㄴ 생존하는 개인에 관한 정보로 성명, 주민등록번호 등에 의하여 특정한 개인을 알아볼 수 있는 부호 · 문자 · 음성 · 음향 및 영상 등의 정보(해당 정보만으로는 특정 개인을 알아볼 수 없더라도 다른 정보와 쉽게 결합하여 알아볼 수 있는 경우에는 그 정보를 포함)

③ 신용정보 이용 및 보호에 관한 법률

ㄱ 적용대상: 신용정보사업자

ㄴ 신용정보 중에서 개인의 신용도와 신용 거래 능력 등을 판단할 때 필요한 정보(신용정보 주체를 식별할 수 있는 정보)

④ 위치정보의 보호 및 이용 등에 관한 법률

ㄱ 적용대상: 위치정보사업자

ㄴ '위치정보'라 함은 이동성이 있는 물건 또는 개인이 특정한 시간에 존재하거나 존재하였던 장소에 관한 정보로서 「전기통신기본법」 제2조 제2호 및 제3호의 규정에 따른 전기통신설비 및 전기통신 회선설비를 이용하여 수집된 것

(3) 민감정보와 고유식별정보

① 민감정보: 정보주체의 사생활을 현저히 침해할 우려가 있는 개인정보

ㄱ 사상 · 신념

ㄴ 노동조합 · 정당의 가입 · 탈퇴

ㄷ 정치적 견해

ㄹ 건강, 성생활 등에 관한 정보

② **고유식별정보**: 개인을 고유하게 구별하기 위하여 부여된 식별정보

　　㉠ 주민등록번호

　　㉡ 외국인등록번호

　　㉢ 여권번호

　　㉣ 운전면허번호

2. 개인정보의 유형과 분류

구분		내용
일반정보	일반정보	이름, 주민등록번호, 주소, 전화번호, 생년월일, 출생지, 가족관계 및 가족 구성원의 정보 등
신체적정보	신체정보	얼굴, 지문, 홍채, 음성, 유전자정보, 키, 몸무게 등
	의료 · 건강정보	건강상태, 진료기록, 건강검진기록, 신체장애, 장애등급 등
정신적정보	기호 · 성향정보	도서 · 비디오 대여 기록, 잡지 구독 정보, 여행 등 활동 내역, 식료품 등 물품 구매 내역, 인터넷 웹사이트 검색 내역 등
	신념 · 사상정보	종교 등 활동 내역, 정당, 노조 가입여부 및 활동 내역 등
재산적정보	개인 · 금융정보	소득 정보, 신용카드번호 및 비밀번호, 통장계좌번호 및 비밀번호, 동산 · 부동산 보유 내역, 저축 내역 등
	신용정보	개인 신용 평가 정보, 대출 또는 담보 설정 내역, 신용카드 사용 내역 등
사회적정보	교육정보	학력, 성적, 출석 상황, 자격증 보유 내역, 상벌 기록, 생활기록부 등
	법적정보	전과, 범죄 기록, 재판 기록, 과태료 납부 내역 등
	근로정보	직장, 고용주, 근무처, 근로 경력, 상벌 기록, 직무평가 기록 등
기타	통신정보	통화내역, 인터넷 웹사이트 접속 로그파일, 이메일 또는 문자메시지 등
	위치정보	IP 주소, GPS 등에 의한 개인 위치 정보 등
	병역정보	병역 여부, 군번, 계급, 근무 부대 등
	화상정보	CCTV 등을 통해 수집된 화상 정보 등

3. 개인정보 & 보호의 중요성

(1) 개인정보의 가치

① **개인의 인권**

　　㉠ 개개인의 내외면, 사회관계, 권리를 나타내는 인권적 가치

　　㉡ 과거(소극적 개념): 개인의 사적인 생활을 남에게 방해 받지 않을 권리(Privacy)

　　㉢ 현재(적극적 개념): 개인정보의 경제적 · 사회적 가치가 증가함에 따라 개인은 자신에 관한 정보를 적극적 관리 · 통제

② **기업의 영업자산**: 고객의 정보를 수집 · 활용하여 영업활동 및 수익창출을 말하며, 개인정보 보호를 위한 노력은 비용이 아닌 투자이다.

③ **사회의 핵심요소**: 공공 · 민간 서비스, 기업경영 등 대부분의 사회 활동이 개인정보를 기반으로 이루어진다.

(2) 개인정보보호의 중요성

① 개인: 정신적 피해뿐만 아니라 명의도용, 보이스피싱에 의한 금전적 손해, 유괴 등 각종 범죄에 노출된다.

② 기업: 개인정보는 기업의 자산 그 자체로써 유출 시 기업의 이미지 실추, 소비자단체 등의 불매운동, 다수 피해자에 대한 집단적 손해 배상 등 기업 경영에 큰 타격을 입는다.

③ 국가: 정부, 공공 행정의 신뢰성 하락, 프라이버시 라운드의 대두에 따른 IT 산업의 수출애로, 국가 브랜드의 하락 등이 있다.

4. 개인정보의 생명주기 & 침해유형

(1) 개인정보의 생명주기

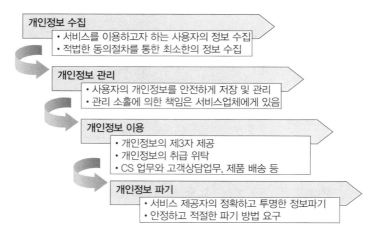

(2) 개인정보의 생명주기에 따른 침해유형

구분	침해유형
수집	• 동의 없는 개인정보 수집 시 고지사항 불이행 • 동의 및 고지 없는 개인정보 주체 외로부터 수집 • 법정대리인의 동의 없는 개인정보의 수집 • 서비스 이용과 관련 없는 과도한 개인정보의 수집 • 해킹 등 불법 수단에 의한 개인정보의 수집 • 기망에 의한 개인정보의 수집
저장 및 관리	• 조직 내부 취급자에 의한 개인정보의 유출, 훼손, 변경 등 • 외부인의 불법적 접근에 의한 개인정보 유출 및 훼손, 변경 등 • 사업자의 인식부족, 과실 등으로 인한 개인정보의 공개 • 기술적, 관리적 조치 미비로 인한 개인정보의 유출 • 고객의 개인정보 클레임(Claim)에 대한 불응 또는 미조치
이용 및 제공	• 동의 없는 개인정보의 무단 제공 및 공유 • 당초 수집 시에 고지한 이용 목적을 넘어서는 개인정보의 이용 • 타인의 개인정보를 무단으로 이용하는 경우
파기	• 수집 및 목적달성 후 개인정보의 미파기 • 개인정보 삭제 요구 불응

5. 개인정보보호원칙

(1) OECD 8원칙

① **수집제한**: 개인정보의 수집에는 제한이 있어야 하고, 정보는 적법하고 공정한 방법에 의해 얻어져야 하며, 정보 주체의 인지 또는 동의가 적절하게 있는 경우에 수집해야 한다.

② **정보 정확성**: 개인정보는 이용 목적과 관계가 있어야 하고 그 목적에 필요한 한도 내에서 정확하고, 완전하며, 최신의 것이어야 한다.

③ **목적명시**: 개인정보의 수집 목적은 수집 이전 또는 수집 당시에 명시되어야 하며, 개인정보의 이용은 명시된 수집목적 또는 수집 시 목적, 목적변경 시 명시되는 목적과 상충하지 않아야 한다.

④ **이용제한**: 개인정보는 명시된 이외의 목적으로 공개되거나 이용될 수 없다(단, 정보주체의 동의가 있는 경우나 법률에 의해 허가된 경우에는 가능함).

⑤ **안전성 확보**: 개인정보는 손실, 권한 없는 접근, 파괴, 사용, 수정, 공개에 대해 적절한 안전조치를 통해 보호되어야 한다.

⑥ **공개**: 개인정보와 관련하여 개발, 실행, 정책에 대한 전반적인 공개방침이 있어야 하고, 그 방법은 정보관리자의 신원 및 연락처를 비롯하여 개인정보의 존재 사실과 성질, 정보의 이용목적을 용이하게 확인할 수 있는 것이어야 한다.

⑦ **개인 참여**: 개인들은 정보관리자가 자신들에 대한 정보를 보유하고 있는지에 대해 확인, 적절한 시간 내에 적절한 방법으로 자신의 정보에 접근할 권리와 자신의 정보에 이의를 제기하고 이의제기가 수락된 경우, 그 정보를 삭제, 정정, 완성, 수정할 수 있는 권리가 보장되어야 한다.

⑧ **책임**: 정보관리자는 상기 원칙들을 실행하기 위한 조치를 준수해야 할 책임이 있다.

(2) 국내 환경에 맞는 개인정보 보호 원칙

① **최소 수집**: 서비스에 반드시 필요한 개인정보만 수집

② **고객 동의**
　　㉠ 개인정보 수집 시, 민감정보 수집 시
　　㉡ 개인정보 제3자 제공 시(개인정보 취급업무 위탁 시)
　　㉢ 개인정보 국외 이전 시
　　㉣ 14세 미만 아동의 개인정보 수집 시 법정대리인의 동의 필요

③ **목적 내 이용**: 개인정보 수집 시 또는 개인정보 제공 시 동의 받은 목적 내에서만 이용

④ **안전한 관리**
　　㉠ 개인정보 보호조직 구성과 개인정보 관리책임자(CPO) 지정
　　㉡ 개인정보 보호조치 시행 연속론 매스 미디어 참여군중

⑤ **통지(고객) 신고(당국)**
　　㉠ 개인정보 취급방침 공개
　　㉡ 영업 양수·도 시 고객 통지
　　㉢ 개인정보 유출 시 고객 통지 및 당국에 신고
　　㉣ 개인정보 이용내역 고객 통지

⑥ **권리보호**: 고객의 개인정보 열람·제공·정정·동의 철회 요구 처리

⑦ 완전 파기
  ㉠ 회원 탈퇴, 계약 해지, 이벤트 종료 등 목적 달성이나 보유 기간 종료 시 복구할 수 없는 방법으로 즉시 파기(또는 별도 보관)
  ㉡ 개인정보 유효기간 경과에 따른 파기(또는 별도 보관)

6. 개인정보보호법

(1) 법규체계

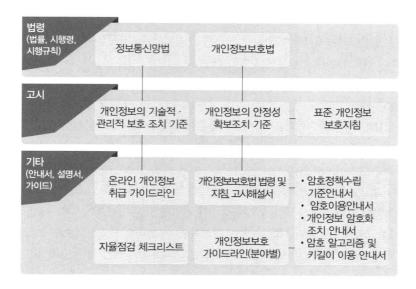

(2) 개인정보보호법의 원칙과 기준

① 적용대상: 개인정보처리자
  ㉠ 업무를 목적으로 개인정보파일을 운용하기 위하여 개인정보를 처리하는 공공기관, 법인, 단체, 개인 등이 있다.
  ㉡ 정보통신망법 상의 정보통신서비스제공자는 '영리를 목적으로 서비스를 제공하는자'를 의미하므로 개인정보보호법의 개인정보 처리자와 구분된다(신용정보법 상 신용정보업, 신용정보회사).

② 보호대상: 모든 정보주체
  ㉠ 처리되는 정보에 의해 알아볼 수 있는 그 정보의 주체가 되는 사람이다.
  ㉡ 정보통신망법 상의 이용자는 '영리목적으로 서비스를 이용하는 사람'이 해당되므로 개인정보보호법에 따른 정보주체와는 구분된다(신용정보법 상 신용정보주체).

③ 처리원칙과 기준
  ㉠ 개인정보처리자는 꼭 필요한 최소한의 개인정보만을 수집하고, 처리 목적을 명확하게 하고, 업무 목적에 맞도록 수집해야 한다.
  ㉡ 수집된 개인정보는 처리 방법·종류에 따라 안전하게 관리해야 하며, 정보주체가 개인정보 열람을 요구할 경우 정보주체의 권리를 보장해야 한다.
  ㉢ 개인정보의 익명 처리가 가능한 경우에는 익명에 의해서 처리될 수 있도록 하고, 책임과 의무를 준수하고 실천함으로써 정보주체의 신뢰를 얻기 위해 노력해야 한다.

7. 디지털 포렌식

(1) 디지털 포렌식의 의미

① 디지털 포렌식은 디지털 환경과 장비로부터 법정 제출을 전제로 디지털 증거 자료를 수집·분석하는 기술로 1991년 미국 오레곤주 포틀랜드의 IACIS(International Association of Computer Investigative Specialists, 국제 컴퓨터 수사전문가 협회)에서 개설한 교육 과정에서 '디지털 포렌식'이라는 용어를 처음 사용하였다.

② 사전적 정의로는 컴퓨터 관련 조사·수사를 지원하며 디지털 데이터가 법적 효력을 갖도록 하는 과학적·논리적 절차와 방법을 연구하는 학문에 해당한다.

(2) 포렌식의 종류

① 디스크 포렌식

㉠ 물리적인 저장장치(하드 디스크, 플로피 디스크 등)에서 증거를 수집하고 분석

㉡ 디스크를 검색하여 삭제된 파일을 복구

㉢ 키워드 검색을 통하여 수사의 단서를 추출

㉣ 파일 포맷과 파일 서명에 대한 분석

② 시스템 포렌식

㉠ 운영체제, 응용 프로그램 및 프로세스를 분석

㉡ 윈도우즈 운영체제 FAT16, FAT32, NTFS 분석

㉢ 리눅스 운영체제 파일 EXT(ExtendedFile System) 분석

③ 네트워크 포렌식

㉠ 네트워크를 통하여 전송되는 데이터, 암호 등을 분석

㉡ 에러 로그, 네트워크 형태 등을 조사

㉢ IP 헤더는 발신지 IP, 목적지 IP 정보를 포함

㉣ 링크 헤더는 하드웨어주소(MAC Address)를 포함

㉤ 라우터에는 로그인 사용자, TCP 연결 관련 정보, NAT(Network Address Translation) 관련 정보가 존재

④ 인터넷 포렌식

㉠ 월드와이드웹(WWW), FTP, USENET 등 인터넷 응용 프로토콜을 사용하는 분야에서 증거를 수집

㉡ 웹 히스토리 분석, 전자우편 헤더 분석, IP 추적 등의 기술을 이용하여 증거 수집

⑤ 모바일 포렌식

㉠ 휴대폰, PDA, 전자수첩, 디지털카메라, MP3 Player, 캠코더, 휴대용 메모리카드, USB 저장장치 등 휴대용 기기에서 필요한 정보를 입수하여 분석

㉡ 휴대용 기기는 작고 휴대가 간편하여 은닉이 편리하다는 장점

(3) 디지털 포렌식의 도구

① 디스크 복제 도구

⊙ 원본 디스크를 다른 디스크로 복제(Mirror) 이미지 파일을 생성하는 도구

ⓒ 섹터 대 섹터 복사 또는 비트 스트림 복사 방식

② 데이터 무결성 도구: 증거물이 훼손되지 않았음을 검증하는 도구이다.

③ 데이터 복구 및 분석 도구: 삭제되거나 손상 된 데이터를 분석하고 복구하는 도구이다.

④ 암호 복구 도구: 암호가 설정된 경우 암호를 알아내기 위한 포렌식 도구이다.

⑤ 데이터 조사 도구: Quick View Plus 뷰어를 사용하여 문서의 내용을 빠르게 확인한다.

⑥ 증거 수집 도구: 증거를 수집할 때 사용하는 도구이다(범용 프로그램 사용 가능).

⑦ 네트워크 및 인터넷 분석 도구: 네트워크 트래픽을 모니터링 인터넷 기반 서비스 이용 증거를 수집한다.

⑧ 데이터베이스 분석 도구: 대용량 데이터를 분석하여 필요한 정보를 추출하기 위해 사용한다.

(4) 포렌식을 통해 획득한 증거의 원칙: 법적으로 전문 증거(Hearsay Evidence)에 해당하며 다음과 같은 원칙에 따라 수집되어야 한다.

① 정당성의 원칙: 모든 증거는 적법한 절차를 거쳐서 획득한 것이어야 한다.

② 재현의 원칙: 똑같은 환경에서 같은 결과가 나오도록 재현이 가능해야 한다.

③ 신속성의 원칙: 정보는 휘발성을 가진 것이 많기 때문에 비교적 신속하게 이루어져야 한다.

④ 연계 보관성의 원칙: 증거는 획득되고, 이송 · 분석 · 보관 · 법정 제출 등의 과정들이 명확해야 한다.

⑤ 무결성의 원칙: 증거는 위조 · 변조되어서는 안된다.

(5) 포렌식의 수행 절차

① 수사 준비: 수사를 위해 장비와 툴을 확보하고, 적절한 법적 절차를 거쳐 피의자 또는 수사 대상에 접근한다.

② 증거물 획득(증거 수집): 증거물을 획득할 때는 증거를 획득한 사람과 이를 감독한 사람, 그리고 이를 인증해주는 사람의 참관하에 수행한다.

③ 보관 및 이송: 획득된 증거는 앞서 언급한 연계 보관성을 만족시키며 보관되고 이송되어야 한다.

④ 분석 및 조사: 최량 증거 원칙(The Best Evidence Rule)에 따라 법원에 제출하는 원본 또는 최초의 복제물은 기본적으로 보관하고, 복사본으로 조사 및 분석한다.

④ 보고서 작성: 증거 데이터, 분석 및 조사 과정에서 증거 수집을 위해 수행하면서 문서화한 무결성과 관련된 정보, 스크립트 수행 결과를 보고서화하여 증거와 함께 제출한다.

(6) 네트워크의 증거 수집

① 보안 솔루션 이용: 침입 탐지 시스템, 침입 차단 시스템, 방화벽, MRTG 등에 남아있는 로그를 증거로 확보한다.

② 네트워크 로그 서버 이용: 네트워크 로그 서버가 설치되어 있으면 해당 로그를 증거로 확보한다.

③ 스니퍼 운용: 백도어 또는 웜 바이러스에 대한 탐지 활동 및 증거 수집 활동으로 증거를 확보한다.

(7) 시스템(PC)에서의 증거 수집

① **활성 데이터 수집(Live Data Collection):** 시간이 지나면 쉽게 사라지는 네트워크 세션 데이터와 메모리에 존재하는 정보를 얻는다.

② **시스템 로그 분석:** 시스템에 동작되도록 설정된 로그를 분석하여 침해 사고 관련 증거를 확보한다.

③ **저장 장치 분석:** 시스템의 하드 디스크에 저장된 정보 외에 삭제된 정보를 획득한다.

(8) 데이터 및 응용 프로그램에서의 증거 수집

① **이메일 분석:** 피의자 간 송수신 이메일을 분석해 공모 증거를 확보한다.

② **인터넷 분석:** 시스템에 저장되어 있는 인터넷 브라우저의 쿠키나 index.dat 파일을 이용한다. 방문 사이트의 정보를 획득하고 작업 내용을 파악한다.

③ **CAATs:** 숫자로 확보된 증거의 무결성 및 위조된 부분을 찾아내기 위한 데이터를 분석한다.

03 정치영역의 정보화

01 전자정부의 개념

1. 미국

'효율적이고 고객 대응적인 과정을 통해서 시민들이 정보 및 서비스에 보다 더 폭넓게, 그리고 보다 더 적시에 접근하도록 해주는 정부', '고통의 정보통신기반 위에 하나로 연결된 각종 행정서비스를 언제, 어디서나, 어떤 방법으로든 제공할 수 있는 정부'를 의미한다.

2. 영국

'정부가 고객이라고 할 수 있는 일반국민과 기업에 제공하는 각종 서비스를 전달함에 있어서 종래의 전통적인 수단 이외에 발전된 정보기술을 적용하여 서비스를 확대하고 서비스의 질을 향상시키는 한편, 정보행정의 효율성을 높여나가는 것'을 의미한다.

3. 한국

(1) **행정부**: '정보기술을 활용하여 행정활동의 모든 과정을 혁신함으로써 정부의 고객인 국민과 기업에게 제공하는 각종 서비스와 정보를 손쉽게 이용할 수 있도록 하고, 행정 및 정책 활동의 생산성을 향상시켜, 한반도의 지식정보화를 선도할 수 있는 정부로 재창출하는 것'을 의미한다.

(2) **한국전산원**: '초고속정보통신 기반기술을 활용하여 행정업무를 재설계하고 대국민 서비스를 증진시킴으로써 삶의 질을 향상시키고 민주주의 이념을 실현하는 미래의 혁신적인 행정모형'을 의미한다.

4. 정보화 전문가들의 정의(정충식 외)

(1) 정부의 모든 공공기관이 초고속정보통신기반으로 연결되어, 디지털로 저장된 행정정보를 상호 공유하면서, 전자화된 업무처리를 수행하고 나아가 신속, 정확한 대국민 서비스를 제공하는 정부를 의미한다.

(2) 급속히 발전하고 있는 정보통신기술을 정부의 업무처리에 활용하고 초고속정보통신망의 성공적인 구축으로 국가 사회 전반의 네트워크화가 진전되면, 이를 바탕으로 정부의 모든 행정서비스를 실시간으로 국민에게 제공함은 물론 부처 간 정보공유를 통하여 실현 가능한 보다 작고 효율적인 정부를 의미한다.

(3) 초고속정보통신망을 구축하고, 전 부처가 네트워크로 연결되어 행정정보의 공유가 활성화되고, 전자적으로 업무가 처리되어 내부적으로는 행정의 생산성을 제고하고 외부적으로는 대국민 서비스의 질을 높이려는 정부를 의미한다.

(4) 컴퓨터와 통신을 이용해 모든 국민을 위한 민원자료를 데이터베이스화시켜 편리한 정보시스템으로 연결하여 사용할 수 있고, 필요한 사람이 공개적으로 열람이 가능한 정보시스템을 구축한 정부를 의미한다.

(5) 정부 조직 내, 정부 간, 정부와 민간 간의 업무를 컴퓨터와 통신을 이용하여 자동화, 편리화, 고도화함으로써 정부 서비스 개선과 업무 효율 증대, 투명성 제고를 기하며 이에 상응하는 조직구조, 업무절차, 가치관의 변화를 수반하는 정부를 의미한다.

(6) 정보기술을 활용하여 국민에게 보다 나은 행정서비스를 제공하기 위해 행정업무 처리 절차를 개선하여 행정 효율성을 극대화할 뿐만 아니라 효과적인 자원 배분을 통해 국민 삶의 질 증진 및 기업의 국제 경쟁력 향상에 기여하는 정부를 의미한다.

(7) 디지털 개념에 입각해서 모든 정부부처의 각 부문(인사, 조직, 예산 등)이 재구조화되고, 사이버공간을 통해 관료의 역할 수정이 상당 부분 이루어지며, 나아가 정부와 국민의 연결도 전자적으로 연결되어 준직접민주주의가 실현됨으로써 국민의 뜻에 따라 민주주의의 이념을 실현하는 정부를 의미한다.

02 전자정부의 주요 특성

1. 효율적인 전자정부: 효율성 모델(Back Office)

(1) **의의**: 전자정부는 정부 내 자료나 정보가 전자적으로 생산되는 종이 없는 행정을 구현하고, 전자화된 행정정보가 각 행정기관 간에 물 흐르듯이 유통됨으로써 신속 · 정확한 행정을 실현하는 효율적인 정부를 지향한다.

(2) **구현수단**: 전자문서교환(EDI; Electronic Data Interchange), 인트라넷(Intranet), 익스트라넷(Extranet), 업무과정의 재설계(BPR) 등이 있다.

2. 민주적인 전자정부: 민주성 모델(Front Office)

(1) **의의**: 국민이 직접 참여하도록 정부공간을 공개, 확대하여 민주성, 개방성 향상을 목적으로 한다. 열린 정부를 전제로 하며, 전자민주주의와의 연계를 중시한다.

(2) **구현 수단**: 전자정보 공개(인터넷을 통한 행정안내, 정보공개 등), 온라인 시민참여(전자공청회, 전자포럼 등), 전자투표 등이 있다.

3. 서비스형 전자정부

(1) **의의**: 전자정부는 고객이 다양한 수단에 의해 단일접점(정부포털)을 통과하면 누구나, 언제나, 어디에서나 한 번에 서비스가 제공되는 서비스 고도화를 지향한다.

(2) **구현 수단**: 정부포털 서비스, One-Stop, Non-Stop 서비스 등이 있다.

4. 시민참여형 전자정부(UN, OECD)

(1) **전자정보화(정보제공형: e-Information)**: 정부가 생산한 정보를 전자적 채널을 통해 일방적으로 제공하는 단계이다.

(2) **전자자문(협의형: e-Consultation)**: 가상공간에서 공무원과 시민 간에 소통과 정책토론에 대한 환류가 일어나는 단계이다. 주로 정부 주도로 의사소통이 이루어지며 시민들의 정책 순응 확보를 위해 활용된다.

(3) **전자결정(e-Decision Making)**: 시민들이 정책과정에 적극적으로 참여함으로서 시민들의 의견이 정책과정에 직접 반영되는 단계이다.

03 정보화 시대의 전자정부

1. 모바일 전자정부

(1) **의의**: 국민 · 기업 · 정부가 무선 인터넷을 기반으로 한 휴대 단말을 통하여 정부와 관련된 각종 업무 및 정보를 처리하는 미래정부를 의미한다.

(2) **특징**: 국민과 기업 및 정부에 이동성과 휴대성을 보장하고, 정보 접근에 대한 편의성, 적시성, 개인화를 제공하며, 정부와 사업자가 상호정보를 연계하여 무선 인터넷의 장점을 최대한 활용할 수 있는 특화서비스를 중심으로 정부-시민 간 거래(G2C), 정부-기업 간 거래(G2B), 정부-정부 간 거래(G2G)를 제공한다.

2. 플랫폼 전자정부

(1) **의의**: 기업과 국민에게 '참여형 오픈 플랫폼'을 제공하여 새로운 서비스와 부가가치를 창출할 수 있도록 촉진 · 지원하는 정보를 의미한다.

(2) **플랫폼 정부의 역할**: 공공정보제공자로서의 정부, 시민참여 촉진, 산업 플랫폼 촉진자의 역할을 한다.

3. 유비쿼터스 전자정부

(1) **의의**: 유비쿼터스 정부는 고객지향성, 지능성, 실시간성, 형평성을 실현하여 인간과 기계의 접촉, 정부와 국민의 접촉이 최소화되고 수요자가 원하는 방식으로 인간중심적 서비스를 구현하는 정부를 의미한다.

(2) **특징**: 유비쿼터스 정부는 유 · 무선, 모바일 기기 통합으로 언제 어디서나 중단 없는 서비스를 제공하는 편재성 · 상시성(Ubiquity), 개인별 요구사항 · 특성 · 선호를 사전에 파악하여 맞춤형 서비스를 제공하는 고객맞춤화(Uniqueness), 사회인프라에 센서나 태그를 이식해 공간 환경 · 사물 · 사람에 관한 상황인식 정보를 감지해 사물컴퓨터가 직접 지능화된 서비스를 제공하는 지능화(Intelligence) 등을 특징으로 한다.

4. 빅데이터 전자정부

(1) 의의: 대대적인 공공 데이터 개방을 추진하여 교통 정보, 날씨 정보, 토지 정보부터 행정 정보, 교통사고 정보, 재난 정보, 교육 정보에 이르기까지 공공기관이 생산하는 공공 데이터를 산업계, 학계, 언론계, 시민사회에 개방하는 것을 말한다.

(2) 특징: 공공부문에서 빅데이터의 활용은 사회현상에 관한 새로운 법칙의 발견을 통해 미래예측, 변화추이, 위험징후 등에 선제적으로 대응하며(재난의 사전예방), 각각의 개별적인 시민 요구에 선제적으로 서비스를 제공(맞춤형 서비스 제공)하는 스마트 전자정부를 구축할 수 있게 해준다.

---

04 한국의 전자정부의 발전과정

1. 김영삼정부(1993~1998)의 정보화

- 1994년 12월 체신부를 정보통신부로 개편
- 1995년 3월 초고속정보통신기반구축 종합계획을 수립하여 정보화 기반 조성
- 1995년 6월 정보화촉진기본법 제정(1996년 1월 1일 시행)
- 1996년 1월 정보화촉진기금의 조성
- 1996년 6월 정보화촉진기본계획 수립

(1) 정보통신부 신설(1994.12.): 기존의 체신부를 정보통신부(MIC; Ministry of Information and Communication)로 확대개편하고, 상공부와 과학기술처를 비롯한 다른 부처 업무 일부를 정보통신부로 이관하였다. 정보통신부에서는 정보통신정책과 우편사업, 전파방송 관리, 체신금융, 정보통신지원과 협력 업무를 관장하게 되었다. 정보통신부 발족을 계기로 국가사회의 정보화와 정보통신 산업 현황에 대한 정확한 분석을 토대로, 정보통신 분야를 선진국 수준으로 발전시키기 위한 종합적이고 체계적인 계획을 수립할 수 있었다.

(2) 초고속정보통신기반구축 종합추진계획(1995.3.): 문민정부는 1995년 3월 14일에 초고속정보화추진위원회를 개최하고 '초고속정보통신기반구축 종합추진계획'을 확정하였다. 주요 내용은 미래 정보화시대에 대비하여 전국적으로 정보고속도로를 구축하는 것이었다. 초고속국가정보통신망, 초고속공중정보통신망, 선도시험망 분야로 나누어 추진했다.

(3) 정보화촉진기본법 제정(1995.8.): 정보화촉진기본법은 1995년 7월 임시국회에서 의결되고 동년 8월에 공포되었고, 그 후속작업으로 동법 시행령과 동법 시행규칙이 1995년말에 공포되어, 1996년 1월 1일부터 시행하게 되었다. 이후에 이 법은 2009년 5월 22일에 「국가정보화 기본법」으로 전부 개정되어 2009년 8월 23일부터 시행되었다. 이어서 문재인정부는 2020년 6월 9일에 「국가정보화 기본법」을 「지능정보화 기본법」으로 전부 개정하여, 2020년 12월 10일부터 시행해 오고 있다.

(4) **정보화촉진기금 조성(1996.1.):** 정보화촉진기금은 기존의 정보통신진흥기금을 1995년 8월 4일에 공포된 「정보화촉진 기본법」에 따라 개정·확대된 것으로, 국가차원의 정보화 등을 지원하는 것을 목표로 하였다. 정보화촉진기금은 초고속정보통신기반의 구축 및 이용활성화사업 공공 지역 산업생활 등 각 분야의 정보화촉진사업, 정보통신에 관한 연구개발 사업, 정보통신관련 표준의 개발 제정 및 보급사업, 정보통신 인력의 양성사업, 위에서 규정된 사업의 부대사업, 기타 정보화 촉진 등을 위하여 기금관리위원회가 필요하다고 인정한 사업 등의 지원을 위하여 운용되었다.

(5) **정보화촉진기본계획 수립(1996.6.):** 우리나라에서 전자정부라는 용어는 1996년 정부에서 공식적으로 사용하였다. 정부는 1996년 6월 11일에 '정보화촉진기본계획'을 확정하고 고도정보사회의 실현을 앞당기기 위한 종합적인 발전계획을 마련하였다. 2000년까지 정부가 집중적으로 추진해야 할 과제를 종합적으로 제시하고 있으며 이를 위해 정보화촉진을 위한 10대 중점과제를 선정하였다. 정보화촉진을 위한 10대 중점과제는 정부, 교육, 학술연구, 산업, 교통물류, 지역정보화, 의료, 환경, 안전관리 및 국방에 이르기까지 거의 모든 분야를 망라하고 있으며 여기에서 전자정부가 나타나고 있다.

2. 김대중정부(1998~2003)

- 2000년 1월 새천년 신년사에서 지식정보강국 강조
- 2001년 3월 전자정부법 제정(2001년 7월 1일 시행)
- 2002년 10월 초고속인터넷 가입자 1,000만 돌파
- 2002년 11월 전자정부 11대 과제 완성

(1) **대통령 새천년 신년사(2000.1.):** 2000년 1월 3일 김대중 대통령은 "새천년 새희망"이라는 제목으로 신년사를 발표하였다. 김대중 대통령의 새천년 신년사는 지식정보시대에 지식정보강국을 건설하겠다는 강한 의지를 보여주었다. 구체적으로는 초고속정보통신망의 조기 구축 및 전국민 정보생활화 운동을 제시하였다.

(2) **전자정부법 제정(2001.7.1. 시행):** 2000년 3월 대통령에 대한 새천년 업무보고에서 행정자치부는 전자정부법의 제정권한을 획득하였다. 행정자치부는 업무보고에서 10대 역점사업을 강력히 추진해 나갈 것을 밝혔는데, 이 가운데 21세기형 전자정부를 조기에 구축하는 것이 포함되었다. 이러한 전자정부법의 제정 이유를 행정자치부는 "21세기 지식정보화 시대를 맞이하여 정보기술(IT)과 정부의 일하는 방법의 혁신의 결합을 통한 정부경쟁력의 향상과 대민서비스의 개선이라는 전자정부의 비전 구현을 뒷받침하기 위함"이라고 밝히고 있다. 정부는 2001년 3월에 「전자정부구현을 위한 행정업무 등의 전자화촉진에 관한 법률」(이하 전자정부법)을 법률 제6439호로 공포하였으며 2001년 7월부터 시행에 들어갔다.

(3) **초고속인터넷 가입자 1,000만 돌파(2002.10.):** 우리나라는 서비스가 시작된 지 4년 만인, 2002년 10월에 초고속인터넷 가입자 수가 1,000만 명을 넘어서, 초고속인터넷 보급률이 캐나다의 2배, 미국의 4배, 일본의 8배에 이르게 되어, 세계에서 가장 높은 보급률 수치를 기록하였다.

한국의 초고속 인터넷 보급 추진 경과

- 1998년
  - 5월: 경제회생을 위한 국가사회 정보화 촉진방안 수립(제1차 정보화전략회의)
  - 6월: 두루넷 국내 최초로 케이블모뎀 서비스 개시
  - 10월: 하나로통신 케이블모뎀 서비스 개시
  - 12월: 가입자 13,801명
- 1999년
  - 3월: Cyber Korea 21 수립(제2차 정보화촉진 기본계획)
  - 4월: 하나로통신 세계 최초로 ADSL 서비스 개시
  - 4월: 초고속 정보통신건물 인증제도 시행
  - 6월: 한국통신 ADSL 서비스 개시
  - 12월: 가입자 373,571명
- 2000년
  - 6월: 1,000만명 정보화교육 계획 수립
  - 12월: 전국 모든 초중고교에 무료인터넷 보급 완료, 초고속정보통신망 2단계사업 완료(전국 144개 지역에 광전송 및 ATM 기반의 초고속 국가망 구축 완성, 가입자 402만 명 돌파
- 2001년
  - 6월: 초고속정보통신망 3단계 고도화계획 수립
  - 10월: OECD, 초고속인터넷 보급률 세계 1위 공인
  - 12월: 가입자 781만 명 돌파
- 2002년
  - 4월: e-Korea Vision 2006 수립(제3차 정보화촉진 기본계획)
  - 10월: 초고속인터넷 가입자수 1,000만 돌파

(4) 전자정부 기반 완성 – 11대 과제 종료(2002.11.): 2001년 5월에 전자정부특별위원회는 전자정부의 비전과 2002년까지 달성해야 할 목표와 중점과제를 담은 「세계일류국가 도약을 위한 전자정부 구현전략」을 수립하였다. 전자정부특별위원회는 정부 서비스의 공급자가 아니라 수요자, 사용자의 관점에서 2002년 10월말 구현을 목표로 우선적으로 추진해야할 중점 사업으로서 국민과 기업에 대한 서비스 혁신사업, 행정의 생산성 제고 사업, 전자정부 기반 구축사업 분야로 구분하여 총 11개 과제를 선정하였다. 2002년 9월 3일 전자조달시스템이 개통됐고, 2002년 11월 1일에 민원서비스 혁신시스템이 개통되어, 우리나라에서 본격적으로 전자정부가 시작되었다.

3. 노무현정부(2003~2008)

- 2003년 4월 대통령직속 정부혁신지방분권위원회 구성
- 2003년 8월 전자정부 로드맵 발표
- 2003~2007년 전자정부 31대 과제 추진
- 2007년 9월 전자정부 완성 보고대회 개최

(1) 대통령직속 정부혁신지방분권위원회 구성(2003.4.): 참여정부는 정부혁신과 지방분권이 지속가능하도록 하기 위하여 정부 전체를 아우르는 상설적 추진체계를 구축하여 포괄적인 개혁을 추진하였다. 참여정부에서 정부혁신과 전자정부는 정부혁신지방분권위원회가 담당하였다. 정부혁신지방분권위원회는 그 구성으로 보면 본 위원회 외에 7개 분야의 전문위원회(행정개혁전문위원회, 인사개혁전문위원회, 지방분권전문위원회, 재정세제전문위원회, 전자정부특별위원회, 기록관리전문위원회, 혁신분권평가전문위원회)가 활동을 하였다.

(2) 전자정부 로드맵 발표(2003.8.): 정부혁신과 연계된 범정부적 전자정부를 추진하기 위하여 2003년 4월 「정부혁신지방분권위원회규정」에 따라 설치된 대통령자문 정부혁신지방분권위원회에 전자정부특별위원회를 설치하고, 5월부터 준비작업을 시작하여 2003년 8월에 전자정부 로드맵을 확정하여 발표하였다. 참여정부 전자정부 로드맵은 4대 분야, 10대 어젠다, 31대 과제로 구성되어 있다.

(3) 전자정부 31대 과제 추진(2003~2007): 정부혁신지방분권위원회의 전자정부전문위원회는 2003년 5월 '전자정부의 비전과 추진원칙'을 국무회의에 보고하였다. 이후 전자정부의 비전과 추진원칙을 구현하기 위한 세부 추진과제 선정에 착수하였다. 과제 발굴은 국가기관, 지방자치단체, 기타 공공기관, 정부혁신지방분권위원회 및 전자정부전문위원회 위원들 그리고 공무원과 일반 국민들을 대상으로 하여 2차례에 걸쳐서 진행되었다.

> **참여정부의 '전자정부 로드맵: 세계 최고 수준의 열린 전자정부 구현'**
> • 2003년: 준비·기반조성의 단계이며, 추진과제를 선정하고 추진기반을 조성하였다.
> • 2004년: 사업의 기반을 구축하는 단계이며, BPR·ISP를 실시하고, 공통기반을 구축하였다.
> • 2005년: 통합·혁신의 단계이며, 프로세스를 개선하고 시스템을 구축하였다.
> • 2006년: 프로세스의 혁신을 통하여 시스템을 통합시켰다.
> • 2007년: 혁신·평가의 단계이며, 통합된 서비스의 제공을 통하여 정부혁신을 구현하고 추진성과를 평가하였다.

(4) 전자정부 추진성과 보고회 개최(2007.9.): 전자정부 추진성과 보고회는 전자정부 성과를 국민이 직접 체험할 수 있도록 '전자정부 박람회'와 연계하여 개최되었다. 이 보고회는 지난 5년간 국정과제의 일환으로 역점 추진하여 온 전자정부 사업의 성과를 종합적으로 집대성하는 자리로서, 정부혁신의 전략적 수단이자 구체적인 성과물로서 그 위치를 확고히 자리매김한 전자정부 사업의 그간의 추진상황과 주요 성과를 점검하고, 우수사례의 발굴 및 전파를 통해 향후 발전방향을 모색하는 한편, 수요자인 국민에게 널리 홍보하여 편리하게 이용할 수 있는 계기를 만들고자 마련되었다.

4. 이명박정부(2008~2013)

> • 2008년 2월 정보통신부 폐지
> • 2008년 12월 국가정보화 비전 선포식
> • 2009년 11월 국가정보화전략위원회 구성
> • 2010년 1월 UN 전자정부 평가 세계1위 달성
> • 2010년 7월 스마트워크 추진정책 대통령 업무보고
> • 2011년 3월 스마트 전자정부 추진계획 발표

(1) 정보통신부 폐지(2008.2.): 1995년 이후 ICT정책의 주무부처였던 정보통신부가 2008년 2월 28일에 폐지되고, 그 기능이 지식경제부(IT산업정책), 행정안전부(전자정부, 정보보호, 정보화정책), 방송통신위원회(전파 및 통신, 방송통신융합, 이용자 및 네트워크 보호 등) 및 문화체육관광부(디지털콘텐츠 등) 등으로 각각 이관되었다. 이러한 정보통신부의 폐지로 인하여 이명박정부는 집권 내내 ICT기업과 산업을 홀대하고, 국가경쟁력을 훼손시켰다는 비난에 시달려야 했다.

(2) 국가정보화 비전 선포식(2008.12.): 이명박정부는 2008년 12월 3일 정부중앙청사 별관 국제회의장에서 행정안전부 주관으로 "국가정보화 비전 선포식"을 개최하였다. 이것은 2008년부터 2012년까지 5년간의 국가정보화 기본계획을 발표한 것이며, 정보화를 통해 미래 성장동력을 발굴하고 창의와 신뢰의

선진 지식정보사회를 구현하기 위한 것이었다. 이러한 국가정보화 기본계획은 선진일류국가의 국정비전에 따라서 정보화의 비전과 목표 및 전략으로 구성되어 있었다.

(3) **국가정보화전략위원회 구성(2009.11.):** 이명박정부는 2008년 2월에 출범과 동시에 정보통신부를 해체하고 국가정보화의 기능을 행정안전부로 이관하여 전자정부와 국가정보화의 기능을 통합하였다. 이와 함께 기존의 정부혁신지방분권위원회도 해체됨에 따라서 새로운 정보화추진체계가 필요하게 되었다. 이후 이명박정부는 2009년 11월 10일에 국가정보화전략위원회를 출범시켰다. 국가정보화전략위원회는 국가정보화 비전을 제시하고, 이를 달성하기 위한 계획의 수립·추진·점검을 수행하기 위해 설립된 대통령 소속 자문위원회이다. 국가정보화전략위원회는 '국가정보화기본법'에 따른 정보화 정책에 관한 최고심의·조정기구로서, 국가정보화 기본계획 및 시행계획의 심의, 정보화 정책의 조정, 정보문화 창달 및 정보격차해소 사업 심의 등의 기능을 수행하였다.

(4) **UN 전자정부 평가 세계1위 달성(2010.1.):** 기존 노무현정부가 추진해 오던 전자정부 정책들은 최소한의 사업만을 남기고 폐기되었다. 2010년 1월초에 UN 전자정부 평가가 발표되었고, 당시 행정안전부는 1월 14일에, 2010년 UN 전자정부 평가 결과 우리나라가 전자정부준비지수, 온라인 참여지수에서 세계 1위를 달성했다고 발표하였다. 그러나 이처럼 2010년에 UN 전자정부 세계 1위를 달성한 것은 2008년 후반의 자료를 대상으로 한 것이며, 이러한 평가 대상들은 모두 2003~2008년까지 참여정부에서 구축된 31대 전자정부 시스템들의 성공적인 집행의 결과물들이다.

(5) **스마트워크 추진정책 대통령 업무 보고(2010.7.):** 이명박정부에서 전자정부와 관련하여 적극적으로 추진된 정책은 스마트워크가 유일하다. 이명박정부는 새로운 성장 패러다임으로 '저탄소 녹색성장'을 제시하였다. 이러한 저탄소 녹색성장의 패러다임을 기반으로 2010년 국가정보화전략위원회는 스마트워크 활성화 전략을 준비하였다. 2010년 7월 20일 당시 국가정보화전략위원회, 방송통신위원회 및 행정안전부는 대통령에게 '스마트워크 활성화전략'을 보고하였다.

(6) **스마트 전자정부 추진계획 발표(2011.3.):** 2008년 집권한 이명박정부는 2009년까지 전자정부 용어의 사용을 금기시하다가, 2010년 UN 전자정부 평가에서 세계 1위를 달성함에 따라 방향을 전환하기 시작하였다. 이에 행정안전부는 2011년 3월에 '국민과 하나되는 세계 최고의 전자정부 구현'을 위한 스마트 전자정부(Smart Government) 추진 계획을 발표하였다. 스마트 전자정부란 "진화된 IT기술과 정부 서비스 간에 융·복합을 통해서, 언제 어디서나 매체에 관계없이 자유롭게 국민이 원하는 정부 서비스를 이용하고, 국민의 참여·소통으로 진화(進化)하는 선진화된 정부"를 의미한다.

> 스마트 전자정부
> • 비전은 "국민과 하나되는 세계 최고의 전자정부를 구현"
> • 스마트 전자정부의 전략
> – 공개(Open): 공공 정보·서비스 공개 및 개방
> – 통합(Integration): 수요자중심 서비스 통합 및 다채널 통합
> – 협업(Collaboration): 조직, 부서간 협업 및 정보 공유
> – 녹색정보화(Green): 친환경적 및 저비용 시스템 구축

5. 박근혜정부(2013~2017)

- 2013년 4월 미래창조과학부 신설
- 2013년 6월 정부3.0 비전 선포식 개최
- 2014년 6월 UN 전자정부 평가 연속 3번 세계 1위
- 2014년 7월 정부3.0추진위원회 구성
- 2016년 4월 전자정부2020 종합계획 발표
- 2017년 3월 지능형정부 기본계획 발표

(1) **미래창조과학부 신설(2013.4.)**: 국가 ICT 정책과 가장 밀접한 관련을 가지는 것은 과학기술과 ICT 융합 촉진 및 창조경제 선도를 위한 미래창조과학부의 신설을 들 수 있다. 미래창조과학부는 국가과학기술위원회를 개편하면서, 기존의 교육과학기술부를 교육부와 미래창조과학부로 분리하면서 발족하였다. 박근혜 정부는 정부조직개편 작업 초기에 미래창조과학부를 과학기술과 함께 콘텐츠(Content)-플랫폼(Platform)-네트워크(Network)-디바이스(Device)의 ICT 생태계 육성정책을 전담하는 부처로 설치를 추진하였다.

> **미래창조과학부(MSIP; Ministry of Science, ICT and Future Planning)의 역할**
> - 과학기술정책의 수립 · 총괄 · 조정 · 평가
> - 과학기술의 연구개발 · 협력 · 진흥
> - 과학기술인력 양성
> - 원자력 연구 · 개발 · 생산 · 이용
> - 국가정보화 기획 · 정보보호 · 정보문화
> - 방송 · 통신의 융합 · 진흥 및 전파관리
> - 정보통신산업
> - 우편 · 우편환 및 우편대체에 관한 사무

(2) **정부3.0 비전 선포식 개최(2013.6.)**: 2013년 6월 19일에 정부3.0 비전 선포식을 갖고 "국민과의 약속, 정부3.0"을 발표하였다. 이 자리에서 안전행정부는 '국민 모두가 행복한 대한민국'을 비전으로 '수요자 맞춤형 서비스 제공'과 '일자리 · 신성장 동력 창출'이라는 목표 달성을 위해, '소통하는 투명한 정부', '일 잘하는 유능한 정부', '국민 중심의 서비스 정부' 등 정부3.0의 3대 전략과 10대 중점추진과제를 제시했다.

[정부운영 패러다임의 변화: 단계별 전자정부]

구분	정부1.0	정부2.0	정부3.0
웹기술	웹 1.0	웹 2.0	웹 3.0
운영방향	정부중심	국민중심	국민 개개인 중심
핵심가치	효율성, 비밀주의	민주성, 투명성	확장된 민주성, 투명성, 대응성
참여	관 주도 · 동원	제한된 공개 · 참여	능동적 공개 · 참여개방 · 공유 · 소통 · 협력
국민의 지위	수동적 시민	집합적 시민	원자화된 개인
행정서비스	일방향 제공, 제한적 정보공개, 시공간 제약, 공급 위주의 서비스, 서비스 전자화	양방향 제공, 정보공개 확대, 모바일 서비스, 정부-민간 융합 서비스, 신규서비스 가치 창출	양방향 맞춤정보 제공, 실시간 정보제공, 중단 없는 서비스, 개인별 맞춤형 서비스, 서비스 지능화

접근성	First-Stop Shop 단일창구(포털)	One-Stop Shop 정부서비스 중개기관	My Gov 개인별 정부서비스 포털
수단	직접 방문 유선인터넷	유·무선 인터넷	무선 인터넷 스마트 모바일 기기
업무통합	단위업무별 처리	프로세스 통합·플랫폼	서비스 통합

(3) **UN 전자정부 평가 연속 3번 세계 1위(2014.6.)**: 정부3.0 정책을 추진하면서 공공데이터의 개방을 통한 정보공개, 그리고 정부의 운영방식을 국가중심에서 국민중심으로 바꾸는 새로운 국정운영 패러다임이라고 홍보하였다. 2014년 UN 전자정부 평가 결과, 우리나라가 전자정부 준비지수, 온라인참여지수에서 모두 세계 1위를 달성했다고 발표하였다. 박근혜정부는 전자정부가 아니라 정부3.0 정책을 중점적으로 추진하였다. 이 과정에서 전자정부와 정부3.0 사이에 개념 및 서비스 영역 등에서 혼란이 야기되었다.

(4) **정부3.0 추진위원회 구성(2014.7.)**: 2014년 6월 30일에 「정부3.0 추진위원회의 설치 및 운영에 관한 규정」이 시행됨에 따라, 이에 근거를 두고 2014년 7월 25일에 구성하였다. '정부3.0 추진위원회'는 본 위원회 및 8개의 전문위원회를 설치하였다. 전문위원회는 기획총괄, 맞춤형서비스, 클라우드, 정보공유·협업, 빅데이터, 개방, 변화관리, 지방·공공기관 분과이다. 그 외에도 '정부3.0 추진위원회'는 전문기술 분석 지원을 위한 '전문기술연구단' 및 사무국으로서 '정부3.0 지원단'을 설치하였다.

(5) **전자정부 2020 기본계획 발표(2016.4.)**: 박근혜정부는 2016년 4월에 행정자치부가 「전자정부 2020 기본계획」을 수립하였다. 이러한 "전자정부 2020 기본계획"은 「전자정부법」 제5조에 따라 최초로 수립된 5개년 전자정부 계획으로, '국민을 즐겁게 하는 전자정부(Enjoy your e-Government)' 구현을 목표로 한다. 그리고 이러한 비전의 달성을 위하여 "국민감성 서비스(Citizen Experience)", "지능정보 기반 첨단행정(Intelligent Gov)", "지속가능 디지털 뉴딜(Digital New Deal)"을 목표로 설정하였다.

(6) **지능형 정부 기본계획 발표(2017.3.)**: 2017년 3월에 지능형 정부 기본계획을 발표하였다. 새로운 지능형 전자정부는 언제 어디서나 현명하게 국민을 섬기는 정부로 발돋움하기 위한 것이다. "지능형 정부"는 지능정보기술을 활용하여 국민 중심으로 정부서비스를 최적화하고 스스로 일하는 방식을 혁신하며, 국민과 함께 국정운영을 실현함으로써 안전하고 편안한 상생의 사회를 만드는 디지털 新정부를 지향하는 것이다. 이를 위하여, 6개의 핵심가치(공정, 투명, 유연, 신뢰, 창의, 포용)를 바탕으로 "스스로 진화하는 WISE 정부"의 비전을 달성하는 것이다.

6. 문재인정부(2017~현재)

- 2017년 7월: 과학기술정보통신부 발족
- 2017년 9월: 4차산업혁명위원회 출범
- 2017년 11월: 전자정부 50주년 기념식 개최
- 2018년 3월: 정부혁신 전략 회의 개최
- 2019년 10월: 디지털 정부혁신 추진계획 발표
- 2019년 12월: 인공지능 국가전략 발표
- 2020년 6월: 디지털 정부혁신 발전계획 발표
- 2020년 7월: 한국판 뉴딜 종합계획 발표

(1) 과학기술정보통신부 발족(2017.7.): 우리나라의 과학기술 경쟁력은 참여정부 말기인 2007년에 정점을 기록한 뒤 지속적으로 하락해 왔다. 이에 따라 과학기술기반에 대한 국가혁신체계를 재건하고 범부처 과학기술정책의 조정을 위해 과학기술 컨트롤타워의 강화 필요성이 대두되어 차관급 기관인 과학기술 혁신본부를 신설하고, 조정된 부처의 기능에 맞게 부처명칭을 미래창조과학부에서 과학기술정보통신 부로 변경하였다. 과학기술정보통신부에 1·2차관과 별도로 과학기술정책 총괄, R&D 사업 예산 심 의·조정 및 성과평가 등을 전담하는 차관급 기구인 과학기술혁신본부를 설치하고 과학기술혁신본부 장은 국무회의에 배석해 중요 정책결정에 참여할 수 있도록 하였다.

(2) 4차산업혁명위원회 출범(2017.9.): 과학기술정보통신부는 운영규정안 초안을 작성하였으며, 2017년 8 월 16일, 국무회의에서 「4차산업혁명위원회의 설치 및 운영에 관한 규정」이 의결됨에 따라 근거규정을 마련하였다. 2017년 9월 25일, 문재인 대통령이 장병규 위원장을 포함한 20명의 민간위원을 위촉함 으로써, 제1기 위원회가 본격적으로 활동을 시작하였다. 민간위원들은 각각 산업(9명), 학계(9명), 연 구(2명) 분야에서 위촉하였다.

(3) 전자정부 50주년 기념식 개최(2017.11.): 2017년 11월 1일, 문재인정부는 행정안전부의 주관으로 "전 자정부 50주년 기념식"을 개최하였다. 2017년 10월 전자정부법 개정을 통해, 6월 24일을 세계 최초 로 "전자정부의 날"로 지정하였다. 이에 2018년 6월 20일에 제1회를 시작으로, 2021년 6월 23일 제4 회 "전자정부의 날" 기념식을 시행해 오고 있다.

(4) 제1차 정부혁신 전략 회의 개최(2018.3.): 문재인정부는 정부운영을 국민 중심으로 전환하는 내용의 「정 부혁신 종합 추진계획」을 확정했다. 정부혁신의 비전은 "국민이 주인인 정부" 실현이다. 정부혁신의 목표는 "참여와 신뢰를 통한 공공성 회복"이다. 구체적으로는 2022년까지 OECD '더 나은 삶의 질 지 수 10위권 진입', '정부신뢰도 10위권 진입'이다.

(5) 디지털 정부혁신 추진계획 발표(2019.10.): 인공지능과 클라우드 정보기술이 급속하게 확대되면서, 그 동안 우리나라 IT 성장의 마중물 역할을 했던 2000년 초반의 전자정부처럼, 인공지능과 클라우드 중 심의 첨단 디지털 산업이 발전할 수 있도록 정부가 새로운 역할을 해야 한다는 의견이 제기되었다. '디 지털 정부혁신 추진계획'은 인공지능·클라우드 중심의 디지털 전환시대 도래에 따른 정책이다.

(6) 인공지능(AI) 국가전략 발표(2019.12.): 과학기술정보통신부를 비롯한 전 부처가 참여하여 마련한 「인공 지능(AI) 국가전략」을 심의·의결하고, 관계부처 합동으로 이를 발표했다. '인공지능 국가전략'은 최첨 단의 ICT 인프라를 토대로 세계적 수준의 전자정부를 넘어서는 AI 기반 차세대 지능형 정부로 탈바꿈 하여, 수준 높은 공공서비스를 제공함으로써 국민의 체감도를 향상시키고자 하였다. 인공지능 국가전 략 추진을 위하여 기존의 4차산업혁명위원회를 인공지능 중심의 범국가 위원회로 역할을 재정립하여, 이번 전략의 충실한 이행을 위한 범정부 협업체계를 구축할 예정이라고 밝혔다.

(7) 디지털 정부혁신 발전계획 발표(2020.6.): 문재인정부는 2019년 10월에 '디지털로 여는 좋은 세상'이라 는 비전하에 '디지털 정부혁신 추진계획'을 수립하여, 국민이 체감할 수 있는 생애주기 맞춤형 서비스 확대, 전자증명서 활용, 마이데이터 확대 등 우선 추진과제를 진행하여 왔다. 이 과정에서 2020년 1월 에 '데이터 3법'이 개정되었고, 2020년 5월에는 「데이터기반행정 활성화에 관한 법률」이 제정되어 디 지털 정부혁신의 법·제도적 기반을 확충하였다. 그러나 2020년 초에 본격적으로 시작된 코로나19로 촉발한 위기를 극복하기 위하여 디지털 전환을 핵심으로 하는 디지털 뉴딜을 추진하게 되었다.

(8) **한국판 뉴딜 종합계획 발표(2020.7.):** 코로나19 국난 극복 전략으로 제시한 「한국판 뉴딜 종합계획」을 확정 · 발표하였다. 한국판 뉴딜의 양대 축으로 디지털 뉴딜과 그린 뉴딜을 제시했다. '추격형 경제에서 선도형 경제로, 탄소의존 경제에서 저탄소 경제로, 불평등 사회에서 포용 사회로 도약'을 의미한다. 디지털 뉴딜의 경우, 세계 최고 수준의 전자정부 인프라와 서비스 등 우리 강점인 ICT 기반으로 디지털 초격차를 확대하고, 경제 전반의 디지털 혁신과 역동성을 촉진하고 확산시키는 것이 목적이다. 이를 위하여 구체적으로는 디지털 경제의 기반이 되는 "데이터 댐" 등 대규모 ICT 인프라를 구축할 예정이다.

05 전자정부의 문제점

1. 국민의 기본적 정보접근 권리에 대한 침해 가능성 내포

정보기술은 공공서비스의 상품화와 사유화의 가능성을 가져다준다. 그런데 공공서비스의 상업화는 국민들의 정보에 접근할 수 있는 기본적 권리를 침해할 가능성이 있다. 즉, 기본적인 행정서비스가 국민 누구에게나 제공되어야 함에도 불구하고 상업화에 따라 주민들이 기본권을 가진 국민이 아니라 구매력을 가진 소비자로 간주되면 서비스에 대한 지불능력이 없는 사람을 배제될 수밖에 없는 결과를 초래하게 된다.

2. 공공부문의 실업발생과 사회적 갈등 야기

전자정부 구축에 따라 정부비용을 절감하고 효율성을 증대하는 측면의 이점은 있지만, 공공부문의 실업발생으로 인한 사회적 갈등을 야기시켜 사회적 비용증감을 가져올 수 있다. 전자공간을 이용한 온라인 시스템은 노동절약을 가져와 공공부문에 있어 일자리의 격감을 가져오게 되어 사회적 갈등을 초래할 수 있다.

3. 정보소외계층에 대한 사회적 형평성 저해

온라인 전달체계로의 무리한 전환은 컴퓨터 사용능력이 없는 정보소외계층이 행정서비스를 받을 수 있는 기회를 상대적으로 감소시켜 사회적 형평성을 해칠 수 있다. 우리나라의 경우 아직까지 국민 다수가 정보소외계층이며, 또한 소득계층이나 직업계층에 따라 컴퓨터를 보유하고 있는 가정에서도 기술적 능력이 모자라 활용은 미미한 실정이다.

4. 프라이버시 침해

온라인 공공서비스의 활용은 프라이버시를 위협하는 결과를 가져올 수 있다. 즉, 정보보안대책이 미흡할 경우 개인의 신상정보가 외부로 빠져나가 상업적으로 이용되면 프라이버시는 크게 침해될 수 있다.

5. 행정서비스의 질적 저하

온라인 행정은 단기적 비용절약을 가져오지만 행정서비스 품질의 저하를 가져올 수 있다. 사무자동화에 의해 인건비는 절감이 되지만 컴퓨터 네트워크의 잦은 고장, 사용 미숙 등으로 고객에게 불편을 줄 수 있기 때문이다. 지나치게 예산 절감 위주로 정보화를 추진할 경우 적어도 단기적으로는 그에 따른 부작용과 행정적 불편이 고스란히 국민에 이전되어 해당 행정기관으로서는 비용이 절감 되지만 국가전체로는 오히려 비용이 증가하는 모순을 낳게 된다.

6. 코로나 이후 나타난 한국 전자정부의 과제

(1) 온라인 및 모바일을 활용한 소비와 금융이 단지 개인적 선호의 문제가 아니라 생존에 직결된 능력으로 변화되었다(뉴스1, 2020). 따라서 디지털 격차에 대한 개선 필요성이 보다 실질적으로 대두되었다.

(2) 정부가 빅데이터와 스마트 기술을 활용해 실시간으로 정보와 행정서비스를 제공할 수 있는지가 해당 국가 국민의 생명과 안전에 직접적인 영향력을 미친다는 점이 국가별 사례를 통해 확인되었다(뉴시스, 2020). 따라서 스마트정부로의 변화가 보다 급격하게 진행될 필요가 있다.

(3) 고도의 전자정부 시스템을 갖추었다고 평가받는 우리나라에서도 비대면 상황에서의 시민참여를 위한 인프라와 시민역량은 미흡하다는 것을 확인할 수 있었다. 특히 문재인정부의 핵심 키워드 중 하나인 사회혁신과 시민참여는 정부과업의 전반적인 영역에 걸쳐 일하는 방식의 변화를 가져오는 중요한 역할을 하고 있는데, 비대면을 요구하는 상황에서 면대면 접촉과 소통을 강조하는 현재의 사회혁신 · 시민참여 방식은 현장에서의 혼란을 가져온다.

(4) 온라인 플랫폼에 대한 소수 기업의 독과점과 이로인한 소상공인 · 시민의 피해 사례가 사회적으로 이슈가 되면서 공공 플랫폼의 필요성이 논의되기 시작했다. 그중에서도 주민의 삶과 밀접한 지역기반의 공공 플랫폼 필요성이 논의되었으며, 이에 대한 도전이 시작되고 있다.

(5) 재난 상황에서 지방자치단체의 역할과 지방자치단체 간 재난 대응 역량의 편차가 가시화되었다. 지방자치단체가 국가적 재난 상황에서 새로운 정책 방향을 제시하는 역할을 했다는 점은 매우 고무적인 현상이지만, 민간의 대면접촉이 제한된 상황에서 자치단체가 얼마나 빠르게 행정서비스를 효과적으로 제공할 수 있는 방법을 탐색하고, 행정에 적용하는지에 따라 지방자치단체 간 재난 대응 역량 체감도의 편차가 나타났다는 점도 중대한 문제이다.

04 경제영역의 정보화 – 비즈니스 혁신

01 리스트럭처링(Restructuring)

1. 등장배경

(1) 환경 변화가 급격한 상황에서 기업은 비즈니스 전개를 위해 환경을 우선적으로 고려해야만 한다. 즉 환경 변화에 순응하든지 아니면 환경 변화를 선도해야 한다. 환경 변화란 결국 비즈니스 성패와 직결되므로 끊임없이 환경 변화를 고려해 사업 구조를 조정할 필요가 있는 것이다. 이는 기존의 사업 구조만으로는 장래의 생존 자체에 위협을 받게 된다는 기업의 인식이 작용한 결과다.

(2) 기업들이 제한된 자원을 어떻게 효율적으로 배분해 변화에 대응할 것인가가 매우 중요한 전략적 이슈로 등장했다. 이러한 상황에서 기업들이 환경 변화에 적극적으로 대응하고, 미래의 경쟁우위를 확보하기 위해 사업 구조를 개혁하는 리스트럭처링이 각광을 받게 되었다.

(3) 리스트럭처링이란 용어는 1980년대 미국에서 등장했다. 그러나 그 당시의 리스트럭처링은 국제 경쟁력을 상실한 기업들이 주력사업의 경쟁력을 회복시키기 위해 수익성이나 성장성이 낮은 사업의 축소나 철수, 중복 사업의 통폐합, M&A를 통한 외형 부풀리기, 더 나아가 공장 재편, 인원 감축, 합리화하는 수단으로 사용했다.

2. 의미

(1) 리스트럭처링이란 '구조 조정' 혹은 '사업 재구축'이란 명칭으로도 사용된다(홍석보 외, 2003). 리스트럭처링의 사전적 의미는 '개조하다' 혹은 '개혁하다'로서 오랫동안 만들어진 구조를 철저하게 뜯어고치는 것을 말한다(공병호 · 김은자, 1994).

(2) 리스트럭처링을 더욱 포괄적인 의미로 해석해 기업 문화의 개혁과 같은 정신적인 면까지 확대해 해석하는 경우도 있다. 이것이 가장 넓은 의미의 리스트럭처링이라 할 수 있는데, 기업의 생산 활동, 인적 자원, 금융 자원, 정보 자원 등의 분야에서 개선과 개혁을 꾀하는 파격적인 조처 등을 총괄한다.

3. 수립절차와 체계

(1) 비전과 미래 목표를 설정해야 한다. 기업의 거시적 환경, 산업 환경, 경쟁자와 고객의 동향, 기업의 위상 등에 대한 분석을 바탕으로 기업의 비전과 미래의 목표를 새롭게 설정하는 일이다. 기업이 앞으로 도달해야 할 모습을 갖고 있지 않다면 모든 구성원들이 단기 수익성 증대와 같은 근시안적 사고를 하게 되고, 그러다 보면 경쟁력이 취약한 업종 구조를 갖게 되는 것이다. 이러한 비전과 미래 목표는 앞으로의 분석을 거치면서 계속 수정되어야 한다.

(2) 선도 기업들을 그들이 사용하는 전략을 기준으로 몇 개의 그룹으로 만드는 작업을 통해 구체화한다. 우리의 상대적 위치와 앞으로의 전개 방향에 대한 전략적 시사점을 얻을 수 있다. 여기에 현재 기업의 역량에 대한 분석을 추가해 기업은 리스트럭처링의 방향을 구체적으로 도출할 수 있다.

(3) 사업 영역, 제도 등의 개편보다는 조직원 스스로 변화의 주체가 된다는 인식과 변화에 대한 공감대 형성, 조직원 참여와 이해를 구하는 경영자의 일관된 의지, 그리고 기업 전체 차원에서 시너지 효과 창출을 필요로 한다. 구조 혁신의 방향이 정해지면 먼저 구조 조정에 영향을 받는 사람들에 대한 고려와 이로 인한 혜택의 수혜가 공유되도록 배려해야 한다. 자칫 구조 혁신의 성과를 기업만 취하고 종업원들은 상대적으로 불이익을 받게 될 경우 리스트럭처링이 소기의 성과를 얻기 어려울 수 있기 때문이다.

(4) 리스트럭처링을 시행하기 위해서는 환경 분석, 선도 경쟁사 분석, 고객 분석, 자사 분석, 기존 사업과 신규 사업의 관련 사업 분석 등 여러 가지 분석 업무가 필요하다. 분석 업무는 기업 내부적인 것과 외부적인 것으로 다시 나누어 볼 수 있는데, ICT는 외부 분석에 필요한 네트워크를 통해 필요한 정보를 이전보다 신속하고 방대하게 수집할 수 있게 해준다. 그리고 수집된 정보를 바탕으로 의사결정 지원 시스템(DSS; Decision Support System)이나 중역 정보 시스템(EIS; Executive Information System)과 같은 시스템이 경영진의 의사결정을 지원하는 것이다.

(5) **의사결정 지원 시스템(DSS):** 기업이 직면하게 되는 많은 문제들 가운데 비구조적이거나 반구조적이면서 반복적으로 일어나는 문제에 대한 해결 방안을 결정하는 것을 도와주는 컴퓨터 기반의 시스템을 말한다.

(6) **중역 정보 시스템(EIS):** 최고경영층의 전략적 활동과 계획 활동에 필요한 각종 정보를 지원하는 시스템이다. 중역 정보 시스템은 기업의 성과에 절대적으로 영향을 미치는 기업의 내·외부 정보를 제공해 중역들의 의사결정에 활용할 수 있도록 설계된다. 이러한 EIS나 DSS는 내부 분석에서도 경영진이 필요로 하는 의미 있는 정보를 제공해 준다.

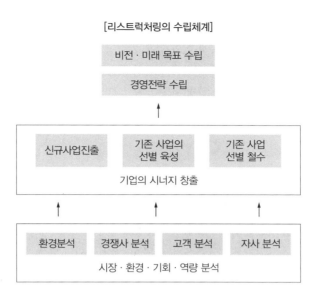

[리스트럭처링의 수립체계]

비전 · 미래 목표 수립

경영전략 수립

신규사업진출 | 기존 사업의 선별 육성 | 기존 사업 선별 철수

기업의 시너지 창출

환경분석 | 경쟁사 분석 | 고객 분석 | 자사 분석

시장 · 환경 · 기회 · 역량 분석

02 전략적 제휴

1. 전략적 제휴의 등장 배경

(1) 경쟁의 초점은 현재보다 미래의 능력을 얼마나 잘 선별하고 그 역량을 살리느냐 하는 것으로 바뀐 것이다. 즉, 새로운 변신을 요구받은 기업들은 서로의 약점을 보완하고 극복하기 위해 자신의 특화된 기술과 정보력으로 전략적 제휴를 추진함으로써 다양한 소비자의 요구를 수용하고 시장을 창출해 자신과 파트너가 함께 생존해 나갈 수 있다고 생각한다.

(2) 지속적인 성장과 혁신을 갈망하는 기업들의 경우 제휴는 더 이상 선택 사항이 아닌 필수 요건이 되었다. 이는 제휴의 증가 건수나 그에 따른 매출 실적을 보면 알 수 있다.

2. 전략적 제휴의 개념

(1) 전략적 제휴: 다수의 기업들이 자신의 경쟁우위 요소를 바탕으로 각자의 독립성을 유지하면서 전략적으로 상호협력 관계를 형성함으로써 타 경쟁기업에 대해 경쟁우위를 확보하려는 경영 전략이다. 일방적이 아닌 대등한 수준에서 쌍방 간 합의된 경영 전략의 결과라는 점에서 과거의 제휴와 구별된다.

(2) 전략적 요소: 경쟁력 강화를 위한 의도적 · 장기적 경영 전략 수단임을 의미하며, 제휴는 기술, 경영능력, 자원 자산 등을 공유하는 협력 관계를 의미한다(대한상공회의소, 1997; 김계수 외, 2008). 즉, 전략적 제휴란 둘 이상의 기업들이 각자의 전략적 목표를 달성하기 위해 협력하는 것이다(김병태 · 서도원, 2008; 홍석보 외, 2003).

(3) 기업은 성공적인 경영 활동을 유지해 나가기 위해 지속적으로 축적된 기술과 노하우를 고도의 기술로 특화하는 노력을 기울여야 한다. 따라서 이와 같은 기술적 특화를 이루지 못한 부분에 대해서는 막대한 신규 투자가 필요하게 되는데 이때 전략적 제휴가 활용된다. 전략적 제휴는 피인수 기업의 강점과 약점을 모두 인수해야 하는 기업 인수 합병(M&A)과는 달리 필요한 기술과 시설을 확보한 기업을 파트너로 삼아 상호 간 강점만을 결합하는 것이다(노규성·조남재, 2010).

3. 전략적 제휴의 목적

(1) **필요한 기술과 자원의 습득**: 제휴기업들이 보유하고 있는 상호 보완적 지식과 자원들을 결집해 활용할 수 있게 해줌으로써 협력 기업의 자원 기반을 넓혀주고 혁신 성과를 향상시킬 수 있다.

(2) **신제품 개발과 시장 진입 속도 단축**: 각자의 우위 분야에 전문화·특화해 기술 개발의 결과물을 공유하게 되면, 제품 개발에 소요되는 시간을 단축시켜 주고 시장 기회의 탐색 및 시장 진입을 좀 더 신속하게 할 수 있다.

(3) **학습 기회 확보**: 상호 간 보유한 지식과 정보를 공유하고 학습하는 분위기가 조성되며, 파트너 기업의 경영 관리 시스템, 생산 시스템, 서비스 등 경영 전반에 걸쳐 다양한 분야를 배울 수 있는 기회를 제공한다.

(4) **프로젝트 비용과 위험 분산**: 많은 액수의 비용이 들어가거나 결과를 확신할 수 없는 프로젝트의 비용과 위험을 협력을 통해 공동으로 부담해 위험을 분산시킬 수 있다.

(5) **과도한 경쟁 방지와 사업성과 제고**: 기업 간 과다 경쟁을 방지하고 사업성과를 제고하려는 목적에서도 제휴를 하게 된다.

(6) **신규 시장의 진입과 확대 모색**: 종종 새로운 시장에 대한 사업 투자 비용은 시장 진입의 장애 요인으로 작용하게 되는데, 제휴를 통해 이를 해결함으로써 신규 시장 진입과 확대를 도모할 수 있다.

(7) **표준 선도**: 자신들의 기술을 산업표준으로 제정해 해당 기술을 이용하는 후발 또는 경쟁 기업들이 자신들의 기술을 표준으로 제품을 생산하도록 유도한다.

(8) **유연성 증대**: 신제품 개발과 신시장 진출뿐 아니라 사양 산업에서 탈퇴를 용이하게 하는 수단으로 활용할 수 있으며, 사업 전망과 시장 상황에 따라 협력 체제의 전환을 제공한다.

(9) **규모의 경제 추구**: 파트너 기업들의 자원을 집중해 투입의 규모를 확대시켜 개발·생산하게 되면, 효율 증대와 단위당 평균 비용 하락 등으로 규모의 경제를 달성할 수 있다.

(10) **보호장벽 회피**: 각국의 보호무역주의 팽배에 따른 높은 경제권역별 관세·비관세 장벽이 높아지고 있다. 보호무역주의의 압력은 기업들이 제휴 방안을 적극적으로 고려하고 있다.

4. 전략적 제휴 방식(김계수 외, 2008; 노규성 · 조남재, 2010).

(1) **제휴 합작 벤처(Alliance Joint Venture) 설립**: 모기업에서 독립된 하나의 사업체를 제휴 기업들이 만들어 내는 하는 방식이다.

(2) **업무 제휴(Functional Alliances) 방식**: 연구개발, 생산, 마케팅, 유통 등 하나 또는 둘 이상의 분야에 걸쳐 협력 관계를 맺는 방식이다.

(3) **컨소시엄(Consortium)**: 차세대 전투기 개발, 인공위성 시스템 개발 등 대규모의 프로젝트를 추진하기 위해 여러 업체들이 공동 참여하는 방식이다.

(4) **지분 참여 제휴**: 특정 파트너를 찾아 지분의 일부를 취득하는 방식이다.

(5) **복합 제휴 방식**: 특정 분야에 국한하지 않고 여러 분야에 걸쳐 복합적으로 이루어지는 방식이다.

5. 전략적 제휴의 성공 조건

(1) 어떤 제휴가 되었든 공통적 특징은 제휴에 참가하는 기업들이 자신의 약점을 보완 혹은 커버하는 차원에서 추진된다는 점이다. 즉, 생존을 위한 전략적 차원에서 제휴가 이루어지고, 서로가 이익을 향유할 수 있도록 제휴가 이루어져야 진정한 제휴로 유지, 발전할 수 있는 것이다.

(2) 전략적 제휴가 이루어지기 위해서는 자신만의 특화된 기술과 경쟁우위를 갖추어야 함은 물론, 기업 간 교류에 대한 전략적 비전 수립과 이 비전의 기업 간 공유를 위한 노력이 필요하고 방대한 고객 정보와 거래 정보의 기업 간 교류를 위한 기술적 배려와 통신 인프라의 구축이 필수적이다.

03 다운사이징과 아웃소싱

1. 다운사이징(Downsizing)

(1) 등장 배경

① 다운사이징은 다운(Down)과는 전혀 무관한 개념이다. 이는 보다 작지만 신뢰성 있는 컴퓨터 개발을 주창한 IBM 왓슨연구소 직원인 헨리 다운사이징(H. Downsizing)의 이름에서 따온 것이다(홍석보 외, 2003; 윤덕균, 2007). 그렇지만 얄궂게도 이는 규모(Size)를 다운(Down)시키는 용어로 사용되게 되었다.

② 조직의 다운사이징은 중앙집권적 관료주의의 조직 구조로는 급변하는 경영 환경과 치열해지는 경쟁 양상에서 지속적으로 기업의 경쟁우위를 지켜나가기 힘들기 때문에 ICT를 활용해 스피드하고 유연한 조직으로 탈바꿈하기 위한 혁신인 것이다.

(2) 개념

① 조직의 다운사이징은 조직 분할(분산화), 분권화, 조직 규모의 축소, 합리화 등의 형태로 표현된다. 이를테면 독립 가능한 사업부와 조직 단위를 개개의 조직 단위로 나누어 소형화하는 것이다(홍석보 외, 2003).

② 다운사이징은 조직을 둘러싼 환경과 경쟁 세력, 산업의 변화 양상을 파악해 조직이 수행해 나갈 업무와 업무를 수행할 부문을 분화하고 전문화하게 된 것이다.

③ 조직이 다운사이징을 실행하면, 조직의 규모가 축소되고 중간관리자층이 감소함에 따라 업무의 관리 조정이 용이해진다. 또한 조직이 업무를 수행할 계층을 기존의 수직적 계층 구조에서 수평 구조로 바꾸고 권한을 이양함으로써 조직 내 의사 전달의 신속 정확성 향상, 부문 관리자의 자주성과 창의성 유발, 기동력과 환경 변화 대응력 향상, 사기와 책임감 향상의 효과를 가져 온다. 조직에서 다운사이징은 결국 조직 규모의 축소, 조직 구조의 단순화, 중간관리 부문의 축소로 나타나 신속하고 유연한 시장 대응을 가능하게 하는 조직을 만드는 것이다(노규성 · 조남재, 2010).

[다운사이징의 개념]

2. 아웃소싱

(1) 등장 배경

① 조직의 역량을 핵심 역량으로 집중하기 위해서 등장하였다. 기업의 활동 범위를 얼마만큼 넓힐 것인가의 결정은 기업 전략의 중대한 과제다.

② 기업은 제한된 자원을 가지고 경쟁 환경 속에서 지속적인 성장을 유지하기 위해 고객에게 독특한 가치를 제공하고 탁월함을 달성할 수 있는 일련의 '핵심 역량'에 대해 기업 자신의 자원을 집중해야만 한다(김병태 · 서도원, 2008). 그러므로 전략적 분야가 아니며 전문적 능력이 없다고 판단되는 다른 활동들에 대해서는 외부에 맡기는 아웃소싱을 꾀해야 하는 것이다.

(2) 개념

① 아웃소싱이란 "조직이나 기관이 내부 기능과 활동의 전문화와 원가 절감을 실현하기 위해 전략적으로 중요하지 않거나 전문적 역량이 부족한 기능과 활동에 대해 외부의 전문 서비스를 채용하는 개념"이다(노규성 · 조남재, 2010).

② 국내 기업의 초기 아웃소싱 도입 목적은 주로 비용 절감, 시간 단축, 업무 품질 향상이었으나, 최근에는 아웃소싱 목적이 핵심 역량에 집중하기 위한 것과 지식 서비스 기반 산업을 겨냥한 성장 전략 차원으로 발전하고 있다.

③ 아웃소싱은 전통적으로 외부에 의존하던 물류나 시설 관리, 외부 기능을 이용하기 쉬운 청소, 문서 정리, 기기 보수, 경비, 인사, 총무, 재무, 경리 등의 관리 부문은 물론 사내에서 하기 어려운 소프트웨어 개발, 법무, 광고, 연구개발, 디자인, 상품 기획, 노무 관리, 경영 컨설팅, 제3자 물류, 영업, 마케팅 등의 분야로 다양화하면서 거의 모든 산업의 비즈니스 프로세스를 대상으로 하기에 이르렀다(조경행, 2007).

(3) 효과

① 일상적, 반복적인 업무를 외부에 맡김으로써 동일한 서비스나 가치를 내부 조직에서 직접 조달해 사용하는 것보다 적은 비용을 들일 수 있어 경제적이다.

② 엄청나게 비싸거나 심지어는 내부적으로 모방이 불가능한 외부 공급자의 투자·혁신·특화된 전문 능력들을 효용 극대화점에서 공급받을 수 있다.

③ 아웃소싱을 이용한 전략적 제휴로 위험은 줄이면서 제품의 개발, 생산, 판매 등 기업의 제반 사이클 타임을 단축시키고, 무리한 투자를 줄이면서 고객의 요구에 더 민첩하게 대응할 수 있다(홍석보 외, 2003).

④ 여유 자원과 인력을 보다 전략적이고 핵심적인 활동에 투입해 기업 가치 활동을 보다 효과적으로 수행할 수 있게 된다. 이로 인해 핵심 업무의 전문화와 규모의 경제를 통해서 제품과 서비스의 품질을 높일 수 있다. 결국 잘 개발된 핵심 능력은 경쟁우위를 갖게 해 시장 점유율을 높이고 유지하도록 해준다(노규성·조남재, 2010).

04 학습 조직과 지식 경영

탈근대화, 탈산업화가 가속화하면서 기업의 핵심 역량이 지식을 중심으로 변화하기에 이르렀다. 지식 기반 사회에서 기업의 핵심 역량은 물리적인 자원보다 기술이나 경영 노하우, 지식 인프라와 같은 지적 자본에 의해 결정되기 때문이다. 앨빈 토플러는 그의 저서 『부의 미래』에서 혁신은 지식의 융합에 의해 이루어진다고 했다. 학습 조직과 지식 경영은 이제 지속적인 혁신이 요구되는 현대 기업의 필수적인 혁신 도구로 자리 잡았다.

1. 학습 조직

(1) 등장배경

① 오래전부터 많은 학자들이 지식 기반 경제 시대의 도래를 예고했다. 이를 증명이라도 하듯 경쟁의 요소가 가격이나 양적 요소에서 질적 요소로 변화되고 ICT가 비약적으로 발전하면서 정보와 지식의 역할과 가치가 급격히 커지고 있다.

② 기업들은 어떻게 하면 지식과 정보를 창출하고 관리할 것인가, 지식과 정보를 어떻게 조직의 가치 창출에 기여하도록 할 것인가를 고민하기 시작했다. 그 고민의 대안으로 떠오른 것이 학습 조직이다.

③ 학습 조직은 급격한 환경 변화에 따른 기업의 적응 능력 중시, 배우는 문화의 체질화 필요성, 급격한 기술 변화로 인한 학습의 필요성 등에 따라 출현했다고 볼 수 있다(홍석보 외, 2003).

(2) 개념

① 학습 조직은 다양한 관점에서 다루어지기 때문에 하나의 개념으로 정리하기는 쉽지 않다. 그러나 여러 연구자들이 제시한 학습 조직에는 변화에의 적응, 새 정보나 지식의 창출 또는 획득, 유통과 활용, 전 조직원의 재량권 증대, 실험과 도전 풍토의 조성, 조직원의 능력 배양 등의 공통적인 요소들이 포함되어 있다(홍석보 외, 2003).

② 학습 조직이란 "조직 구성원들이 진실로 원하는 성과를 달성할 수 있도록 지속적으로 능력을 확대시키고, 새롭고 포괄적인 사고력을 함양하며, 집단적 열망을 자유롭게 표출하고, 공유하는 학습 방법을 끊임없이 배우는 조직"이라고 정의할 수 있다(Peter Senge, 1994). 이와 같은 정의는 기업이 추구해야 할 일종의 유토피아 상태를 표현하는 것이다.

③ 피터 센게(Peter Senge)가 말하는 학습 조직은 단순히 '학습하는 조직'의 수준을 넘어, 조직의 지속적인 성장 발전을 위해 모든 종업원이 한 배를 타고 매진하는 공생공존의 의미를 내포하고 있다(김병태 · 서도원, 2008).

(3) 전략적 의의

① 새로운 지식은 때로는 통찰력과 창의성을 통해 때로는 조직 외부로부터, 때로는 지식을 갖춘 내부자의 활동을 통해 얻어진다. 그 원천이 무엇이든 새로운 지식이나 아이디어는 조직 개선에 촉매 역할을 하지만 지식 자체를 학습 조직이라고 할 수 있는 것은 아니다. 조직이 수행하는 일에 지식이 적용되지 않으면, 단지 잠재적인 개선만이 존재할 뿐이다.

② 항생물질, 제트비행기, 바디 스캐너, 심지어 컴퓨터까지 발명한 영국이 제2차 세계대전 이후 세계 경제의 선두주자가 되지 못한 것을 보면 쉽게 이해할 수 있다. 이는 발명해 낸 새로운 지식을 성공적인 제품 생산으로 연결시키는 조직의 살아 있는 학습화가 이루어지지 못했기 때문이다(Peter Drucker, 1989).

(4) 지식 관리 프로세스

① **지식 창출 단계**: 학습활동에서 지식 창출 활동은 개인이나 조직 내 특수집단이 새로운 지식을 습득하는 단계다.

② **지식 공유 단계**: 지식의 공유 활동은 개인이나 특수집단이 새롭게 창출한 지식을 조직 내 다른 개인과 집단에 공유시키는 단계다.

③ **지식 저장 단계**: 지식의 저장 활동은 조직이 전체적으로 공유된 지식을 공식화해 반영구적으로 사용할 수 있도록 하는 단계다. 흔히 업무 매뉴얼, 관행 등으로 공식화하는 경향이 있다.

④ **지식 폐기 단계**: 지식의 폐기 활동은 조직이 기존에 가지고 있던 지식을 폐기하는 단계다. 기업 조직에서 가장 하기 어려운 단계가 바로 폐기 활동이다.

[학습 조직의 지식관리단계]

2. 지식 경영

(1) 지식의 개념과 유형

① **지식의 개념**: 드러커는 '지식이란 일하는 방법을 개선하거나 새롭게 개발하거나 기존의 틀을 바꾸어 혁신을 단행해서 부가가치를 높이는 것'으로 정의했다. 이외에 수많은 학자들이 지식의 개념을 정의했으나, 이들의 의견도 대체로 일치하며, 경험, 업무 절차, 기술, 전문가의 식견 등 가치를 창출하는 것과 관련을 갖는 것으로 확대되어 있다(김병태·서도원, 2008).

② **지식의 유형**: 명시적 지식과 암묵적 지식으로 구분된다. 명시적 지식은 조직 내에 존재하는 데이터베이스, 문서, 업무 절차, 정책과 사규 등과 같이 구체적으로 정리된 지식을 말한다. 이에 비해 묵시적 지식은 구성원들의 경험과 노하우로부터 얻은 지식은 물론 기업 최상의 실행 방안(Best Practices), 주요 비즈니스 프로세스(Critical Business Process), 작업 환경 등 조직에 보유된 상태로 있으나 구체적으로 정리가 되지 않은 유형의 지식을 말한다.

(2) 지식 경영과 지식 관리

① 노나카 교수는 지식 경영을 기업에서 구성원들이 갖고 있는 지식과 정보를 공유하고, 새로운 지식을 창조하도록 장을 만들어 주는 것으로 정의했다. 또한 러글스(Ruggels)는 지식 경영을 조직 내부 혹은 많은 경우 조직 외부에 있는 노하우, 경험, 판단을 활동적으로 영향력을 발휘함으로써 가치를 더하거나 창조하는 접근으로 정의했다.

② 지식 관리는 지식 경영을 구체적으로 구현하는 방법으로 인식되고 있다. 로렌스 프루삭(Laurence Prusak)은 지식 관리를 단순히 데이터와 정보를 저장, 처리하는 것이 아닌, 개인에게 내재화해 있는 자산인 지식을 인식하고 이를 조직 구성원이 의사결정 등에 이용할 수 있도록 자산화하는 것으로 정의했다. 오를리(O'Leary) 교수는 지식 관리를 지식과 연계되는 사람과 조직을 원천으로 해 지식을 사용 가능하도록 변환해 내는 과정으로 정의했다.

③ 결론적으로 지식 경영은 조직의 내부 지식을 자산으로 인식해 이를 효과적으로 관리하고 이를 지원할 수 있는 정보 시스템의 활용 측면이나 고객 지향성을 강조하는 것처럼 지식 경영의 영역이 확대되어 가고 있음을 알 수 있다(김병태·서도원, 2008).

(3) 지식 경영 구성 요소

① **전략적 요소**: 지식 경영의 경영적 인프라로서 첫째 요소는 '전략'이다. 회사의 전략이란 그 회사가 어떤 제품에 대해 시장에서 경쟁우위를 가지고 어떻게 승부할 것인가를 결정하는 것이다.

② **인적 요소**: 인프라 요소는 '사람'이다. 지식의 가장 중요한 원천은 사람이라는 사실을 올바로 인지해야 한다는 것이다. 즉, 사람을 중요한 조직적 자산으로 이해할 때 비로소 지식을 효과적으로 관리할 수 있게 된다.

③ **문화적 요소**: 가장 어려운 지식 경영의 성공 요인은 지식 친화적 문화(Knowledge-Friendly Culture)의 창달이다. 구성원들이 지식을 공유하고 싶어 해도 지식을 공유할 조직 문화와 분위기가 형성되어 있질 못하면 아무리 잘 갖추어진 시스템과 기술도 무용지물에 불과하다.

④ **조직구조·프로세스 요소**: 성공적인 지식 기업은 고객의 관점에서 제품과 서비스를 창출할 수 있도록 지식의 공유와 활용이 가능하도록 조직 구조와 프로세스를 구축한다. 대표적인 지식 중심의 조직 사례는 팀 혹은 테스크 포스(Task Force) 형태의 조직 구조다.

3. 학습 조직과 지식 경영

센게의 학습 조직과 노나카의 지식 경영을 비교하면서 조직이 학습을 통해 지식을 축적하고 관리하는 과정을 도식화하면 다음과 같다.

구분	학습 조직(센게)	지식 경영(노나카)
정의	선행적으로 지식 창고, 습득, 변화에 통찰력을 기초로 조직 행동을 변화해 가는 조직	지식 획득, 확산, 공유, 재창출로 생존력과 경쟁력을 높이는 창조적 조직 과정
기본전제	자기가 원하는 것을 창조할 역량 확장, 열린 사고, 열망 표출	창조적 욕구 자격, 감정이 스며든 공유 비전 제시, 원동력 도출
학습개념	시스템 사고, 공유 비전, 사고 모형, 자아 완성, 팀 학습	형식지와 암묵지의 진화 과정
성공요인	시스템 사고를 통한 비전, 전략, 구조의 연계성과 통합 변화 관리	지식 관리를 위한 정보 인프라와 지식 창조를 위한 기업 문화
공통	• 학습과 지식 창조는 동전의 양면: 변화 관리와 창의성 경영의 핵심인 학습 조직의 역량 구축에서 출발, 지식 경영으로 발전 • 개인, 팀, 조직 전반에서 학습이 공유될 때 지식 경영이 성립	

05 비즈니스 프로세스 혁신

1. BPR(Business Process Reengineering)의 등장 배경

BPR이란 개념은 1990년 『하버드 비즈니스 리뷰(Harvard Business Review)』 7~8월호에 MIT 대학교의 마이클 해머(M. Hammer) 교수의 「Reengineering Work: Don't Automative, Obliterate」라는 논문이 소개되면서 등장했다(김병태 · 서도원, 2008; 홍석보 외, 2003).

(1) 미국 기업들은 소비자가 원하는 가치를 담은 제품을 생산하고 이를 소비자에게 전달하기까지의 프로세스에 대해 의문을 제기하기에 이르렀고, 이에 대한 해결책으로 BPR이란 도구를 들고 나오게 된 것이다(윤덕균, 2007).

(2) 제품 경쟁력을 회복하기 위한 수단으로 그들이 발견한 것은 컴퓨터와 창조성이다. 컴퓨터와 창조성은 기업의 업무 프로세스와 연결되어 자국 상품 경쟁력 문제의 원인이 된 화이트칼라의 생산성 향상에 기여토록 하고자 한 것이다.

2. BPR의 개념

비즈니스 프로세스 혁신이라고 명명되는 BPR의 창시자들이라 할 수 있는 해머와 챔피(Hammer & Champy, 1993)는 BPR에 대해 '비용, 품질, 서비스, 속도와 같은 핵심적 성과에서 극적인 향상을 이루기 위해 기업 업무 프로세스를 기본적으로 다시 생각하고 근본적으로 재설계하는 것'이라고 정의했다. 이 정의에는 다음과 같은 네 가지 핵심 용어가 들어 있다.

(1) 기본적인: BPR을 할 때는 먼저 기업이 무엇을 해야 할지에 대해 기본적인 것을 결정하고, 그다음 그것을 어떻게 할지를 결정해야 한다. BPR에서는 어떠한 것도 당연한 것으로 여기지 않는다. BPR에서는 '지금 있는' 것은 무시하고 '반드시 있어야 할' 것에 집중한다.

(2) 근본적인: BPR에서 얘기하는 근본적인 재설계는 현존하는 모든 구조와 절차를 버리고 완전히 새로운 업무 처리 방법을 만들어 내는 것을 의미한다. BPR은 업무를 개선시키거나 향상시키거나 또는 변경시키는 것이 아니라 다시 만들어 내는 것을 말하는 것이다.

(3) 극적: BPR은 오직 확실한 혁신이 필요할 때에만 사용해야 한다. 점진적인 개선은 미세 조정을 필요로 하지만, 극적인 향상은 낡은 것을 날려 버리고 새로운 어떤 것으로 대체해야만 이룰 수 있다.

(4) 프로세스: BPR의 주요 대상인 업무 프로세스는 '하나 이상의 입력을 받아들여 고객에게 가치 있는 결과를 산출하는 행동들의 집합'인 것이다(김병태·서도원, 2008).

3. BPR의 실행 절차

BPR은 그리 쉬운 혁신이 아니기 때문에 철저한 준비와 실행 과정을 거쳐야 할 것이다.

(1) 경영 비전과 프로세스 재설계의 목적을 분명히 설정해야 한다.

(2) 선정된 목적을 바탕으로 기존의 프로세스를 재검토한 다음 현재 문제가 되어 재설계를 필요로 하는 프로세스를 찾아야 한다.

(3) 재설계 대상 프로세스의 현재 작업 방식과 성취도를 이해하고 평가한 다음 이를 혁신할 대안으로 재설계한다.

(4) 기존의 프로세스를 재설계하는 데 필요한 정보통신기술(ICT)을 파악하고 이를 적용하는 방법을 찾는다.

(5) 새로운 프로세스를 시범 운영해 구성원들의 반응을 살피고 기술적으로도 문제가 없는지를 살핀다.

[BPR의 실행 절차]

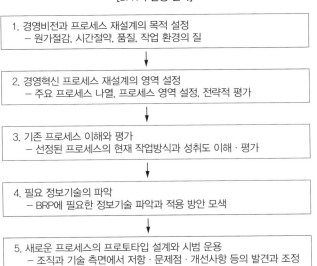

4. BPR 도입의 성공 요소

BPR을 성공적으로 완수하기 위해서는 여러 가지 충분한 고려가 필요한데, 정리하면 다음과 같다(김병태·서도원, 2008).

(1) **최고경영자의 리더십**: BPR은 여러 부서에 걸친 가치사슬(Value Chain: 비즈니스 활동들의 집합으로서 조달, 생산, 저장, 물류, 유통, 판매, 인사, 기획, 회계와 재무, 연구개발 등의 비즈니스 활동들이 가치 창출을 위해 사슬처럼 연결되어 있다는 의미로 사용)을 대상으로 하므로 부서 간 이해 조정과 갈등 관리가 절대적으로 요구된다. 따라서 의사결정권자의 적극적인 참여와 조정 능력이 절대적으로 필요하다. 즉, 최고경영자의 리더십과 조정 능력, 그리고 결단력이 가장 중요한 성공 요소로 작용한다(Davila, Epatein, & Shelton, 2006; 홍석보 외, 2003).

(2) **전체적인 공감대 형성**: 기술과 환경의 변화가 극심한 상황에서 구시대적인 업무절차와 관례 등으로는 글로벌 경쟁에서 낙오될 수 있다는 절박함과 위기의식이 조직 차원에서 공감대를 형성하지 못하면 BPR의 성공은 보장 받기 힘들다.

(3) **추진 주체 구성의 명확화**: BPR의 추진은 ICT를 중심으로 이루어지는 경우가 종종 있다. 그런데 이는 대단히 위험한 시도다. ICT는 BPR의 수단이지 핵심이 아니므로 정보 시스템 부서를 주축으로 BPR을 시행해서는 안 된다. 즉 BPR은 재설계 대상 프로세스 관련 부서를 주축으로 추진 조직을 구성해야 성공 가능성이 커진다. 물론 그 조직의 구성원으로서 정보 시스템 부서장을 포함시키는 것은 바람직하다(홍석보 외, 2003).

(4) **사업의 주요 성공 요인과 연계**: BPR은 사업 목적 또는 기업 전략을 달성하는 데 가장 중요한 요소가 무엇인지를 판단하고, 이를 강화하는 방향으로 추진해야 한다. 프로세스상 불필요한 군살을 빼서 강점을 좀 더 강화해 나가야만 참다운 BPR이 되는 것이다.

(5) **프로세스 재설계의 인식**: BPR에서 추구하는 것은 부서별 혁신이 아니라 조직 전체적인 프로세스 관점에서 프로세스 혁신이다. 이러한 프로세스 중심의 혁신에서 유의해야 할 점은 재설계되는 프로세스의 범위와 조직 구성원의 행동을 변화시키는 근본 요소인 역할과 책임, 성과 측정과 보상, 조직 구조, ICT, 스킬 등과 같은 깊이의 정도를 정하는 것이다.

(6) **고객을 위한 BPR**: BPR의 참된 의미는 종업원에게 상사가 아니라 고객을 위해 일한다는 생각을 심어주는 것이다. 기업이 항상 고객의 입장에서 지속적으로 고객 만족을 위한 고객 지향적 체질 개혁을 이룰 때 비로소 질적 경영을 통한 경쟁우위를 확보할 수 있기 때문이다.

1. 벤치마킹의 등장 배경

(1) 제록스의 위기상황에서 새로 취임한 데이비드 컨즈(David Kearns) 회장은 제품의 경쟁력 회복을 목표로 벤치마킹을 통한 경영 혁신과 고객 요구에 맞는 제품 혁신을 추진했다. 그 결과 제록스는 시간 단축, 비용 절감, 생산성과 품질 향상에 성공하게 되었고, 1986년 이후 제품의 경쟁우위를 확보하고 시장 점유율을 회복할 수 있었다(노규성·조남재, 2010).

(2) 제록스의 성공을 보고 GE(Generic Electric)는 1989년 제록스의 벤치마킹 혁신 기법을 도입해 큰 성공을 거두게 된다. 이같이 제록스와 GE와 같은 기업에서 벤치마킹이 성공을 거두면서 벤치마킹은 전 미국으로 확산 보급되면서 프로세스 혁신의 유력한 수단으로 활용되고 있으며, 특정 분야가 아닌 전 산업 분야에서 활용되고 있다.

2. 벤치마킹의 개념

(1) "경쟁자에게서 배운다."라는 말을 실행 가능하게 만들어 주는 경영 혁신 기법이 벤치마킹이다.

(2) 벤치마킹이란 일단 '최고 수준은 어떻게 이룩되었나?'에 대한 정보를 파악하고, 이 최고 수준의 정보와 비교할 때 우리의 성취도가 어느 정도인지를 분석한 다음, 우리의 목표를 재설정하고 전략을 수립해 추진하는 것이다.

(3) 최고 수준의 경쟁력을 확보하기 위해 제품, 서비스와 프로세스의 질적 수준을 경쟁업체 또는 업계를 선도하는 선진 기업의 수준과 지속적으로 비교·분석하고 격차 극복을 위한 전략을 수립·실행하는 일련의 개선 활동이다.

3. 벤치마킹 절차

(1) **벤치마킹 대상 결정(1단계)**: 무엇을 벤치마킹할 것인지를 결정한다. 이 단계는 벤치마킹해야 할 대상을 정하고 특정 주제를 정하는 것이다. 이것이 정해지면 대상 기업의 핵심 성공 요인(CSFs; Critical Success Factors)을 조사하기 위해 필요한 정보와 자원이 무엇인지가 파악된다. 이때 경쟁사에 대한 분석 등이 필요한데, 분석 과정에 요구되는 데이터는 데이터베이스나 거래 처리 시스템(회사의 업무 과정에서 발생한 거래 처리를 위해 구축한 전형적인 시스템 유형)과 같은 ICT를 활용해 얻게 된다.

(2) **벤치마킹팀 구성(2단계)**: 벤치마킹팀을 구성한다. 벤치마킹은 개인별로 실행할 수 있지만, 대부분의 활동은 팀 단위로 많이 이루어진다. 선발과 교육, 그리고 벤치마킹팀을 관리하는 과정은 벤치마킹에서 둘째로 중요한 단계다.

(3) **벤치마크 파트너 선정(3단계)**: 벤치마크 파트너를 선정한다. 이 단계는 벤치마크 정보를 수집하는 데 이용될 정보의 원천을 확인하는 일이다. 이 정보의 원천으로는 벤치마킹하는 상대 기업의 직원, 컨설턴트, 분석가, 정부 관계자, 경영·무역서적, 업계 보고서 등이 된다. 이외에도 경쟁 기업과 일류 기업의 정보들이 수록되어 있는 관련 컴퓨터 데이터베이스가 이용된다.

(4) **벤치마킹 데이터의 수집과 분석(4단계)**: 벤치마킹 정보를 수집하고 분석한다. 이 단계에서는 정보 수집을 책임지고 있는 사람(팀장)이 정한 주제에 적합한 정보 수집 기법을 선택한 후 벤치마크 파트너를 접촉해서 데이터를 수집하고 분석을 위한 정리를 한다.

(5) **실행과 보고(5단계)**: 이 단계는 원래 벤치마킹 목적과 분석된 정보에 의해 영향을 받는다. 이때는 정보 보고 시스템(IRS; Information Reporting System), 경영층이나 상사에게 업무 처리나 데이터 분석 결과 등에 대한 보고시 필요한 보고서를 생성하도록 구상된 정보 시스템 유형)에 의해 생성된 보고서에서 제시한 추천 작업을 실행한다.

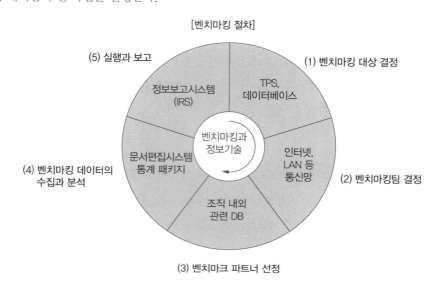

[벤치마킹 절차]

스마트워크

1. 스마트워크(Smart Work)의 등장 배경

스마트워크는 단순한 정책적 배경에 의해 등장한 것이 아니다. 그것은 기술의 진보, 비즈니스 필요성과 국가적 환경의 성숙에 힘입어 등장한 것이다.

(1) 탄소 배출량, 교통 체증, 시간 자원의 낭비 등 사회적 비용 절감 필요성, 여성과 사회 취약 계층의 높은 취업 장벽 등 사회적 책임론이 대두되었기 때문이다.

(2) 유연한 업무 환경을 위한 ICT가 성숙되었기 때문이다(남수현 · 노규성, 2011). 유무선 통신 하부구조의 확충, 스마트폰과 태블릿 PC 등 정보기기의 보급 확대와 클라우드 컴퓨팅(Cloud Computing: 컴퓨팅, 스토리지, SW, 네트워크와 같은 ICT자원을 인터넷과 같은 네트워크를 통해 필요한 만큼 빌려 쓰고 사용한 만큼 비용을 지불하는 서비스를 위한 컴퓨팅 기술)에 대한 인식 제고가 그것이다.

(3) 낮은 지식 근로자의 생산성 개선 필요성 때문이다. 우리나라의 생산성은 OECD 국가 중 최하위 수준으로 창의적 업무 수행을 통해 개선해야 하는 상황이다.

(4) 기술 개발 패러다임의 변화 때문이다. 조직 내부 통제 기반 R&D로부터 외부의 아이디어를 수용하는 개방형 R&D 전략으로 전환이 요구되었다.

2. 스마트워크의 개념

(1) 스마트워크: 종래의 지정된 근무 시간과 지정된 공간적 개념을 탈피해 장소와 시간의 제약을 받지 않고 근무자가 최근의 정보 기술 생태계를 적극 수용해 사람, 정보, 지식, 시스템을 네트워크로 연결해 업무를 수행할 수 있는 근무 환경을 포괄적으로 의미한다.

(2) 일의 효율성과 생산성을 높이고자 하는 것으로 기존의 일하는 방식의 개선을 진일보한 것이라 할 수 있다. 따라서 획기적인 성과 차원에서 스마트워크를 정의하고 이를 실현하려면 혁신과 창의라는 개념이 포괄되어야 한다. 이것을 스마트워크 2.0이라고 한다(노규성, 2011).

(3) 스마트워크 2.0: 기존의 스마트워크 개념을 근간으로 정의한 것으로서 혁신적이고 창의적인 업무를 통해 일을 더욱 잘하는 것이다. 즉 높은 연결성, 집단 지성(Collective Intelligence: 다수의 개체들이 서로 협력 혹은 경쟁을 통해 얻게 되는 지적 능력의 결과로 얻어진 집단적 능력), 빠른 피드백 등의 속성을 가지고 있는 소셜 매체 기술과 개방적 혁신, 다중 지능 이론(The theory of multiple intelligences: 인간의 지성은 일반 지능과 같은 단일한 능력이 아니라 다수의 능력, 즉 지능으로 구성되어 있어 사람마다 각기 다른 분야의 지적 능력에서 우월성을 보인다는 이론) 등을 추가해, 고객 지향적 업무를 창의적이고 혁신적으로 신속하게 수행해 고객에게 높은 가치를 제공하고자 하는 업무 방식을 말한다.

(4) 조직과 개인이 관리해야 할 변수로는 기존 스마트워크의 변수인 공간적 자유와 시간적 자율, 그리고 소셜 컴퓨팅 기반의 집단 지성 등 세 개 차원으로 구성된다(노규성 외, 2012).

3. 스마트워크 유형

스마트워크의 유형은 시간적 자율 기반과 공간적 자유 기반으로 나누어 살펴볼 수 있다(남수현 · 노규성, 2011).

(1) 시간적 자율 기반 스마트워크: 기존의 근무 환경과 체계를 유지하되 근무 시간의 제한적 유연성만을 추가한 '유연 근무제'가 예시이다. 유연 근무제는 시차출근제, 자율출퇴근제, 집중시간제, 재량근로제 등으로 구분이 가능하다. 근로자가 자율적으로 근무 시간을 일정 범위 내에서 조정할 수 있게 함으로써 근로자의 삶과 업무의 일부 조화를 이루게 하는 근무제다.

(2) 공간적 자유 기반 스마트워크: '재택 근무' 또는 '원격 근무'로 이미 우리에게 알려진 개념이다. 우리나라의 경우, 1980년대 후반부터 일부 기업에서 원격 근무가 도입되었다. 그러나 대면 접촉을 강조하는 조직 문화에 따라 원격 근무에 대한 부정적인 시각과 비정규직의 근무 형태라는 이유로 활성화되지 못하고 있는 실정이다.

(3) 업무 수행 공간이 사적 공간인 가정이 아니라 다른 사람들과 교류가 가능하고 일정 수준의 통제가 가능한 사무실인 '스마트워크센터'가 등장하면서 출퇴근의 복잡성을 덜어주었다. 스마트워크센터는 자택 인근 원격 사무실로, 그쪽으로 출근해 사무실에서 제공하는 ICT 기기를 활용해 업무를 수행한다.

(4) 휴대용 디지털 정보기기의 발전과 함께 이동 중에도 업무를 수행할 수 있는 여건의 조성으로 모바일 근무(Mobile Office) 시스템도 활성화하고 있다. 이는 스마트폰이나 태블릿 PC 등 개인용 ICT를 무선랜(Mobile LAN: 유선케이블의 연결 없이 무선으로 근거리 통신망 환경을 구현하는 개념)이나 이동통신망으로 본사 정보통신망에 접근해 현장에서 업무를 수행하게 된다.

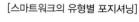

[스마트워크의 유형별 포지셔닝]

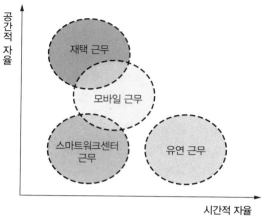

4. 스마트워크의 기대 효과

(1) **삶의 질 향상**: 시간과 장소의 유연성 확보가 가능한 스마트워크 환경은 근로자들이 시간과 장소의 제약에 얽매이지 않고 일할 수 있게 한다. 기업의 관점에서는 근로자가 일과 삶의 균형을 유지한다면, 가정의 문제로 갑작스럽게 발생할 수 있는 근무의 불안정성을 사전에 예방할 수 있고, 장기적인 근무를 유도할 수 있다.

(2) **창의 경영**: 지식 근로자가 스마트하게 업무를 수행할 수 있게 해주는 자산은 새로운 아이디어를 발굴해 낼 수 있는 역량인 창의력이다.

(3) **녹색 경영**: 스마트워크는 스마트한 근무(오피스) 환경을 전제로 한다. 지식정보 사회에서는 근무(오피스)란 새로운 정보가 유입, 가공, 유통되는 지식을 생산하는 현장이라고 할 수 있다.

(4) **지식 근로자의 노동생산성**: 지식 근로자 업무의 결과물인 기획, 설계, 분석, 프로그래밍 등의 가치는 투입된 창의성에 의해 결정되는 경우가 많다. 따라서 지식 근로자의 생산성은 창의적 생산성으로 측정되어야 한다(노규성 · 변종봉, 2011).

(5) **고객 만족**: 스마트워커의 업무는 자신이 수행한 업무 결과를 다른 스마트워커에게 제공하는 서비스 제공자로 인식될 수 있다. 이러한 환경에서 자신의 업무의 질은 제공된 서비스를 제공받는 고객에 의해서 평가된다(노규성 · 변종봉, 2011).

08 성과 관리(Performance Management):

1. 성과 관리의 개념

(1) 개념: 조직의 비전과 전략을 달성하기 위해 경영 목표와 활동계획을 수립·시행하고, 그 결과를 평가해 경영 및 조직 관리에 환류시킴으로써 조직의 성과를 극대화하기 위한 노력을 의미한다.

(2) 이러한 성과 관리가 혁신 도구로 필요한 것은 혁신 추진의 결과로 얻게 되는 성과를 잘 관리해야만 지속적인 혁신이 가능해지기 때문이다. 즉, 혁신 성과가 정확히 평가·측정되고 이에 대한 보상이 공정하게 이루어져야만 혁신에 대한 동력이 지속된다.

2. 성과 관리의 구성 요소

(1) 미션: 조직의 임무, 설립 목적과 역할

(2) 비전: 조직 임무의 효과적 수행을 통해 달성하고자 하는 조직의 미래 모습

(3) 목표 체계: 중장기 전략 목표와 연도별 성과목표

(4) 목표 관련 성과 지표: 목표의 실현 정도를 측정하기 위한 지표

(5) 사업·활동 계획서: 목표를 실현하기 위해 추진하는 세부 활동내용

(6) 목표에 영향을 미치는 외부 요소: 조직 활동 외에 목표의 성취에 영향을 미치는 긍정적·부정적 외부 요소

(7) 성과 지표의 적용과 성과 정보의 수집 방법: 성과 지표에 입각한 성과 측정을 위해 해당 자료를 측정, 수집하는 방법

(8) 성과 지표의 활용 방법: 성과 측정 결과, 산출된 성과 정보의 활용 방안

3. 성과 관리 시스템 구축 절차

성과 관리 시스템 구축 시 추진 절차는 조직의 성격과 환경에 따라 달리할 수 있으나, 대체로 다음과 같은 구축 절차를 따르고 있다.

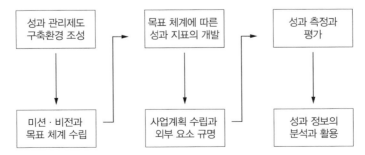

[성과 관리 시스템의 추진절차]

4. BSC 기반의 성과 관리 시스템

(1) **BSC(Balanced Score Card)**: 균형 성과 기록표라고 번역되나 통상 BSC로 부른다. BSC는 조직의 성과를 균형 잡힌 관점에서 측정 · 분석 · 피드백할 수 있는 성과 관리 시스템으로서, 성과 목표의 달성 여부를 실시간으로 확인 · 수정 · 보완하도록 함으로써 목표의 성공적 달성을 유도하는 시스템이다(행정자치부, 2005).

(2) 조직은 전략이 중심이 되어 모든 활동을 전개하는 '전략 중심의 조직'으로 바뀌어 가고, 임직원들이 기존의 사고와 틀에서 벗어날 수 있도록 '변화'를 이끌어낸다. 그래서 BSC는 전략적 성과 관리 시스템이라고 할 수 있다.

(3) BSC는 재무, 고객, 내부 비즈니스 프로세스, 학습과 성장의 서로 다른 네 가지 시각으로 구성되어 있다. BSC는 이들 네 가지의 다른 시각에서 본 핵심 성과 지표들을 도출하고 이 핵심 성과 지표들 사이의 연계 관계를 규명함으로써 효율적으로 조직의 성과를 관리한다(Kaplan & Norton).

05 전자상거래

01 전자상거래의 정의

1. 인터넷 전자상거래

웹 상거래(Web Commerce), 사이버 상거래(Cyber Commerce) 또는 인터넷 전자교역거래(Internet Based Electronic Trade)라고 지칭한다. 즉 전자정보통신기술과 그 통신망을 이용하여 상품을 비롯한 서비스, 자본 등에 관한 광고, 상담, 주문, 결제, 배달 등을 수행하는 상업적 거래를 말한다.

2. 협의의 인터넷 전자상거래

(1) 인터넷 등 개방형 전자정보통신망을 통해 상품을 판매하는 기업과 이를 구매하는 소비자 간에 이루어지는 전자상거래를 의미한다.

(2) 기업이 인터넷 홈페이지를 구축하여 문자, 그림, 동화상(Animation), 음향 등을 통해 가상점포(Cyber Shop)나 가상쇼핑몰(Cyber Shopping Mall)을 개설하고 소비자들이 사이버 스페이스(Cyber Space)에서 대금을 결제한 후 상품을 구입하거나 다운로드를 받는 경우이다.

3. 광의의 인터넷 전자상거래

(1) 인터넷을 비롯하여 팩스, 전자우편(E-Mail), 광속상거래(CALS; Commerce at Light Speed), 전자문서 교환(EDI; Electronic Data Interchange), 파일전송 등 전자정보통신망을 통해 상품, 서비스, 자본 등 유형 또는 무형자산을 공급하는 기업(개인 또는 정부 포함)과 이를 구매하는 소비자(개인, 기업, 정부 포함)간에 성립되는 전자상거래를 뜻한다.

(2) 기업이 전자정보통신 네트워크(Electronic Information and Communication Network)에 연결된 컴퓨터 시스템을 통해 상품, 서비스, 자본 등의 거래에 필요한 문서를 전자방식으로 발송 또는 접수하는 전자문서교환방식에 해당한다.

(3) 상품의 기획, 개발, 생산, 판매, 애프터서비스, 폐기 등 상품의 전 주기에 걸친 기업활동 전반을 전자화한 광속상거래도 포함한다.

02 전통적 상거래와 인터넷 전자상거래의 비교

1. 유통경로(Distribution Channel)

인터넷 전자상거래는 종래의 전통적 상거래에 비해 유통경로가 짧다. 즉 전통적 상거래의 유통경로는 기업 → 중간상(도매·소매상) → 소비자 등으로 매우 다양하고 복잡하지만 인터넷 전자상거래의 경우는 기업·인터넷 쇼핑몰·소비자로 일원화되어 간단하다.

2. 거래시간

인터넷 전자상거래의 거래시간은 하루 24시간으로 무한정이지만 전통적 상거래의 경우는 한정된 영업시간을 두고 있다.

3. 거래장소

인터넷 전자상거래는 인터넷 쇼핑몰에서 이루어지지만 전통적 상거래는 시장, 점포, 전시장 등 한정된 물리적 장소에서 성립된다.

4. 거래대상

인터넷 전자상거래의 거래대상은 국경을 초월한 전 세계의 정부, 기업, 국민이 될 수 있으나 전통적 상거래의 경우는 지리적으로 한정된 영역의 정부, 기업, 국민만 해당된다. 인터넷 전자상거래는 온라인(On-Line)을 통해 거래대상에 접근할 수 있고 이를 확보할 수 있으나 전통적 상거래는 시장조사나 영업사원을 통해 이를 수행할 수 있다.

5. 거래수단

인터넷 전자상거래는 컴퓨터 단말기의 키보드(Key Board)를 통해 성립되지만 전통적 상거래는 차량 등 물리적 장비와 시설이 필요하다.

6. 거래홍보

인터넷 전자상거래는 인터넷 마케팅(Internet Marketing), 텔레마케팅(Telemarketing) 등을 통해 상품, 서비스 등을 홍보할 수밖에 없다.

7. 거래상담

인터넷 전자상거래 상에서 상품 등의 매매상담을 하는 경우에는 전자우편(E-Mail)을 통해 1대 1로 즉시 신속하게 할 수 있으나 전통적 상거래의 경우에는 직접 면담, 또는 전화, 팩스(FAX), 우편 등의 통신수단을 이용할 수밖에 없다.

8. 거래요소 비용

인터넷 전자상거래는 인터넷 홈페이지를 개설한 후 인터넷 서버(Internet Serve)를 활용하는 비용 등이 소요되어 그 비용이 상대적으로 저렴하지만 전통적 상거래의 경우는 점포, 시장 개설에 필요한 토지 및 건물구입이나 임대차비용이 크다.

9. 거래소요 노동

인터넷 전자상거래의 경우는 홍보, 판매, 관리담당요원이 많이 필요하지 않지만 전통적 상거래의 경우는 많이 필요하다.

10. 결제수단

인터넷 전자상거래는 신용카드나 전자화폐(Electronic Cash)로 대금이 결제되지만 전통적 상거래는 현금, 수표, 신용카드 등으로 결제된다. 전통적 거래에서는 외상, 연불 등이 허용되지만 인터넷 전자상거래에서는 이러한 방식이 어느 정도 제한된다.

11. 거래상 문제

인터넷 전자상거래는 개인정보의 노출 및 악용, 지적재산권의 침해, 반품처리 곤란, 과세상의 문제 등을 내포하고 있으나 전통적 상거래는 과다한 거래비용 및 시간 소요, 거래상의 불편 문제를 지니고 있다.

[전통적 상거래 방식과 인터넷 전자상거래 방식의 비교]

항목	전통적 상거래	인터넷 전자상거래
유통경로	기업 → 중간상(도매, 소매상) → 소비자	기업 → 인터넷 쇼핑몰 → 소비자
거래시간	한정된 영업시간	하루 24시간
거래장소	한정된 물리적 시장 및 점포	인터넷 쇼핑몰
거래대상	한정된 지역의 정부, 기업, 소비자	전세계의 정부, 기업, 국민
거래수단	물리적 장비 및 시설	컴퓨터
거래홍보	신문, 잡지, 방송을 통한 홍보 및 선전, 옥내외 광고	인터넷 마케팅 및 텔레마케팅, 신속·정확한 시장 및 기업정보
거래상담	직접 면담 또는 전화, 팩스, 우편을 통한 상담	전자우편(E-Mail)
거래대상 확보	시장조사 또는 영업사원이 확보	온라인(On-Line)으로 확보
거래소요 비용	점포, 시장 개설에 필요한 토지 및 건물 구입 또는 임대차비용, 유통비용 및 물류비용의 과다	인터넷 홈페이지 개설, 인터넷 서버 활용비용, 유통비용 및 물류비용의 대폭적 절감
거래소요 노동	홍보, 판매, 관리담당요원 필요	판매 등 담당요원 불필요
결제수단	현금, 수표, 신용카드, 외상, 연불 허용	신용카드 전자화폐(Electronic Cash), 전자수표, 전자자금 이체, 대폭축소
거래서류	다량 필요	불필요
거래상문제	과다한 거래비용, 시간소요, 거래상의 불편	개인정보 노출 및 악용 우려, 지적재산권의 침해, 반품처리 곤란, 과세상의 문제

03 전자상거래의 특징

1. 완전경쟁의 실현

(1) 전자상거래는 인터넷의 사이버 쇼핑몰에서 다수의 공급자와 다수의 수요자가 만나 자유롭게 매매할 수 있는 여건을 마련해 주고 있기 때문에 이 상거래는 완전경쟁을 촉진시킨다고 볼 수 있는 것이다.

(2) 전자상거래에서는 소비자 후생이 극대화되고 불완전 경쟁 시장에 비하여 소득분배의 형평이 이루어지게 된다. 사이버 쇼핑몰에서 완전경쟁이 촉진됨에 따라 공급자는 최대의 이윤을 얻을 수 있고 또한 수요자도 최대의 효용을 얻을 수 있는 것이다.

(3) **공급자가 완전경쟁을 통해 얻을 수 있는 이익의 조건**
   ① 사이버 쇼핑몰 개설이 용이
   ② 국경·지역상 물리적 장애 및 한계 철폐
   ③ 진입장벽 철폐
   ④ 컴퓨터 네트워크를 통한 영업
   ⑤ 영업 및 거래비용의 절감
   ⑥ 유통경로의 축소
   ⑦ 소규모공급 가능성
   ⑧ 정보부족에 따른 시장실패 축소

(4) **소비자가 최대의 효용을 얻을 수 있는 것**
   ① 상품 및 서비스 정보의 명확화
   ② 정보유통의 원활화
   ③ 양질 및 저렴한 상품 구입 가능

(5) **공급자와 수요자에게 주는 이익의 공통점**
   ① 공급자 및 수여자의 쇼핑몰 진입 용이
   ② 거래비용 저렴
   ③ 상거래 정보의 투명성
   ④ 무수한 상품의 저가 판매
   ⑤ 거래의 편리성

2. 거래의 전자결제화

(1) **전자결제수단**: 전자화폐, 전자수표, 신용카드, 전자자금 이체 등을 들 수 있다.

(2) **전자화폐**(Digital money, Electric cash, Cryptocurrency): 돈과 같은 가치를 지닌 전자 지급 수단을 말한다. 즉 전자적으로만 교환되는 돈이나 증서다(예 e-머니, 전자캐시, 전자통화, 디지털화폐, 디지털캐시, 사이버화폐, 가상화폐, 가상캐시).

(3) 전자화폐는 소비자를 비롯하여 상품 및 서비스 공급자, 은행, 전자화폐회사 등이 암호화된 컴퓨터파일에 인위적으로 화폐가치를 부여한 '약속 화폐'라고 볼 수 있다.

1. 운영을 위한 기술

(1) EDI(Electronic Data Interchange)

① 의의: 무역이나 유통 등의 상거래에 필요한 문서를 서로 '합의된 표준'을 이용하여 전자적으로 교환하는 것을 말한다.

② 합의된 표준: 문서의 형식과 데이터의 내용을 규정하는 문서 표준 특히 구매, 주문, 송장, 발부, 선적, 통지 등과 같은 상거래를 위한 컴퓨터 간의 문서 교환방식을 말한다.

(2) CALS

① 1982년 미국 국방부의 국방 예산 및 운영 관리비 절감을 위한 프로젝트로 시작되었는데, 그 당시 낙후된 통신과 서류에 의한 업무 처리 문제를 해결하기 위하여 컴퓨터 기술을 이용하려고 시도한 것이 바로 CALS의 출범 동기이다.

② CALS는 시대에 따라 그 개념도 변하는데 '무기체계 군수지원 전산화' 개념에서 '무기조달 체계 및 군수 지원 전산화' 개념으로 바뀌었고, 다시 생산-조달-운영-지원-통합-정보화 개념으로 바뀌면서 CALS는 군대에서 뿐만 아니라 민간사업 분야로 확산, 최근에 와서는 광속거래(Commerce At Lighting Speed) 개념인 광속과 같이 빠른 전자상거래의 개념으로도 이용되고 있다.

(3) ERP(Enterprise Resource Planning)

① 의의: 시간과 공간에 구애받지 않고 회사 내의 모든 정보를 통합 관리하여 경영에 이용하는 시스템이다. 유럽, 미국, 일본 등에서 글로벌 경영 체제가 구축되면서부터 다국적 기업을 경영하기 위한 종합 정보망 차원으로 이용되었다.

② 인사-생산-자재-영업-개발정보 등 모든 부서의 정보가 기업 내 전산망을 통해 실시간으로 제공되고 또한 해외 공장이나 지사를 연결시켜 글로벌 경영을 가능하게 해준다.

③ ERP는 기업의 체질 개선과 비용절감, 기업회계의 투명성 재고, 정보공유로 업무 효율 제고, 실시간 업무 처리, 자원의 선순환 효과, 경영자의 정보력 강화 등의 효과를 지니고 있다.

2. 운송을 위한 기술

(1) SCM(Supply Chain Management): 정보통신 기술을 활용하여 제조와 물류, 유통 업체의 상품흐름을 한눈에 파악할 수 있도록 하는 유통 총공급망 관리를 말하며, 제조, 물류, 유통 업체 등 유통과정 상에 있는 모든 기업들이 공동으로 데이터베이스를 구축함으로써 재고를 최적화하고 납기를 줄이는 전략적 제휴 형태로 운영된다. 이는 '공급체인관리' 또는 '유통총공급망관리'라고 불린다.

(2) 목적: SCM은 동적인 공급활동이 실시간으로 파악되어 전달되는 것으로서 궁극적으로는 공급망 전체의 현금 흐름 효율성을 향상시키는 것이 주요 목적이다.

3. 보안을 위한 기술

(1) SET(Secure Electronic Transaction): 전자상거래에서 지불정보를 안전하고 효과적으로 처리할 수 있도록 규정한 프로토콜이다.

(2) 신용카드 업계의 주축인 Master와 Visa가 공동으로 발표하였으며, 이의 구성으로는 Cardholder와 CA(Certification Authority)가 있다. Cardholder는 상품과 서비스를 구매하고 신용카드로 대금을 지불할 수 있게 하는 요소이며, CA는 참여자들의 신원을 확인하여 인증서를 발급하는 요소이다.

05 사업모델

1. B2B(Business to Business)

B2B 영역은 공급자와 이와 함께 하는 기업들에 의해 만들어진 모든 처리를 포함한다. B2B 응용은 EDI, VAN 등을 통해 오래 전에 설정되어 왔으나, 최근에는 B2B 거래형태가 e-마켓플레이스로 점점 강화되는 추세이다. e-마켓 플레이스는 상품구매와 판매를 위한 기업 간 전자상거래의 핵심으로 내부적 비용절감과 외부적 매출확대를 기할 수 있다.

2. B2C(Business to Customer)

B2C 영역은 전자적 소매(인터넷 쇼핑몰)에 의해 처리되며 온라인 소매와 온라인을 통한 재무적인 서비스를 포함하는 상업적 사이트 보다 넓은 범위를 차지한다.

3. C2C(Customer to Customer)

C2C 전자적 시장은 웹기반(Web-Based)의 경매(Auction)에 의해 기본적으로 형성된다. 분류형태의 정보에서 웹을 이용, 경매 사이트를 통해 소비자들 사이에서 협상을 하는 것이다.

4. G2B(Government to Business)

G2B 영역은 회사들과 정부기관들 사이의 모든 처리를 의미한다. 정부의 전자적 조달과 비즈니스 통신에 다른 정부기관이 포함된다. 공공조달과 정부기관들은 기업회계의 지불로서 전자적 처리의 선택을 제공한다.

5. G2C(Government to Citizens)

G2C 분류는 복지 지불과 세금 반환과 같은 분야에서 정부와 시민들 사이의 전자적 처리를 포함한다.

6. P2P(Peer to Peer)

(1) 인터넷 사용자들을 1대 1로 연결시켜 주기 때문에 Peer to Peer, People to People, Person to Person 등으로 불린다.

(2) 각 사용자들의 PC에 있는 mp3, 동영상 등의 디지털 파일들을 공유하여 교환할 수 있도록 해주는 것으로 교환형과 온라인 마켓 플레이스를 통한 중개형 서비스로 구분한다. 디지털 재화에서부터 특정 지식까지 인터넷을 통해 유통 가능한 모든 콘텐츠가 이 거래에 포함된다.

(3) 판매자와 구매자가 직접 협상하고 그 결과에 따라 거래를 마무리 짓는다는 점에서 온라인 경매업체인 eBay 등에서 볼 수 있는 C2C와는 다르고, 수요자와 공급자의 뚜렷한 구별 없이 서로 질문과 대답의 형태로 정보를 주고받기 때문에 전문가 그룹이 고객의 질문에 응답하는 형식의 전문가 사이트와도 구별된다.

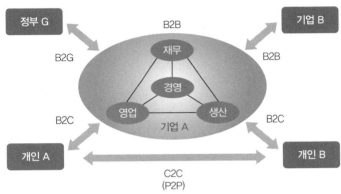

[인터넷 상거래의 유형]

1. 전자상점(e-Shop)

(1) 가장 기본적인 전자상거래 사업모델로서 기업이나 점포의 웹사이트를 이용한 마케팅 모델이다. 처음에는 기업홍보, 제품 PR을 위해 사용하다 점차 고객으로부터 주문을 받고 대금도 지불할 수 있는 기능을 첨가하게 되었다.

(2) 판매기업 입장에서는 기존의 마케팅 채널과 다른 또 하나의 마케팅 채널로서 저렴한 비용으로 전세계로 시장을 확대함으로써 수요를 확충하여 매출 증대를 가능케 한다.

(3) 고객입장에선 전통적 채널보다 저렴한 가격, 폭 넓은 선택기회, 보다 많은 정보, 시간과 공간을 초월한 구매에서 대금 지불 절차까지의 편리함을 제공함으로써 전자상거래에 참여하는 동기를 부여한다.

(4) 한번 구매 했던 고객의 경우 고객정보를 구축할 수 있어 이를 이용해 재구매시 1대 1 개인화된 마케팅을 통한 편익을 제공하고 있으며, 소위 데이터베이스 마케팅이나 고객관리(CRM)의 가장 기본적 기능을 제공한다.

2. 전자조달(e-Procurement)

(1) 인터넷을 이용해 입찰공고와 협상을 통해 재화나 용역을 구매하는 모델로서 전통적인 EDI, VAN, CALS의 연장선에 있는 사업 모델이다.

(2) 구매자 입장에서는 공급선 선택 폭 확대, 저렴한 원가, 보다 나은 품질, 배달 및 구매소요비용 절감효과가 있다.

(3) 공급자 입장에서는 입찰정보에 대한 접근, 입찰시장의 글로벌화, 입찰비용 절감, 부분입찰 가능성, 공동입찰 같은 입찰의 유연성을 높여준다는 이점이 있으며, 주로 B2B 전자상거래의 모델이다.

3. 전자경매(e-Auction)

(1) 전통적인 경매시장을 인터넷 공간으로 옮겨, 인터넷이 가지는 장점을 극대화한 모델로서, 경매대상이 되는 제품이나 서비스의 정보를 멀티미디어를 통해 제공함과 동시에 단순한 경매 입찰기능 뿐만 아니라 계약, 대금결제, 배달기능까지 첨가할 수 있는 사업 모델이다.

(2) 경매제공자의 수입원은 인터넷경매 관련 기술플랫폼 판매, 경매 수수료, 광고수입이며 경매가 실제로 이루어질 때까지 물리적 운송이 불필요하며 글로벌 소싱이 가능하다.

(3) 경매 참여자의 이점은 저가 종목의 소량매매가 가능하며 일반 경매보다 낮은 경매 비용이 든다.

4. 전자몰(e-Mall)

(1) 전자쇼핑몰은 e-Shop을 한 곳에 모은 것으로서 소위 고객들이 믿을 수 있는 저명한 브랜드 아래 "품질보증, 대금지불보증" 등의 기능을 첨부할 수 있다.

(2) 취급하는 제품군에 따라 소비재를 다루는 e-Mall과 산업재 또는 특정 서비스를 특화하는 경우에는 소위 산업재를 다루는 장터(Market Place)인 eSteel, Industry.net이나 Vertical.net 같은 B2B 전자상거래 허브(B2B Hub)형태를 취하게 된다.

5. 제3장터(Third Party Marketplace)

(1) 다양한 형태의 모델이 존재하며, 기존 오프라인 기업들이 웹 마케팅을 외주화 하려는 경향이 증가함에 따라 떠오르는 비즈니스 모델이다.

(2) 공급자의 제품 카탈로그를 수요자의 이용자 인터페이스를 통해 제공하는 것이 필수적이며, 브랜딩, 대금지불, 로지스틱스, 주문 등 매매거래절차 모든 단계의 서비스 추가제공도 가능하다.

(3) 장터제공자의 수입원은 회원가입비, 서비스수수료, 거래수수료가 주가 되며, 광고도 수입원이 될 수 있다.

6. 가상커뮤니티(Virtual Communities)

(1) 가상 커뮤니티 모델의 궁극적인 가치는 가상 커뮤니티에 참여하는 고객과 파트너들로부터 나온다.

(2) 커뮤니티 회원들의 회비가 광고수입과 함께 주 수입원이며, 고객의 피드백이나 고객서비스를 통한 관계구축을 위해 기업들이 많이 활용한다.

7. 가치체인통합(Value Chain Integrators)

(1) 가치체인상의 여러 단계들을 묶어서 통합서비스를 제공하는 모델이다.

(2) 수입원은 컨설팅 비용이나 거래수수료이다.

8. 가치체인서비스(Value Chain Service Provider)

(1) 전자지불기능, 로지스틱스와 같이 산업의 가치체인상의 특정한 기능에 특화하여 온라인으로 서비스를 제공하는 모델이다.

(2) 은행의 전자결제 인증 서비스에서부터 생산관리, 재고관리에 이르기까지 가치체인상의 지원활동이 핵심이다.

(3) **수입원**: 웹기반 소포배달서비스인 FedEx나 UPS처럼 주로 서비스 이용료 또는 커미션에 있다.

9. 공동작업플랫폼(Collaboration Platforms)

(1) 공동작업 플랫폼 사업모델은 기업 간에 공동으로 작업할 수 있도록 필요한 도구, 소프트웨어들을 제공하고 동일한 인터페이스를 기업들에게 제공하는 서비스이다.

(2) 주로 공동 디자인, 공동 엔지니어링, 공동 프로젝트 컨설팅에 활용된다.

10. 정보중개(Information Brokerage)

(1) 정보중개사업 모델은 공개된 네트워크인 인터넷상에서 구할 수 있는 수많은 정보를 수집, 가공해서 고객에게 제공하는 사업이다.

(2) Naver 같은 정보검색 사이트에서 이용자 정보를 모아 이를 DB화하여 판매하는 정보사업이 해당한다.

(3) 수입원: DB판매, DB이용료, DB상의 광고수입에 있다.

11. 신용서비스(Trust and Other Services)

(1) 신용서비스는 인터넷상으로 공증서비스, 인증서비스를 제공하는 모델이다.

(2) 수입원: 확인서비스 수수료, 관련 소프트웨어 판매 등이 있다.

[전자상거래 모델의 변화도]

1. 세계통상 패러다임의 변혁

(1) 무역거래에 필요한 국제전화나 팩스는 전자우편으로, 상품 카탈로그는 CD-롬이나 사이버 쇼핑몰로, 상품의 물리적 전시장은 사이버 전시장이나 사이버 쇼핑몰로, 영업사원의 마케팅활동은 텔레마케팅으로, 수출입대금결제는 전자화폐로 대체되어 나가고 있고, 더나아가 종래 수입품에 부과되던 관세 등 조세는 무관세로 바뀔 가능성이 있다.

(2) 세계 모든 나라의 무역상사들은 자사의 사이버 쇼핑몰을 구축하고 있으며 일부 제조업체들은 세계적 체인을 갖고 있는 대규모 상품 카탈로그 전문업체를 통해 인터넷 광고, 제품 소개 등 텔레마케팅 활동을 하고 있다. 상품 카탈로그 전문업체는 세계 각국에서 수집된 제조업체, 고급업체, 바이어 등 수출입 거래에 필요한 모든 정보를 인터넷 홈페이지나 웹 사이트(Web Site)에 탑재시켜 두고 있다.

2. 세계화의 촉진

(1) 각 국가간 경제가 세계경제로 통합되어 나가고 있는 것은 최첨단 전자정보통신기술이 비약적으로 발전되고 이 기술이 지구촌 마당(Global Village Square)을 열어주고 있기 때문이다.

(2) 인터넷 전자상거래를 통해 세계 모든 공급자들과 소비자들이 사이버 쇼핑몰에서 만나 전자우편으로 하루 24시간 광속으로 거래를 하게 됨에 따라 지금까지 이를 규제해 오던 경제적 국경이 허물어지고 말았다. 경제적 국경의 붕괴는 관세장벽 등 무역장벽의 소멸을 의미한다.

(3) 인터넷 전자상거래가 세계화를 촉진시키고 있는 것은 인터넷 전자상거래의 개방성 때문이다. 인터넷 전자상거래의 개방성이란 인터넷 전자상거래가 광대한 세계시장을 형성하고 있는 것을 의미한다.

3. 상품의 세계화 촉진

(1) 인터넷 전자상거래는 상품이 제조업자의 인터넷 홈페이지나 또는 세계적인 상품 카탈로그 전문업체의 사이버 쇼핑몰에 게시되면 세계 어느 나라 어느 지역에서도 알 수 있을 뿐만 아니라 구매도 가능하다.

(2) 최첨단 정보통신 네트워크가 확장되어 인터넷 전자상거래가 활성화된 시대에는 모든 상품과 서비스가 사이버 공간(Cyber Space)에 전시, 선전, 홍보되어야 하기 때문에 상품의 세계화는 급속도로 촉진되어 나간다.

4. 세계 분업구조의 개편

(1) 원거리통신망은 상품의 제조업자와 생산공장을 연결시킬 뿐만 아니라 디자이너와 공장, 소프트웨어 엔지니어와 하드웨어 엔지니어, 상품의 공급자와 소매인, 그리고 생산자와 소비자를 세계적으로 연계시켜주는 역할을 하고 있다.

(2) 인터넷 전자상거래는 상품과 서비스의 공급자들과 구매자들이 위치, 거리, 시간에 구애받지 않고 가상 전자공간(Virtual Electronic Space)에서 만나 거래를 할 수 있다.

5. 국가정책 및 제도의 개편

(1) 인터넷 전자상거래는 그 대금결제가 전자방식이나 혹은 전자화폐(Electronic Cash)로 결제되기 때문에 국가의 재정, 금융, 통화, 외환, 조세 등 모든 경제부분에 영향을 미치게 될 것이다.

(2) 전자상거래 시대에는 신용거래가 확대되기 마련이다. 앞으로 인터넷 전자상거래가 활성화되고 이 상거래가 국내 상거래나 또는 세계무역거래를 지배하게 되어 그 규모가 엄청나게 커질 경우 전통적 방식으로 실시해 오던 재정, 금융, 통화, 외환 등 여러 정책이나 그 제도로서는 그 관리가 어렵다고 보아야 할 것이다.

6. 경쟁의 격화

(1) 인터넷 전자상거래는 모든 사이버 쇼핑몰에 세계의 모든 상품 및 서비스 공급자들과 수요자들이 들어와서 거래를 하기 때문에 경쟁이 치열할 수밖에 없다.

(2) 비지니스 위크(Business Week)지에서는 "국경이라는 말은 경제적 의미로는 더 이상 쓸모없게 되어 버렸으며 어느 단일국가의 기업은 사라지게 된다."고 경쟁격화를 언급하고 있다.

7. 유통혁명의 초래

(1) 전자상거래는 물리적 공간과 제약된 시간을 초월하여 이루어지고 있으며 또한 유통채널이 크게 확대된다.

(2) 거래대상이 전 세계의 소비자들이고 인터넷 마케팅이나 텔레마케팅으로 상품홍보를 하고 있다.

(3) 대금결제수단으로 전자통화 등이 도입되고 전자결제가 이루어지는 것도 분명히 유통혁명이라고 보아야 할 것이다.

8. 중간상의 쇠퇴

(1) 공급자와 구매자가 사이버 쇼핑몰에 직접 등장하여 거래를 함에 따라 오퍼상 등 중간상은 쇠퇴되거나 퇴출되고 있다.

(2) 사이버 쇼핑몰에서의 판매자와 구매자의 직접적인 접촉은 종래 중개인에게 지불되던 수수료나 정보의 송달, 처리, 해석 등의 비용이 줄었다.

9. 조세관할권의 왜곡

(1) 온라인 전자상거래는 필연적으로 소득세, 부가가치세, 관세 등 조세문제를 야기시킨다.

(2) 기업이 내야 하는 소득세와 구매자들이 납부해야 하는 부가가치세의 조세관할권을 왜곡시킨다.

10. 인터넷 전자상거래 관련기술의 발달

(1) 인터넷 전자상거래가 활성화됨에 따라 개발이 가능한 분야는 시스템 통합(SI; System Interation), 전자상거래 솔루션(Solution), 멀티미디어 콘텐츠, 전자상거래 소프트웨어 등의 분야이다.

(2) 인트라넷(Intranet)과 엑스트라넷(Extranet) 분야의 개발도 늘어나고 있다.

(3) 그 외 다음과 같은 전자정보통신기술이 혁신적으로 개발될 전망이다.

　① 검색도구: 오디오 텍스트 및 비디오 텍스트, 온라인 데이터베이스, 전자카탈로그, 다양성 목록서비스 등

　② 교환메커니즘: 수취자 요금부담 전화번호(한국: 080, 미국: 800), EDI, 컴퓨터, 컴퓨터 예약시스템 등

　③ 전자모니터링 및 시행체계: 전자자료 녹취, 신용카드 위임, 전자자금 이체 및 자동결제 등

11. 기업의 인터넷 시스템 구축

세계의 모든 기업들이 기업활동을 수행하기 위해서나 경쟁적 우위를 확보하기 위해 절대적으로 필요하기 때문에 인터넷 시스템을 개설했거나 또는 개설에 나서고 있다. 지금은 영업활동을 가장 능률적으로 수행할 수 있는 것이 인터넷을 활용한 전산시스템이다.

08 전자상거래 발전과정 및 전망

1. 시대별 발전 과정

(1) **1970년대**: 은행 간 전자자금 이체의 출현, 신용카드 출현, EDI(전자문서교환), E-MAIL 등 전자메시징기술이 확산되었다.

(2) **1980년대**: 종이에 의한 작업 감소, 자동화 확산, EC관련신기술(온라인 서비스)의 확산, 대화형 통신기술이 등장했다.

(3) **1990년대**: 월드와이드웹의 출현, 인터넷 사용의 편리 등으로 세계시장에서 동등한 경쟁력을 가졌다.

(4) **2000년대**: 전자상거래 시장의 급속한 증가 등으로 세계 각국에서 본격적인 EC시장이 형성되었다.

2. 한국의 전자상거래 발전과정

년도	추세	관심사항	용어
1996	온라인 쇼핑몰 시작	B2C	전자상거래 (e-Commerce)
1999	인터넷 열풍 B2B 개념도입 e-MP모델 활성화	B2B e-Marketplace	e-비즈니스 (e-Transformation)
2000	비즈니스 전반에 대한 인터넷접목	B2G	
2001	기업내부 프로세스 변화 기업 내부의 변화 기업간 연결	e-CRM, e-SCM	
2002	산업간 연결	B2B 네트워크	

3. 전자상거래 발전전망

(1) **온-오프라인의 융합 및 가상기업의 활성화**: 온-오프라인 기업의 제휴, 오프라인 기업의 온라인 병행 추진 등 온-오프라인의 융합 등으로 가상기업이 활성화되고 이들 간 가치사슬의 연계가 촉진될 것이다.

(2) **C-커머스**: 경영기획에서부터 설계, 물류, 판매 등 기업 활동 전반의 업무흐름에 걸쳐 기업 간 협업과 정보 공유를 통해 수익을 창출하는 모델을 의미한다.

(3) **M-커머스의 확산**: 무선통신을 활용한 e-비즈니스를 흔히 모바일 비즈니스 또는 M-커머스로 부르고 있으며 한국이 선도하고 있는 분야 중 하나이다.

(4) **글로벌 e-커머스와 전자상거래 표준**: 각국 기업이나 정부는 전자상거래 표준의 선점을 통해 세계시장의 주도권확보를 목표로 연구개발 활동의 강화 등 전자상거래 표준이 기술혁신과 밀접한 연계를 맺고 개발된다.

09 전자상거래의 당면과제

1. 조세

세계 각국의 정부가 전자상거래에 대한 과세 문제를 연구하고 있지만 가상공간에서 이루어지는 거래에 대하여 세금을 부과하는 것은 쉬운 일이 아니다. 그 이유는 기술 및 관리상의 어려움으로 가상공간에서 이루어지는 거래를 일일이 추적하고 세금을 부과하기 어렵기 때문이다.

2. 개인정보 보호

세계 각국은 개인정보 및 프라이버시 보호에 많은 관심을 기울이고 있다. 컴퓨터 기술의 발전과 인터넷의 이용확대로 개인에 관한 각종 정보가 더 이상 개인적인 것으로 남지 못하고 상품화되어 가고 있는 현실에서 그대로 방치할 경우 사회의 신뢰관계가 무너지고 정보화 사회의 발달과 전자상거래 활성화에 큰 장애요인으로 작용할 우려가 있다.

3. 내용물 규제

인터넷의 확산과 더불어 증가하고 있는 미성년자에 대한 음란외설 정보 유통 및 불법적 또는 사회적으로 바람직하지 않은 목적으로 인터넷이 사용되는 것에 대한 규제 방법안이 각국에서 논의되고 있다.

4. 소비자 보호

전자상거래의 비대면성이라는 특징으로 소비자 보호는 온라인에서 오프라인보다 더욱 취약한 상황에 있다. 비록 전자상거래 시장이 소비자들에게 시간적으로나 구매방법에서 편리하지만, 이러한 이점들은 상품 및 서비스의 보다 안전한 구입을 보장하는 제도적 장치를 마련함으로써 유지될 수 있다.

5. 지식재산권

인터넷 사용이 급속하게 확산되면서 사이버 공간을 통해 무방비 상태로 복제·전송되고 있어 디지털 재화에 대한 지식재산권 보호의 필요성이 대두되고 있다. 이것은 누구나 어디서나 필요한 정보를 간단하고 손쉽게 이용할 수 있다는 순기능이 있는가 하면, 복제의 용이성, 신속성, 복제의 질의 고도성으로 이어져 불법복제의 횡행과 저작물의 왜곡, 표절의 일반화로 이어질 가능성을 증대시키는 역기능도 있다.

6. 기술상의 문제

전자상거래의 신뢰성과 안정성 확보를 위한 보안문제가 아직 해결되지 않고 있고, 현재 5천만 페이지 이상의 자료가 있는 등 인터넷 자료의 방대함과 일관된 서비스 체계가 없는 자유방임형 운영으로 검색에 어려움이 있다.

7. 인터넷 전자상거래의 국제규범 제정

인터넷 전자상거래의 활성화를 도모하기 위해서는 새로운 규범이 필요하다. 사이버 스페이스(Cyber Space)에서 상업적 활동을 수행하려면 이를 뒷받침할 수 있는 법률적, 제도적 토대가 마련되어야 한다. 그 토대는 국가별로 확립되어야 하고 국제적 구축이 필요하다.

10 가상화폐

1. 가상통화의 경제학적 의미

(1) 정의: 가상통화(Virtual Currency)는 민간에서 발행하고 금전적 가치를 전자적 형태로 저장, 이전, 거래할 수 있는 매개체를 의미한다.
 ① 가상통화는 전자적 형태로 가치를 저장하고 화폐를 대신하여 사용가능하며 발행주체가 중앙은행 등 공인기관이 발행하지 않은 특성을 보유한다.
 ② 발행자의 부채가 아닌 수급에 따라 가치가 결정되는 자산(Asset) 관점과 분산원장(Distributed Ledgers) 기반의 P2P를 통해 가치가 이전되는 결제(Payment)라는 관점에서 접근한다.
 ③ 가상통화는 중앙은행의 통제를 받지 않으며, 은행과 같은 특정 운영자가 존재하지 않고 비금융회사에서 다양한 서비스를 제공한다.

(2) 유형: 실물화폐와의 교환 가능성과 구매 가능성을 기준으로 가상통화의 형태를 폐쇄형(Closed), 단방향(Unidirectional), 양방향(Bidirectional) 등 3가지로 구분한다.
 ① 폐쇄형: 실물화폐와 호환 없이 가상환경에서만 사용되는 형태이다.
 ② 단방향: 실물화폐로 가상통화를 구매할 수 있는 형태이다.
 ③ 양방향: 실물화폐와 가상통화 간 호환이 가능한 형태를 의미한다.
 ④ 광의의 의미에서 가상통화는 신용카드 포인트, 항공 마일리지 등 로열티 프로그램(단방향)을 포함하는 반면, 협의의 의미로는 양방향 형태만을 대상으로 한다.

(3) 종류

① 비트코인: 디지털 단위인 '비트(Bit)'와 '동전(Coin)'을 합친 용어다. 나카모토 사토시라는 가명의 프로그래머가 빠르게 진전되는 온라인 추세에 맞춰 갈수록 기능이 떨어지는 달러화, 엔화, 원화 등과 같은 기존의 법화(法貨 · Legal Tender)를 대신할 새로운 화폐를 만들겠다는 발상에서 2009년 비트코인을 처음 개발했다. 핵심은 정부나 중앙은행, 금융회사 등 어떤 중앙집중적 권력의 개입 없이 작동하는 새로운 화폐를 창출하는 데 있었다.

② 이더리움: 블록체인 기술에 기반한 클라우드 컴퓨팅 플랫폼 또는 프로그래밍 언어이다. 비탈리크 부테린(Vitalik Buterin)이 개발하였다. 비탈리크 부테린은 가상화폐인 비트코인에 사용된 핵심 기술인 블록체인(Blockchain)에 화폐 거래 기록뿐 아니라 계약서 등의 추가 정보를 기록할 수 있다는 점에 착안하여, 전세계 수많은 사용자들이 보유하고 있는 컴퓨팅 자원을 활용해 분산 네트워크를 구성하고, 이 플랫폼을 이용하여 SNS, 이메일, 전자투표 등 다양한 정보를 기록하는 시스템을 창안했다. 이더리움은 C++, 자바, 파이썬, GO 등 주요 프로그래밍 언어를 지원한다. 이더리움을 사물인터넷(IoT)에 적용하면 기계 간 금융 거래도 가능해진다.

③ 리플: 글로벌 정산 네트워크에서 기관의 정산 과정 시 발생하는 시간, 비용, 절차를 줄여야 할 필요성이 있다. 이러한 용도로 사용되는 코인을 리플 코인이라고 한다. 보통 가상화폐는 블록체인을 기반으로 암호를 해독해 채굴하는 과정을 거쳐 코인을 생성하고 네트워크를 통해 유통하는데, 리플은 모든 코인을 리플랩스가 발행하고 유통도 책임진다. 즉, 중앙에 운영 · 관리 시스템이 없는 가상화폐와 달리 중앙 운영 주체가 있다.

④ 라이트코인: 2011년 찰스 리가 개발한 은색의 가상화폐로 채굴 시 암호화 알고리즘인 스크립트를 사용해 블록을 해제하는 복잡성을 비트코인보다 줄인 것이 특징이자 장점이다. 라이트코인은 비트코인과 유사한 방식으로 운영되는 암호화폐이다. 비트코인이 최대 채굴량이 약 2,100만 개인 것에 비해 라이트코인은 약 8,400만개로 4배가 많다. 라이트코인은 PC용 GPU로도 채굴이 가능하고, 거래 속도도 평균적으로 라이트코인이 2분 30초로, 10분 정도 걸리는 비트코인보다 4배가 빠른 것으로 알려져 있다.

2. 특성

(1) 개인 간에 직접 송금을 하는 것으로 은행과 같은 중개 기관이 없는 시스템이다. 일반적으로 개인에게 송금할 때에는 은행이나 기타 송금 서비스를 이용해야 한다. 하지만, 비트코인을 통한 이체는 지갑에서 돈을 꺼내 상대방에게 전달하는 것과 같다.

(2) 수수료가 거의 무료이다. 가상화폐의 하나인 비트코인에는 중개 기관이 없기 때문에 비트코인을 주고받을 때 수수료가 무료이거나 매우 적다. 이는 개인 간 소액 결제에 있어 핵심적인 장점이다.

(3) 제3자에 의한 감시 및 규제가 없다. 비트코인은 결제를 위한 은행이나 제3의 기관이 필요 없어, 절차가 빠르고 서류 작업이 필요 없으며, 자금을 자유롭게 유통할 수 있다. 또한, 비트코인은 전 세계적으로 사용할 수 있으며, 국가 간 환전도 필요 없다.

(4) 비트코인은 디지털 '지갑'에 저장된다. 이는 달러나 엔을 입금할 수 있는 은행 계좌와 유사하다. 비트코인을 이용하고자 하는 모든 사람은 간단히 디지털 지갑을 만들어 입금, 이체, 수령할 수 있다. 비트코인 지갑에 대한 식별자는 이메일 주소와 유사하다.

(5) 비트코인을 관리하는 정부 기관이나 기업이 없다. 비트코인은 중앙에서 관리하지 않고 분산된 컴퓨터 네트워크의 관리를 받는다. 모든 거래와 신규 화폐 발행과 같은 활동은 거대 컴퓨터 네트워크에 기록된다. 모든 비트코인 거래는 하나의 거대 원장에 기록되고 이 거래 원장은 전세계 컴퓨터에 전부 저장되어 있다.

(6) 비트코인 장부의 정확성과 일관성을 유지하기 위해 거래기록을 일정 간격으로 장부에 기입한다. 이러한 일정 간격 프로세스는 비트코인 네트워크에 이미 존재하는 거래기록과 신규 거래기록을 구분하는데 필요하다. 신규 거래기록을 비트코인 장부에 기록하는 프로세스에는 기존 거래기록과 신규 거래기록 모두를 검증하는 과정도 포함된다.

(7) 비트코인 발행량은 처음부터 정해져 있으며 비트코인 프로토콜이 발표된 시점에 결정되었다. 혹시 일어날지 모를 혼란, 갑작스런 비트코인 통화량 증가로 인한 인플레이션을 방지하기 위해 이러한 조치를 취해 놓은 것이다. 비트코인 총 발행 예정 금액은 2천 백만 BTC이며 2140년에 목표 발행 금액에 도달하게 된다. 발행 한계 금액에 도달하면 더 이상의 추가 발행은 없다.

(8) 공급 측면의 특성
　　① 익명성(Anonymity)
　　② 기술 · 보안의 우려(Technical and Security Concerns)
　　③ 분산성(Fragmentation)
　　④ 확장성과 효율성(Scalability and Efficiency)
　　⑤ 사업모델의 지속가능성(Business Model Sustainability)

(9) 수요 측면의 특성
　　① 보안에 대한 신뢰(Security)
　　② 변동성과 손실위험(Volatility and Risk of Loss)
　　③ 낮은 거래비용(Cost)
　　④ 이용가능성(Usability)
　　⑤ 취소 불가능(Irrevocability)
　　⑥ 처리속도(Processing Speed)
　　⑦ 국경간 접근성(Cross-Border Reach)
　　⑧ 데이터 보호 익명성(Data Privacy and Anonymity)

3. 다양한 관점

(1) **정부정책 관점**: 가상통화에 대한 규제 입법화, 과세 대상으로 포함 여부, 중앙은행 주도의 디지털 통화 개발 등의 관점에서 접근한다.

(2) **소비자보호 관점**: 가격 변동성의 최소화, 불법 거래 및 투자사기 방지, 해킹·서버다운 등의 보안사고 등에 대한 소비자 보호 관점에서 접근한다.

(3) **산업발전 관점**: 블록체인 기술의 금융권 접목, ICO시장의 활성화, 금융권 자체 디지털 통화 개발 등을 통해 산업의 발전을 도모한다.

4. 우리나라의 자율규제안

(1) **투자자 예치자산 보호 장치**

① 원화 예치금은 100% 금융기관에 예치하고 가상통화 예치금은 콜드월렛(가상통화를 오프라인에 보관하는 것을 의미) 70% 이상 의무화

② 고유재산과 교환유보재산 분리 관리: 거래소는 교환유보재산의 유지, 분리 관리 현황을 매년 1회 외부감사를 통해 협회에 보고하고 분기별로 홈페이지에 공시

③ 즉시 교환이행에 필요한 가상통화는 교환유보 가상통화와 별도로 분리 관리(이 중 70% 이상은 네트워크와 완전 분리된 가상통화에 보관)

(2) **신규 코인 상장 프로세스 강화 및 투명성 제고**: 거래소는 신규 코인 상장 평가 정보 및 자료를 공개하고, 협회 준비위에서 신규코인 상장 프로세스에 대한 가이드라인을 제공한다.

(3) **본인계좌 확인 강화**

① 거래소는 금융기관이 제공하는 시스템을 통해 고객 확인이 이루어진 경우에만 원화로 계좌 입출금이 가능하도록 시스템을 구축

② 1인 1계좌로만 입출금 거래를 할 수 있도록 관리

(4) **오프라인 민원센터 운영 의무화**

① 민원관리 시스템의 전산화와 함께 독립적이고 공정한 민원처리 및 구제절차를 마련하여 운영

② 민원처리 접수 사실 및 사실관계 조사 현황 등을 정기적으로 고지

(5) **거래소 회원 요건 강화**

① 자율규제 하에 가상통화 거래소를 운영하는 회사는 국내 상법에 따라 최소 자기자본 20억원을 보유

② 거래소는 금융업자에 준하는 정보보안시스템, 내부프로세스, 정보보호인력 및 조직을 운영 불공정 거래 규제

(6) **임직원 윤리 강화**

① 거래소 임직원의 미공개 중요 정보 이용행위, 시세조종, 부정거래행위 등을 일체 금지

② 자율규제위원회는 블록체인 시장의 공정거래 질서를 해치거나 부당·불건전 영업을 행할 시 회원사 및 해당 임직원 개인까지 제재를 권고

01 저작재산권의 보호기간에 대한 설명으로 바르지 않은 것은?

① 특별한 규정이 없는 한 저작자의 생존하는 동안과 사망 후 50년간 존속한다.

② 저작자가 사망 후 40년이 경과하고 50년이 되기 전에 공표된 저작물은 공표된 때부터 10년간 존속한다.

③ 공동저작물의 저작재산권은 매 마지막으로 사망한 저작자의 사망 후 50년간 존속한다.

④ 저작재산권의 보호기간을 계산하는 경우에는 저작자가 사망하거나 저작물을 창작 또는 공표한 당시부터 계산한다.

01
저작권은 창작과 동시에 발생한다. 저작권 보호 기간은 저작자가 생존하는 동안과 사망한 후 70년간 존속한다. 저작권 보호 기간이 50년까지였으나 한미 자유무역 협정(FTA) 체결 이후 2013년 7월 1일부터 70년으로 연장되었다.

02 다음 중 세계지적재산권기구를 나타내는 용어는?

① ICAO

② WHO

③ WMO

④ WIPO

02
WIPO는 국제 연합(UN) 전문 기관의 하나로, 특허권 등 산업 재산권의 국제 조약인 파리협약과 저작권의 2대 조약의 하나인 베른협약의 사무국을 겸하고, 무체재산(無體財産)의 중심이 되는 지적재산권에 관한 국제 조약의 제정을 추진하는 기구이다. 한국은 1973년부터 참관자로 참석, 1979년에 정식으로 가입하였다.

03
사이버범죄의 특징은 행위의 측면에서 게임이나 단순한 유희, 지적 모험심의 추구, 정치적 목적이나 산업경쟁, 개인적인 보복, 경제적 이익의 취득 등이다. 행위자 측면에선 행위자의 연령이 낮고, 죄의식이 희박, 컴퓨터 전문가나 조직 내부인과 초범이 많고, 익명성을 과시한다. 그리고 범행행위의 측면에선 범행이 반복될 가능성이 높다. 발각이 어렵고 고의 입증이 곤란하다. 집단보다는 개인적으로 그리고 지역적으로 제한이 없다.

03 다음 중 컴퓨터 범죄의 특징으로 볼 수 없는 것은?

① 익명성 및 비대면성

② 전문성과 기술성

③ 개방성과 국제성

④ 집단성과 국지성

정답 **01** ④ **02** ④ **03** ④

04

조지 오웰(George Orwell)은 전체주의 국가의 상징인 '빅브라더(Big Brother): 눈에 보이지 않는 무시무시한 관찰자로서 그의 냉혹한 눈과 귀들은 모든 것을 보고 듣는다'를 『1983』에서 언급했다.

04 독재자 '빅브라더'가 텔레스크린을 통해 전 국민을 감시하는 감시사회의 모습을 묘사하고 있는 『1983』의 작가는?

① 조지 오웰
② 제러미 벤섬
③ 미셸 푸코
④ 데이비드 솅크

05

18세기의 공리주의 철학자 벤담(Jeremy Bentham)은 특수한 감옥을 고안한 바 있다. 간수는 높은 탑에서 죄수를 감시할 수 있지만 죄수는 간수가 감시하는 것을 알 수 없는 특수한 원형감옥을 설계하여, 이를 팬옵티콘(Panopticon)이라고 이름 지었다. 그리고 이러한 구조의 건축물이 감옥 뿐 아니라, 교회, 학교 등에도 바람직할 것이라고 주장하였다. 프랑스 철학자 미셸 푸코(Michel Foucault)는 이러한 팬옵티콘의 원리가 현 사회의 감시와 통제의 기본이 되었다고 지적한 바 있다.

05 미셸 푸코의 『감시와 처벌』에서 1명의 교도관이 다수의 범죄자를 감시할 수 있는 원형감옥을 의미하는 말은?

① 빅브라더
② 정보 팬옵티콘
③ 슈퍼 팬옵티콘
④ 시놉티콘

06

저작인접권(著作隣接權)은 실연자의 권리, 음반제작자의 권리, 방송사업자의 권리 등으로 구성된다. 실연자는 그의 실연을 녹음 또는 녹화하거나 사진으로 촬영할 권리를 가진다. 음반제작자는 음반을 복제·배포할 권리를 가진다. 방송사업자는 그의 방송을 녹음·녹화·사진 등의 방법으로 복제하거나 동시 중계방송할 권리를 가진다. 이러한 저작인접권은 70년간 존속하며, 제한·양도·등록 등은 대체로 저작재산권의 경우와 동일하게 취급한다.

06 일반 공중에게 저작물을 전달하는 데 상당한 창작적 기여를 한 자에게 부여한 권리에 해당하는 것은?

① 저작인접권
② 저작인격권
③ 저작권
④ 정보인접권

정답 04 ① 05 ② 06 ①

07 정보에 접근하고 이를 이용하는 격차를 넘어 정보사회 그리고 기술의 발전이 사회적 분화를 가져오는 현상과 원인을 함께 포괄하는 용어는?

① 정보격차
② 디지털 정보격차
③ 모바일 정보격차
④ 지식격차

08 OECD의 개인정보보호 원칙에 대한 설명으로 바른 것은?

① 책임의 원칙은 자기와 관련된 정보에 대한 이의신청을 할 수 있다.
② 정보 내용의 원칙은 개인정보가 분실되면, 파괴, 사용, 수정, 개시 등의 위험이 따르므로 합리적 보호조치에 의해 보호되어야 한다.
③ 이용제한의 원칙은 개인정보는 명확한 목적 이외 다른 목적을 위해 공개, 이용되거나 타 사용에 제공되어서는 안 된다.
④ 목적 명확화의 원칙은 개인정보는 그 이용목적에 부합하는 것이어야 하고, 정확하고, 완전하고, 최신의 것으로 이루어져야 한다.

09 정보격차와 디지털 불평등에 대한 설명으로 바르지 않은 것은?

① 기존의 정보격차가 해소된 후에도 새로운 정보기술이 개발됨으로써 새로운 정보격차를 계속적으로 야기하며 확대된다.
② 디지털 불평등이란 컴퓨터와 인터넷을 통한 디지털 정보의 습득에 있어 정보의 불평등 상황으로 인해 접하지 못하는 것을 의미한다.
③ 새로운 정보기술에 접근할 수 있는 능력을 보유한 자와 그렇지 않은 자 사이에서 경제적 격차가 심화되는 현상이다.
④ 정보접근격차에는 컴퓨터, 인터넷 이용량, 일상생활에 도움 및 활용 정도의 차이가 대표적이다.

07
디지털이 보편화되면서 이를 제대로 활용하는 계층은 지식이 늘어나고 소득도 증가하는 반면, 디지털을 이용하지 못하는 사람들은 전혀 발전하지 못해 양 계층 간 격차가 커지는 것을 의미한다.

08
이용제한의 원칙은 개인정보는 명시된 이외의 목적으로 공개되거나 이용될 수 없음(단, 정보주체의 동의가 있는 경우나 법률에 의해 허가된 경우에는 가능함)을 원칙으로 한다.

09
디지털 격차의 개념을 접근(Access)과 이용(Use)이라는 개념으로 구분하고, 이를 다시 기술적인 것과 사회적인 것으로 나눌 수 있다. 이 중에서 '기술적인 접근'은 정보격차를 가져오는 가장 중요한 부분으로 각국이 정보격차의 해소에 가장 역점을 두고 있는 부분도 바로 이 부분이다. '기술적인 리터러시'는 개인적인 커뮤니케이션 능력의 문제라고 할 수 있다. 인쇄매체 시대에 글을 모르면 문맹(文盲)이 되듯이 디지털 시대에 디지털 미디어를 모르면 디지털 문맹이 되는 것이다. 즉 활용 정도의 차이는 이용 개념에 해당한다.

정답 07 ② 08 ③ 09 ④

10 다음 중 정보사회의 새로운 서비스에 접근을 할 수 있는 사람과 그렇지 못한 사람 간의 차이가 확대되어 나타나는 현상은?

① 정보과잉
② 정보격차
③ 정보불평등
④ 정보소외

11 저작자의 명예, 덕망 등 인격을 보호하는 권리인 저작인격권에 속하지 않은 것은?

① 공표권
② 복제권
③ 성명표시권
④ 동일성 유지권

12 다음 소개하는 내용 중 저작권법에 위배되는 사항이 아닌 것은?

① 타인의 저작물 등을 복제하여 자신이 운영하는 블로그에 올렸다.
② 좋아하는 음악파일을 미니홈피나 블로그 배경음악으로 사용하였다.
③ 자신이 운영하는 카페나 미니홈피에 자료가 링크된 곳을 클릭하면 해당 자료가 있는 웹사이트로 이동하게 하였다.
④ 다른 사용자와 공유할 목적으로 P2P프로그램을 통해 저작물 파일을 올려놓았다.

13 다음 내용안의 괄호에 들어갈 용어로 올바른 것은?

> (　　　　　　)은 개인정보의 처리 원칙과 국민의 피해 구제에 대한 일반 법적 지위를 보장하기 위한 법률에 해당한다.

① 군사기밀보호법
② 개인정보보호법
③ 통신비밀보호법
④ 국가정보화기본법

14 다음 중 정보격차가 점차 확대될 것으로 보는 이유가 아닌 것은?

① 기존의 정보격차가 해소되도 새로운 커뮤니케이션 기술이 새로운 정보격차를 야기할 수 있다.

② 모든 정보수용자 개인에게 전달되는 정보의 양이 계속적으로 증가되기 때문이다.

③ 많은 정보를 가진 사람의 정보량이 별로 가지지 못한 사람의 정보량보다 더 많이 증가한다.

④ 정보과잉현상으로 수용자는 정보의 취사선택 문제에 직면하고, 해결책으로 컴퓨터와 같은 새로운 정보통신기술 이용자는 보다 많은 정보를 가질 수 있다.

14
문화지체 현상으로 정보격차의 해소보다 새로운 커뮤니케이션 기술의 등장속도가 더 빠르다.

15 정보사회에서 야기되는 윤리적 문제들을 해결하는 정보 윤리가 수행하는 기능으로 볼 수 없는 것은?

① 예방 윤리

② 변형 윤리

③ 세계 윤리

④ 통신 윤리

15
정보통신윤리에 따라 통신망 안에서 지켜야 할 예절을 통신망(Network)과 예의범절(Etiquette)의 합성어로 '네티켓(Netiquette)'이라고 한다. 정보 윤리의 기능과는 다른 범주의 윤리에 해당한다.

16 다음 중 개인정보보호법에 대한 설명으로 바르지 않은 것은?

① 개인정보는 목적에 필요한 최소 정보만을 수집한다.

② 개인정보 처리방침 등은 공개해야 한다.

③ 개인정보의 보호요청은 소비자의 소극적인 대처법이다.

④ 개인정보 처리에 관한 정보를 제공받을 권리가 있다.

16
개인정보 보호요청은 적극적 대처법에 해당한다.

17 다음 중 사이버 공간에서 행해지는 프라이버시 침해유형과 거리가 먼 것은?

① 사이버 모욕

② 사이버 명예훼손

③ 사이버스토킹

④ 사이버 초상권침해

17
CCTV로 촬영된 자신의 모습은 기본권의 제한이 가능한 영역에 해당한다.

정답 14 ① 15 ④ 16 ③ 17 ④

디지털 데이터가 법적 효력을 가지는 증거 데이터로 사용되기 위해서는 논리적이고 체계적인 증거 수집 절차에 따라 수집되어야 하며, 신뢰성 있는 디지털 포렌식 도구에 의해 확보되어야 한다. 또한 자격 있는 증거 분석관에 의해 검증되어야 한다. 그러므로 적법절차 원칙의 예외에 해당하지 않는다.

19

2차 저작물 복제 역시 저작권 침해에 해당한다.

20

오답의 이유

① 목적 명확화의 원칙은 개인정보의 수집 목적은 수집 이전 또는 수집 당시에 명시되어야 하며, 개인정보의 이용은 명시된 수집목적 또는 수집 시 목적, 목적변경 시 명시되는 목적과 상충하지 않아야 한다.

③ 안정성 확보의 원칙은 개인정보는 손실, 권한 없는 접근, 파괴, 사용, 수정, 공개를 막기위해 적절한 안전조치를 실시한다.

④ 책임의 원칙은 정보관리자는 상기 원칙들을 실행하기 위한 조치를 준수해야 할 책임이 있다.

정답 18 ② 19 ① 20 ②

---

18 다음 중 디지털 포렌식의 기본 원칙에 대한 설명으로 바르지 않은 것은?

① 디지털 증거 분석도구의 신뢰성 확보를 해야 한다.

② 디지털 포렌식의 적법절차 원칙은 일반 수사절차와 다르다.

③ 디지털 증거원본을 확보하고 수집 시에도 입회자를 참여시켜 신뢰성을 확보하여야 한다.

④ 증거원본 보존을 위하여 운반 시 봉인을 하고, 분석 시 원본을 복제한 후 복제본으로 작업을 수행하여야 한다.

19 다음 중 저작권이 강화될 때의 설명으로 바르지 않은 것은?

① 2차 저작물의 복제가 수월해진다.

② 창작자와 이용자의 저작권 인식이 개선된다.

③ 콘텐츠 창작과정의 선순환을 촉진하여 문화 관련 산업이 활성화된다.

④ 디바이스에 장벽없이 시공간의 제약이 없는 콘텐츠 이용이 가능하게 된다.

20 다음 중 OECD에서 제시하고 있는 개인정보보호 원칙으로 바른 것은?

① 목적 명확화의 원칙: 개인정보는 그 이용목적에 부합하는 것이어야 한다.

② 이용 제한의 원칙: 개인정보는 명확한 목적 이외의 목적을 위해 공개, 이용되거나 타 사용에 제공되어서는 안된다.

③ 안정성 확보의 원칙: 개인정보는 분실되면, 부당한 접근, 파괴, 사용, 수정, 개시 등의 위험이 따르므로 합리적인 안전보호조치에 의해 보호되어야 한다.

④ 책임의 원칙: 자기와 관련된 정보에 대한 이의신청 및 그 이의가 받아들여질 경우에는 정보를 제거, 수정, 보완, 정정할 수 있다.

21 개인정보의 사용, 저장, 수집에 대한 정보의 획득을 제한하게 하는 것으로서 효과적인 개인 참가의 원칙 적용을 위한 선수 요건이 되는 가이드라인은?

① 수집제한의 원칙

② 개인 참여의 원칙

③ 안전조치의 원칙

④ 이용 제한의 원칙

22 전자상거래의 발달과정에 대한 것으로 바른 것은?

① EDI → B2C → B2B → CALS → M-Commerce

② EDI → CALS → B2C → B2B → M-Commerce

③ EDI → CALS → B2B → B2C → M-Commerce

④ EDI → B2B → CALS → B2C → M-Commerce

23 전자상거래의 종류 및 특성에 대한 설명으로 바르지 않은 것은?

① B2B는 기업 내에서의 전자상거래이다.

② B2G는 기업과 정부 간 거래이다.

③ B2C는 기업과 소비자 간 거래이다.

④ 전자상거래의 형태는 공급자와 수요자의 성격에 따라, B2C, B2G, B2B로 구분할 수 있다.

24 다음 중 CALS에 대한 설명으로 바르지 않은 것은?

① 장비개발을 효율적으로 진행하여 비용과 인력을 절감하였다.

② 장비의 도입과 관리에 한정되어 효과가 제한적이었다.

③ 전통적 서류 중심의 업무에서 벗어나 전산화, 자동화를 추진했다.

④ 1985년 미국 국방부에서 군수 지원의 효율성을 도모하기 위해 도입했다.

21
이용 제한의 원칙은 개인정보는 명시된 이외의 목적으로 공개되거나 이용될 수 없다는 원칙이다(단, 정보주체의 동의가 있는 경우나 법률에 의해 허가된 경우에는 가능함).

22
EDI는 1970년대에 등장하였으며, CALS는 1985년. 이후 인터넷의 등장 이후 B2C를 필두로 하여 이후 B2B가 등장하였고 모바일이 활성화된 후 M-Commerce가 나타났다.

23
B2B는 기업 간의 전자상거래에 해당한다.

24
장비 도입과 관리에서 설계, 폐기까지 전체 과정에 대한 관리를 통하여 시간과 비용에 큰 절감 효과가 나타났다.

정답 21 ④ 22 ② 23 ① 24 ②

PART 03 Full수록 합격 **169**

25 다음 중 아래 내용에 관한 설명으로 바른 것은?

> 제품의 계획, 설계, 조달, 생산, 사후관리 등 전체 과정에서 발생하는 정보를 디지털화해 관련 기업 간에 공유할 수 있도록 설계된 시스템이다.

① CAD
② EDI
③ B2G
④ CALS

26 전자상거래의 특성으로 볼 수 없는 것은?

① 유통경로가 짧다.
② 효율적인 마케팅 활동이 가능하다.
③ 판매거점의 대형화에 유리하다.
④ 고객의 욕구에 적극적이고 즉각적인 대응이 가능하다.

27 다음 중 전자상거래의 특성에 대한 설명으로 바르지 않은 것은?

① 모니터링 비용이 감소한다.
② 피드백 비용이 감소한다.
③ 재고가 감소한다.
④ 구매비용이 감소한다.

28 전자상거래의 활성화를 위한 법과 제도 정비에 관한 내용으로 옳지 않은 것은?

① 전자공인인증제도가 전면적으로 시행 될 필요가 있다.
② 온라인에서의 지적 재산권의 효과적인 보호와 지식정보의 유통촉진이 조화될 수 있는 방안을 마련해야 한다.
③ 기업 간 거래 환경 조성, 유통채널의 전자거래 등의 정책조치가 이루어져야 한다.
④ 사이버 쇼핑몰 업체가 개인정보의 수집과 저장 및 이전과정에서 준수해할 기준을 마련해야 한다.

정답 25 ④ 26 ③ 27 ① 28 ③

29 우리나라의 정보화정책 추진과정의 순서가 옳게 된 것을 고르시오

> ⓐ 정보화촉진기본법
> ⓑ e-Korea Vision 2006
> ⓒ 초고속정보통신기반구축종합계획
> ⓓ Cyber Korea 21

① ⓒ → ⓐ → ⓑ → ⓓ
② ⓐ → ⓒ → ⓓ → ⓑ
③ ⓐ → ⓒ → ⓑ → ⓓ
④ ⓒ → ⓐ → ⓓ → ⓑ

29
ⓒ 초고속정보통신기반구축종합계획
(1995) → ⓐ 정보화촉진기본법(1996) →
ⓓ Cyber Korea 21(2002) → ⓑ e-Korea
Vision 2006(2006)

30 우리나라 정보화정책의 기본 틀이 되는 것으로 정보화를 통해 창조적 지식기반국가 건설의 기틀을 마련하고 국가경쟁력과 국민의 삶의 질을 선진국 수준으로 향상시킨다는 비전을 가진 정책은 무엇인가?

① IT 389
② e-Korea Vision 2006
③ 정보화촉진계획
④ Cyber Korea 21

30
Cyber Korea 21은 「정보화촉진기본법」
제5조의 규정에 의거, 1996년 6월에 수립된 '정보화촉진기본계획'을 정보통신부가 수정·보완하여 4년간 민자 17조 3,000억 원을 포함, 모두 28조 원을 투입하는 정부의 정보인프라 기본 계획으로 1999년 3월에 발표되었다.

31 정보화정책의 비전 달성을 위한 전략과제에 해당하지 않은 것은?

① 디지털 방송서비스의 조기 정책을 추진하여, 가전의 내수를 확대하며 이를 바탕으로 세계시장점유율을 높여나간다.
② 행정정보를 공개하여 투명성을 제고하고, 전자정부사업을 정부 위주로 구현하여 행정혁신의 핵심수단으로 삼는다.
③ 산간, 도서 벽지에서도 원하는 국민은 모두 초고속인터넷을 쓸 수 있게 하여야 한다.
④ 인력양성을 위해 교육시스템의 다양성과 수요지향성이 높아져야 하며, 교육기관과 기업관의 네트워크를 강화한다.

31
전자정부사업은 아래로부터의 혁신을 기반으로 정부 위주가 아닌 민간 위주 중심으로 이루어진다.

정답 29 ④ 30 ④ 31 ②

32 정보화 과정에서 파생되는 인간을 표현하는 용어 중 그 설명이 바르지 않은 것은?

① 호모 파베르는 도구의 인간을 뜻한다.

② 인류는 호모 크리에이트리오에서 호모 파베르로 변모하고 있다.

③ 호모 텔레포니쿠스는 휴대전화를 가지고 다니는 21세기의 유목민을 지칭한 모습이다.

④ 호환성 생산방식에 따라 호모 사피엔스, 호모 파베르, 호모 이코노미쿠스로 구분한다.

33 전자상거래의 장단점으로 바르지 않은 것은?

① 상품의 비교 선택이 용이하다.

② 신뢰성 높은 정보제공으로 시간을 절약할 수 있다.

③ 시간 제약 없이 자유롭게 이용할 수 있다.

④ 개인정보 유출에 대한 불안감이 상존한다.

34 스마트워크의 개념에 포함되지 않은 것은?

① 모바일오피스

② 유연노동

③ 원격근무

④ 재택근무

정답 32 ② 33 ② 34 ②

35 다음 빈칸에 들어갈 내용으로 적절한 것은?

> 기업 활동을 위해 쓰이는 자원을 효율적으로 관리하여 궁극적으로 기업의 경쟁력을 강화시켜 주는 역할을 하게 되는 통합정보시스템을 (   )이라고 한다.

① ERP
② URN
③ SCM
④ ASP

35
ERP(Enterprise Resource Planning, 전사 적자원관리)란 기업 내 생산, 물류, 재무, 회계, 영업과 구매, 재고 등 경영 활동 프로세스들을 통합적으로 연계·관리해 주며, 기업에서 발생하는 정보들을 서로 공유하고 새로운 정보의 생성과 빠른 의사결정을 도와주는 전사적자원관리시스템 또는 전사적통합시스템을 말한다.

36 전자정부 추진 원칙에 대한 내용 설명으로 바르지 않은 것은?

① 행정기관의 업무처리 과정은 업무를 처리하는데 있어서 시간과 노력이 최소화되도록 설계되어야 한다.
② 행정기관이 업무를 전자화하고자 하는 경우는 미리 당해 업무 및 이와 관련된 업무의 처리과정을 전자적 처리에 적합하도록 혁신하여야 한다.
③ 행정기관의 주요 업무는 전자화되어야 하며, 전자적 처리가 가능한 업무는 전자적 처리가 요구된다.
④ 행정기관은 행정기관 간에 전자적으로 확인할 수 있는 사항은 민원인에게 확인해 오도록 요구할 수 있다.

36
전자적 확인이 가능한 사항을 굳이 민원인에게 요구할 필요는 없다.

37 다음 중 디지털 증거를 확보하기 위해 수사과정에서 사용되는 기술적 수단은?

① 안티 포렌식
② 컴퓨터 포렌식
③ 핸드폰 포렌식
④ 디지털 포렌식

37
사이버 범죄의 수사는 컴퓨터와 인터넷을 통한 정보의 흐름을 조사하고 범죄 사실에 대한 증거를 확보하는 것이 중요한데, 이러한 기술을 디지털 포렌식(Digital Forensic)이라고 한다. 포렌식이란 원래 '수사'를 의미하는데, 디지털 데이터에 대한 수사라는 의미에서 디지털 포렌식이라 부른다. 디지털 포렌식은 검찰, 경찰 등 국가 수사기관에서 범죄 수사에 활용되며, 일반 기업체 및 금융회사 등 민간 분야에서도 그 중요성이 갈수록 높아지고 있다. 디지털 포렌식은 크게 증거 수집, 증거 분석, 증거 제출과 같은 절차로 구분된다.

정답 35 ① 36 ④ 37 ④

정보
커뮤니케이션

www.edusd.co.kr

01 커뮤니케이션의 기본

01 커뮤니케이션의 정의

1. 커뮤니케이션은 우리가 관계를 맺고 있는 사람 혹은 세상을 통해 메시지를 보내고, 받고, 해석하는 과정을 말한다.

2. 커뮤니케이션의 가장 중요한 개념은 '과정(Process)'이라는 것이다. 정지된 하나의 단순한 행위가 아니라, 시간의 경과에 따라 진행되며 나와 상대방이 상호 연결되는 일련의 행위라는 점이다.

02 커뮤니케이션의 관점

1. 구조적 관점: 정보이론적 관점

커뮤니케이션이란 정보 혹은 메시지의 단순한 송수신 과정으로, 커뮤니케이션은 정보나 메시지의 유통구조로 나타난다. 정보의 의미나 가치를 배제하고 제한된 채널을 통하여 짧은 시간 내에 많은 정보를 신속 정확하게 전달하는 것에 중점을 둔다.

2. 기능적 관점: 의미론적 관점

커뮤니케이션이란 인간이 기호를 사용하는 행동 그 자체로 기호화 및 해독 과정인 것이다. 인간들이 어떻게 기호를 사용해서 서로 의미를 만들고 공통의 의미를 수립하느냐는 소통적 측면이 강조된다. 커뮤니케이션은 본능적이고 비의도적인 행위(생물학적 근원과 연관)이다.

3. 의도적 관점

한 사람이 다른 사람에게 영향을 주기 위하여 의도적으로 계획된 행동이 커뮤니케이션이다. 다시 말해, 커뮤니케이션은 한 개인이 다른 사람들의 행동에 영향을 주기 위해 자극을 보내는 과정이다.

4. 문화적 관점

커뮤니케이션 체계는 문화적 산물이며, 사물을 인식하는 대상과 방법으로서의 문화는 커뮤니케이션을 매개하며 동시에 상징체계로서의 인간을 변화, 진화시키고 정체성을 부여한다. 따라서 커뮤니케이션은 문화를 완결한다.

03 커뮤니케이션 요소

1. 송수신자(Receivers)

커뮤니케이션의 가장 기본적인 형태는 2인의 송수신자(Sender-Receivers) 혹은 몇몇 사람들 사이에서 일어나는 것이다. 내가 전하고자 하는 신호의 의미를 상대방이 이해할 때(혹은 상대방이 전하고자 하는 신호의 의미를 내가 이해할 때) 커뮤니케이션은 성립된다. 그러나 사람들이 서로의 정보와 생각, 감정을 공유하는 행위는 일방향적으로 일어나지 않는다. 누군가 얘기를 하면, 이에 이어서 다른 사람이 얘기하고 싶어지는 것 즉 '캔터베리 효과(Canterbury Effect)'가 자연스러운 커뮤니케이션의 과정이다. 커뮤니케이션에서는 이처럼 상호작용(Interaction)이 중요하다.

2. 메시지(Messages)

커뮤니케이션에 참여하는 사람들이 주고받고자 하는 것은 결국 '메시지'이다. 메시지란, '상대방을 이해시키려는 의도에서 만들어 내는 신호'라고 할 수 있다. 그러나 메시지는 한 가지 종류가 아니며, 반드시 언어를 통해 일어나지도 않는다. 물론 언어가 가장 손쉽고 효과적인 방편이긴 하지만 손짓이나 발짓, 얼굴 표정 등 비언어로 간단히 메시지를 만들어 보내거나 이해할 수 있다. 인간 자신이 목소리(언어)를 이용하거나 몸(비언어)을 이용해서 메시지를 만들어 내는 능력을 가지고 있기 때문에 가능한 일이다. 문자나 그림, 상징 등도 훌륭한 커뮤니케이션 수단이 된다.

3. 채널(Channels)

메시지가 여행하는 통로이다. 송신자와 수신자에게 메시지를 도달하게 하는 방법이다. 면대면(Face-to-Face) 커뮤니케이션 상황에서는 음성과 시각이 주요한 채널이 된다. 매스 커뮤니케이션 상황은 우리에게 보다 익숙한 채널의 모습을 제시한다. 라디오, TV, 신문, CD, 잡지 같은 매스 미디어가 바로 그것이다. 매스 미디어는 오늘날 우리에게 쉴 틈 없이 메시지를 실어 나르는 중요한 채널이다.

4. 피드백(Feedback)

송수신자가 서로에게 반응하는 것을 말한다. 만약 내게 누군가 농담을 하면 웃음을 띠게 되는 것과 같은 것이다. 우리는 서로에게 하루에도 수없이 많은 피드백을 하면서 살아간다. 피드백은 무엇보다 커뮤니케이션의 활력소가 된다는 점에서 중요하다.

5. 잡음(Noise)

메시지를 정확하게 이해하는 데 방해가 되는 것을 말한다. 송수신자 사이에서 발생하는 잡음은 물리적 · 심리적 · 의미적 잡음의 세 가지 종류가 있다.

(1) **물리적 잡음**: 실제 외부 환경에서 물리적으로 발생하는 잡음을 말한다. 복도에서 나는 시끄러운 소리 때문에 수업이 지장을 받는 경우를 생각할 수 있다.

(2) **심리적 잡음**: 송수신자의 마음속에 일어나는 잡념과 같은 것이다. 배가 고파 음식을 떠올리느라고 수업 내용을 못 듣는 경우와 같이, 커뮤니케이션 행위에 집중을 못하는 심리적 상황을 말한다.

(3) **의미적 잡음**: 전달되는 메시지의 의미를 전혀 몰라(생소한 표현이나 외국어 등) 커뮤니케이션 자체가 이루어질 수 없는 경우를 말한다. 또 어떤 특정한 단어에 대한 감정적 대응도 의미적 잡음을 낳는다.

6. 세팅(Setting)

커뮤니케이션이 이루어지는 공간으로서, 때때로 커뮤니케이션에 중대한 영향을 미친다. 예컨대 강당과 같은 공적인 공간은 연설하기에 적합하지만 사적인 대화를 하기 위해 만나는 장소로는 적합하지 않다.

04 커뮤니케이션 유형

1. 자기 내 커뮤니케이션(Intrapersonal Communication)

커뮤니케이션 주체가 송수신자를 겸한다. 메시지는 자신의 생각과 감정으로 만들어진다(이때 채널은 뇌가 된다). 자기 내 커뮤니케이션은 다른 사람과 상호작용이나 교류를 하는 것은 아니지만, 스스로에게 매우 중요하다. 자신을 긍정적으로 바라보는 행위, 혹은 실패나 분노의 감정에 치우치는 행위 등이 자기 내 커뮤니케이션으로 일어난다.

2. 대인 커뮤니케이션(Interpersonal Communication)

'너와 나' 사이의 대화를 근간으로 삼는 대인 커뮤니케이션은 모든 커뮤니케이션 활동의 원형이자 커뮤니케이션의 본질을 가장 잘 나타낸다. 대인 커뮤니케이션은 비공식적이고 구조화되지 않은 상황에서 자유롭게 일어난다.

3. 소집단 커뮤니케이션(Small-Group Communication)

3명에서 12명 혹은 15명 정도 사이에서 일어난다. 소집단 활동은 인간의 자연스러운 사회 활동으로 원시시대부터 인간은 서로 돕고 사는 사회생활에 대한 기본 욕구를 충족시키기 위해 소집단 활동에 참여했다. 쇼(M. Shaw)는 소집단에서 상호작용이 일어나는 패턴, 즉 커뮤니케이션 네트워크를 다섯 가지로 분류하여 설명하고 있다.

(1) **사슬형**: 구성원 사이에 사슬 형태의 릴레이식으로 커뮤니케이션이 이어지는 경우이다. 지위나 연령이 낮은 구성원이 그다음 단계의 구성원을 향해 커뮤니케이션하면 다시 그보다 높은 단계의 구성원에게 커뮤니케이션이 전달되는 형태를 말한다.

(2) **수레바퀴형**: 구성원 모두와 커뮤니케이션하는 사람은 한 명뿐인 수레바퀴 형태이다. 나머지 사람들 간의 커뮤니케이션 역시 모두 한 사람을 거쳐 일어난다.

(3) **Y형**: 권력 핵심에 있는 사람에게 직접 커뮤니케이션하는 경로 외에, 한 사람을 거치는 경로가 존재하는 Y형태를 말한다.

(4) **원형**: 집단 구성원 한 명당 커뮤니케이션하는 사람이 두 명이며 서로 연결되어 있는 형태이다.

(5) **개방형**: 구성원 모두가 자유롭게 동등한 위치에서 커뮤니케이션하는 개방적 형태로, 집단 내에 특정한 리더가 없는 경우를 말한다.

4. 조직 커뮤니케이션(Organizational Communication)

소집단 커뮤니케이션 참여자보다 소속 자격과 경계가 뚜렷하다. 대인 커뮤니케이션이나 소집단 상황에 비해 종적인 인간관계로 이루어지며, 위계질서가 잘 갖춰져 있다. 이 때문에 커뮤니케이션 흐름에서 정보나 권력의 쏠림 현상이 일어나기도 한다. 업무적 요소가 강하므로 계약적이고 공식적인 커뮤니케이션 특성에 따르고, 생명력과 지속성이 길다. 또 구성원이 어디에나 존재하고, 그 범위가 어디까지인지가 확실하다.

5. 공중 커뮤니케이션(Public Communication)

화자는 한 명이지만 청자는 다수인 상황에서 일어나는 커뮤니케이션을 말한다. '공중 스피치(Public Speech)' 혹은 '공중 연설'이라고도 부른다. 이는 많은 청중을 대상으로 연속적이고 조직화된 메시지를 제시한다는 점에서 다른 커뮤니케이션 유형과 구별된다.

05 매스 커뮤니케이션

1. 매스 미디어의 개념

(1) 메시지를 대량으로 생산하여 분배하는 신문사, 출판사, 통신사, 방송사, 영화사, 비디오 제작사, 음반 회사, 프로덕션 등과 같은 미디어 관련 기업들로 구성된다.

(2) 매스 커뮤니케이션은 익명의 집단적 대중을 대상으로 하여 매스 미디어를 이용하여 대량으로 정보를 전달하는 기관(신문, 영화, 잡지, 텔레비전)이나 콘텐츠를 의미한다.

2. 매스컴의 기능

(1) **공적 측면**: 정치 · 경제 · 문화의 각 분야에서 발생하는 사건을 보도 · 논평 · 해설하는 것이 중요한 역할 이다. 특히 여론의 형성에 미치는 역할은 매우 중요하여, 오늘날에는 여론 그 자체로 평가되기도 한다.

(2) **사적 측면**: 교양 · 교육 · 오락면에서도 크게 작용하는데, 특히 텔레비전은 대중에게 가장 인기있는 매 체이다. 또한 자본주의 국가에서 매스 미디어는 상품과 서비스의 선전 · 광고의 결정적인 무기임과 동 시에 매스 미디어의 수익은 신문사 · 방송국 운영의 주요 수입원이 되고 있다.

(3) **의제설정 기능**: 미디어가 어떤 이슈나 주제를 강조함으로써 수용자들이 특정 이슈나 주제들을 중요한 것으로 지각하게 하는 미디어의 기능이다.

3. 매스 커뮤니케이션과 다른 커뮤니케이션 간 유형별 특성

커뮤니케이션 유형	커뮤니케이터	물리적 근접성의 정도	이용 가능한 감각 기관 수	즉각적 피드백
매스 커뮤니케이션	다수	낮음	적음	지연
공중 커뮤니케이션				
조직 커뮤니케이션				
소집단 커뮤니케이션				
대인 커뮤니케이션				
자아 커뮤니케이션	개인	높음	많음	즉시

(1) 커뮤니케이션에 참여하는 인원의 규모가 일단 대인 커뮤니케이션 수준을 벗어나면 공적(公的)인 성격 이 강해진다. 따라서 메시지의 계획성이 높아진다. 송신자 역할이 커지는 대신 수신자 역할은 축소되 기 때문에 활발한 교류나 상호작용이 일어나기 어렵다.

(2) 송신자와 수신자가 서로 얼굴을 마주 대하는(Face-to-Face) 상황에서 발생하는 대인 커뮤니케이션 은 송수신자 간의 친밀감을 강하게 형성하고 메시지에 대한 서로의 반응(피드백)을 원활하게 한다.

1. 언어

언어는 인간 커뮤니케이션의 핵심 요소이지만, 언어 자체가 지니는 한계가 분명하기 때문에 언어만으로 의미 전달이 완벽하게 이루어질 수는 없다.

> **언어의 한계점**
> - 언어는 추상적이다.
> - 언어는 단순화의 오류를 일으킬 수 있다.
> - 언어는 사실과 추론을 혼동하게 한다.
> - 언어는 연상 작용을 크게 만든다.
> - 언어는 고정적인 평가를 낳기 쉽다.
> - 언어에는 차별성이 모자라다.

2. 비언어

(1) 유형

① **신체 언어**: 신체를 이용한 커뮤니케이션은 가장 원초적인 인간의 본능 중 하나로서, 중요한 비언어 행위이다. 자세와 몸짓, 얼굴 표정, 제스처 등 신체가 만들어 내는 언어를 연구하는 학문 분야가 따로 있을 정도이다. 이를 '키네식스(Kinesics)'라고 부른다.

② **외모 · 의상 · 장신구**: 얼굴의 생김새나 키가 크고 작은 정도, 살이 찌고 마른 정도는 한 개인에 대한 첫인상에 큰 영향을 미치는 비언어이다. 심리학에서는 타인과의 접촉 시 인상 형성에서 처음 들어온 정보가 나중에 들어온 정보보다 더 큰 영향을 준다는 '초두 효과(Primacy Effect)'를 강조한다.

③ **유사 언어**: 언어 자체가 아닌, 언어의 음성적 측면과 관련된 '유사 언어(Paralanguage)'는 감정 상태와 성격을 주로 나타낸다.

④ **공간 · 시간 언어**: 문화인류학자인 에드워드 홀(Edward T. Hall)은 커뮤니케이터와 수용자 사이의 물리적 거리를 중요한 비언어로 보았다. 이를 연구하는 분야를 가리켜 '공간학(Proxemics)'이라고 부른다.

ㄱ. 친밀한 거리(Intimate Distance): 45cm 이내의 거리를 말하며, 엄마와 아기, 연인 사이 등 매우 근접한 관계에서 유지되는 거리다.

ㄴ. 개인적 거리(Personal Distance): 45~120cm까지의 거리를 말하며, 일반적인 친구 사이에서 대화하기 좋은 거리이다.

ㄷ. 사회적 거리(Social Distance): 120~360cm까지의 거리를 말하며, 직장에서 공적인 업무로 대화할 때 주로 사용되는 거리이다.

ㄹ. 공적 거리(Public Distance): 360cm 이상의 거리를 말하며, 이는 대인 커뮤니케이션이 불가능한 상황이다. 흔히 대중을 대상으로 한 연설이나 강연 등에 이용되는 거리이다.

⑤ **접촉 언어**: 신체를 접촉하는 행위 또한 중요한 커뮤니케이션 수단이다. 일반적인 인간관계에서 접촉은 친밀감을 표시하기 때문에, 이를 지표로 삼는 연구가 이루어지기도 한다. 이러한 학문 분야를 가리켜 '햅틱스(Haptics)'라고 부른다.

(2) 기능

① 반복 기능: 비언어는 언어가 전달하고자 하는 의미를 반복해서 전달한다.

　　예 식당에 들어가서 세 명이 왔다고 말하며 손가락 세 개를 펼친다.

② 대체 기능: 비언어는 언어가 전달하고자 하는 의미를 대신해서 전달하기도 한다.

　　예 수업시간에 학생들이 시끄럽게 떠들면 선생님이 말없이 입에 검지를 가져다 댄다.

③ 보안 · 강조 기능: 비언어가 언어의 의도를 보완 · 강조하여 전달할 수 있다.

　　예 기쁠 때 환한 얼굴 표정으로 말한다.

④ 규제 · 조절 기능: 비언어로 상대방의 의사소통을 규제 · 조절할 수 있다.

　　예 상대방 하는 불쾌한 말을 듣고 그만하라는 의도로 상대방을 째려본다.

⑤ 부정 기능: 비언어로 언어적 메시지를 부정할 수 있다.

　　예 친구가 말로는 "화난 거 아냐."라고 하면서 연락도 안 받고 만남을 피한다.

02 커뮤니케이션 이론

01 모델 발달 과정

1. 강 효과 모델(1920~1940년대)

(1) 매스컴과 관련된 초기 모델로 탄환 이론 혹은 피하 주사 이론이라고도 한다.

(2) 매스컴 메시지는 인터넷에 노출되는 모든 사용자들에게 강력하고 보편적인 효과를 미친다는 인식을 전제로 한다.

2. 소 효과 모델(1950~1960년대)

(1) 매스컴의 효과는 제한적이며 최소한의 영향을 미친다는 인식을 전제로 한다.

(2) 매스컴의 작용에는 이에 관여하는 여러 가지의 중재요인들이 있다(클래퍼, Klapper).

3. 중 효과 모델(1970~1980년대)

(1) 당시 뉴미디어인 TV 미디어가 정치 · 사회적으로 영향력 있는 도구라는 사실을 재인식하였다.

(2) 제한적 효과 모델에 대한 재검토와 수정이 나타났다.

4. 강력 효과 모델(1980년대 이후)

(1) 수용자에 미치는 장기적인 효과, 특히 인지 변화에 미치는 영향에 주목하였다.

(2) 매스컴은 여전히 강력하고 의미 있는 영향력을 가진다는 사실이 입증되었다.

1. 라스웰 모형(1948)

(1) 섀논과 위버의 모형을 기반으로 하여 이를 언어적으로 개념화하고 구체화하였다.

(2) 커뮤니케이션을 메시지의 전달 과정으로 간주하고 의미보다는 효과(관찰과 측정이 가능한 수신자의 변화)를 중시한다.

(3) 과정 요소의 변화는 효과의 변화에 영향을 미친다.

2. 섀논과 위버 모형(1949)

(1) 정보이론 모델에 해당한다.

(2) 커뮤니케이션의 과정은 선형으로 단순화된다.

(3) 의미는 메시지에 담겨있는 것인데 부호화의 기술 증대로 의미의 정확성을 높인다고 전제한다.

(4) 정보는 메시지를 구성하는 자료의 양을 의미한다.

(5) 커뮤니케이션 효과는 메시지의 전달에 의해서 정보원(송신자)이 원하는 방식으로 수신자가 반응하는 경우를 지칭한다.

3. 뉴컴 모형(1953)

(1) 과정 모델이라고 해도 모두 선형적인 형태는 아니다. 뉴컴의 모델은 삼각형으로 구성된다.

(2) 사회 내에서나 사회적 관계에서 커뮤니케이션의 역할을 최초로 소개한 모델이다.

(3) 커뮤니케이션은 사회 체계 내에서 균형을 유지하는 단순한 역할을 수행한다.

4. 슈람 모형(1954)

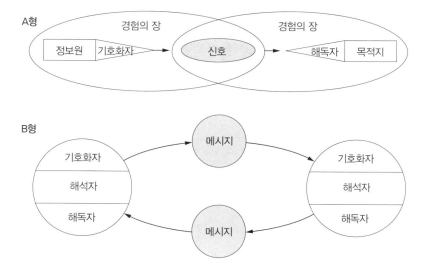

(1) 슈람 모형의 2가지 유형

　① A형 - 구조화

　　㉠ 두 참여자의 축적된 경험이 커뮤니케이션에서 어떻게 상호작용하는지 나타낸다.

　　㉡ 정보원과 수신자의 경험 가운데 공유된 부분에서만 커뮤니케이션이 실제로 발생한다.

　② B형 - 해석화, 해독 의미상: 두 사람이 신호를 기호화 · 해석 · 해독 · 전송 · 수신하는 상호작용으로서 커뮤니케이션을 파악한다. 공유된 정보가 피드백을 통하여 지속적으로 순환하는 과정을 표현한다.

(2) 송신자와 수신자의 상호작용을 강조 선형 모델이다.

(3) 메시지 중심이라는 한계점을 가지고 있다.

5. 거브너 모형(1956)

(1) 보편적으로 적용될 수 있는 모형에 해당한다.

(2) 선형모델의 확장으로 볼 수 있다.

(3) 확장된 영역은, 메시지를 의사소통의 내용과 관계를 맺는 현실과 연결시킴으로써 지각과 의미의 문제를 다룰 수 있고, 커뮤니케이션 과정을 지각(수용의 차원)과 의사소통(수단 · 통제) 두 차원의 상호작용의 관점에서 파악한다.

(4) 의미 발생에 대한 구체적인 설명이 부족하며, 커뮤니케이션을 여전히 메시지 전달로 파악하고 있다는 한계점을 가지고 있다.

6. 벌로 모형(1960)

(1) 의미는 단어에 있는 것이 아니라 사람에 있다는 점을 강조한다.

(2) 각 요소 별로 커뮤니케이션의 과정과 결과에 영향을 미치는 요인들을 제시한다.

(3) 커뮤니케이션의 연구 관점을 정보해석의 측면으로 전환했다는 점에서 새로운 시각이다.

7. 스키마 모형(1973)

(1) 메시지 수신 여부는 기존의 저장된 개념과의 통합적 관계에 의해서 결정된다.

(2) 수신된 메시지가 갖는 기존의 사고 스키마(지식구조)에 잘 맞으면 수용되고 그렇지 않은 경우는 거부된다.

(3) 정보처리과정의 경제적인(과부하처리) 방식을 통해 의미있는 정보추출을 가능하게 한다.

03 기호학적 커뮤니케이션 모델

1. 퍼스 모델

(1) 인간은 언어기호에 의해서 실체화되는 주체이며, 언어기호 역시 인간을 떠나 독자적으로 존재하는 것은 불가능하다. 즉 인간은 기호를 통해서만 생각할 수 있고, 세상을 인지할 수 있는 존재이다.

(2) 커뮤니케이션은 언어기호를 통한 의사표현과정과 언어기호에 의한 의미해석 과정으로 보고 있다.

(3) 기호의 대상은 상징될 수 있는 모든 것(사물, 사건, 개념 등)이 대상이 될 수 있다. 인간은 이러한 기호를 마주할 때 다양한 느낌, 생각, 행위 등을 하게 되며 이를 '해석'이라고 한다.

(4) **종류**
　① 해석형 커뮤니케이션(인간과 기호의 일체화 상태): '인간 A ↔ 언어기호 a' 혹은 '언어기호 b ↔ 인간 B'
　② 전달형 커뮤니케이션: 인간 A(발신자) → 언어기호 → 다른 인간 B

2. 소쉬르 모델

(1) **언어기호 중심의 커뮤니케이션 모델(순환 모델)**
　① 송신자와 수신자의 발화의 순환은 두 사람의 뇌에서 일어난다(정신적).
　② 뇌에는 개념으로서 의식현상들이 언어기호의 표상들과 결합되어 있다.
　③ 언어기호를 표현하는 데 사용되는 청각영상과 연합되어 있다(생리적).
　④ 뇌는 청각영상과 관련되는 자극을 발성기관에 전달한다(물리적).

(2) 상황의 설정이 빠져 있는 한계점이 있으며 이를 뷜러 모델에서 보완하였다.

3. 칼 뷜러 – 오르가논 모델

(1) 서술도구모델이라고도 하며, 발신자, 수신자, 대상과 사실로 구성된다.

(2) 발신자와 수신자는 특정 전달 과정의 부분이 아니라 교환 파트너이며 결국 소리의 매개적 산물은 각 파트너와 각기 고유한 기호적 관계를 갖게 된다.

(3) 커뮤니케이션은 어떤 사람이 상대방에게 사물이나 상태에 관해 무엇인가를 전달하기 위해 사용하는 일종의 언어적 도구이다.

(4) 언어기호는 발신자의 생각을 표현하고, 대상과 상태를 묘사(지시)하며, 수신자에게 심리적인 영향(호소)을 미친다.

4. 야콥슨 모델

(1) 커뮤니케이션 구조

① 메시지 소통 과정: 발신자 혹은 송신자와 메시지를 수신하는 수신자, 그리고 이들을 연결하는 과정들은 맥락, 접촉, 코드 혹은 약호로 구성된다.

② 맥락: 메시지가 지칭(지시대상)하는 것이 수신자가 이해할 수 있는 형태여야 하고 언어적으로 표현 가능해야 한다.

③ 접촉: 송신자와 수신자 사이의 물리적인 통로와 심리적인 연결고리를 의미한다.

④ 코드(약호): 메시지를 구조화시키는 고유한 의미체계를 말한다. 이 과정은 커뮤니케이션의 구조 요소로서 언어적 메시지의 소통 과정을 구조화하고 있다.

(2) 의미생성 요소

① 정서적 기능: 송신자의 감정, 태도, 지위나 계급을 표현하며 아주 개인적인 차원의 메시지 의미를 생성한다. 메시지가 수신자에게 전달됨으로써 생성되는 메시지 의미 생성(혹은 효과)으로 사역적 기능이 있다. 사역적 기능 행위에 영향을 미친다.

② 지시적 기능: 메시지의 실제적 의미를 생성한다. 행위에 영향을 미치는 진실성이나 사실적인 정확성과 연관된 객관적이고 사실적인 정보 혹은 메시지의 의미생성과 연관된다.

③ 교감적 기능: 송신자와 수신자 사이에 커뮤니케이션 채널을 개방함으로써 양자관계를 유지하고 의사소통으로 인해 발생하는 사회적 관계의 형성 및 유지와 관련된 메시지의 의미생성과 관련된다. 이 기능은 송신자와 수신자 사이에 물리적이면서 심리적인 연계가 반드시 있어야 하고, 메시지 의미의 중복적 접촉이 중요하다.

④ 메타 언어적 기능: 상호작용의 특성을 지시하며, 사용중인 약호의 구별을 통하여 의미를 생성한다.

⑤ 시적 기능: 메시지 자체에 대한 관계를 나타내는데 커뮤니케이션에서 심미적인 기능을 수행하며 텍스트의 특성이 강조된다.

[야콥슨 커뮤니케이션 모형]

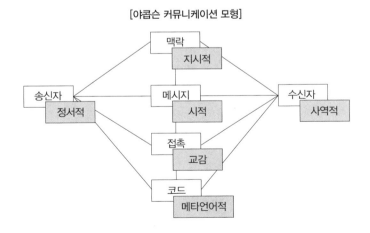

04 미디어의 기본

1. 미디어의 개념

(1) 정보를 운반하는 수단으로, 정보가 물리적으로 존재하는 것을 보증하는 것이다.

(2) 정보를 축적할 수 있는 매체이다. 옛날에는 종이 테이프나 카드 등을 매체로 사용했으나 최근에는 자기(磁氣)디스크나 광디스크 등을 많이 사용한다.

(3) 신문이나 잡지, 라디오나 텔레비전 등의 매스 커뮤니케이션을 가리키는 매스 미디어(Mass Media)와 혼용하는 경우가 많다.

2. 미디어 유형

(1) **방송 미디어(방송 매체)**: 통신망을 통해 음성, 영상, 문자 등의 정보를 일방적으로 불특정 다수에게 동시에 송신하기 위한 매체를 말한다.

(2) **디지털 미디어(전자 매체)**: 디지털 데이터 형태로 정보를 기록 및 배포하는 매체를 말한다.

(3) **매스 미디어(대중 매체)**: 불특정 다수의 대중에 대한 정보 전달의 수단이 되는 신문, 잡지, 라디오, 텔레비전 방송 등의 매체를 의미한다.

(4) **멀티미디어(복합 매체)**: 여러 종류의 정보를 한곳에 모아 복합적으로 처리하는 매체를 말하며, 일반적으로 영상, 음악, 텍스트 등의 조합을 포함한다.

(5) **출판 미디어(출판 매체)**: 종이나 캔버스를 통해 정보를 전달하는 매체를 말한다.

(6) **기록 미디어(기록 매체)**: 정보를 기록하고 저장하기 위해 사용되는 기기 및 물리적인 재료를 말한다.

(7) **디지털 미디어(컴퓨터 분야)**: 디지털 정보를 전송하기 위한 매체, 즉 통신 및 전송을 위한 물리적 매체를 말한다.

(8) **소셜 미디어**: 사회적 상호작용을 통해 퍼지고 전달되는 미디어를 말하며, 일반적으로 컴퓨터를 매개로 하는 정보 및 의견의 교환을 나타낸다.

(9) **뉴미디어**
① 컴퓨터 및 통신 기술을 기반으로 하며, 기존의 매체와는 달리 상호작용이 가능하도록 지원하는 새로운 매체 기술을 의미한다.
② 정보 통신과 컴퓨터 등의 혁신적인 기술을 이용하여 새로이 탄생시킨 인간의 정보 전달 수단에 해당한다. 즉 뉴미디어는 올드미디어의 연장선에 있지 않다.

3. 메시지로서의 미디어

(1) **미디어는 메시지이고 내용은 다른 매체임**
① 기억 → 구두 언어 → 필사 언어 → 인쇄 언어 → 영상 언어
② 기호화된 메시지는 다른 메시지의 기호가 된다.

(2) 미디어의 재매개화

① 구두 언어 → 필사 언어 → 인쇄 언어 → 영상 언어

② 재매개화로 미디어의 내용과 형식이 변하게 된다(실제 삶 -이야기 - 문학작품 -예술작품).

(3) 메시지의 기표화

① 기의 상실: 매체의 탈물질화에 따른 지시체의 상실이 나타난다.

② 기표가 난립하게 된다. 즉 기표만의 결합으로 기호의 생성이 나타난다.

4. 미디어 결정론

(1) 개요

① 개념: 커뮤니케이션 테크놀로지인 미디어가 사회 변화를 이끄는 견인차 역할을 한다는 이론이다. 흔히 '기술 결정론(Technological Determinism)'이라고도 부르며, 기술이 아닌 문화(인본적 지성)가 사회 변화를 주도한다는 '문화 결정론(Cultural Determinism)'과 대척점을 이루고 있다.

② 한계: 매스 미디어와 사회 또는 개인 간의 관계를 보여주는 이론적 독창성과 거시적 차원의 설명력을 가지고 있음에도 불구하고 이론으로서 가지는 방법론적 엄밀성이 약한 것이 단점이다. 이론에서 설명하고 있는 주요 개념에 대한 정의가 불분명하고, 변인 간의 연관성도 충분하지 않으며, 경험적 증명이 쉽지 않기 때문이다.

(2) 해롤드 이니스의 미디어 이론

① 이니스의 미디어 구분

시간 편향적 미디어	공간 편향적 미디어
• 내구성이 강함(지속적) • 운송이 용이하지 못함 • 전통적으로 내려오는 종교적인 교리와 신념(Dogma)의 지배를 촉진함 • 종교 성장을 촉진 • 하향적인 정보 전달(Top-Down) • 축소된 영토 • 구어(Oral) 중심의 문화 • 윤리나 형이상학의 발전 • 과거 지향성이 지배적	• 내구성이 약함 • 운송 및 전송이 용이함 예 종이 등 • 국가 성장 및 발전을 촉진함(뉴스 및 의사 전달력 확대) • 여론 형성으로 권력의 분권화 • 상향적인 정보 전달(Bottom-Up) • 영토의 팽창 • 문어(Writing) 중심의 문화 • 과학기술의 발전을 촉진 • 현실 및 미래 지향성이 지배적

② 이론의 토대: 감각기관의 확장으로 모든 미디어는 미디어에 담긴 메시지와 무관하게 우리가 세상을 인식하는 방식에 영향을 준다.

㉠ 미디어는 단지 사고나 생각, 정보들을 전달하는 매체에 불과한 것이 아니다.

㉡ 미디어는 인간의 정신을 구조화한다.

㉢ 미디어는 그것을 사용하는 문화의 성격을 규정한다.

(3) 마셜 맥루한의 미디어 이론

① 매체는 메시지다

㉠ 맥루한에게 미디어는 신체 기관과 감각 기관의 기능을 증폭 · 강화시키는 어떤 것이다. 미디어는 감각 기관의 연장으로 책은 눈의 확장이고, 바퀴는 다리의 확장이며, 옷은 피부의 확장이며, 전자회로(특히 컴퓨터)는 중추신경 체계의 확장이다. '매체가 곧 메시지다(The Medium is the Message)'라는 그의 믿음은 미디어가 문화를 통제한다는 주장으로 이어지고 있다.

㉡ 매체가 전체 메시지의 총합 이상으로 사람들에게 영향을 미치기 때문에 똑같은 말이 면대면으로 행해지는 것, 신문에 보도되는 것, TV로 방송되는 것은 서로 다른 세 가지 메시지를 전달하는 것이라고 생각한다.

② 쿨 미디어와 핫 미디어

㉠ 쿨 미디어

- 깊이 관여하고 참여하는 것을 요구하지만 표면에 나타난 정보량이 적은 미디어를 의미한다. 즉, 메시지의 충실도는 낮지만 수용자의 참여도가 높은 미디어를 말한다.
- 전달하는 정보의 정밀도가 낮아서 수용자의 높은 참여를 필요로 한다(예 텔레비전, 전화, 만화, 캐리커처 등).
- 여러 감각의 활용을 이끌어내어, 수용자의 주의력과 참여도를 높이는 매체들이 해당된다(예 TV와 인터넷).

㉡ 핫 미디어

- 전달하는 정보의 정밀도가 높아서 수용자의 낮은 참여를 필요로 하는 미디어이다(예 인쇄물, 사진, 영화, 초상화).
- 하나의 단일한 감각을 고밀도로 압축하여 정보를 전달한다는 것이다. 인쇄 매체야말로 이러한 특성을 분명하게 보여준다. 왜냐하면 문자를 통하는 인쇄 매체는 자의적으로 해석될 수 있는 가능성을 최소화하기 때문이다.
- 쿨 미디어와 핫 미디어는 정확하게 구별되는 개념이 아니라, 상대적이면서 연속적인 개념이다. 인상주의가 핫하다면 추상주의는 쿨한 편이다. 영화가 핫하다면, TV는 쿨하다는 식이다. 때문에 이 부분에서 맥루한의 이론적 엄밀성에 대한 비판이 제기되고 있다.

③ 인류의 역사 3단계

㉠ 제1기: 원시 부족 시대로서 문자 이전의 사회이다. 이때의 커뮤니케이션 매체는 주로 보는 것과 듣는 것이며, 의사 결정은 즉각적이고, 원거리 커뮤니케이션은 불가능하던 시대이다.

㉡ 제2기: 구텐베르크 시대, 즉 문자 시대이다. 인쇄 매체가 인간 생활을 급격히 변화시킨 때로서, 문화적으로는 선형적 사고와 개인주의를 가져오게 되었다고 설명한다. 왜냐하면 인쇄 매체가 좌에서 우로 읽게끔 하여 논리적 사고를 가져오기 때문이다. 따라서 서양적 사고는 동양적 개념화나 문자 시대 이전의 사고 구조와는 차별성을 갖게 된다는 것이다.

㉢ 제3기: 전자 시대이다. 신부족 시대(Neo-Tribal Age) 또는 지구촌(Global Village)이라고도 부르는 시기이다. 이 시기는 커뮤니케이션과 의사 결정이 빠르고, 시간과 장소를 단축시키는 모자이크적 커뮤니케이션을 하게 된다. 쌍방향 디지털 케이블이나 위성방송과 같은 디지털 미디어들의 전자 프로그램 가이드(EPG; Electronic Program Guide) 화면이 모자이크 화면으로 구성되고 있는 것도 이와 같은 커뮤니케이션 패턴과 무관하지 않을 것이다.

03 뉴미디어의 기본

01 정의

1. 사전적 의미

(1) 새로운 유형의 정보 매체로 전자기술 발달에 따라 신문이나 일반 방송 등을 대신하여 1980년부터 나타나기 시작한 새로운 정보의 전달 수단이다. 정보의 수집 · 작성, 정보의 처리 · 가공, 정보이용에 혁신적인 변화를 가져온 미디어로 정의된다.

(2) 뉴미디어(New Media)는 일본의 조어로 지금은 영어권에서도 그대로 쓰이나, 정작 미국인들은 뉴미디어보다는 새로운 정보기술, 신전자매체, 새 텔레비전 기술이라는 표현으로 사용한다.

2. 기능적 의미

(1) 기존 미디어 이외에 전자 기술의 발전으로 지금까지 없었던 새로운 정보 교환 및 통신 수단이 지배적 대중매체가 되는 미디어이다.

(2) 각각 독립적으로 존재하면서 기능을 발휘하던 기존 매체가 다른 기존 매체들의 다양한 기술적 특성과 결합하여 개별 미디어의 상호경계 영역에 위치해 보다 편리하고 진보된 새로운 기능을 갖게 되는 미디어를 가리킨다.

02 뉴미디어의 특성

1. 상호작용화(Interactivity)

(1) 구성원들 간에 대화 또는 정보를 주고받을 때 나타나는 반응을 의미한다. 출판물, 커뮤니케이션 등의 매스 미디어 시절에는 분산된 대중을 상대로 일방향적으로 정보를 전달하였지만 정보사회에서의 미디어는 정보통신 기술의 발달로 인해 송신자와 수신자 사이에 쌍방향적인 정보 교환이 가능해 상호작용이 강해졌다.

(2) 다양성은 조직사회에서 각 개인이 획득한 정보의 정도가 각각 달라 다양하다는 것이다. 뉴미디어는 기존의 매스 미디어와는 달리 개인적인 미디어로서의 성격이 농후하여 보다 개별화된 정보를 이용자와 교환할 수 있는 특성을 지닌다. 따라서 탈 대중화, 탈 획일화의 특성을 갖고 있다.

(3) 뉴미디어는 이용자의 특정화, 계층화, 전문화된 요구를 만족시켜 줌으로써 문화의 다양성을 확보하고 사회구조를 대중사회에서 분중사회로 변화시켰다. 뉴미디어는 사회의 문화적 공중을 '대중(大衆)'과 구분하여 '공중(公衆)'으로 표현하였다.

2. 비동시화(Asynchronocity)

(1) 종래의 전파미디어는 기록성, 반복성이 결여된 것에 비해 뉴미디어는 정보의 교환행위에 있어 이용자가 동시에 참여해야 하는 제약에서 벗어나 이용자가 편리한 시간에 메시지를 보내거나 받을 수 있는 시간 조정능력을 갖게 된다.

(2) VCR이나 전자우편, 전자 게시판 등의 뉴미디어는 수용자로 하여금 시간의 한계를 초월하여 송신자의 정보를 수용할 수 있도록 한다. 결국 사람들은 뉴미디어 시대에서는 커뮤니케이션 과정에 있어서 시간이라는 변인에 구애받지 않을 수 있다.

3. 탈대중화(Demassification)

(1) 대규모 집단에게 획일적 메시지를 일방적으로 전달하는 것이 아니라, 특정 대상과 특정 메시지를 상호 교환할 수 있기 때문에, 미디어 이용에서 개인화가 가능해진다.

(2) 실제로는 대면(對面) 커뮤니케이션이 아니지만 대면형태의 커뮤니케이션이 가능해진다. 또한 커뮤니케이션 흐름에 대한 통제가 정보의 생산자로부터 미디어의 이용자 쪽으로 이동하게 된다.

4. 디지털화(Digitalization)

(1) 미디어의 통합은 다름 아닌 '정보의 디지털화'에 의해서 비로소 가능하다. 이전까지는 문자나 음향, 영상, 데이터는 각기 상이한 신호방식을 취하기 때문에 단일 미디어를 통해서 통합적으로 전달하는 것이 불가능했다. 신문에서 음성이나 동영상을 전달할 수 없고, 전화를 이용해 영상신호를 전달하는 것도 불가능했다.

(2) 멀티미디어는 신호방식이 상이한 정보를 '0'과 '1'이라는 이진수로 구성된 '디지털 신호' 방식으로 통합하여 전달할 수 있다.

5. 종합화(Integration)

(1) 뉴미디어로 전화, TV, 컴퓨터가 융합되는 현상을 말한다. 이로 인해 우편이나 전신, 전화같은 1 대 1의 개별적 통신 수단과 신문, 라디오, 텔레비전 같은 대중 미디어의 구별이 모호해짐을 의미한다.

(2) 새로운 미디어들은 정보의 형식면에서 이전까지 각각 별개의 미디어를 통해서 전달하던 영상과 음향, 문서, 데이터를 통합하여 하나의 단일한 정보로 전달할 수 있다는 특징이 있다.

6. 영상화(Visualization)

(1) 인간의 감각 가운데서 가장 정보 수집 능력이 뛰어난 것은 단연 시각이다. 감각으로서는 고도의 추상화까지도 수행할 수 있는 것이 시각이기 때문이다. 따라서 우리는 가능한 한 시각적 지각 정보를 갖고자 한다.

(2) 메시지 내용의 호환을 가능하게 하는 디지털 기술은 이러한 요구에 부응하여 지각상(像)의 유형이 서로 다른 문자, 영상, 음성, 기호 등의 이질적인 정보 형태들을 스크린을 통해 영상화된 정보 형태로 변형시켜 전달하고자 한다.

7. 능동화(Activity)

(1) 뉴미디어의 이용 방식은 일방적으로 대중들에게 대량의 정보를 전달해서 공통의 효과를 유발하는 기존의 매스 미디어의 이용 방식과 다르다. 뉴미디어는 자체의 특징이나 속성에 따라 이용자들에게 더 많은 적극성과 활동을 부여한다. 이러한 활동과 적극성에 따라 얻는 충족이나 효과도 달라진다고 볼 수 있다.

(2) 매스 커뮤니케이션 과정에서 능동적(Active)인 수용자라는 의미는 수용자의 미디어 이용행위가 의도적이며 목표 지향적(Goal Directed)이고, 미디어와 수용자와의 관계에서 주도권(예 내용 선택)은 수용자에게 있다는 광의의 의미를 가진다.

03 뉴미디어의 분류와 종류

1. 유선계

전화망이나 동축케이블 혹은 광(光)케이블망을 통해서 전송되는 미디어이다. 지난 1960~70년대에 등장한 케이블TV, 1980년대에 등장한 비디오텍스, PC통신을 이용한 온라인 서비스, 팩스신문, 그리고 1990년대에 등장한 인터넷 서비스, 주문형 비디오(VOD) 등이 포함된다.

2. 무선계

주로 마이크로웨이브와 같은 전파를 이용하여 신호를 전송하는 미디어이다. 디지털 라디오 방송, 문자다중방송(텔레텍스트), 문자라디오방송, 차량이동전화, 셀룰러전화, 발신전용 휴대전화(CT-2), 개인휴대통신(PCS)과 같은 개인용 무선통신매체 등이 포함된다.

3. 위성계

넓게는 무선계에 속한다고 할 수 있으나, 지상파나 마이크로웨이브파를 사용하지 않고 통신위성이나 방송위성과 같은 인공위성을 이용하여 매우 높은 주파수대역을 사용한다는 점에서 구분된다. 이에 해당하는 대표적인 미디어로는 직접위성방송, 위성휴대통신이 있다.

4. 패키지계

독립된 패키지 형태로 정보나 프로그램을 제공하는 미디어로서 CD-ROM, 디지털 비디오 디스크(DVD), 디지털 오디오 테이프(DAT), 미니디스크(MD) 등이 있다. 이렇듯 뉴미디어와 멀티미디어의 종류를 나누는 방법은 다양하나, 현재 가장 보편적으로 사용되는 뉴미디어의 유형은 케이블TV, 위성방송, PC통신, CD-ROM, 인터넷 등이다.

[유형별 대표 미디어 정리]

분류	종류
신문계	CTS, 팩스신문, 전자출판, 전자신문
방송계	AM 스테레오 방송, FM 다중 방송, PCM 음성 방송, 디지털 음성 방송, 코드/데이터 방송, 케이블TV, 문자다중방송, 직접위성방송, 디지털 위성방송, 고화질 텔레비전, 정지화 방송, 긴급 경보 방송
통신계	화상 응답 시스템(VRS), PC통신, 영상 전화, 영상 회의, 이동체 통신, 근거리 통신망(LAN), 부가 가치 통신망(VAN), 종합 정보 통신망(ISDN)
패키지계	플로피 디스크, 광디스크, 오디오 CD, 비디오 CD, CD-ROM, CD-I

04 미디어의 발달과정

01 케이블TV

1. 정의

(1) 1948년 미국에서 처음 난시청 해소의 목적으로 실시된 케이블TV는 고도정보사회로의 새로운 환경변화에 따라 다양한 채널을 서비스하는 현재의 케이블TV로 발전한 것이다.

(2) 케이블TV는 기존의 단순 재송신방식(중계유선)에서 벗어나 자체 프로그램을 제작하여 케이블을 통해 송출하는 방송이다.

(3) 기존의 TV매체가 불특정다수를 대상으로 전파를 내보내는 '브로드 캐스팅(Broad Casting)'인 반면 케이블TV는 세분된 시청자를 대상으로 전문화된 프로그램을 편성하여 제공하는 협송매체의 개념인 '내로 캐스팅(Narrow Casting)'이다.

2. 특징

(1) **다채널 전문방송**: 뉴스, 영화, 음악, 오락, 다큐멘터리, 스포츠, 교육, 바둑, 문화, 홈쇼핑, 지역방송 등 30개의 다양한 채널은 물론 지상파방송에서 위성방송까지 시청할 수 있다.

(2) **다양한 부가서비스**: 케이블TV의 양방향 전송시스템을 통해 화상전화, 인터넷, 주문형 비디오(VOD), 원격교육, 홈뱅킹, 의료, 원격 방범, 방재 등의 다양한 부가서비스가 주어진다.

(3) **지역밀착 미디어**: 지역뉴스 및 생활정보를 제공하는 유일한 지역정보 매체로서 주민생활과 밀착되어 있는 방송미디어에 해당한다.

(4) **선명한 화질과 깨끗한 음질**: 케이블을 통해 가정에 직접 전송됨으로써 난시청 장애 없이 깨끗한 화질과 음질 서비스가 주어진다.

(5) **정보화 사회 선두주자**: 케이블TV는 컴퓨터와 광통신, 통신위성 등과 결합 응용도가 높아 뉴미디어의 특성이 종합적으로 가장 잘 드러나는 매체이다.

(6) **중계유선과는 전혀 다른 새로운 방송매체**: 케이블TV는 직접 방송물을 제작, 송출하는 다채널 전문방송이므로 난시청 지역에 공중파방송만을 재전송할 수 있는 중계유선방송과는 전혀 다른 새로운 방송매체에 해당한다.

3. 케이블TV의 시기별 특징과 발전과정

연도	제목	내용
1960년대 말	유선TV방송사업 등장	기록은 없으나, 1970년도 유선방송수신관련법 시행령 및 1971년에 허가 받은 사업자 기록을 보여 60년대 말에 등장한 것으로 추측
1991년 12월	종합유선방송법의 제정	종합유선방송위원회 구성, SO, PP, NO의 3분할 제도 등 규정
1993년	구역확정 및 사업자 선정	5월에 종합유선방송구역을 116개로 확정, 8월 20개 PP선정, 12월에 도시지역 SO 허가 신청 받음, 12월에 6개 NO 지정
1994년	SO선정	1월 50개 SO허가, SO 및 PP 추가 허가(최종 53개 SO, 27개 PP)
1995년 3월	본방송 실시	준비된 39개 SO가 21개 PP를 9,625가구에 송출
1997년	SO구역 재조정 및 2차 SO 허가	2월에 미허가 62개 구역을 24개로 재조정, 5월에 24개 SO 선정
1998년	대규모 누적적자	1995년부터 1998년 7월까지 누적적자: PP는 8,726억 원, SO는 1,494억 원, NO는 2,828억 원
1998년 8월	티어링 가능	전채널의무전송제 폐지로 티어링이 공식적으로 허용됨
1999년 1월	종합유선방송법 개정	SO, PP, NO 간 상호 겸영 허용, 복수 SO 및 PP 허용, 대기업과 외국인의 SO 및 PP(보도채널 제외) 지분 33%로 확대, PP의 자체제작 비율(10%) 폐지
1999년 3월 이후	활발한 인수·합병, 외자유치	대호, 조선무역 등이 MSO로 등장, 온미디어 MPP 등장
2000년 1월	통합방송법 제정	방송위원회로 방송정책권 이관, 위성방송 도입, 중계유선방송의 케이블TV로 흡수, PP의 등록제 도입 등의 내용을 담음
2000년 5월	15개 PP 승인	신규로 15개 채널 승인
2000년 12월	위성방송사업자 선정	KT, KBS, MBC 등이 주주로 참여한 한국디지털위성방송을 선정
2000년 12월	KT, 전송망 매각	KT는 케이블TV 전송망(16개 지역)을 SO에 매각
2001년	SO와 PP간 일부 개별 계약 도입	SO와 PP 간의 계약에서 허가 및 승인 PP와 SO 간에는 기본형은 단체계약, 티어형은 개별계약·등록 PP와 SO 간에는 전체상품을 개별 계약
2001년 3월	PP 등록제 실시	방송법에서 시행이 유보되었다가 시행령 개정으로 등록제 시행
2001년 3월	홈쇼핑 채널 추가	3개 홈쇼핑(현대, 우리, 농수산)을 신규로 승인
		신규채널 대거 등장 및 지상파의 PP 진출 본격화
2001년 4월	3차 SO 승인	1차 SO지역 중계유선의 종합유선방송 전환 승인(38개 사업자)
2002년	SO와 PP간 개별 계약	전면 개별 계약으로 전환함에 따라 시장원리 적용됨
2002년 3월	위성방송 본방송 시작	한국디지털위성방송은 스카이라이프라는 브랜드로 본방송 실시
2002년 11월	4차 SO 승인	2차 SO지역 중계유선의 종합유선방송 전환 승인(8개 사업자)
2004년 3월	SO 및 PP 소유규제 완화	대기업이 SO소유 가능, 외국인의 SO와 PP의 지분 상한은 33%에서 49%로 확대

1. 정의

(1) 위성방송이란, 적도 상공 약 35,800km의 정지위성궤도에 쏘아 올려진 방송위성을 이용하여 TV 방송 등 각종 방송을 행하는 것이다.

(2) 국제 전기 통신연합의 무선 규칙에 따르면, 위성방송은 '대중이 직접 수신할 수 있도록 신호를 우주국에서 송신 또는 재송신하는 무선통신을 말한다. 직접 수신에는 개별 수신과 공동 수신을 다 포함한다.'라고 정의하고 있다.

(3) 우리나라는 '위성방송이라 함은 공중이 직접 수신하도록 할 목적으로 지구국 설비 및 위성설비를 이용하여 행하는 음향, 음성 또는 영상의 송신을 말한다.'라고 1994년 8월에 위성방송법안을 통하여 발표하였다.

(4) 위성방송은 방송국에서 TV 신호(프로그램)를 송신국으로 전송하면 송신국은 적도상공 36,000km에 위치한 정지위성궤도의 인공위성에 전파를 발사하고 위성은 수신된 전파를 증폭하여 재송출하는 방송 시스템을 말한다.

2. 위성방송의 등장 배경

(1) 디지털 기술의 발전

① 위성방송은 디지털 기술의 발전과 함께 도입되었다. 아날로그 방식에서 음성, 문자, 이미지, 영상 등의 신호가 각각 독립적으로 전송되는데 반해 디지털 방식은 각 신호를 하나로 통합하여 전송 및 처리함으로써 멀티미디어의 실현이 가능하게 된다.

② 다중접속에 있어서도 아날로그에서는 FDMA(Frequency Division Multiple Access)만 가능하였으나 디지털 방식을 도입할 경우 FDMA보다 구현이 용이하고 다중률이 높은 TDMA(Time Divison Multiple Access)와 CDMA(Code Division Multiple Access) 방식을 이용할 수 있게 된다.

(2) 고주파수화 기술: 디지털화와 더불어 중요한 기술 중 하나가 이용 주파수대역을 높이는 것으로 이용주파수대의 고주파수화이다.

(3) 인공위성 기술

① 인공위성관련 기술의 진보도 위성통신 발전에 필수적인 요인으로 작용하고 있다. 인공위성은 수동위성에서 능동위성(1960)으로, 그리고 실시간 처리가 가능한 실시간 능동위성(1962)으로 발전했으며, 전송 용량 면에서도 수백 배 이상의 진보를 이루었다.

② 위성 발사기술의 진보로 위성자체의 무게도 급속히 증가하여 1960년대 초 수십kg에서 현재는 2톤 이상의 대형 위성의 발사도 가능하게 되었다.

3. 위성 방송의 등장

(1) **미국 디지털 위성방송**: 미국에서는 할당된 방송위성대의 궤도와 채널을 사용하여, 1994년 DirecTV 및 USSB가 위성을 사용하여 150개에 가까운 프로그램의 다채널 디지털 위성 방송을 시작한 후 2년 남짓 해서 계약수신기는 300만대 가까이 보급되어 있다. 비슷한 서비스가 PrimeStar에서도 같은 시기에 시작되어 2년 동안 130만대의 계약수신기를 획득했다. 1996년부터는 EchoStar, AlphaStar 등 신규 다채널 위성방송 신규사업자가 본격적으로 참여하고 있다.

(2) **유럽 디지털 위성방송**: 유럽은 디지털TV 표준화를 촉진하기 위하여 방송사업자, 프로그램 공급자, 네트워크 및 위성방송사업자와 제조업자들로부터 DVB(Digital Video Broadcasting)를 결성하여 미디어 방식의 표준화를 진행하였다. DVB위성 디지털 방송규격을 이용하는 디지털 위성방송은, ASTRA- 1E나 Hotbird 위성을 사용하여, BskyB, Canal Plus 등의 사업자에 의해 1996년부터 본격적으로 시작하고 있다.

(3) **일본의 디지털 위성방송**: 통신위성을 이용하는 디지털 위성방송은 PerfectTV가 1996년 10월에, DirecTV Japan이 1997년 12월부터 방송을 시작하고 있다.

(4) **한국의 디지털 위성방송**: 2001년 12월 3일 정보통신부가 한국디지털위성방송(이하 스카이라이프)을 디지털 위성방송국으로 허가함으로써 스카이라이프는 무궁화 위성 3호의 중계기 10기를 사용하여 방송을 허락해 국내유일의 디지털위성방송사가 출범하였다. 오랫동안 끌었던 방송법 통과와 사업자 선정과정, 지상파 재전송의 사업외적 환경으로 지쳐있는 위성방송사업자의 실질적인 준비기간이 짧았지만 2001년 11월 1일부터 시작 한두 달의 시험방송을 마치고 12월 28일부터 시범방송을 통해 가능성과 문제점을 타진하고, 2002년 3월 1일부터 본방송을 개시하게 되었다.

4. 위성방송의 등장으로 인한 효과

(1) 수용자 차원
① TV 난시청 지역의 일시적 해소
② 전문화된 시청자들의 방송욕구에 능동적 대처 및 프로그램의 다양성 제공

(2) 사회 · 문화적 차원
① 국가 비상 채널망 확보
② 외국 위성방송의 스필오버(전파월경)에 능동 대처
③ 정보사회 구현을 위한 하부구조 구축
④ 초다채널을 이용한 수신자 주도형 방송서비스 확산
⑤ 영상산업 발전의 전환점
⑥ 양질의 방송제공

(3) 정치 · 외교적 차원
① 남북 방송교류의 기술적 토대구축
② 한민족 방송 공동체 구축과 한국방송의 세계화
③ 우리 언어와 문화를 전파하고 대한민국의 총체적 국가 이미지를 제고시킬 수 있는 수단

(4) 산업 · 경제적 차원

　① 방송산업의 발전

　② 방송 인력의 고용과 부가가치 창출

5. 위성방송의 특징

(1) 특징

　① 디지털 압축기술의 보편화와 고출력화, 저렴한 수신기 개발 등으로 보편적 방송매체로 인정받기 시작했으며 위성의 전송방식이 아날로그에서 디지털로 전환되면서 다채널 방송서비스를 제공할 수 있게 되었다.

　② 위성방송에 디지털 기술이 도입됨에 따라 다채널방송이 되었다는 점이다.

　③ 디지털 위성방송의 특징은 기존의 다른 방송매체들에 비해 다음과 같은 특성들이 있다.

광역성	산간,도서지역 불문, 완전 난시청 해소
동시성	가입자 다수에게 동시 전송
대용량	다채널 서비스 가능
고품질	고화질, 고음질 서비스 보장
경제성	투자비, 운영관리비 저렴
암호화	유료화라는 새로운 사업 영역 개발

(2) 케이블TV와 위성방송과의 비교

매체	디지털 위성방송	케이블TV방송
장점	• 고화질, 재해로부터 안정성 • 광역성, 전문성, 네트워크 구성의 경제성 • 오디오, 모바일 서비스 등 TV 외적인 서비스 제공	• 저렴한 비용으로 케이블TV와 위성 동시 시청가능 • 지역성, 전문성, 쌍방향성, 광대역성 • 디지털로 전환하면 대용량 초고속 통신(인터넷) 및 방송 서비스 가능
단점	• 쌍방향성 제한 • 지역성 구현이 제한 • 고가의 수신기 및 안테나 필요 • 전파월경문제	• 위성방송에 비해 상대적으로 고화질 도달범위가 한정 • 네트워크 포설에 상대적으로 많은 시간 및 비용 소요

6. 위성방송의 장단점

(1) 위성방송의 장점

　① 기술적 장점으로는 경제적이고, 고품질 방송이 가능하다는 것이다.

　　㉠ 고품질의 경우, 화면은 DVD에 근접한 수준이며, 음질은 CD를 능가하는 품질을 지니고 있다. 디지털 위성방송은 아날로그 포맷(NTSC, PAL, SECAM)보다 훨씬 선명한 화질을 보여주는 디지털TV 포맷을 채택하고 있으며, 디지털 HDTV(High Definition TV) 서비스를 개시하고 있어 이러한 장점을 제공할 수 있게 한다.

　　㉡ 다기능의 경우 시청자 주문형 프로그램 서비스 등 다양한 기능을 제공하고 있다는 점이다.

　　㉢ 디지털 위성방송의 다기능성은 고객이 프로그램과 직접 커뮤니케이션하고 참여하기도 하는 '대화형TV(Interactive TV)' 기능을 보유하고 있어서 양방향성의 특성을 동시에 지닌다.

② 위성방송은 한 위성이 우리나라 전체에 방송을 내보낼 수 있기 때문에 지역 구분 없이 동일한 방송 서비스를 제공할 수 있다. 따라서 전국에 걸쳐 고른 방송 서비스를 제공하는 것이 가능하다.

③ 위성이 우주공간에 위치하기 때문에 지구에서 일어나는 자연재해로부터 자유로우며, 항상 정보전달 체계를 유지할 수 있다.

④ 모든 수신자들에 대해 동일한 전송비용이 소요된다.

(2) 위성방송의 단점

① 전파가 지구국, 우주국을 왕복하는데 약 0.25초가 소요된다. 따라서 신호가 지구국, 우주국을 몇 번씩 왕복하면 지연시간이 커져 전화의 경우 통화가 곤란하게 되는 문제가 발생된다.

② 전파거리가 길기 때문에 전파손실이 크고 일반적으로 수신 레벨이 낮게 되기 때문에 저잡음 수신기, 대형 파라볼라 안테나, 고출력 송신기 등이 필요하다. 이처럼 수신을 위한 장비를 구입하는 비용이 소비된다.

③ 위성체의 고장시 수리하는데 어려움이 있다.

④ 근접국가로 전파월경(Spill Over)이 이루어지기도 한다.

7. 우리나라 위성방송의 특징

(1) 우리나라에서는 무궁화위성 사업을 시작함으로써 독자적인 위성통신망 체제를 갖추어 21세기 범세계적 우주개발 경쟁에 적극 대처하기 위하여 대국민 위성통신방송 첨단서비스의 신속한 공급과 TV 난시청지역 해소 및 고품질의 직접위성방송 서비스를 제공하게 되었다.

위성명	개발기관	발사체	발사장소	궤도	임무	운용기관
무궁화3호 (KOREASAT-3)	록히드마틴	아리안4 (아리안스페이스)	기아나 우주센터	정지궤도	통신, 방송	KT
한별(MBSat)	에스에스로랄	아틀라스III-A (록히드마틴)	케이프커내버럴공군기지	정지궤도	모바일 방송	SK텔링크, MBCO
무궁화5호 (KOREASAT-5)	알카텔	제니트3SL (씨런치)	오디세이호 (해상발사)	정지궤도	통신, 방송	KT, 국방과학연구소
천리안 (COMS-1)	KARI	아리안5 (아리안스페이스)	기아나 우주센터	정지궤도	통신, 해양, 기상	KARI
올레1호 (KOREASAT-6)	TAS, 오비탈사이언스	아리안5 ECA (아리안스페이스)	기아나 우주센터	정지궤도	통신, 방송	KT
아리랑3호 (KOMPSAT-3)	KARI	H-IIA (미쓰비시중공업)	다네가시마 우주센터	태양동기궤도	지상 관측	KARI
아리랑5호 (KOMPSAT-5)	KARI	드네프르 (유즈노예)	야스니발사장	태양동기궤도	지상 관측	KARI
과학기술위성3호 (STSAT-3)	KARI	드네프르 (유즈노예)	야스니발사장	태양동기궤도	우주·지구 과학관측	KARI
아리랑3A호 (KOMPSAT-3A)	KARI	드네프르 (유즈노예)	야스니발사장	태양동기궤도	지상 관측	KARI

* KARI: 한국항공우주연구소(Korea Aerospace Research Institute)

(2) 스카이라이프의 출범

① 우리나라 디지털 위성방송 사업자인 한국디지털위성방송(KDB)이 2002년 3월 개국하였다. 위성방송의 특성상 많은 초기 자본을 요구하는 사업이므로, 여러 사업자가 경쟁을 할 경우 개별 사업자는 이윤을 남기지 못한다. 이에 국가는 한국디지털위성방송에게 독점권을 부여하고 관리 감독의 역할을 맡겼다.

② 2002년 3월 스카이라이프(SkyLife)란 이름으로 디지털 위성방송이 개국하였다. 스카이라이프는 일단 SD(Standard Definition)급의 방송으로 시작했으며, 2003년 9월부터 이보다 화질이 높은 HD(Hihg Definition)급 서비스를 제공하고 있다.

03 인터넷 방송

1. 개념

(1) 인터넷 방송은 '인터넷 웹서비스를 이용하여 이용자 자신만을 위한 방송이 가능한 환경'이라고 할 수 있다.

(2) 용어 면에서 살펴보면 인터넷 방송은 'Internet'과 'Broadcasting'의 합성어인 'Intercasting' 혹은 'Web'과 'Broadcasting'의 합성어인 'Webcasting'으로 불려지며, 일반적으로 인터넷 사용자에게 인터넷을 통해 비디오, 오디오 등의 멀티미디어 콘텐츠를 실시간으로 제공한다.

(3) 인터넷 방송이란 단어는 방송에 초점이 맞추어진 비교적 좁은 의미의 개념이라고 할 수 있고 웹캐스팅은 방송을 비롯하여 다양한 종류의 서비스를 포함하는 광의의 개념인 것을 알 수 있다.

2. 인터넷 방송의 등장배경

(1) WWW(World Wide Web)의 발전과 확산: WWW 환경을 제공하는 웹브라우저인 넷스케이프와 인터넷 익스플로러가 본격적으로 대중화되면서 인터넷 방송의 등장을 주도하는 밑거름이 되었다. 웹브라우저와 네트워크 환경의 발전, 웹서비스의 본격적인 보급으로 인하여 단순한 텍스트 문자와 정지화상 서비스에서 벗어나 그림뿐만 아니라, 오디오나 동영상과 같은 멀티미디어 데이터를 다룰 수 있게 되면서 인터넷 방송 등장의 기틀이 마련된 것이다.

(2) PC와 스마트폰의 보급증가 및 멀티미디어 콘텐츠 수요 증가: 인터넷 방송의 기술적인 완성은 인터넷 방송을 주로 수신하는 단말기, 즉 PC의 발전과 보급률이 증가하고 인터넷 사용자의 멀티미디어 콘텐츠에 대한 사회적 수요가 급증하면서 다수의 사용자들에게 정보를 전달해 줄 수 있는 멀티캐스트(Multicast)의 본격적인 개발과 보급으로 이루어졌다. 인터넷 방송의 발전, 향후 XML이 언어체제로서 정착, 발전하게 되면 인터넷에서의 멀티미디어 콘텐츠에 대한 유통은 훨씬 원활해질 것으로 보인다.

(3) **스트리밍 기술의 개발 및 압축 · 복원기술 발달**: 스트리밍 기술은 1994년 XingTechnology사가 개발한 StreamWorks와 더불어 오디오 및 영상파일의 압축 · 복원기술이 발전해 파일의 용량을 대폭 줄일 수 있게 되면서 가능해졌다. 스트리밍 기술 개발 이후 동영상, 오디오와 같은 멀티미디어 정보의 다운로 드 방식의 서비스가 인터넷 방송 서비스로 점차 발전하였다. 1995년 프로그래시브 네트웍스 (Progressive Networks)가 리얼오디오(Real Audio) 소프트웨어를 개발하면서 생방송, 또는 AOD(Audio On Demand)가 가능하게 되었다. 이것이 인터넷 방송 대중화의 기반이었다고 할 수 있 다. 또한 오디오의 압축 · 복원기술의 경우는, 영상 · 음성 압축 표준의 대표인 MPEG 기술을 중심으로 발전하였다.

(4) **전송망 개선 및 초고속 정보통신망 확산**: 인터넷 방송 사용자가 늘어남에 따라 기존의 모뎀망 인프라상 에 있는 네티즌들은 서비스 이용의 한계에 부딪히게 된다. 이에 대응하여 초고속망 사업이 정보화라는 공익성과 부가가치 창출이라는 상업성을 동시에 만족시키며 본격화되었고, 이러한 정보화의 바람은 가정 혹은 직장까지 영향을 미쳐 초고속 인터넷망 설치는 더욱 가속화되었다.

(5) **인터넷 방송국 구축의 저비용**: 인터넷 방송은 기존 방송에 비해 저렴한 비용으로 방송용 콘텐츠를 만들 수 있으며 그 제작 기술 또한 기존 방송의 제작 기술과는 달리 비교적 손쉬운 편이다. 또한 기존 방송 장비에 비해, 영상을 디지털화하여 이를 저장하고 전달하는데 필요한 시스템들을 구비하기가 매우 용 이하다.

(6) **스트리밍 서버 산업의 활성화**: 인터넷 방송에 대한 다양한 채널이 생기고 인터넷 방송국 및 시청자수가 많아짐에 따라, 스트리밍을 송출해 주는 스트리밍 서버의 가격이 상승하였다. 이와 함께 인터넷시장의 다변화로 새로운 수익구조를 갈망하는 인터넷 관련 사업자들은, 서버의 고비용 환경과 다수의 접속자 를 소화하기 위해 서버 솔루션의 수요 증대를 예상하고, 캐쉬 서버(Cashe Server) 개념의 서버 솔루션 을 개발하여 판매하고 있다.

(7) **DV용 카메라의 급속한 확산과 동영상 편집프로그램의 등장**: 인터넷 비디오 방송을 촬영하기 위한 비디오 카메라 중에서도 가격 대비 성능이 뛰어난 DV(Digital Video)용 카메라가 개발 및 확산됨에 따라 인터 넷 방송 콘텐츠의 질이 향상되었다. 또한 편집 작업을 컴퓨터 한대로 해결할 수 있는 비선형(Non-Linear) 편집기와 동영상 편집프로그램의 등장으로 인해 인터넷 방송의 채널 증대는 더욱 가속화되고 있다.

(8) **푸시(PUSH) 기술의 등장**: 포인트캐스트(Pointcast)사가 사용자에게 뉴스를 직접 배달해주는 PCN 프로 그램을 발표함으로써 세상에 알려진 푸시 기술은, 인터넷 방송을 더욱 확산시키고 그 붐을 조성하는데 일조하였다. 푸시란, 매체 사용자가 원하는 정보 목록을 미리 서버에 알리면, 새로운 정보가 나올 시 자동으로 사용자에게 전달되도록 하는 기술이다. 즉, 사용자가 원하는 데이터를 일정한 시간 주기로 서버가 클라이언트에게 배달해 주는 형태의 데이터 전달 방식이다.

3. 인터넷 방송의 특징

(1) 인터넷 방송의 다양성: 방송을 위한 콘텐츠 제작에 있어 기존 공중파는 대중 지향적이며 보편적이고 일반적인 프로그램을 기획하고 제작하는 비중이 높다. 동시에 여러 사람과 함께 작업을 해야 하는 기존 공중파 방송과 달리, 인터넷 방송의 경우 방송환경에 제한을 두지 않기 때문에 개개인의 다양성을 고려한 개성 있는 연출이 가능하며 이로 인해 시청자들의 좋은 반응을 얻어내고 있다. 다양한 성격의 콘텐츠 기획과 색다른 접근방식은, 인터넷 방송용 방송프로그램이 기존 공중파 방식과 구별되는 또 하나의 새로운 방송문화로 자리 잡는데 일조하고 있다.

(2) 주문형 방송: 기존 방송이 가지는 '편성형 매체'에 대한 대응으로 나온 기술이 주문형(On Demand)기술인데 이는 인터넷 방송의 가장 큰 특징 중에 하나이다. 주문형 기술은 24시간 사용자가 원하면 시간과 장소에 구애받지 않고 컴퓨터만 있으면 원하는 방송을 내보내 줄 수 있다는 것을 의미한다. 여기서 특히 중요한 것은 인터넷 방송은 영상 데이터가 파일로 보관된다는 사실이다. 즉 영상이 파일로 보관되므로 사용자가 원하는 시간에 접속하여 하나를 선택하기만 하면 언제든 방송을 볼 수 있다. 이러한 방송을 주문형 방송이라 하는데, 이는 주문형 기술을 이용한 방송이라는 의미로 VOD로 표현되는 것이 일반적이다.

(3) 인터넷 방송의 쌍방향성(Interactive): 인터넷 방송은 기존의 미디어가 제공하는 단방향 정보제공의 형식에서 벗어나 사용자가 참여할 수 있는 쌍방향 통신이 가능하다. 이는 미디어의 발달에 있어서 최근 가장 큰 변화중의 하나이다. 인터넷 방송의 쌍방향성은 단순히 새로운 기술 추가의 의미를 넘어 인터넷 방송의 무한한 가능성을 제시한다. 기본적으로 인터넷은 그 자체가 쌍방향성 매체이다. 방송을 보면서 사용자들은 여전히 인터넷을 통해 방송 출연자 및 방송국 관련자에게 방송과 관련된 텍스트 자료나 이미지 정보들을 추가로 제공받을 수 있다.

(4) Access 채널로서의 인터넷 방송: Access 채널은 언론을 특정 소수의 제작자들에게 맡기는 것이 아니라, 시청자가 직접 참여 혹은 방송을 제작함으로써 기존 언론 매체에 대응해 새로운 언론의 주역으로 나설 수 있다는 것에 그 의미가 있다. Access 채널의 등장 이면에는 인터넷 방송의 제작방법에 대한 기술적 수월성과 경제성이 자리잡고 있다. 인터넷 방송은 제작방법이 쉽고 큰 제약사항 없이 서비스를 제공할 수 있어서, 기존 방송국 운영과는 달리 저렴한 비용으로 개인 및 단체들이 쉽게 자신들만의 새로운 콘텐츠를 제공할 수 있는 방송국을 개국·운영할 수 있다. 이에 Access 채널로서의 인터넷 방송은 큰 기대를 모으고 있다.

4. 인터넷 방송의 유형

(1) 형태에 따른 분류

① 데이터캐스트와 워드캐스트: 문자정보를 위주로 하는 데이터캐스트와 워드캐스트 서비스는 개인 휴대용 정보단말기의 일종이라 할 수 있는 페이저나 PDA 기술의 발전과 보급으로 인터넷 무선 접속이 확대되면 인터넷 방송 서비스의 많은 부분을 이러한 정보 단말기들을 통해 다양한 정보를 제공하는 것이다. 물론 정보의 형태는 데이터 형식, 즉 문자위주의 정보로 구성된다.

② 오디오캐스트: 오디오캐스트는 말 그대로 음성정보를 내보내는 서비스로서 이미지를 포함한 동영상 서비스보다는 대중성과 상업성의 측면에서 유리한 소리 위주의 라디오방송 서비스가 많이 제공되고 있다.

③ 비디오캐스트와 애니마캐스트: 비디오캐스트와 애니마캐스트 분야는 소리, 문자, 동영상 등이 혼합된 멀티미디어 서비스가 가능한 인터넷 방송의 완성으로 전술한 데이터캐스트와 오디오캐스트의 기능은 물론이고 비디오 혹은 만화 등의 이미지 및 동영상 서비스를 바탕으로 일반 방송에서부터 화상회의를 이용한 교육이나 비즈니스에 이르기까지 다양한 측면에서 비디오캐스트가 활용된다.

(2) 시행 주체에 따른 구분

① 종속형 인터넷 방송: 중앙 언론사의 인터넷 방송 서비스의 경우, 기존 TV방송사가 모두 다양한 형태의 인터넷 방송을 서비스하고 있지만 그중에서도 KBS 및 MBC가 가장 대표적이라고 할 수 있다. KBS의 경우, 프로그램의 생방송에서부터 기존 프로그램을 데이터베이스화한 VOD 서비스에 이르기까지 다양한 형태로 다채로운 내용의 인터넷 방송 서비스를 제공하고 있다.

② 독립 인터넷 방송: 국내 독립 및 주제별 전문 인터넷 방송은 정확히 그 숫자를 파악할 수 없을 만큼 놀라운 속도로 확산되고 있다. 개인방송국을 개설하고 운영할 수 있도록 하는 인터넷독립 방송국 전문 사이트인 '아프리카'를 비롯해서 의학관련 인터넷 방송 사이트 'MEDTV21', 기독교 포털 사이트인 '갓피아', 애완동물을 주제로 방송하는 '펫티비' 등이 있다.

(3) 서비스 유형에 따른 구분

① VOD(Video On Demand): 주문형 서비스 중 영상물을 제공하는 주문형을 VOD라 한다. VOD를 가능하게 하는 것은 동영상 파일을 0과 1로 변환하여 서브에 보관하였다가 사용자의 요구에 따라 실시간으로 제공할 수 있는 스트리밍 기술의 발전이다.

② AOD(Audio On Demand): AOD는 다양한 주문형 서비스 중 실시간 주문형 오디오를 일컫는 말로써, 원하는 오디오 파일을 인터넷을 통해 원하는 시간에 들을 수 있는 일체의 서비스 시스템을 총칭하는 용어이다.

③ 푸시(PUSH) 서비스: 푸시 기술을 이용한 인터넷 방송은 중앙의 컴퓨터에 미리 요구사항이나 원하는 정보를 지정하면 사용자의 컴퓨터로 일정한 시간 간격을 두고 자동으로 보내주는 인터넷 방송이다. 클라이언트 PC쪽에 소프트웨어만 하나 설치해 둔다면 원하는 정보를 언제든지 받아볼 수 있는 것으로 원리는 매우 간단하다.

1. 개념과 특징

(1) DMB(Digital Multimedia Broadcasting)란 라디오 방송을 디지털화하여 문자방송 · 무선호출, 정지 영상 등 멀티미디어 데이터 전송 서비스를 실현하는 기술을 말하며 일명 '보이는 라디오'를 의미한다.

(2) DMB 방송은 미국, 유럽, 캐나다 등에서 DAB(Digital Audio Broadcasting), DAR(Digital Audio Radio), DRB(Digital Radio Broadcasting), DSB(Digital Sound Broadcasting) 등으로 불리며, 이 용어는 우리나라의 국가기관에서 2003년 1월 5일에 처음으로 등장하였다.

(3) DMB는 장소와 시간에 구애받지 않고 맑은 소리와 끊기지 않는 동영상을 즐길 수 있다. 이동전화, PDA, 차량장착용 수신기 등의 휴대형 또는 이동형 단말기로 보는 방송으로 '이동 · 휴대 방송'이라고 도 한다. 또, FM 라디오보다 뛰어난 CD수준의 고음질로 이뤄지는 오디오 방송이기도 하다.

2. 탄생배경

(1) DMB는 국가적으로 한정된 주파수를 보다 효율적으로 사용하기 위해 발달했다. 현재 우리나라에서 방 송용으로 쓰이는 주파수는 VHF, UHF, S-밴드(S-Band)이다.

(2) 지상파DMB는 아날로그 라디오의 디지털 전환을 모색하다가 등장했다.

(3) 보이는 라디오의 도입은 큰 전환점이다. 2002년 하반기 DMB 도입 논의가 이뤄질 당시의 동영상 압축 기술은 보고 듣는 멀티미디어형 라디오를 가능하게 했다. '오디오 온리(Audio Only)'의 디지털 전환 논의가 순식간에 멀티미디어 방송의 도입으로 발전한 것이다.

3. 해외DMB(DAB)의 현황

(1) **미국** : IBOC(In-Band On-Channel) 체제의 독자 표준 기술을 채택한 DAB(Digital Audio Broadcastiong) 서비스를 전개하고 있으며, 세계 최초의 위성 DMB 서비스를 실시한 월드스페이스를 비롯해서 CM 라디오(前 American Mobile Radio), Sirius Radio(前 CD 라디오) 등 세계 주요 위성 DMB 사업자들이 시장에 포진하고 있는 경쟁 시장 구도를 형성하고 있다.

(2) **영국** : 세계 최초로 DMB 서비스를 상용화하였는데 7개의 민영 지역 멀티플렉스 운용사업자와 1개의 전국 사업자가 약 82%의 시장점유율을 가지고 있는데 나머지 18%는 공영방송이 서비스 제공 중에 있 다. 전국 규모의 사업자는 BBC의 DMB Digital Radio와 민영사업자인 Digital One으로 전체 DMB 시장의 약 80%를 커버하고 있다.

(3) **독일** : 1995년 ADR사에 의해 상용화 서비스를 시작한 이래, 약 80여개의 독일어 프로그램이 ASTRA 위성 1A-1D를 통해 서비스되고 있으며, 1998년 기준 서비스 가입 가구는 약 1,100만에 달하고 있다.

(4) **일본** : 2006년 4월 33개 도시에서 지상파 DMB를 개시하기로 했다. '원세그' 서비스에는 일부 민영 방 송과 NHK가 참여해 최소한 33개 이상의 도시에 서비스된다. 서비스 이용자는 전용단말기를 통한 실 시간 뉴스 · 일기예보 · 프로그램 관련 정보 수신, 일반인 대상의 앙케트 조사는 물론 TV 홈쇼핑 주문 까지도 할 수 있다.

05 IPTV

1. 개념

(1) IPTV(Internet Protocol Television)란 기존 초고속 인터넷 망을 기반으로 고선명(HD)동영상 서비스를 각 가정의 TV와 연결하는 서비스 및 장비를 말한다.

(2) IPTV는 방송용 전파가 아닌 인터넷 프로토콜을 이용하여 인터넷 방송처럼 스트리밍 방식의 방송 프로그램을 시청하는 것이다. 기존 TV에 전용모뎀(또는 셋톱박스)을 부착하면 되므로, TV나 라디오를 이용하듯이 전원만 넣으면 인터넷을 이용할 수 있다.

(3) IPTV 서비스는 주문형 비디오(VOD), 디지털 영상저장(DVR) 서비스뿐만 아니라 TV 스크린을 통한 인스턴트 메시지 전송 서비스 등을 제공한다. 기존 TV 사용자들은 방송사에서 편성한 프로그램을 수동적으로 수용했던 데 비해 IPTV 사용자들은 자신이 원하는 시간에 원하는 방송을 제공받을 수 있다. 즉, 단방향 멀티미디어 서비스가 아닌 쌍방향 멀티미디어 서비스를 지향한다.

2. IPTV의 등장 배경

(1) 공급측 요인

① **기술적 차원**: 초고속인터넷 기술의 발전으로 인한 데이터 전송속도 증가가 IPTV의 가장 큰 성장동력이 되고 있다. 등장 초기만 해도 약 1Mbps에 머물던 초고속인터넷 속도가 최근에는 VDSL(Very high bit-rate Digital Subscriber Line), 아파트 랜과 같은 다양한 기술방식에 의해 최대 100Mbps에 이르고 있다.

② **산업적 차원**: 기술 진화에 따른 통신과 방송의 고유 영역이 붕괴되면서 사업자 간 경쟁이 치열해질 수밖에 없다는 점 또한 IPTV의 등장 배경으로 지적할 수 있다. 방송 사업자들이 통신 서비스를 제공할 수 있는 네트워크 기반이 마련되면서 통신 서비스 시장에서의 경쟁은 치열해질 수밖에 없다.

③ **경제적 차원**: 통신사업자들이 기존의 인프라를 최대한 활용하여 최고의 경제 효과를 누리기 위해 IPTV 제공에 적극적이라는 점이다. 사업자들은 이미 투자된 초고속인터넷을 통해 동영상, 방송 등의 부가 서비스를 제공함으로써 매출을 확대하는 동시에 설비 활용도를 제고시키는 일석이조의 효과를 얻을 수 있게 된다.

(2) 소비자측 요인

① **쌍방향성 서비스**: 사용자들이 원하는 콘텐츠만 선택해서 보는 쌍방향 서비스에 익숙하다는 점이 IPTV의 출현을 앞당기고 있다. 인터넷의 등장과 함께 소비자들은 원하는 정보와 콘텐츠를 적극적으로 찾아보고 있으며 게임과 같은 쌍방향 서비스에 몰입하고 있다. 방송의 경우에도 소비자는 모든 사람에게 동일하게 제공되는 콘텐츠에 만족하지 않고, 원하는 방송을 원하는 시간에 골라서 보는 것을 원한다.

② **서비스의 편리성**: 소비자들이 융합형 서비스의 편리성을 요구하고 있다는 점도 IPTV의 등장을 촉진하고 있다. 지금까지 소비자들은 전화, 초고속인터넷, 방송을 다른 사업자들로부터 다른 기술을 통해 제공받고 각기 다른 요금통지서를 받아 왔다. 하지만, 초고속인터넷이 가정에 필수적인 인프라가 되면서 전화(VoIP)까지 한꺼번에 제공받을 수 있게 되었다.

3. IPTV의 특성

(1) 쌍방향 서비스
① 주문형 시청
② 피드백 방송

(2) T-커머스(Commerce) 서비스: 기존 TV 홈쇼핑과 유사한 형태의 단방향성 채널방식으로 상거래 서비스와 방송 프로그램과 연동을 통한 양방향 상거래 서비스로 구분한다.

(3) 월드 가든(Walled Garden) 서비스: 인터넷의 다양한 정보를 TV에 적합하게 재가공하여 On-demand 및 방송방식으로 제공하는 서비스이다.

(4) 커뮤니케이션 서비스: 양방향 특성을 활용한 SMS(Short Message Service), TV 화상회의 등의 응용 서비스이다.

(5) 개인화 서비스: 사용자들의 시청 습관을 반영하여 무엇을 볼지 결정에 도움을 준다.

(6) 밴들 서비스: 하나의 통신회선으로 TV, 인터넷, 전화를 동시에 사용하는 것을 말한다. TV를 보다가 인터넷을 검색할 수 있고, 전화가 오면 전화를 받을 수도 있는 기능이다.

4. IPTV와 인터랙티브 TV

인터랙티브 TV는 아날로그 방송이 디지털 방송으로 전환됨에 따라 방송 프로그램을 기반으로 하여 각종 부가 정보를 대화형으로 제공하는 서비스 유형이지만, IPTV는 디스플레이로 TV를 활용할 뿐 인터넷 접속을 통해 쌍방향 콘텐츠를 제공하는 서비스 유형이라는 점에서 커다란 차이점이 있다. 따라서 인터랙티브 TV에서는 셋탑박스를 사용하며, IPTV에서는 반드시 인터넷 모뎀을 사용해야 한다.

[IPTV와 인터랙티브 TV의 항목 별 비교]

구분	IPTV	인터랙티브 TV
서비스 커버리지	지역 국한	제한 없음
비디오 품질	디지털 TV급, 안정된 수신	안정된 수신 보장되지 않음
대역폭(Bandwidth)	1~4MB	1MB 이하
수신 단말	(주로) TV & 셋톱박스	(주로) PC
비디오 포맷	MPEG-2 · H.264 · VC-9	WM · Real · Quick Time

06 OTT 서비스

1. 정의

(1) OTT란 Over The Top의 약자이다. 여기서 Top이란 바로 TV에 연결되는 셋탑박스(Set Top Box)를 말한다. 즉 OTT란 셋탑박스를 통해 TV로 동영상을 볼 수 있게 해 주는 일종의 방송 서비스다.

(2) 최근에는 TV 대신 PC나 스마트폰 단말로 이용해도, 심지어 기존의 통신사나 방송사가 추가적으로 서비스를 제공할 목적으로 이용할 경우에도 그것이 인터넷 기반의 동영상 서비스라면 모두 OTT의 한 형태라는 식으로 쓰이고 있다.

2. 유형

유형	광고형(AVOD)	거래형(TVOD)	가입형(SVOD)	혼합형
수익모델	광고수익	개별 영상콘텐츠 구매	월정액 요금	월정액 요금, 개별 영상 콘텐츠 구매 혼합
특징	고객 한 명당 창출 가능한 이윤이 적음	수익 예측이 어려움	예상 가능한 수익 창출 가능	거래형과 가입형의 혼합, 실시간 채널과 VOD 제공 혼합
콘텐츠수급	이용자 제작 콘텐츠, MCN 등 무료 콘텐츠 및 방송 콘텐츠 클립 등	최소보장금을 PP에 제공해야 하며, 수급가능	일정 기간 동안 다수의 콘텐츠 이용에 대한 판권 구매로 콘텐츠 수급에 유리	판권 구매, PP에 최소보장금 제공 혼합
비용지출	이용자가 콘텐츠를 제작하는 형태로서 적은 투자로 수익이 창출 가능	필요한 콘텐츠만 확보 가능하여 가입형에 비해 비용 부담 경감	판권 구매에 따른 비용 지출이 거래형에 비해 큼	가입형보다 비용지출은 적지만 거래형보다는 비용부담이 큼
대표서비스	유튜브, 페이스북, 네이버 TV, 카카오TV	아이튠즈, 국내 유료방송 단품 구매	넷플릭스, 디즈니+, 애플 TV+, 아마존 프라임 비디오, 왓챠, 쿠팡 플레이	티빙, 웨이브

3. OTT의 등장배경

(1) 수요 측면

① 현재의 모든 방송 서비스는 한계를 갖고 있으며 새로운 방송 서비스에 대한 수요의 규모는 확정할 수 없지만 분명히 존재한다. 현재 방송 서비스가 가지는 한계란 소비자 선택의 폭이 좁다는 것이다.

② 소비자들의 온라인 동영상 이용에 대한 거부감이 낮아졌다. 말하자면 방송사에서 편성한 채널을 선택해서 TV로 보는 형태가 아닌 동영상 소비 형태에 보다 더 익숙해졌기 때문이다.

(2) 공급 측면

① 규제적 부분: 시스템만 갖추어진다면 그 즉시, 일부 나라를 제외한 대부분의 나라를 대상으로 바로 방송 콘텐츠로 이루어진 데이터 서비스를 허가 없이 제공할 수 있다.

② 기술적 부분: 초고속 인터넷의 등장으로 상당히 고용량의 동영상일지라도 빠른 속도로 전송하는 것이 가능하게 되었다.

③ 경제적 부분: OTT는 기존 방송 방식에 비해 네트워크에 대한 투자를 생략할 수 있다.

4. 국내 OTT 동향

(1) OTT 시장 규모 확대: 2020년 기준, 한국 OTT 시장 매출액은 약 8억 3,200만 달러(2016~2020년 연평균 약 27.5% 성장), OTT 가입자 수는 약 1,135만 명(2016~2020년 연평균 약 24.9% 성장)을 기록하며 지속적으로 증가하였다.

(2) OTT 이용자 증가

① 방송통신위원회의 「2020년도 방송매체 이용행태조사」에 따르면 OTT 서비스 이용률은 전체 응답자 기준 66.3%로 전년(52.0%)에 비해 크게 증가하였다.

② 모바일인덱스의 'OTT 앱 시장 분석 리포트'에 따르면 2021년 2월, 안드로이드 OS와 iOS 합산 기준 넷플릭스의 월 사용자 수(MAU)가 1,001만 3,283명으로, 2020년 1월(470만 4524명) 대비 113% 증가하며, 1,000만 사용자를 돌파하였다.

(3) 글로벌 OTT의 약진

① 웨이브, 티빙 등 국내 OTT 사업자가 더딘 성장세를 보여주고 있는 상황에서 글로벌 OTT는 국내 OTT 시장 규모의 확대를 주도하였다.

② 애플 TV+, 디즈니+ 등 글로벌 OTT의 한국 진출로 국내 OTT 시장의 경쟁은 더욱 치열해질 전망이다.

③ 최근 '오징어 게임' 등의 사례를 통해 우수한 오리지널 콘텐츠 확보의 중요성이 다시 한 번 입증되면서, 경쟁력있는 오리지널 콘텐츠를 확보하기 위한 국내외 OTT 사업자의 투자가 강화되었다.

5. OTT 서비스의 규제

(1) 망 중립성 규제

① 망 중립성이란 ISP(Internet Service Provider)가 네트워크를 통해 전송하는 콘텐츠의 내용과 유형, 단말기, 이용자와 관계없이 차별·차단하지 않고, 트래픽을 동등하게 취급하는 것을 말한다. 여기에는 선송신된 패킷이 선처리되고, 후송신된 패킷이 후처리되는 선입선출(First In, First Out)과 이용자가 송신할 패킷의 통제권을 가지는 단대단(End-to-End)원칙을 전제로 한 용어이다.

② 망 중립성 규제는 네트워크를 보유 및 운영하는 사업자가 네트워크망에 개입하여 이용자 트래픽을 차단, 조절, 유상으로 선입선출의 임의적인 변경 행위를 규제하는 것이다. 즉, 넷플릭스는 국제적으로 인정되는 '망 중립성' 원칙에 위배된다며 망 사용 대가를 지불하지 않은 행위에 대하여 법원은 넷플릭스가 SK브로드밴드를 통해 인터넷망 연결이라는 유상의 역무를 제공받고 있다고 판단하여 넷플릭스의 독주에 제동을 걸었다.

(2) 디지털세(구글세)

① 디지털세란 디지털 콘텐츠 서비스 매출에 대한 매출액의 일정비율을 법인으로부터 걷는 세금을 말한다.

② 일반적으로 법인세는 법인의 수익에서 법인세법상 인정되는 비용을 차감한 법인세 차감전 순이익에 대하여 일정한 세율을 곱하여 세금으로 납부하는 것이지만, 디지털세는 이익에 관계없이 자국내에서 발생한 매출액에 일정비율을 법인으로부터 세금을 거두는 점이 다르다. 법인세율은 통상 영업이익의 20~30% 정도이지만 디지털세는 현재 매출액의 3% 정도로 정하고 있다.

③ 넷플릭스를 비롯한 다국적 기업들은 국가 간 법인세율 차이를 이용하여, 고세율 국가에 있는 해외 법인이 얻은 수익을 지식재산권 사용료, 경영자문 수수료, 특허료 또는 이자 등의 각종 명목으로 조세피난처 등 저세율 국가로 넘겨서 비용을 공제받는 식으로 세금을 줄이고 있다.

④ 경제협력개발기구(OECD)와 주요 20개국(G20) 포괄적이행체계(IF)는 2021년 10월 08일 "디지털세 최종합의문"을 발표했다. 주요 골자는 2023년부터 연매출 27조원 및 이익률 10% 이상 기업에게 디지털세로 초과이익의 25%를 부과하며 이는 대부분의 글로벌 OTT 그룹에게 적용된다.

07 WiBro

1. WiBro의 정의

(1) WiBro란 인터넷 서비스가 무선랜(Wi-Fi)과 같이 무선 환경에서 제공되고, 초고속인터넷 서비스처럼 광대역 인터넷 접속을 가능하게 한다는 의미에서 'Wireless'와 'Broadband'의 합성어인 'Wireless Broadband Internet'의 줄임말이다.

(2) WiBro는 그 이름대로 언제 어디서나 이동 중에도 다양한 단말기를 이용해서 높은 전송속도로 무선인터넷 접속이 가능토록 하는 서비스이다.

2. WiBro의 등장배경

(1) **사용자**: 시간과 장소에 구애받지 않고 다양한 멀티미디어 서비스를 이용하려는 사용자들의 욕구를 충족할 수 있는 서비스가 필요하였다.

(2) **통신사업자**: 통신사업자들에게는 그동안 계속적으로 성숙해 온 유선 초고속 인터넷과 이동통신 시장으로 인한 통신시장 정체를 극복할 새로운 돌파구가 필요하였다.

(3) **정부 정책**: 'IT839 프로젝트'에 WiBro를 핵심과제로 넣어 국제적 경쟁력이 생긴 IT 분야를 확고하게 발전시켜서 미래의 성장 동력으로 삼고자 한 것으로 볼 수 있다.

[IT839 전략]

구분	내용
8대 서비스	① 와이브로 서비스 ② DMB 서비스 ③ 홈네트워크 서비스 ④ 텔레매틱스 서비스 ⑤ RF-ID 서비스 ⑥ W-CDMA 서비스 ⑦ 지상 디지털TV 방송 ⑧ IP전화 서비스
3대 인프라	① 브로드밴드 통합 네트워크(BCN) ② 유비쿼터스 센서 네트워크(USN) ③ 차세대 인터넷 프로토콜(IPv6)
9대 성장 엔진	① 모바일 단말기 ② 디지털TV 수신장치 ③ 홈네트워크 장치 ④ IT SOC ⑤ 차세대 PC ⑥ 임베디드 소프트웨어 ⑦ 디지털 콘텐츠 ⑧ 텔레매틱스 ⑨ 인텔리젠트 로봇

3. WiBro의 특징

(1) 기술적 특성: 와이브로가 채택하고 있는 이동성 보장, 핸드오버 기능, 셀 단위 엔지니어링, 휴대형 단말기 이용 등은 기존 이동전화가 사용하고 있는 기술이며, 와이브로의 핵심 기술인 OFDMA, Smart 안테나, MINO 기술 등은 차세대 이동통신의 핵심 기술로서 주파수 효율을 제고하는데 필수적인 기술이다.

(2) 서비스적 특성: WiBro는 음성을 고려하지 않고 데이터 전송에 가장 효율적인 IP 기반으로 설계함으로써 저렴한 장비로 서비스 구현이 가능하여, 도심지역 중심에 대중교통수단의 이동성과 높은 수준의 전송속도로 영화 · 음악 스트리밍, 게임, VOD, 웹브라우징 및 파일 다운로드 서비스 등 멀티미디어 서비스 제공에 적합한 망이다.

[WiBro와 연관서비스 비교]

구분	초고속 인터넷	무선인터넷	무선랜	WiBro	WCDMA (HSDPA)	위성DMB
서비스 내용	고정 위치의 인터넷 접속	이동전화이용 무선인터넷 접속	무선 초고속 인터넷	이동 중 인터넷 접속	고속 이동 중 무선인터넷 접속	이동 중 방송 수신(TV, 동영상, 음악)
사용범위	실내	실내외, 전국	실내 Hot Spot	실내외, 84개 시 Hot Zone	전국	전국
전송속도	초고속 (8~20Mbps)	중저속 (20~200kbps)	초고속 (11Mbps)	고속 (1Mbps)	중고속 (384~512kbps)	고속 (1.7Mbps)
이동성	없음	매우 높음	낮음	높음	매우 높음	높음
콘텐츠	인터넷 콘텐츠	무선인터넷 콘텐츠	인터넷 콘텐츠	인터넷 콘텐츠	무선인터넷 콘텐츠	방송 서비스
이용 단말기	PC	휴대폰, PDA	노트북, PDA	노트북, PDA, 스마트폰	휴대폰, PDA	PDA, 스마트폰, 차량형

1. 4세대 이동통신(4G)

(1) 정의

① ITU(International Telecommunication Union, 국제 전기통신 연합)에서 4세대 이동통신 규격을 정의하면서, 저속 이동 시 1Gbps, 고속 이동 시 100Mbps의 속도로 데이터를 전송할 수 있어야 한다고 규정했다.

② 이에 따르면 LTE와 와이브로는 'pre-4G' 혹은 '3.9세대'로, 진정한 4G 규격은 각각이 발전한 'LTE-Advanced'와 '와이브로-에볼루션'으로 보는 것이 대체적인 견해이다.

(2) 기술 종류

① LTE

  ㉠ LTE는 3G 이동통신 규격 중 유럽식 WCDMA에서 발전한 이동통신 규격이다. LTE의 전송속도는 이론적으로 다운로드 최대 75Mbps, 업로드 최대 37.5Mbps이다.

  ㉡ LTE는 전세계적으로 70% 이상 사용하고 있는 WCDMA의 후속 기술이기 때문에 기존 3G 통신망과 연동이 쉽다는 장점이 있다.

② LTE-A

  ㉠ LTE-A의 핵심은 10MHz 대역폭을 20MHz로 늘리는데 있다. LTE-A의 최대 다운로드 전송속도는 150Mbps다.

  ㉡ LTE-A는 주파수 대역폭을 2배로 늘리기 위해 CA(Carrier Aggregation) 기술을 사용하는데 이는 '반송파 집적 기술'이라고도 불리며, 서로 다른 대역폭의 주파수 2개를 하나로 묶어서 마치 하나의 주파수처럼 사용하는 기술이다.

③ 광대역 LTE-A

  ㉠ 광대역 LTE-A는 사용할 수 있는 주파수 대역폭을 30MHz로 넓혀, 최대 다운로드 전송속도는 225Mbps다.

  ㉡ 광대역은 말 그대로 '대역'이 '넓다'는 의미이며, 이는 속도와 비례한다.

2. 5세대 이동통신(5G)

(1) 정의: 5G는 5세대(5th Generation) 이동통신을 가리키는 말로 기존의 4세대 이동통신인 LTE(Long-Term Evolution)에 비해 방대한 데이터를 아주 빠르게 전송하고 실시간으로 모든 것을 연결(초연결)하는 4차 산업혁명의 핵심 기반이다.

(2) 특징

① 4G, 5G 등 세대를 구분하는 핵심은 통신성능(속도, 용량, 효율 등)의 차이로, 이전 세대와 비교해 모든 면에서 약 10~100배 수준으로 성능향상이 있을 때 세대구분이 이루어진다.

② 초고속-eMBB(enhanced Mobile BroadBand): 광대역 이동통신이 강화되어 더 많은 데이터를 빠르고 원활하게 주고받을 수 있다.

③ 저지연–URLLC(Ultra Reliable and Low Latency Communication): 지연시간을 획기적으로 낮추고 고속 이동 중에도 원활한 통신을 제공할 수 있다.

④ 대규모연결–mMTC(massive Machine Type Communication): 많은 수의 다양한 기기가 효율적으로 통신하게 되고 사물인터넷이 활성화된다.

(3) 활용

① 5G 기술은 4차 산업혁명의 특징인 초연결성(Hyper–Connectivity)을 구현하기 위한 핵심기술 중 하나로 혁신적 서비스를 위한 기반 기술이다.

② 자율주행: 안전성 · 효율성을 위하여 통제센터 및 객체(차량, 교통신호 등)간의 저지연 통신이 필요하며 운전자 한 명이 여러 대의 자동차를 이끄는 군집 주행(Platooning)도 상용화 단계에 있다.

③ 사물인터넷: 수많은 기기와 센서들이 접속 · 해제를 반복하고 실시간 데이터 사용량의 변동성이 크므로 각 기기에 맞는 유연한 네트워크 구조를 제공하는 기술(네트워크 슬라이싱 등)이 필요하다.

④ 스마트팩토리: 공장 내 레이아웃의 유연성 확보를 위한 무선 네트워크 최적화 기능과 24시간 모니터링, 사고감지, 안전체크, 작업보조 등이 가능한 디지털 트윈 구현이 필요하다.

⑤ AR · VR 및 미디어: B2C 시장의 대표적인 분야로 더 높은 해상도, 실감형 콘텐츠를 구현하기 위해서는 촉각인터넷 수준의 지연시간과 안정적인 무선통신서비스가 필요하다.

(4) 5G 상용화 5대 추진 전략

① 공공 선도투자로 초기시장 확보하고 국민 삶의 질 높이기

  ㉠ 5G+ 이노베이션 프로젝트(기술혁신 계획) 추진

  ㉡ 5G 기반 스마트시티(지능형도시) 조성

② 민간투자 확대를 통한 시험장(테스트베드) 조성 및 산업 고도화

  ㉠ 세제 · 투자 지원: 5G망 투자 세제지원으로 2022년 5G 전국망 조기 구축 유도

  ㉡ 5G 콘텐츠 플래그십 프로젝트 추진 및 개발 거점 인프라 확충

5G 콘텐츠 플래그십 프로젝트 5대 핵심분야

- 실감미디어: 몰입감 · 현장감을 극대화한 실감미디어 콘텐츠(예 360 VR 스포츠 중계)
- 실감커뮤니케이션: 원격지 접속 실감커뮤니케이션(예 다자간 홀로그램 영상통화)
- 실감라이프: 쇼핑 · 교육 등 실생활 수요 높은 생활형 콘텐츠(예 VR 쇼핑 플랫폼)
- 융합산업(인더스트리): 공장 · 농장 등 타산업에 접목 가능한 융합콘텐츠(예 AR 공장 · 농장 제어)
- 공공서비스: 국민 복지 · 안전 향상을 위한 공공서비스 적용 콘텐츠(예 VR 안전교육)

---

③ 제도 정비를 통한 5G 서비스 활성화 및 이용자 보호 지원

  ㉠ 통신 요금제 및 제도 정비

  ㉡ 디지털 격차 해소 및 이용자 보호

④ 산업기반 조성으로 글로벌 수준의 혁신 기업 · 인재 육성

  ㉠ 글로벌 선도기술 확보

  ㉡ 정보보호 산업 경쟁력 강화

⑤ 해외진출 지원을 통한 우리 5G 기술 · 서비스의 글로벌화

  ㉠ 5G 서비스 글로벌화 지원

  ㉡ 글로벌 5G 표준화 선도

09 웹미디어

1. 정의

(1) WWW, W3 또는 웹(Web)이라고도 불리는 월드와이드웹(World Wide Web)은 다양한 형태의 데이터 와 정보에 접근할 수 있도록 해주는 인터넷 서비스이며 웹미디어는 이를 활용한 미디어를 지칭한다.

(2) 일반적으로 웹미디어에는 다음 네 가지 측면들이 포함되어야 한다.
   ① 인터넷 서비스이다.
   ② 기술적으로 HTTP(HyperText Transfer Protocol)라는 프로토콜을 사용하는 네트워크이다.
   ③ 하이퍼텍스트 정보 시스템이다.
   ④ 월드와이드웹은 멀티미디어이다. 즉 텍스트 정보뿐만 아니라 그래픽, 오디오, 비디오, 프로그램 파일 등을 하이퍼텍스트 형태로 제공한다.

2. 웹 미디어의 특성

(1) 월드와이드웹 텍스트들의 상호 텍스트성(Intertextuality)이 겉으로 명백히 드러나 있다는 것이다. 즉 하나의 텍스트는 특정한 '링크'들을 통해 다른 텍스트들과 연계되어 있기 때문에 이용자들은 한 텍스트 로부터 다른 텍스트로 이동함은 물론 텍스트들을 상호 관련지어 이용하게 된다.

(2) 월드와이드웹의 텍스트는 하이퍼텍스트와 마찬가지로 비선형성(Nonlinearity)을 갖는다는 것이다. 즉 전통적인 텍스트와 달리 정해진 시작과 끝이 없으며 다양한 링크를 통해 다양한 길을 선택할 수 있다 는 비선형성의 전제는 전통적인 선형적 텍스트의 전제와 배치된다.

(3) 월드와이드웹의 경우 독자는 수동적 수신자의 역할에 머물던 전통적인 텍스트의 경우와 달리, 능동적 인 작가(Writer)로서의 역할을 갖는다는 것이다.

(4) 월드와이드웹은 독특한 멀티미디어로서의 특성을 갖는다. 텍스트 이외에 시청각적 요소들을 결합시킨 다는 것을 넘어, 이러한 요소들 사이의 시너지 산물로서 의미가 있다.

(5) 월드와이드웹의 텍스트가 전 지구적(Global) 범위를 갖는다는 것이다.

3. 웹 미디어의 진화

(1) 웹 1.0(정보형 웹)
   ① 사용자에게 정보를 보내는 것(일방적 정보전달형)이다.
   ② 적절한 타이밍의 정보 발신을 관리하기 위해 다양한 콘텐츠 관리 시스템이 개발되고 사용된다.
   ③ 사용자의 자기표현 수단으로 개인 사이트가 커뮤니케이션 도구로 변화하였다.
   ④ 콘텐츠의 소비자이면서 제작자로서 사용자(소비자 = 사용자)가 되었다.

(2) 웹 2.0(소셜 웹)

① '웹'을 플랫폼으로써 이용하기 시작하였다.

② 핵심 컨셉으로 사용자의 참여를 중시하며, 데이터의 중요성, 웹 서비스의 활용에 의해 유연하게 결합하였다.

③ 웹 2.0의 주요 특징은 협업과 커뮤니티이다(예 위키디피아).

[웹 1.0과 웹 2.0의 비교]

구분	웹 1.0(Web 1.0)	웹 2.0(Web 2.0)
광고모델	대형광고주 중심(20-80의 법칙)	Long-tail 광고 • AdSense 형식의 쉬운 접근성 • CPC모델의 형식
UCC콘텐츠	일회성, 비구조성 • 단순한 댓글 형식 • 일회적이고 한시적인 정보	핵심역량, 독보적인 경쟁성 확보 • 아마존닷컴의 플랫폼(서드파티)
소프트웨어	웹을 활용한 SW • 기존 SW를 인터넷을 통해 활용	웹이 응용 플랫폼 • 소프트웨어의 서비스화(API)
사용자접근	사용자 트래픽을 사이트에 Lock_in	콘텐츠 생성에 적극적 • Mash-up 서비스
마케팅	광고 등 고비용의 일반 마케팅	바이럴 마케팅, 구전 마케팅 • 광고할 필요가 있는 서비스는 웹 2.0이 아님

(3) 웹 3.0(시멘틱 웹)

① 유저에게 보다 편리하고 즐거운 테크놀로지(속도와 플랫폼의 변화)이다.

② 상시 참여와 진행이 가능(애플리케이션의 진화)하다.

③ 일련의 개인정보 공개와 프라이버시 보호를 강조한다.

④ 데이터들의 지능적 처리(인공지능과 데이터의 스마트화 향상)가 가능하다.

(4) 웹 4.0(유비쿼터스)

① 유비쿼터스 웨이브 환경에서 인간과 그 외의 것이 명확한 의사를 가지면서 서로 통신하는 것을 가능하게 한다.

② 인터넷이 사람의 두뇌를 대체한다. 인터넷이 지금 우리가 바라보는 '거대한 정보망' 따위가 아니라 사람의 두뇌가 병렬처럼 연결된 '인공지능'이 된다. 따라서 우리가 필요한 모든 것을 인터넷이 가장 빠르고 정확하게 서비스해 준다.

③ 프라이버시 문제의 해결이 최우선 과제로 등장하였다.

10 소셜 네트워크 서비스(SNS)

1. SNS의 정의

(1) **머시(Murthy)**: 소셜 미디어는 정보를 누구나 출판하고, 접근할 수 있으며, 공동으로 협력하고 관계를 수립할 수 있는 전자적인 수단이라고 설명했다.

(2) **카플란과 핸린(Kaplan & Haenlein)**: 소셜 미디어는 가상 커뮤니티와 네트워크에서 정보, 아이디어, 그림, 영상 등을 창출, 공유 또는 교환할 수 있는 컴퓨터를 매개로 한 도구라고 설명하고 있다. 구체적인 정의는 웹 2.0의 이념적·기술적 기반 위에 구축되어 사용자제작콘텐츠(UGC; User-Generated Content)를 창조하고 공유하는 것을 가능케 하는 일단의 인터넷 기반 어플리케이션이라고 설명했다.

(3) **듀밍(Dewing)**: 사용자가 온라인 정보 교환에 참여하고, 사용자제작콘텐츠에 기여하고, 온라인 커뮤니티에 참여할 수 있는 광범위한 분야의 인터넷 기반 및 모바일 서비스라고 설명했다.

(4) **한국인터넷진흥원**: SNS는 인터넷상에서 친구, 동료 등 지인과의 인간관계를 강화하거나 새로운 인맥을 형성함으로써, 폭넓은 인적 네트워크를 형성할 수 있게 해주는 서비스로 미니홈피, 블로그, 마이크로블로그, 프로필 기반 서비스 등을 포함한다.

2. SNS의 기능별 유형화 – 한국인터넷진흥원

(1) **프로필 기반**: 특정 사용자나 분야의 제한 없이 누구나 참여 가능한 서비스이다.(예 페이스북, 카카오스토리)

(2) **비즈니스 기반**: 업무나 사업관계를 목적으로 하는 전문적인 비즈니스 중심의 서비스이다.(예 링크나우, 링크드인)

(3) **블로그 기반**: 개인 미디어인 블로그를 중심으로 소셜 네트워크 기능이 결합된 서비스이다.(예 이글루스, 티스토리)

(4) **버티컬**: 사진, 비즈니스, 게임, 음악, 레스토랑 등 특정 관심분야만 공유하는 서비스이다.(예 유튜브, 핀터레스트, 인스타그램)

(5) **협업 기반**: 공동 창작, 협업 기반의 서비스이다.(예 위키피디아, 나무위키)

(6) **커뮤니케이션 중심**: 채팅, 메일, 동영상, 컨퍼런싱 등 사용자 간 연결 커뮤니케이션 중심의 서비스이다.(예 텔레그램, 라인)

(7) **관심주제 기반**: 분야별로 관심 주제에 따라 특화된 네트워크 서비스이다.(예 도그스터, 와인로그)

(8) **마이크로블로깅**: 짧은 단문형 서비스로 대형 소셜네트워킹 서비스 시장의 틈새를 공략하는 서비스이다.(예 트위터, 텀블러)

3. SNS의 학자별 유형 분류

기준	년도	유형	연구자
용도	2009	커뮤니케이션 모델, 협업 모델, 콘텐츠공유 모델, 엔터테인먼트 모델	최민재, 양승찬
	2010	소셜 네트워킹(Social Networking), 소셜 협업(Social Collaboration), 소셜 퍼블리싱(Social Publishing), 소셜 피드백(Social Feedback)	가트너 그룹
	2010	커뮤니티(카페, 클럽), 미니홈피, 블로그, 프로필기반 서비스(소셜네트워킹, 블로그)	한국인터넷진흥원
	2011	소셜네트워킹, 소셜콘텐츠, 소셜어텐션, 소셜협업	권혁진
	2016	Networking, Publishing, Sharing, Messaging, Discussing, Collaborating	fredcavazza.net
기능	2016	프로필 기반, 비즈니스 기반, 블로그 기반, 버티컬 기반, 협업 기반, 커뮤니케이션 중심, 관심주제 기반, 위치 기반, 마이크로 블로그	김태원

4. SNS의 특징 – 진 스미스(Gene Smith, 2016)

(1) **존재감(Presence)**: '현재성'이라고도 하며, SNS에서 사용자가 자신의 현재 상황을 통해 자신의 존재를 알리게 해준다.

(2) **관계 형성(Relationship)**: '관계성'이라고도 하며, SNS에서 사용자가 다른 사람들과 관계를 형성하고 유지할 수 있게 해준다.

(3) **평판(Reputation)**: '평판도', '명성도'라고도 하며, SNS를 통해서 자신의 명성 또는 자신의 성과를 자랑할 수 있도록 해준다.

(4) **집단성(Groups)**: 그룹 또는 공통된 관심사에 대한 커뮤니티를 구성할 수 있게 해준다.

(5) **의사소통(Conversations)**: '대화성'이라고도 하며, 사람들 간에 대화와 소통을 하고 싶은 욕구를 충족시킬 수 있게 해준다.

(6) **공유성(Sharing)**: 개인이 가진 정보와 콘텐츠 또는 소소한 일상에 대한 정보를 다른 사람들과 공유할 수 있게 해준다.

(7) **정체성(Identity)**: 주체성이라고도 하며, SNS 상에서 개인이 자신의 주체성을 확고히 하게 해준다.

5. 재매개로서의 SNS

(1) **제이 데이비드 볼터(Jay David Bolter)**: 하나의 미디어가 다른 미디어의 인터페이스, 표상양식, 사회적 인식을 차용하고 나아가 개선하는 미디어 논리이다. 하나의 미디어가 다른 미디어와 맺는 이런 재매개 관계가 두 가지 양상으로 전개되는데, 하나는 경의(Respect)고 다른 하나는 경쟁(Rivalry)이다.

(2) **레프 마노비치(Lev Manovich)**: 재매개는 디지털 미디어의 새로운 기능이라고 간주하는 '문화 인터페이스(Cultural Interface)'의 혼종성(Hybridity)을 설명하기 위해 인용하는 논리이다.

6. 텍스트 확장의 SNS

(1) 디지털 테크놀로지와 만나 디지털 텍스트의 보편적인 조직화 원리와 구조(Textual Architecture)로 부상한 하이퍼텍스트는 텍스트 사이의 연계를 하이퍼링크라는 '명시적' 장치로 나타냈다.

(2) 단위 텍스트들을 연결하여, 일반적인 선형적 텍스트(Linear Text)와 구별되는 하이퍼텍스트를 만드는 하이퍼링크는 전형적인 '텍스트 확장(Textual Extension)' 장치라고 볼 수 있다.

7. 대표적 소셜네트워크 서비스

(1) 페이스북

① 사용자들이 서로의 개인정보와 글, 동영상 등을 상호 교류하는 온라인 인맥 서비스(SNS; Social Network Service)이다. 2004년 2월 당시 하버드대 학생이었던 마크 저커버그(Mark Zuckerberg) 가 개설하였다. 본사는 미국 캘리포니아 주 서부에 있는 팰러 앨토(Palo Alto)에 있다.

② 페이스북의 MAU(Monthly Active Users)는 약 28억 명으로 세계 최대 규모의 소셜 플랫폼 자리를 유지하였고, 최근 수익 다각화를 위해 다양한 서비스를 출시하였다.

③ 페이스북은 세계 최대 규모의 이용자를 기반으로 하고 있지만, 소셜 미디어 시장 내 여타 주요 플레이어들의 적극적인 신규 서비스 출시로 인해 예전과 같은 경쟁력을 유지하기는 어려운 상황이다. 이에 페이스북은 콘텐츠 크리에이터의 수익 다각화 방안을 마련하여 기존 이용자들의 이탈을 방어 중이다. 예를 들어 2020년 8월 도입한 '유료 온라인 이벤트' 기능은 현재 콘텐츠크리에이터나 사업자가 수익을 올릴 수 있는 효과적인 방법으로 자리잡았으며, 최근 구독 시장 내 인기트렌드로 부상 중인 뉴스레터 플랫폼(Bulletin)도 출시했다.

(2) 인스타그램

① 온라인 사진 및 비디오 공유 어플리케이션이다. 사진과 비디오를 페이스북, 트위터, 플리커(Flickr) 등과 같은 소셜 네트워크 플랫폼으로 공유할 수 있기 때문에 소셜 네트워크 서비스(SNS)로 보기도 한다.

② 무료 이미지 및 동영상 공유 응용 소프트웨어로, 2010년 케빈 시스트롬(Kevin Systrom)과 마이크 크리거(Mike Krieger)가 개발하였다. 출시 이후 급속도로 인기를 얻어 2014년 12월에는 사용자가 3억 명에 이르렀다. 2011년 1월에는 해시태그(#)를 추가하였다. 2012년 4월 페이스북에 10억 달러에 인수되었으며, 인수 후에도 독립적으로 운영되고 있다.

③ 인스타그램의 MAU는 12억 명에 이르며, 코로나19로 인한 언택트 사회 환경에 빠르게 대응하여 새로운 서비스를 제공하고 있다.

④ 인터넷 연결이 원활치 않은 지역에 거주하거나 2G폰을 사용하는 이용자도 인스타그램을 사용할 수 있도록 2MB 용량의 'Lite' 버전을 공식 출시하였다. 인도의 약 50% 가정만이 인터넷을 사용할 수 있다는 점에 착안하여 인도를 비롯해 아프리카, 아시아 및 라틴 아메리카 등 170개국을 대상으로 플랫폼을 출시하였다.

(3) 틱톡(抖音, 더우인)

① 틱톡은 중국 바이트댄스가 운영하는 숏클립 영상 플랫폼이다. 15초 분량의 짧은 동영상을 찍어 자유롭게 공유할 수 있으며 영상 편집 전문 기술이나 촬영 도구 없이 스마트폰만 있으면 누구나 쉽게 이용할 수 있다. 150여 개 나라에서 75개 언어로 서비스된다. 전 세계에서 가입자는 10억 명을 넘어섰고, 2020년 초 기준 바이트댄스 기업 가치는 1,400억 달러(약 166조 원)에 이른다.

② 10대 청소년 사이에서는 유튜브 이상의 영향력을 자랑한다. 중독성 있는 짧은 영상 클립은 '움짤(움직이는 이미지)' 형태로 재가공하고, 다양한 인터넷 커뮤니티에 재전파한다. 유명 가수의 신곡 발표나 영화, 드라마 등 홍보 플랫폼으로도 활용되면서 강력한 시너지 효과를 내고 있다. 국내에서는 월 평균 260만 명이 이용하는 것으로 추정한다.

③ 틱톡은 영상 플랫폼에서 온라인 쇼핑이 가능한 페이지를 직접 연결하면서 확고한 비즈니스 모델을 확보하였다. 다른 사회관계망서비스(SNS)는 대부분 광고 매출에 의존하는 반면 틱톡의 주 수입원은 기업 제휴, 이커머스 수수료 등 직접 매출이다.

④ 지난 2021년 동안 틱톡은 인도 시장 내 퇴출, 미국 지분 매각 등 다양한 논란과 위협으로 격동의 한 해를 보낸 바 있다. 또한 인스타그램, 스냅챗, 유튜브 등 주요 소셜 미디어 플레이어들이 틱톡 스타일의 숏폼 콘텐츠를 모방한 서비스를 속속히 출시함에 따라 틱톡만의 고유한 경쟁력이 훼손될 위험에 처해있다.

(4) 트위터

① 2006년 3월 선보인 휴대폰이나 PC를 이용해 가입자들끼리 알파벳 140자 미만의 짧은 문장을 주고받는 등의 서비스를 제공하는 사이트를 말한다. 트위터는 PC뿐 아니라 휴대폰으로도 사용이 가능하므로 직접 방문해야 사용이 가능한 블로그나 개인 홈페이지와는 달리, 트위터 사이트에 개인 페이지를 개설해 놓으면 언제 어디서나 글을 올릴 수 있고 등록된 가입자의 휴대폰에도 실시간으로 전달되는 특징이 있다.

② 2021년 트위터 mDAU(monetizable Daily Active Users: 유료화 일간활성사용자수)는 2억 1,100만명으로 증가세이다. 그 이유로는 트위터가 새로운 오디오플랫폼 '스페이스(Space)' 베타 출시한 것에서부터 크리에이터 계정 유료 구독이 가능한 '슈퍼 팔로(Super Follow)' 기능 도입, 구독형 뉴스레터 기능을 지원하는 '레뷰(Revue)' 인수 등 콘텐츠 크리에이터를 전방위로 지원하는 신규 서비스를 제공하였기 때문이다.

프로슈머(Prosumer)

세계적인 미래학자 앨빈 토플러(Alvin Toffler)는 1970년 『미래의 충격(Future Shock)』이라는 저서에서 소비자와 생산자 간의 경계가 점차 무너져 가고 있다고 예견했다(Toffler, 1970). 21세기 미디어와 세상의 변화를 꿰뚫어 본 마셜 매클루언(Marshall Mcluhan)은 이미 1972년의 저서 『테이크 투데이(Take Today)』에서 전자 기술의 발달로 소비자는 생산자가 될 것이라고 예견했다(Mcluhan & Nevitt, 1972). 1980년 앨빈 토플러(Toffler, 1980)는 『제3의 물결(The Third Wave)』에서 생산자(Producer)와 소비자(Consumer)가 결합된 신조어로 프로슈머(Prosumer)라는 용어를 최초로 사용했다.
소셜 미디어의 프로슈머를 '디지털 프로슈머(Digital Prosumer)'라고 부르기도 한다(Dusi, 2016). 디지털 프로슈머는 웹 2.0을 기반으로 기업 외부의 대중으로부터 아이디어나 정보를 수집하기 때문에 크라우드소싱(Crowd Sourcing)과도 밀접한 관련이 있다(Dodge & Kitchen).

SNS 관련 용어 정리

- 팔로워와 팔로잉(Follower & Following): 팔로워는 나를 팔로우 하는 사람, 즉 나의 메시지를 보고 있는 사람을 말한다. 팔로잉은 내가 팔로우 하는 사람, 즉 내가 메시지를 보고 있는 사람을 말한다. 팔로잉을 하게 되면 해당 인물의 트윗이 내 타임라인에 뜨게 된다.
- 트윗(Tweet)과 리트윗(Retweet): 트윗은 나의 팔로워들에게 메세지를 보내는 것으로, 나의 팔로워 타임라인에 게시된다. 리트윗은 다른 사람의 트윗을 내가 다시 한번 트윗하는 것으로, 내가 팔로우 하지 않은 사람의 트윗을 내 타임라인에 공유하여 나의 팔로워들에게 전달할 수 있다.
- 멘션(Mention): 문장 앞에 '@Hongkildong'이라고 붙여서 메세지를 작성하면 '홍길동'에게만 트윗이 보내지며 알람이 울린다. 그리고 이 멘션에 대해 답하는 것을 '답멘션'이라 한다.
- DM(Direct Message): 특정인만 볼 수 있는 1:1 멘션으로, 나를 팔로잉하는 사람에게만 DM을 보낼 수 있다.
- 타임라인(Timeline): 내가 팔로잉하는 사람들의 메시지(트윗과 리트윗)가 실시간으로 보이는 게시판을 말한다.
- 언팔: 팔로우를 해지하는 것을 말한다.
- 블락(Block): 팔로워 또는 팔로워가 아닌 트위터 이용자를 차단하면 상대방이 내 트윗을 볼 수도 없고 나에게 멘션도 보낼 수 없다.
- 트위터롤로지(Twitterology): 트위터 메시지를 분석하는 새로운 연구 방식으로, 트위터와 고대 그리스어에서 유래한 학문을 뜻하는 접미어 '로지(-logy)'를 합성한 단어다. 언어학자인 벤 지머가 붙인 이름이다.
- 트위터봇(Twitter Bot): 트위터에서 프로그램을 이용해 자동으로 글을 올리고, 이용자가 가상의 인물이나 대상인 것처럼 가장해 운영하는 계정을 일컫는 용어이다. 이는 정보와 재미를 제공하는 긍정적인 측면도 있지만, 악의적으로 이용되기도 해 종종 부작용이 발생하기도 한다.
- 트위터러처(Twitterature): 트위터를 통해 즐기는 문학 또는 트위터를 통해 압축시킨 새로운 형태의 문학 작품을 일컫는 신조어이다. 140자 이내의 단문 서비스인 트위터를 통해 이뤄지기 때문에 '140자로 즐기는 문학'이라고도 한다.
- 해시태그(#): 단어나 핵심어 앞에 '#' 기호를 붙여 게시물의 분류와 검색을 편리하게 하는 것을 말한다.
- 피드: 인스타그램에 들어갔을 때 보이는 네모모양의 게시물들을 통틀어 이르는 말이다.
- 듀엣: 틱톡에서 다른 유저의 영상과 콜라보할 수 있도록 하는 기능이다.
- 리엑션: 틱톡에서 본인 혹은 다른 유저의 영상에 대한 반응을 찍을 수 있게 하는 기능이다.

01 커뮤니케이션을 보는 관점에서 부호화 및 해독에 중점을 두는 관점은?

① 구조적 관점

② 의미중심적 관점

③ 의도적 관점

④ 기능적 관점

01

오답의 이유

① 구조적 관점: 송신자 – 메시지 – 수신자의 구조에 중점을 둔다.

② 의미중심적 관점: 의미가 수용자에 의해 부여된 것임을 강조하는 상징적 상호작용론의 영향을 받았다.

③ 의도적 관점: 의도적으로 계획된 행위에 중점을 둔다.

02 다음 의사소통의 방법 중 구조적 관점의 기본 요소가 바르게 나열된 것은?

① 송신자 – 해독 – 수신자

② 메시지 – 미디어 – 수신자

③ 송신자 – 메시지 – 수신자

④ 메시지 – 미디어 – 해독

02

의사소통의 기본요소는 송신자가 전달하는 메시지에 수신자가 반응을 보이는 것이 해당한다.

03 다음 중 수신자에 포함되는 것은?

① 송신기

② 해독

③ 정보원

④ 기호화

03

수신자는 전달된 메시지에 대한 해독을 통하여 반응을 보인다.

04 면대면 커뮤니케이션과 사이버 커뮤니케이션을 비교한 것으로 바르지 않은 것은?

① 사이버 커뮤니케이션이 대상에 대한 정보를 더 많이 가지고 있다.

② 면대면 커뮤니케이션이 정보전달의 정확도가 더 높다.

③ 사이버 커뮤니케이션은 시공간적 제약을 받지 않는다.

④ 면대면 커뮤니케이션이 상대방을 설득하는 데 더 효과적이다.

04

사이버 커뮤니케이션은 면대면에 비하여 정보의 양이 상대적으로 빈약할 수밖에 없다.

정답 01 ④ 02 ③ 03 ② 04 ①

05

소셜 미디어는 다양한 형태의 콘텐츠가 다양한 이용자들에 의해 생성되고 공유되는 다대다(Many-To-Many)의 쌍방향적 관계성을 토대로 하므로 1인 미디어, 1인 커뮤니티의 특징을 지닌다고 볼 수 있다. 일상생활에 대한 내용을 전달하는 개인의 놀이공간과는 차이가 있다.

06

트위터는 한글 140자, 영어 280자 이내의 단문으로 개인의 의견이나 생각들을 공유하고 소통하는 사이트다. Twitter(지저귀다)의 뜻 그대로 재잘거리듯이 일상의 작은 이야기를 바로 올릴 수 있는 온라인 공간이다. 즉 쌍방향의 대화가 아닌 자신의 의견을 표출하는 단방향적 성격을 가지고 있다.

07

프로듀서(Producer, 생산자)와 컨슈머(Consumer, 소비자)의 합성어로 생산자이면서 소비자이며, 소비자이면서 생산자라는 뜻이다. 소비자와 생산자가 동일체로 바뀐 행태의 마케팅은 컴퓨터·가구·의류업체 등에서 흔히 채택되고 있으며, 소비자 만족이 성공의 열쇠라는 인식에서 비롯된 전략이다.

정답 05 ③ 06 ③ 07 ①

05 소셜 미디어의 특징에 대한 설명으로 바르지 않은 것은?

① 인터넷 미디어 중 가장 신속하게 정보를 전달할 수 있다.
② 일반 미디어와 가장 큰 차이점은 개인의 경험을 다른 사람과 공유한다는 점이다.
③ 개인의 프로필을 놀이 개념으로 확장한 서비스이다.
④ 개방형 커뮤니케이션 공간으로 매스 미디어에 도전, 저항하는 대안적 미디어이다.

06 페이스북과 비교하여 트위터가 가지는 특성으로 적절하지 않은 것은?

① 단순성
② 네트워크 구축 용이
③ 쌍방향 연결구조
④ 정보확산의 신속성

07 다음 중 프로슈머에 대한 설명으로 바르지 않은 것은?

① 예술을 적극적으로 향유하는 아마추어들이다.
② 정보를 생산, 공유한다는 점에서 위키피디아를 쓰는 사람들도 프로슈머라 볼 수 있다.
③ 생산과 소비의 융합을 보여주는 활동을 한다.
④ 소비자가 자신에게 어울리는 상품을 직접 제작한다.

08 다음 중 매스 미디어와 소셜 미디어를 비교한 내용 중 바르지 않은 것은?

구분	매스 미디어	소셜 미디어
① 접근성	비용 및 소유가 용이하지 않음	저비용으로 소유가 쉬워 접근성 용이
② 유용성	누구나 쉽게 다루거나 제작 가능	전문화된 기술과 훈련 요구
③ 신속성	커뮤니케이션의 시차적 반응	커뮤니케이션의 즉각적 반응
④ 영속성	한번 제작되면 변경이 불가능	편집으로 즉각적 변경가능

08
매스 커뮤니케이션의 과정에서 보내는 측과 받는 측 사이를 맺는 모체 즉, 신문·라디오·텔레비전·잡지·영화 등 고도의 기계기술 수단을 구사. 정보를 대량 생산하여 불특정 다수의 사람들에게 대량 전달하는 기구 및 전달 시스템을 말한다. 현대사회에서의 매스 미디어는 대규모 조직이 되어 쉴 새 없이 활동하고 있으므로 일반 대중들에게 미치는 영향력은 막대하다. 그러므로 소셜 미디어와 달리 누구나 사용할 수 있는 매체에는 해당하지 않는다.

09 인터넷 상에서 친구, 선후배, 동료 등 인맥관계를 강화시키고 또 새로운 인맥을 쌓으며 폭넓은 인적 네트워크를 형성할 수 있게 해주는 것은?

① 소셜 미디어
② 인터넷 플레이밍
③ 모빌라우드
④ 소셜 네트워크 서비스

09
웹상에서 친구·선후배·동료 등 지인(知人)과의 인맥 관계를 강화시키고 또 새로운 인맥을 쌓으며 폭넓은 인적 네트워크(인간관계)를 형성할 수 있도록 해주는 서비스를 '소셜 네트워크 서비스(Social Network Service)', 간단히 'SNS'라 부른다. 인터넷에서 개인의 게시물을 공유할 수 있게 하고, 의사소통을 도와주는 1인 미디어, 1인 커뮤니티라 할 수 있다.

10 온라인 플랫폼인 소셜 미디어의 특징이 아닌 것은?

① 정보의 가치를 유기적으로 진화시키는 원동력인 참여
② 문화적 배경을 기반으로 하는 접근의 차별
③ 피드백과 참여에 장벽이 없는 공개
④ 이용자들의 요구에 부합되는 정보 제공의 쌍방향성 대화

10
소셜 미디어는 전통적 대중매체와는 달리 누구나 접근이 가능하며, 콘텐츠 생산이 가능하다는 장점이 있어 마케팅 수단으로 적극 활용되고 있다.

11 컴퓨터 매개 커뮤니케이션의 특징이 아닌 것은?

① 공간적 제약이 없다.
② 시간적 제약이 있다.
③ 쌍방향 커뮤니케이션이 가능하다.
④ 가상공동체 형성이 가능하다.

11
컴퓨터 매개 커뮤니케이션은 시간의 제약 없이 언제나 사용이 가능하다.

정답 08 ② 09 ④ 10 ② 11 ②

12
파워블로거는 블로거 중에서도 방문자 수 또는 스크랩 수 등이 많아 인기가 높은 블로거를 가리키는 말이다. 포털업체에서는 지난 2003년부터 글 게재횟수와 내용, 방문자, 댓글 등을 따져 매년 수백 명의 파워블로거를 선정해 오고 있다.

12 다음 블로그와 관련된 내용 중 바르지 않은 것은?

① 파워블로거는 전통적인 비평가라고 볼 수 있다.

② 블로그는 소셜 네트워크 서비스 중 하나에 해당한다.

③ 블로그는 자신의 일상이나 관심사 정보를 자유롭게 게재하는 개인공간에 해당한다.

④ 파워블로거는 인터넷 상에서 훌륭한 입소문 마케팅 창구 역할을 한다.

13
인터넷상의 통신방법 가운데 하나이다. 인터넷을 통해 쪽지, 파일, 자료들을 실시간 전송할 수 있는 서비스로 채팅이나 전화와 마찬가지로 실시간 의사소통이 가능하다. PC시대의 가장 혁신적인 발명품 중 하나로 꼽히는 메신저는 인터넷을 통해 실시간으로 대화나 데이터를 주고받을 수 있어 '인스턴트 메신저'라고 불린다. 동일한 인스턴트 메신저 프로그램을 설치한 네티즌들끼리는 별도의 사이트와의 연결 없이 단말기 대 단말기로 각종 통신기능이 가능하다.

13 다음 중 비동시적 커뮤니케이션에 해당하지 않은 것은?

① 전자우편

② 월드와이드웹

③ 인스턴트 메신저

④ 전자게시판

14
공중이나 군중 또는 대중 모두 지위, 계급, 직업, 학력, 재산 등의 사회적 속성을 초월한 불특정 다수의 사람들로 이루어진 집합체인 것은 공통이지만 공중은 어느 정도 지각이 있는 의식을 지닌 무리라는 긍정적인 면이 있고, 군중은 지각이나 의식과는 관계없는 여러 사람들을 지칭하고 대중은 공중과 군중을 함께 아우르는 무리의 집합체이다.

14 커뮤니케이션 수용자에 대한 설명으로 바르지 않은 것은?

① 군중은 한시적으로 공유된 정체성을 일정기간 가지지만 동일 형태의 재조직은 불가능하다.

② 공중은 특정한 쟁점에 대하여 일정기간 관심을 공유하는 사람들의 집단에 해당한다.

③ 대중은 개별 정체성으로 개별행동을 하다가 일시적인 특정사안에 개별성을 유지하면서 공동으로 행동하는 사람을 의미한다.

④ 대중은 본능적인 욕구와 이해타산, 외부의 압력에 결합하는 사람을 의미한다.

15
소셜 그래프(Social Graphe)는 소셜 네트워크를 표현하기 위해 사용되는 구조다. 소셜 그래프는 노드(Node)와 링크(Link)로 이루어져 있다. 노드는 소셜 네트워크상에서 활동하는 각 개개인들을 나타내고, 링크는 이들 노드 간의 관계를 표현한다. 즉 개인 간의 결합을 보여주는 것이 소셜 그래프에 해당한다.

정답 12 ① 13 ③ 14 ③ 15 ②

15 페이스북과 소셜 그래프에 대한 설명 중 바르지 않은 것은?

① 분류, 수집된 정보들을 토대로 객체가 연결되어 집단화가 이루어진다.

② 소셜 그래프로 네트워크의 개인화가 이루어진다.

③ 소셜 그래프는 상품 광고 및 판매에 효과적인 채널을 제공한다.

④ 페이스북 사용자 간 관계에서 발생하는 연관관계를 시각화로 보여준다.

16 다음 중 가상공동체의 특성에 해당하지 않은 것은?

① 규칙적으로 소통할 수 있는 공통의 공론장이 필요하다.
② 구성원들의 능동적인 참여를 전제로 의사소통이 이루어진다.
③ 의사소통은 대부분 쌍방향적으로 이루어진다.
④ 특정 분야에서 공통된 관심과 문제를 공유하면서 상호교류가 이루어진다.

17 인터넷 방송의 특성으로 적합하지 않은 것은?

① 시간과 공간을 초월한 방송서비스 제공이 가능하다.
② 양방향 통신을 이용한 차별화된 서비스 제공이 가능하다.
③ 대형 방송사에 의한 독점 현상이 심화된다.
④ 적은 비용으로 방송 제작이 가능하여 효율성이 높다.

18 다음 매체의 종류에 따른 미디어 구분 중 그 성격이 다른 것은?

① 직접 위성 방송
② FM 다중 방송
③ PCM 음성 방송
④ CD

19 다음 중 케이블TV의 특성이 아닌 것은?

① 대용량성
② 다양한 채널 확보가능
③ 지역밀착형
④ 단방향성

20
케이블TV는 광대역 전송(다채널) · 쌍방향 통신 등의 특성 · 기능을 이용할 수 있으므로 이제까지의 텔레비전을 이용한 방송형 서비스뿐만 아니라 점차 난시청형 케이블TV에서 이용자의 리퀘스트에 의한 서비스와 유선통신 서비스, 정보처리 서비스도 도입한 다각적 시스템을 중심으로 하는 도시형 케이블TV로 개선되었다.

20 케이블TV와 지상파 방송의 매체적 특성과 관계없는 내용은?

① 다양성
② 전문성
③ 단방향성
④ 지역성

21
라디오는 대표적인 올드미디어에 해당한다.

21 다음 중 뉴미디어에 해당하지 않은 것은?

① 라디오
② HDTV
③ 레이저디스크
④ 비디오디스크

22
멀티미디어의 가장 큰 속성은 첫째, 미디어들을 다중적으로 통합한 미디어라는 것이다. 둘째, 멀티미디어는 디지털(Digital) 미디어. 셋째, 멀티미디어는 상호작용적(Interactive) 미디어. 또한 기계–상호작용 측면에서 보면, 상호작용성의 핵심 원리는 '변경 가능성(Variability)'이다. 변경가능성은 첫째, 미디어 구성요소들은 미디어 데이터베이스에 저장되어 있다. 둘째, 동일한 데이터로부터 많은 수의 인터페이스가 창출될 수 있다. 셋째, 컴퓨터는 이용자의 정보에 따라 자동적으로 미디어 구성요소들을 생성해 내고 그 구성을 개별적으로 최적화할 수 있다.

22 다음 중 멀티미디어의 속성에 해당하지 않는 것은?

① 미디어들을 다중적으로 통합한 미디어에 해당한다.
② 조작가능한 디지털적 성격을 가진다.
③ 상호작용적 성격을 가진다.
④ 제공된 정보들을 변경할 수 없는 유일성을 가진다.

23
기존의 미디어와 다른 뉴미디어의 가장 큰 특징은 대화형 상호작용이 가능하다는 것이다. 뉴미디어는 통신 연결을 통해 정보를 전달하고 이에 대한 사람들의 의견과 반응을 공유하며 다양한 주제에 대해 논의할 수 있도록 한다. 또한 뉴미디어에서는 정보가 디지털화 되고, 정보의 전달 및 교환이 상호적으로 일어나며, 미디어 사용자 및 수용자가 미디어를 더욱 능동적으로 이용할 수 있도록 하기 때문에 독점화 경향과는 거리가 멀다.

23 다음에서 설명하고 있는 뉴미디어의 특징 중 바르지 않은 것은?

① 다양한 정보형태들이 영상화된 정보전달 형태로 변화되어 하나의 디지털 단말기를 통해 다양한 종류의 신호와 정보를 용이하게 송 · 수신하고 이용이 가능
② 수용자가 원하는 시간에 원하는 프로그램을 원하는 곳에서 이용하고, 수용자가 메시지를 적극적으로 선택할 수 있도록 제공
③ 매스 미디어가 익명, 다수의 대중을 상대로 하는데 반해 뉴미디어는 다양한 종류의 콘텐츠로 특정 계층으로 목표 수용자로 함
④ 개별적으로 존재하던 매체들이 특성화, 차별화 전략을 통해 특정영역의 독점화 경향이 두드러짐

정답 20 ③ 21 ① 22 ④ 23 ④

24 다음 중 '재매개'와 관련된 설명 바르지 않은 것은?

① 뉴미디어는 '비매개'와 '하이퍼매개'라는 두 가지 논리 또는 방식으로 이루어진다.

② 재매개는 하나의 미디어가 다른 미디어를 차용, 재현, 확장, 흡수, 개조하는 특성을 지닌다.

③ 비매개는 투명성 추구하는 논리 또는 방식으로 마치 투명한 큰 창을 통해 풍경을 보는 것처럼 미디어 자체를 인식하지 않고 미디어가 표상한 대상에 주목하게 만드는 양식이다.

④ 비매개와 하이퍼매개는 어떤 원리이기보다는 사회적 관습에 가까우며, 또 각각의 논리가 의존적이라기보다는 서로 배타적으로 작동한다.

25 다음 중 개방, 참여, 공유를 통해 비전문가인 고객과 대중으로부터 해결책을 찾는 경영 방법은?

① 크라우드소싱

② 아웃소싱

③ 글로벌소싱

④ 상품소싱

26 다음에서 설명하고 있는 내용 중 바르지 않은 것은?

① 웹 1.0은 접근 중심으로 정보생산자가 이용자에게 일방적으로 콘텐츠를 제공한다.

② 웹 2.0은 참여와 공유를 중심으로 이용자는 콘텐츠의 생산자가 된다.

③ 웹 3.0은 지능형 웹이 중심이 되어 이용자에게 원하는 콘텐츠를 제공한다.

④ 웹 4.0은 유비쿼터스 웹을 기반으로 이용자가 직접 참여하여 자신의 콘텐츠를 창작한다.

네트워크와
정보보안

www.edusd.co.kr

01 네트워크

01 네트워크의 정의

1. 사전적 정의

(1) 넓은 뜻으로, 지리적으로 떨어져 있는 장치(전화기, 팩스, 컴퓨터, 단말기 등) 간에 정보를 교환할 수 있도록 이들 장치를 상호 접속하기 위하여 사용하는 전기 통신 기기와 장치, 전송로의 결합을 뜻한다. 전기 통신 기기와 장치에는 회선 다중화 장치, 교환 기기, 송수신 기기 등이 포함되고 전송로는 동선 케이블, 광섬유, 마이크로파 링크, 통신 위성 등 다양한 매체로 구성된다. 네트워크는 사용되는 단말 장치 또는 서비스에 따라서 전신망, 전화망, 컴퓨터 통신망 등으로 발전해 왔으나 컴퓨터 처리와 통신의 결합으로 이들 간의 경계는 없어지고 종합 정보 통신망(ISDN)으로 발전하였으며, 컴퓨터는 컴퓨터 실의 경계를 훨씬 벗어나게 되어 분산 컴퓨터 처리가 가능하게 되었다.

(2) 좁은 의미로, 컴퓨터 상호 간의 정보 교환과 정보 처리를 위한 데이터 통신망을 뜻한다. 통신망 운영 체계, 통신망 데이터베이스 등 네트워크 관련 용어는 대부분 컴퓨터 통신망과 관련하여 사용되는 용어 이다. 네트워크의 규모에 따라 구내 정보 통신망(LAN), 도시권 통신망(MAN), 광역 통신망(WAN), 세계적 통신망(GAN) 등으로 분류된다.

2. 네트워크 구성 요소의 개념

(1) **시스템(System)**: 체제라고도 하는데, 내부 규칙에 따라 능동적으로 동작하는 대상이다. 자동차, 커피 자판기, 컴퓨터, 마이크로 프로세서, 하드 디스크 같은 물리적인 대상뿐만 아니라, 신호등으로 교통을 제어하는 운영 시스템, MS windows 등의 운영체제, 프로그램의 실행 상태를 의미하는 프로세스 같은 논리적인 대상도 시스템이다.

(2) **인터페이스(Interface)**: 시스템과 시스템을 연결하기 위한 표준화된 접근 방법이다. 예를 들어, 컴퓨터 본체와 키보드를 연결하려면 키보드의 잭을 본체의 정해진 위치에 꽂아야 한다. 이를 위해서는 상호 간의 데이터 교환을 위한 RS-232C, USB 같은 논리적인 규격뿐만 아니라, 잭의 크기·모양 같은 물 리적인 규격도 표준화되어야 한다. 인터페이스를 이용해 연결하는 시스템은 능력과 권한이 같은 경우 도 있지만 서비스를 주고받는 상하 관계일 수도 있다.

(3) 전송 매체(Transmission Media): 시스템끼리 정해진 인터페이스를 연동해 데이터를 전달하려면 물리적인 전송 수단인 전송 매체가 반드시 있어야 한다. 전송 매체는 사람의 눈으로 볼 수 있는 동축 케이블을 포함하여 소리를 전파하는 공기, 무선 신호 등 다양하다. 인터페이스는 시스템 간의 연동을 위한 논리적인 규격이고, 인터페이스에서 정해진 규칙은 매체를 통해 전송됨으로써 구현되고 동작된다고 볼 수 있다.

(4) 프로토콜(Protocol): 상호 연동되는 시스템이 전송 매체를 통해 데이터를 교환할 때는 특정 규칙을 따르는데, 이 규칙을 프로토콜이라 한다. 일반적으로 프로토콜은 주종(主從) 관계가 아닌 동등한 위치에 있는 시스템 사이의 규칙이라는 측면이 강조되어 인터페이스와 구분된다. 인터페이스는 두 시스템이 연동하기 위한 특정한 접촉 지점(Access Point)을 의미하는 경우가 많지만, 프로토콜은 주고받는 정보의 형식과 그 과정에서 발생하는 일련의 절차적 순서에 무게를 둔다.

(5) 네트워크(Network): 통신용 매체를 공유하는 여러 시스템이 프로토콜을 사용하여 데이터를 주고받을 때 이들을 하나의 단위로 통칭하여 네트워크라 부른다. 일반적인 컴퓨터 네트워크에서는 물리적인 통신 매체로 연결된 컴퓨터 간에 동일한 프로토콜을 이용해 데이터를 주고받는다. 소규모 네트워크가 모여 더 큰 네트워크를 구성할 수 있는데, 네트워크끼리는 라우터(Router)라는 중개 장비를 사용해 연결한다.

(6) 인터넷(Internet): 인터넷은 전 세계의 네트워크가 유기적으로 연결되어 동작하는 통합 네트워크다. 인터넷으로 연결된 시스템, 인터페이스, 전송 매체, 프로토콜 등은 종류가 매우 다양하지만 데이터 전달 기능에 한해서는 공통적으로 IP(Internet Protocol) 프로토콜을 사용한다. 인터넷이라는 용어는 IP의 첫 번째 단어인 Internet에서 유래되었다.

(7) 표준화(Standardization): 서로 다른 시스템이 상호 연동해 동작하려면 표준화라는 연동 형식의 통일이 필요하다. 예를 들어, 프린트 용지를 생각해보자. 일반적으로 프린터와 프린트 용지를 만드는 회사는 다르다. 하지만 사전에 A4 규격이라는 통일된 틀을 만들어두었기 때문에 여러 회사 제품의 프린트 용지를 자유롭게 사용할 수 있는 것이다.

3. 네트워크 시스템의 개념

(1) **노드(Node)**: 인터넷에 연결된 시스템을 가장 일반화한 용어다. 데이터를 주고받을 수 있는 모든 시스템을 통칭한다.

(2) **호스트(Host)**: 일반적으로 컴퓨팅 기능이 있는 시스템이다. 일반 사용자가 응용 프로그램을 실행할 수 있어 사용자가 네트워크에 접속하는 창구 역할을 한다.

(3) **클라이언트(Client)**: 호스트를 세분할 때 호스트 사이에 제공되는 서비스를 기준으로 클라이언트와 서버로 나눈다. 클라이언트는 서비스를 요청하는 시스템이다. 호스트는 다양한 서비스를 서로 주고받기 때문에 임의의 호스트가 클라이언트나 서버로 고정되지는 않는다. 이용하는 서비스의 종류에 따라서 클라이언트가 될 수도 있고, 서버가 될 수도 있다. 그러므로 특정 서비스를 기준으로 클라이언트와 서버라는 상대적 용어로 구분한다.

(4) **서버(Server)**: 서버는 서비스를 주고받는 호스트들의 관계에서 특정 서비스를 제공하는 시스템이다. 일반적으로 서버는 클라이언트보다 먼저 실행 상태가 되어 클라이언트의 요청에 대기해야 한다. 그리고 영원히 종료하지 않으면서 클라이언트의 요청이 있을 때마다 서비스를 반복해서 제공해야 한다.

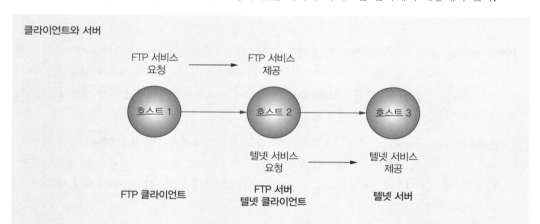

위의 도식은 임의의 서비스를 기준으로 클라이언트와 서버의 상대적인 관계를 설명한다. 그림에서 호스트 2는 파일 송수신 기능을 제공하는 FTP(File Transfer Protocol) 서비스를 제공하며, 호스트 3은 원격 단말기 기능인 텔넷(Telnet) 서비스를 제공한다.

FTP 서비스를 먼저 살펴보면, 호스트 1은 호스트 2에 FTP 서비스를 요청한다. 따라서 FTP 서비스를 기준으로 하면 호스트 1이 클라이언트가 되고, 호스트 2는 서버가 된다. 반면, 텔넷 서비스는 호스트 2가 호스트 3에 요청한다. 텔넷 서비스를 기준으로 하면 호스트 2가 클라이언트고, 호스트 3은 서버다. 따라서 호스트 2는 사용하는 서비스의 종류에 따라 클라이언트가 되기도 하고, 서버가 되기도 한다. 결론적으로 클라이언트와 서버라는 용어는 서비스 이용의 상대적 위치에 따라 결정된다.

1. OSI 7계층 모델 – ISO(International Standard Organization)

(1) 개념: OSI 7계층 모델(OSI 7 Layer Model)에 따르면, 네트워크에 연결된 호스트는 아래 그림과 같이 7개 계층으로 모듈화된 통신 기능을 갖추어야 한다. 일반 사용자는 OSI 7계층 맨 위에 있는 응용 계층을 통해 데이터의 송수신을 요청하며, 이 요청은 하위 계층으로 순차적으로 전달되어 맨 아래에 있는 물리 계층을 통해 상대 호스트에 전송된다. 그리고 요청이 각 계층으로 하달되는 과정에서 계층별로 담당하는 기능을 수행해 데이터를 안전하게 전달한다.

[OSI 계층 모델]

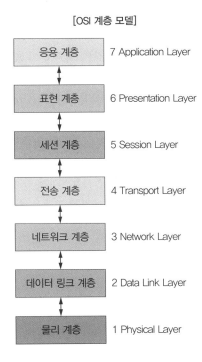

응용 계층	7 Application Layer
표현 계층	6 Presentation Layer
세션 계층	5 Session Layer
전송 계층	4 Transport Layer
네트워크 계층	3 Network Layer
데이터 링크 계층	2 Data Link Layer
물리 계층	1 Physical Layer

(2) OSI 7계층 모델의 계층별 기능

① **물리 계층(Physical Layer):** 네트워크에서 호스트가 데이터를 전송하려면 반드시 전송 매체로 연결되어 있어야 한다. 물리 계층은 호스트를 전송 매체와 연결하기 위한 인터페이스 규칙과 전송 매체의 특성을 다룬다.

② **데이터 링크 계층(Data Link Layer):** 물리 계층으로 데이터를 전송하는 과정에서는 잡음(Noise) 같은 여러 외부 요인에 의해 물리적 오류가 발생할 수 있다. 데이터 링크 계층은 물리적 전송 오류를 감지(Sense)하는 기능을 제공해 송수신 호스트가 오류를 인지할 수 있게 해준다. 발생 가능한 물리적 오류의 종류에는 데이터가 도착하지 못하는 데이터 분실과 내용이 깨져서 도착하는 데이터 변형이 있다. 일반적으로 컴퓨터 네트워크에서의 오류 제어(Error Control)는 송신자가 원 데이터를 재전송(Retransmission)하는 방법으로 처리한다.

③ 네트워크 계층(Network Layer): 송신 호스트가 전송한 데이터가 수신 호스트까지 도착하려면 여러 중개 시스템을 거친다. 이 과정에서 데이터가 올바른 경로를 선택할 수 있도록 지원하는 계층이 네트워크 계층이다. 중개 시스템의 기능은 일반적으로 라우터(Router) 장비가 수행한다. 네트워크 부하가 증가하면 특정 지역에 혼잡(Congestion)이 발생할 수 있는데, 이것도 데이터의 전송 경로와 관계가 있으므로 네트워크 계층이 제어한다.

④ 전송 계층(Transport Layer): 컴퓨터 네트워크에서 데이터를 교환하는 최종 주체는 호스트 시스템이 아니고, 호스트에서 실행되는 프로세스다. 전송 계층은 송신 프로세스와 수신 프로세스 간의 연결(Connection) 기능을 제공하기 때문에 프로세스 사이의 안전한 데이터 전송을 지원한다. 계층 4까지의 기능은 운영체제에서 시스템 콜(System Call) 형태로 상위 계층에 제공하며, 계층 5~7의 기능은 사용자 프로그램으로 작성된다.

⑤ 세션 계층(Session Layer): 전송 계층의 연결과 유사한 세션 연결을 지원하지만 이보다 더 상위의 논리적 연결이다. 즉, 응용 환경에서의 사용자 간의 대화(Dialog) 개념의 연결로 사용되기 때문에 전송 계층의 연결과는 구분된다.

⑥ 표현 계층(Presentation Layer): 전송되는 데이터의 의미(Semantic)를 잃지 않도록 올바르게 표현하는 방법(Syntax)을 다룬다. 정보를 교환하는 시스템이 표준화된 방법으로 데이터를 인식할 수 있도록 해주는 역할을 한다. 표현 계층의 주요 기능은 압축과 암호화다. 동영상과 같은 대용량의 멀티미디어 데이터를 압축(Compression)해 전송 데이터의 양을 줄일 수 있다. 암호화는 외부의 침입자로부터 데이터를 안전하게 보호하는 기능인데, 전자상거래가 증가하면서 중요성이 커지고 있다.

⑦ 응용 계층(Application Layer): 사용자의 다양한 네트워크 응용 환경을 지원한다. 기능은 한 분야에 한정되지 않고 매우 광범위하다.

2. 프로토콜과 인터페이스

(1) 프로토콜(Protocol): 네트워크 사용자가 통신한다는 의미는 데이터를 주고받을 수 있음을 의미한다. 최종 사용자가 데이터를 보내고 받으려면 양쪽 호스트에서 실행되는 OSI 7계층의 모듈이 유기적으로 연동되어야 한다. 호스트끼리 통신하는 과정에서는 각 계층의 모듈이 상대 호스트의 동일 계층과 개별적으로 논리적 통신을 수행해야 한다. 예를 들어, 한 호스트의 계층 n모듈은 상대 호스트의 계층 n모듈과 통신한다. 각 계층은 정해진 방식으로 통신하는데, 이 과정에서 필요한 규칙을 의미한다.

(2) 인터페이스(Interface): 호스트의 계층 사이에 존재하는 규칙을 의미한다. 이중 하위 계층이 상위 계층에 제공하는 인터페이스를 특별히 서비스(Service)라고 부른다.

1. 정의

(1) 네트워크와 네트워크의 연결을 인터네트워킹(Internetworking)이라 한다. 연결하는 네트워크 수가 증가할수록 복잡도가 커진다. 인터넷은 IP 프로토콜을 지원하는 전 세계의 모든 네트워크가 연결된 시스템을 의미하며, 라우터라는 중개 장비를 사용해 네트워크를 연결한다.

(2) 서로 독립적으로 운영되는 두 네트워크가 연동되어 정보를 교환하려면, 이를 적절히 연결하여 데이터를 중개할 수 있는 인터네트워킹 시스템이 필요하다. 여기서 네트워크가 연동한다는 의미는 물리적인 연결뿐만 아니라, 데이터 중개에 필요한 상위 통신 프로토콜을 모두 지원함을 뜻한다.

2. 게이트웨이(Gateway)

인터네트워킹 기능을 수행하는 시스템을 일반적으로 게이트웨이라 부른다. 게이트웨이는 기능에 따라 종류가 다양하지만 리피터, 브리지, 라우터 등이 가장 일반적인 구분이다.

(1) **리피터(Repeater)**: 물리 계층의 기능을 지원한다. 물리적 신호는 전송 거리가 멀면 감쇄되기 때문에 중간에 이를 보완해 주어야 한다. 리피터는 한쪽에서 입력된 신호를 물리적으로 단순히 증폭하여 다른 쪽으로 중개하는 역할을 한다.

(2) **브리지(Bridge)**: 리피터 기능에 데이터 링크 계층의 기능이 추가된 게이트웨이다.

(3) **라우터(Router)**: 물리 계층, 데이터 링크 계층, 네트워크 계층의 기능을 지원한다. 네트워크 계층은 경로 선택 기능을 제공해야 하므로 임의의 네트워크에서 들어온 데이터를 어느 네트워크로 전달할지 판단할 수 있어야 한다. 이를 지원하기 위하여 라우터는 자신과 연결된 네트워크와 호스트 정보를 유지하고 관리함으로써, 어떤 경로를 이용할 수 있고, 어떤 경로를 이용해야 빠르게 전송할 수 있는지를 판단한다. 이런 판단을 위한 정보는 일반적으로 라우팅 테이블(Routing Table)에 보관한다.

1. 정의

통신 시스템이 데이터를 교환하기 위해 사용하는 통신 규칙이다. OSI 7계층 모델에서는 각 계층에서 수행되는 프로토콜이 서로 독립적이라고 간주한다. 따라서 계층 1에는 계층 1끼리 통신할 수 있는 프로토콜이 존재하고, 계층 2에는 계층 2끼리 통신할 수 있는 프로토콜이 존재한다.

2. 데이터 단위

OSI 7계층 모델의 각 계층에서 규격화된 데이터는 다음과 같이 고유 명칭이 있다. 계층에 상관없이 사용할 때는 통칭하여 PDU(Protocol Data Unit)라고 부른다.

(1) APDU(Application Protocol Data Unit): 응용 계층에서 사용하는 데이터의 단위이다.

(2) PPDU(Presentation Protocol Data Unit): 표현 계층에서 사용하는 데이터의 단위이다.

(3) SPDU(Session Protocol Data Unit): 세션 계층에서 사용하는 데이터의 단위이다.

(4) TPDU(Transport Protocol Data Unit): 전송 계층에서 사용하는 데이터의 단위이다. 인터넷에서 사용하는 전송 계층 프로토콜인 TCP에서는 세그먼트(Segment)라고 부르고, UDP에서는 데이터그램(Datagram)이라고 부른다. 데이터그램은 일반적인 의미로도 자주 사용한다.

(5) NPDU(Network Protocol Data Unit): 네트워크 계층에서 사용하는 데이터의 단위이다. 보통 패킷(Packet)이라고 부른다. 패킷은 원래 네트워크 계층의 IP 프로토콜에서 유래되었지만 요즘은 일반 용어로 많이 사용한다.

(6) DPDU(Data Link Protocol Data Unit): 데이터 링크 계층에서 사용하는 데이터의 단위이다. 보통 프레임(Frame)이라고 부른다.

05 네트워크 주소

1. 대상 구분자(Identifier)의 특징

(1) 유일성: 구분자의 가장 중요한 역할은 대상 시스템을 서로 구분하여 지칭하는 것이다. 따라서 서로 다른 시스템이 같은 구분자를 갖지 않은 유일성을 보장해야 한다.

(2) 확장성: 시스템은 활용의 보편화가 진행되면서 자연스럽게 확장 과정을 거친다. 따라서 사용하는 구분자의 양도 증가한다. 시스템의 최대 수용 규모를 예측하여 구분자의 최대 한계를 올바르게 설정하지 않으면, 표현할 수 있는 공간의 크기가 제한되어 시스템의 확장성도 제한된다.

(3) 편리성: 일반적으로 시스템의 설계 과정에서 부여되는 구분자는 시스템의 내부 처리 구조를 효율적으로 운용할 수 있도록 해준다. 컴퓨터 시스템은 내부적으로 숫자 기반으로 처리되기 때문에 구분자의 체계도 숫자 위주이다. 또 배치, 검색 등을 원활하게 수행하기 위해 보통 일반인이 의미를 이해할 수 없는 형식이다. 이처럼 시스템 내부 동작에 종속된 구분자 주소 체계는 사용자가 의미를 파악하기 어렵기 때문에 기호로 된 이름을 추가로 부여해야 한다. 따라서 하나의 시스템이 숫자로 된 주소와 문자로 된 이름을 모두 가지므로 이를 매핑(Mapping)하는 기능이 필요하다.

(4) 정보의 함축: 구분자는 응용 환경에 필요한 다양한 정보를 포함하는 경우가 많다. 예를 들어, 주민번호에는 생년월일, 성별 구분 등의 의미가 부여되어 있다. 집주소도 광역시부터 시작해 지역을 소규모로 분할하는 구조를 가져 위치를 쉽게 가늠할 수 있다. 이처럼 구분자는 응용 환경에 적절히 대응할 수 있는 정보를 포함해야 한다.

2. 주소와 관련된 용어

(1) IP 주소(IP Address): 네트워크 계층의 기능을 수행하는 IP 프로토콜이 호스트를 구분하려고 사용하는 주소 체계다. 임의의 호스트를 인터넷에 연결하려면 반드시 IP 주소를 할당받아야 한다. IP 주소는 32비트의 이진 수로 구성되는데, 보통 8비트씩 네 부분으로 나누어 십진수로 표현한다.

(2) DNS(Domain Name System): 주소와 이름 정보를 자동으로 유지하고 관리하여 이러한 문제를 해결하는 분산 데이터베이스 시스템이다. 호스트 주소와 이름 정보는 네임 서버(Name Server)라는 특정 호스트가 관리하고, 주소 변환 작업이 필요한 클라이언트는 네임 서버에 요청해 IP 주소를 얻는다.

(3) MAC 주소: 계층 2의 MAC(Medium Access Protocol)에서 사용하며 LAN 카드에 내장되어 있다. 물리 계층을 통해 데이터를 전송할 때는 MAC 주소를 이용해 호스트를 구분한다. 따라서 네트워크 계층에서 데이터 링크 계층으로 데이터를 전송할 때는 먼저 IP 주소를 MAC 주소로 변환해야 한다.

(4) 포트 주소: 전송 계층에서 사용하며, 호스트에서 실행되는 프로세스를 구분해준다. TCP와 UDP가 독립적으로 포트 주소를 관리하며, 포트 번호 또는 소켓 주소라는 용어를 사용하기도 한다.

(5) 메일 주소: 메일 시스템에서 사용자를 구분하려고 사용한다. kim2022@korea.co.kr처럼 사용자 이름과 호스트 이름을 문자 '@'로 구분해 표기한다.

1. 교환시스템의 유형

(1) 회선 교환(Circuit Switching): 고정 대역이 할당된 연결을 설정한 후에 데이터 전송을 시작한다. 따라서 연결 회선에 할당된 고정 크기의 안정적인 전송률로 데이터를 전송할 수 있으며, 연결이 유지되는 동안에는 다른 연결에서 이 대역을 사용할 수 없다. 데이터 전송 경로가 연결 설정 과정에서 고정되므로 라우팅 등의 작업이 쉽다.

(2) 메시지 교환(Message Switching): 데이터 전송 전에 경로를 미리 설정할 필요가 없고, 대신 전송하는 메시지의 헤더에 목적지의 주소를 표시하는 방식이다. 중간의 교환 시스템은 이전 교환 시스템에서 보낸 전체 메시지가 도착할 때까지 받은 메시지를 버퍼에 임시 저장한다. 그리고 메시지가 모두 도착하면 다음 교환 시스템으로 한번에 전달하는 방식이다. 따라서 메시지 교환 방식은 송신 호스트가 전송하는 전체 데이터가 하나의 단위로 교환 처리된다고 볼 수도 있다.

(3) 패킷 교환(Packet Switching): 컴퓨터 네트워크 환경에서 주로 이용한다. 데이터를 미리 패킷 단위로 나누어 전송하므로 패킷을 기준으로 교환 작업이 이루어진다. 패킷 교환 방식은 데이터 전송을 위한 전용 대역을 따로 할당하지 않기 때문에 가변 크기의 전송률을 지원한다. 패킷 교환에는 모든 패킷의 경로를 일정하게 유지시켜주는 가상 회선(Virtual Circuit) 방식과 패킷들이 각각의 경로로 전송되는 데이터그램(Datagram) 방식이 있다.

① 패킷 교환 시스템의 장점
  ㉠ 전송 대역의 효율적 이용
  ㉡ 호스트의 무제한 수용
  ㉢ 패킷에 우선순위 부여

② 패킷 교환 시스템의 단점
  ㉠ 패킷을 전송하는 과정에서 회선 교환 방식보다 더 많이 지연
  ㉡ 패킷별로 전송 지연이 일정하지 않음

2. 호스트 사이의 거리 기준 분류

(1) LAN(Local Area Network)

① 단일 건물이나 학교 같은 소규모 지역에 위치하는 호스트로 구성된 네트워크이다.

② 데이터를 브로드캐스팅(Broadcasting) 방식으로 전송한다.

③ LAN에서는 보통 수십 Mbps~수 Gbps의 전송 속도를 지원한다.

④ LAN 환경에서 호스트를 연결하는 방식을 구성 형태(Topology)에 따라 버스형, 링형으로 구분한다.

(2) MAN

① MAN(Metropolitan Area Network)은 LAN보다 큰 지역을 지원한다. 사용하는 하드웨어와 소프트웨어는 LAN과 비슷하지만, 연결 규모가 더 크다.

② MAN은 근처에 위치한 여러 건물이나 한 도시에서의 네트워크 연결로 구성할 수 있다.

③ MAN을 위한 국제 표준안은 DQDB(Distributed Queue Dual Bus)이다. 이 규격은 전송 방향이 다른 두 버스로 모든 호스트를 연결하는 구조를 지원한다.

(3) WAN

① WAN(Wide Area Network)은 국가 이상의 넓은 지역을 지원하는 네트워크 구조이다.

② 점대점(Point-to-Point)으로 연결된 WAN 환경에서는 전송과 더불어 교환 기능이 필수이다.

③ WAN에서는 호스트를 스타형, 트리형, 완전형, 불규칙형 등 다양한 구조로 연결할 수 있다.

네트워크 관련 용어 정리

- **방화벽(Firewall)**: 허가받은 통신은 허용하지만, 허가되지 않은 외부 접근을 차단하는 기능을 수행하는 컴퓨터 시스템 혹은 네트워크를 의미한다.
- **소켓(Socket)**: IP 기반의 컴퓨터 네트워크에서 프로세스 사이의 양방향 통신을 지원하는 흐름(Flow)의 종단점(End Point)을 의미하며, TCP/IP 스택을 위한 API(Application Programming Interface)이다.
- **슬라이딩 윈도우 프로토콜(Sliding Window Protocol)**: 패킷 기반의 데이터 전송 프로토콜에서 필요한데, OSI 7계층 모델의 전송 계층과 데이터 링크 계층에서 사용된다. 전송된 패킷에 상응하는 응답 프레임의 기록을 관리함으로써 여러 패킷을 동시에 전송할 수 있는 기능을 제공한다.
- **웹(WWW; World Wide Web)**: 인터넷에 존재하며, 상호 연결된 하이퍼텍스트(Hypertext) 문서에 관한 시스템이다.
- **익명 FTP(Anonymous FTP)**: FTP 서버가 Anonymous 로그인 이름을 지원하는 경우를 의미하며, 암호는 관례상 사용자의 메일 주소를 입력한다.
- **인터넷(Internet)**: 전 세계의 수십억 사용자에게 서비스를 제공하는 컴퓨터 네트워크의 집합체이며, 표준 인터넷 프로토콜 모음(TCP/IP)을 사용한다.
- **전자 서명(Digital Signature)**: 디지털 문서의 인증(Authenticity)을 확실하게 증명하기 위한 방법이다.
- **체크섬(Checksum)**: 데이터 전송이나 저장 상태에서 예기치 않은 오류를 감지하는 목적으로 원 데이터에서 계산된 고정 크기의 데이터이다.
- **토큰 링(Token Ring)**: OSI 7계층 모델의 데이터 링크 계층 기능을 수행하는 프로토콜이며, 링 주위를 도는 3바이트 크기의 토큰을 사용해 데이터 전송을 제어한다.
- **토큰 버스(Token Bus)**: 버스 기반의 동축 케이블에서 토큰 링 프로토콜을 구현한 네트워크를 의미한다.
- **트래픽 성형(Traffic Shaping)**: 성능이나 지연, 전송 대역 등의 특정 기준에 맞도록 네트워크 트래픽을 제어하는 것을 의미한다.
- **패킷(Packet)**: 컴퓨터 네트워크에서 패킷 기반으로 전송되는 규격화된 데이터 블록을 의미한다.
- **패킷 교환(Packet Switching)**: 전송되는 데이터를 패킷이라는 적당한 크기의 블록으로 묶어 전송하는 디지털 네트워크 통신 방식이다.
- **프로토콜(Protocol)**: 네트워크에 연결된 컴퓨터들이 서로 통신하기 위한 규칙들의 집합이다.
- **혼잡 제어(Congestion Control)**: 컴퓨터 네트워크로 유입되는 트래픽을 조절해 혼잡 발생을 억제하는 기능을 의미한다.
- **흐름 제어(Flow Control)**: 통신하는 두 시스템 사이의 데이터 전송률을 관리하는 기능이다. 빠른 송신자가 전송한 데이터가 느린 수신자에 의해 분실되는 현상을 방지해준다.
- **ARP(Address Resolution Protocol)**: 특정 호스트의 네트워크 계층 주소인 IP 주소를 이용해서 데이터 링크 계층 주소인 MAC 주소를 얻기 위한 네트워크 프로토콜이다. RFC 826으로 정의된다.
- **CGI(Common Gateway Interface)**: 웹 서버에서 실행되는 소프트웨어가 어떻게 콘솔 응용과 관련된 웹문서를 작성하는지를 정의하는 표준 프로토콜이다. RFC 3875로 정의된다.
- **CRC(Cyclic Redundancy Code)**: 컴퓨터 네트워크나 하드 디스크 등의 기억 장치에서 사용하는 방식으로, 디지털 데이터의 예기치 않은 변경을 감지하도록 설계된 함수이다.

- DES(Data Encryption Standard): 1976년 미국에서 채택된 이후 전 세계적으로 많이 사용된 암호화 알고리즘이다. 56비트의 짧은 암호키 때문에 현재는 안전하지 않은 알고리즘으로 분류된다.
- DNS(Domain Name System): 인터넷에 연결된 컴퓨터, 서비스, 기타 자원들을 계층적인 방식으로 호칭하기 위한 시스템이다. RFC 1034, RFC 1035 외 다수의 RFC로 정의된다.
- FTP(File Transfer Protocol): 인터넷 같은 TCP/IP 기반의 네트워크에서 파일을 교환하기 위한 표준 네트워크 프로토콜이다. RFC 959로 정의된다.
- HDLC(High-level Data Link Control): ISO에서 개발된 비트 기반의 데이터 링크 계층 프로토콜이다. ISO 13239로 정의된다.
- HTML(HyperText Markup Language): 웹 문서를 작성하기 위한 언어이다.
- HTTP(HyperText Transfer Protocol): 인터넷에 분산되었으나 상호 연관된 하이퍼미디어(Hypermedia) 시스템을 위한 프로토콜이다. 상호 연결된 하이퍼텍스트 문서들을 얻기 위해 사용되며, 현재 사용 중인 HTTP/1.1은 RFC 2616로 정의된다.
- ICMP(Internet Control Message Protocol): 인터넷 프로토콜 모음의 핵심 프로토콜의 하나이며, 요청된 서비스가 실패한 경우에 오류 메시지를 전송하기 위하여 사용된다.
- IEEE: 802 LAN이나 MAN과 관련된 IEEE 표준안의 모음이다.
- IGMP(Internet Group Management Protocol): IP 멀티캐스트 그룹의 회원들을 관리하기 위해 사용되는 통신 프로토콜이다.
- IP(Internet Protocol): TCP/IP 기반의 인터넷 프로토콜 모음을 사용하는 패킷 교환 네트워크에서 데이터 통신을 하기 위한 프로토콜이다. 현재 IP 버전4(IPv4)가 사용 중이며, IP 버전6(IPv6)이 빠른 속도로 보급 중이다.
- MIME(Multipurpose Internet Mail Extensions): 비-ASCII 기반의 다양한 전자 메일 형식(Format)을 지원하기 위한 인터넷 표준이다. RFC 2045, 2046, 2047, 2049, 4288, 4289 등으로 정의된다.
- OSI 7계층 모델(OSI 7Layer Model): 계층 구조의 컴퓨터 네트워크 프로토콜에 관한 추상적 이론을 의미하며, OSI(Open Systems Interconnection)에 의해 정립되었다. 상위부터 응용 계층, 표현 계층, 세션 계층, 전송 계층, 네트워크 계층, 데이터 링크 계층, 물리 계층의 7개 계층으로 구성된다.
- OSPF(Open Shortest Path First): IP 네트워크에서 사용되는 동적 라우팅 프로토콜이다. IPv4에서 사용되는 OSPF 버전2는 RFC 2328로 정의된다.
- PHP(Personal Hypertext Preprocessor): 동적인 웹 문서를 만들기 위하여 고안된 스크립트 언어의 일종이다. HTML 언어에 내장되며, 웹 서버에서 실행된다.
- POP(Post Office Protocol): TCP/IP 기반의 원격 메일 서버로부터 자신의 로컬 메일 클라이언트로 전자 메일을 가져오기 위한 표준 인터넷 프로토콜이다. 현재 사용되는 표준은 버전3이므로 POP3라고 표현한다.
- RARP(Reverse Address Resolution Protocol): ARP의 반대 기능을 수행하므로 MAC 주소로 IP 주소를 얻어낸다. RFC 903으로 정의된다.
- RSA(Rivert, Shamir, Adleman): 전자상거래 프로토콜에서 많이 사용되는 공개키 알고리즘이며, 충분히 큰 키를 사용하면 매우 안전한 것으로 알려져 있다.
- SMTP(Simple Mail Transfer Protocol): IP 기반의 네트워크에서 전자 메일을 전송하기 위한 표준 인터넷 프로토콜이다. RFC 5321로 정의된다.
- TCP(Transport Control Protocol): 인터넷 프로토콜 모음에서 IP 프로토콜과 함께 가장 핵심적인 프로토콜이다. 통신 경로의 양 끝단에 위치한 시스템들 사이의 신뢰성 있는 연결형 서비스를 제공한다.
- UDP(User Datagram Protocol): 인터넷 프로토콜 모음 중에서 핵심이 되는 프로토콜의 하나이며, 사전에 연결을 설정하지 않고 다른 호스트로 데이터그램을 전송하기 위한 프로토콜이다. 하부에 IP 프로토콜을 이용하며, RFC 768로 정의된다.

CHAPTER
02 인터넷

01 인터넷의 정의

1. 사전적 정의

1969년 아르파넷(ARPANET)으로 시작된 인터넷은 "TCP/IP(Transmission Control Protocol/Internet Protocol)라는 고유한 프로토콜을 기반으로 구축된 전 세계적인 네트워크들의 네트워크 또는 이를 통해 구성되는 전 세계적인 사람들과 자원들의 집합체"라고 정의된다.

2. 다양한 측면에서의 정의

(1) 기술적 측면: TCP/IP라는 프로토콜을 기반으로 하는 네트워크들의 네트워크이다. TCP/IP에 기반한다는 점에서 인터넷은 다른 프로토콜을 사용하는 컴퓨터 매개 커뮤니케이션(CMC; Computer-Mediated Communication)과 구별되며, 네트워크들의 네트워크라는 점에서 근거리 통신망(LAN; Local Area Network)이나 기업 통신망에 의해 구축되는 단일 네트워크들과 구별된다.

(2) 사회적 측면: 이러한 네트워크들을 이용하고 발전시켜 나가는 사람들의 '공동체(Community)' 내지는 집합체이다. 사람들은 인터넷이라는 매체를 이용해 시간적, 공간적으로 떨어져 있음에도 불구하고 자유롭게 커뮤니케이션할 수 있고, 이를 통해 공통의 관심사나 이해관계를 갖고 있는 사람들 사이에 집단이 구성될 수 있다.

(3) 정보적 측면: 이러한 네트워크들에서 얻을 수 있는 자원들(Resources)의 집합이기도 하다. 여기서 자원이라 함은 단순히 지식이나 정보뿐만 아니라 정서나 감정, 대인관계, 나아가서는 인터넷을 통해 행사할 수 있는 사회적 권력까지도 포함하는 것이다.

(4) 커뮤니케이션 범위 측면: 전 세계적인 네트워크이다. 방송과 같은 전자커뮤니케이션의 등장으로 커뮤니케이션의 범위가 전 세계적으로 확장되어 왔지만, 인터넷의 등장으로 비로소 매클루언이 말하는 '지구촌' 시대가 명실상부하게 도래하고 있는 것이다.

1. 전자우편, 유스넷, 메일링리스트

(1) 전자우편: 인터넷뿐만 아니라 다른 컴퓨터 네트워크를 통해 개인(컴퓨터)들 사이에 주고받는 (텍스트 중심의) 메시지를 말하는데, 단순히 전자우편이라고 하면 인터넷 전자우편을 지칭한다. 물론 게이트웨이 서비스를 통해 인터넷 이외 다른 네트워크의 컴퓨터 이용자들과도 전자우편을 교환할 수 있다.

(2) 유스넷: 컴퓨터 네트워크를 통해 수만 개에 달하는 토픽들에 관해 토론하는 세계적인 범위의 집단을 말하는데, 그 각각의 집단을 뉴스그룹이라 부른다. 인터넷에 직간접적으로 연결되어 있는 사람들은 특정한 주제에 관한 의견, 즉 게시물(Posting)을 읽고, 자신의 의견을 게시하고 다른 사람의 의견에 대해 코멘트한다.

(3) 메일링 리스트: 전자우편을 이용해 가입자들이 특정한 주제에 관해 토론과 정보 교환을 할 수 있는 서비스이다. 특정한 '리스트'에 가입하면 모든 토론 내용이 전자우편 형태로 가입자의 우편함에 들어온다. 토론 그룹이라고도 불리며, 사용하는 컴퓨터 소프트웨어에 따라 리스트서브(Listserv), 리스트프록(Listproc), 메이저도모(Majordomo)라고도 한다.

2. 텔넷(Telnet)과 FTP(File Transfer Protocol)

(1) 텔넷: 인터넷을 이용해 전 세계에 걸쳐 있는 데이터베이스, 도서관 도서목록, 기타 정보 자원에 접속할 수 있도록 해 주는 서비스이다. 텔넷을 통해 정보를 찾을 수도 있고 MUD(Multiple User Dungeon/Dialogue/Dimension)와 같은 게임을 즐길 수도 있다.

(2) FTP: 한 인터넷 사이트에서 다른 인터넷 사이트로 파일들을 옮기는 방법이다. 인터넷을 운영하는 많은 기구들은 공개적으로 접근할 수 있는 FTP 서버를 운영하고 있는데, 이에 접속해 자신이 원하는 파일들을 구할 수 있다. 이에 로그인하기 위해서는 유저네임과 패스워드가 필요하지만, 이와 같이 권한이 부여된 이용자에게만 개방하지 않고 누구나 게스트 신분으로 접속할 수 있도록 개방된 서버들이 있는데 이를 'Anonymous FTP'라고 부른다.

3. 고퍼와 WAIS(Wide Area Information Servers)

사이트 주소를 기억해야 하고 각 서비스마다 독특한 명령어를 사용해야 하는 텔넷이나 FTP와 달리 정보의 양이 급격하게 늘어나는 상황에서 보다 편리하게 정보와 파일들을 검색할 수 있도록 해 주는 것이 고퍼와 WAIS와 같은 서비스다(p.249 참고).

4. 월드와이드웹

(1) 월드와이드웹은 WWW, W3 또는 웹(Web)이라고도 불리는데, 다양한 형태의 데이터와 정보에 접근할 수 있도록 해 주는 인터넷 서비스이다. 현재 인터넷이라고 하면 웹을 지칭할 정도로 가장 보편화된 인터넷 서비스이다.

(2) 월드와이드웹은 두 가지 의미로 쓰인다. 한편으로는 고퍼, FTP, HTTP(HyperText Transfer Protocol), 텔넷, 유스넷, WAIS 등에 의해 접근할 수 있는 모든 자원들의 총합으로, 다른 한편으로는 텍스트, 그래픽, 사운드 등이 통합하는 하이퍼텍스트(Hypertext) 서버들 전체를 지칭하기도 한다.

(3) 월드와이드웹은 1989년 스위스 제네바 유럽입자물리연구소(CERN; Organisation Européenne pour la Recherche Nucléaire)의 팀 버너스-리(Tim Berners-Lee)에 의해 개발되었다. 1993년 모자이크(Mosaic)라는 웹 브라우저(Browser)가 개발·보급되면서 인터넷은 웹을 중심으로 폭발적으로 발전하기 시작하였다.

(4) 월드와이드웹은 문서와 링크로 구성된다. HTML(HyperText Markup Language)에 의해 하이퍼텍스트 형태로 구성되는 웹 문서는 텍스트, 그래픽, 사운드 등 다양한 형태의 자료들이 통합되어 있을 뿐만 아니라 하이퍼링크(Hyperlink) 기능을 이용해 문서 내의 한 곳에서 다른 곳으로, 한 문서에서 다른 문서로, 그리고 한 사이트에서 다른 사이트로 자유롭게 이동할 수 있다.

5. IRC와 MUD

IRC, MUD(Multi-User Dungeon or Dimension) 그리고 온라인 게임은 다자간 실시간(Real Time) 상호작용과 커뮤니케이션을 가능케 해 주는 인터넷 서비스이다. 이를 통해 사람들은 전 세계의 다른 사람들과 대화(Chat)를 나눌 수 있고 온라인 게임을 즐길 수도 있다. 인터넷이 한편으로는 웹 사이트를 중심으로 한 정보적 기능을 중심으로 발전해 왔다면, 다른 한편으로는 이와 같은 상호작용 기능을 중심으로 발전해 왔다.

(1) **IRC**: 인터넷 사용자들 간 대화를 나눌 수 있는 서비스를 말한다. 인터넷을 통한 채팅으로 외국인과 대화를 나눌 수 있으며, 여러 대화방을 동시에 이용할 수 있다.

(2) **MUD**: 컴퓨터 통신망 속의 가상공간에서 여러 사용자가 대화를 나누며 행하는 게임을 말한다. 여러 명의 사용자는 대화를 하며 상호작용을 한다.

03 인터넷의 기능

1. 커뮤니케이션 기능

인터넷을 통해 사람들은 다른 사람과 일대일로, 일대다로, 다대다로 커뮤니케이션할 수 있다. 전자우편 (E-Mail; Electronic Mail), 유스넷(Usenet), 메일링리스트(Mailing Lists) 등을 통한 커뮤니케이션이 그 예이다.

2. 상호작용 기능

사람들은 인터넷을 통해 게임을 하거나 그 무엇인가를 학습할 수 있다. 커뮤니케이션 없는 상호작용은 불가능하다는 점에서 인터넷을 통한 상호작용은 커뮤니케이션과 뚜렷이 구분되는 것은 아니다. 다양한 MU(Multi User) 시스템들, IRC(Internet Relay Chat), 온라인 게임 등이 그 예이다.

3. 정보적 기능

사람들은 일상생활이나 전문적인 활동을 위해 인터넷을 통해 정보를 전파하기도 하고 정보를 얻기도 한다. 정보의 전파나 수집은 웹 페이지를 통한 단순 정보 전달로부터 전문적인 데이터베이스 운영에 이르기까지 그 형식과 내용 면에서 매우 다양하다. 인터넷 서비스로는 월드와이드웹(World Wide Web), 고퍼 (Gopher), FTP(File Transfer Protocol) 등을 들 수 있다.

04 인터넷의 기원

1. 아르파넷의 구축과 확대

(1) 미국에서는 국방부의 주도로 아르파넷을 물리적으로 구축하기 위해 각 기관 또는 연구팀별로 구체적인 작업이 수행되었다.

(2) 1969년 4개의 호스트 컴퓨터가 연결되면서 아르파넷이 시작되었다. 먼저 1969년 9월 클라인록이 있는 UCLA의 '네트워크측정센터(Network Measurement Center)'가 최초의 아르파넷 노드로 선정되었다.

(3) 아르파넷에 연결되는 컴퓨터가 늘어나 1971년 말까지 23개 호스트 컴퓨터가 연결되었다(Griffiths, 1999). 아르파넷에 연결되는 컴퓨터가 늘어나면서 프로토콜 관련 네트워크 소프트웨어, 전자우편 서비스 등이 속속 개발되었다.

(4) '국제컴퓨터커뮤니케이션학술대회(Internatinal Computer Communication Conference)'에서 칸 (Kahn)팀은 40대의 컴퓨터를 연결하여 일반 대중을 상대로 새로운 네트워크 테크놀로지인 아르파넷을 최초로 보여 주게 된다. 또한 이 학술대회에서는 '네트워크들의 네트워크'라는 지금과 같은 인터넷의 개념이 최초로 제시되는데, 이는 독립적인 네트워크들을 게이트웨이를 통해 서로 연결한다는 것이었다.

(5) 이와 같이 출발한 아르파넷은 인터넷의 발전에 매우 중요한 역할을 수행하였다. 하디(Hardy, 1993)의 주장처럼, 아르파넷이 당시 냉전 최고조 시기에 미군의 중앙집중적 명령 및 통제 구조를 극복하기 위해, 즉 분산된 네트워크 구조를 개발하기 위해 만들어진 것이지만 향후 인터넷의 발전에 디딤돌이 된 것은 분명한 사실이다.

2. 아르파넷, 인터넷으로의 발전

(1) 제한된 컴퓨터만 연결되어 있던 아르파넷이 광범위한 네트워크를 연결하는 인터넷으로 발전하게 된 계기는 '개방형 구조의 네트워크화(Open-Architecture Networking)'라는 아이디어가 칸에 의해 제시된 이후이다.

(2) 개방형 구조의 네트워크화에 대한 칸의 기본 가정들은 다음과 같다(Leiner et al., 1998).
   ① 개별 네트워크들의 내적 일관성을 유지한다. 즉 인터넷에 접속하기 위해 개별 네트워크의 변경이 불필요하다.
   ② 패킷 오류 발생 시 소스로부터 재전송한다.
   ③ 나중에 게이트웨이 또는 라우터라 불리게 되는 블랙박스를 이용해 네트워크들을 연결한다.
   ④ 운용 측면에서 볼 때 전체적인 통제(Global Control)는 불필요하다.

(3) 개방형 구조의 네트워크 환경에 맞는 새로운 프로토콜이 개발되었다. 패킷의 전달 기능을 수행하는 IP와 흐름 통제 및 손실된 패킷의 수정 기능을 수행하는 TCP 등 두 가지 기능을 갖는 프로토콜 체제로 발전되었고, 1983년 1월 1일부터 공식적으로 이용되기 시작하여 오늘과 같은 TCP/IP 체제를 갖추게 된 것이다.

(4) 1974년 스탠퍼드대학교에서 텔넷(Telnet) 서비스를 개시하게 되는데, 이것은 최초의 일반용 패킷 전송 서비스였다.

(5) 인터넷으로의 확대, 발전에 결정적인 계기가 된 요인은 PC와 워크스테이션의 개발에 따른 네트워크 환경의 변화였다. 1970년대 중반 PC와 1200bps 모뎀이 등장하면서 CMC 네트워크의 탈집중화된 모델로의 추세는 가속화된다(Hardy, 1993).

(6) 이더넷(Ethernet)의 개발도 인터넷 이용자의 확대에 커다란 기여를 하게 된다. 이것은 일종의 근거리 통신망(LAN; Local Area Network) 개념으로서, 현재 인터넷 네트워크를 구성하는 가장 기본적인 모델이라 할 수 있다.

(7) 1969년 구축되어 인터넷의 기간망 기능을 수행한 아르파넷은 1983년 연구용인 아르파넷과 군사용인 밀넷(MILNET)으로 분리된다. 이제 아르파넷이 담당하던 기간망 기능은 다른 네트워크에 의해 대체되는데, 1986년 구축되어 1990년대 초반까지 중추적 역할을 담당한 것이 미국 〈국립과학재단〉 네트워크, 즉 NSFnet이다.

3. NSFnet 체제로의 전환

(1) NSFnet은 전국의 슈퍼컴퓨터센터(National Supercomputer Centers)를 상호 연결하고자 하는 것이 었다. 그러나 이런 원래 계획은 몇 가지 계기를 거치면서 인터넷 기간망 기능을 수행하는 것으로 변경 된다.

(2) 1986년 프린스턴대학교, 피츠버그대학교, UCSD, UIUC, 코넬대학교에 5개 슈퍼컴퓨터센터를 설치하고 이를 56Kbps의 백본(Backbone) 체제로 구축하게 된다.

(3) **NSFnet 구축의 의의**

① 전체 시스템의 병목현상이 해소되었다.

② 연결되는 호스트 컴퓨터의 수가 급속히 늘어나면서 인터넷 이용이 크게 확대되었다.

③ NSF가 NSFnet 백본의 상업적 이용을 금지하는 정책을 시행하게 되면서 민간부문에서도 인터넷 제공업체가 발전하게 되는 계기가 되었다.

④ TCP/IP에 기반한다는 점에서 인터넷은 다른 프로토콜을 사용하는 컴퓨터 매개 커뮤니케이션 (CMC; Computer-Mediated Communication)과 구별되며, 네트워크들의 네트워크라는 점에서 근거리 통신망(LAN; Local Area Network)이나 기업 통신망에 의해 구축되는 단일 네트워크들과 구별된다.

4. 월드와이드웹

(1) 인터넷 상업화의 결정적 전기가 마련된 때는 월드와이드웹이 개발 · 배포되기 시작한 1991년 이후이며, 웹이 발전하게 된 계기는 이용자에게 편리한 브라우저의 개발이 있었기 때문이다.

(2) 1993년 일리노이 NCSA(National Center for Supercomputing Applications)의 마크 앤드리센 (Mark Andreesen)은 '모자이크X'라는 브라우저를 개발했는데, 이것은 설치하고 이용하는 데 편리할 뿐만 아니라 그래픽 처리 능력 또한 우수했다.

(3) 이용자들의 접근이 편리한 웹의 증가와 함께 값싸고 성능 좋은 PC의 보급이 확대되고 통신 인프라가 확대 · 발전되면서 인터넷 이용자는 연구자 집단에서 벗어나 '네티즌'으로 확대되었다.

(4) 1996년 이후 마이크로소프트(Microsoft)사와 넷스케이프(Netscape)사 사이의 웹 브라우저 경쟁은 인터넷이 단순히 정보의 도구가 아니라 상업적 대상으로 그 의미가 바뀌게 되었음을 보여 주는 단적인 예이다.

1. 네트워크 기술

(1) 표준 전송방식 − TCP/IP: 현재 인터넷의 표준 프로토콜은 TCP/IP(Transmission Control Protocol/ Internet Protocol)이다.

(2) 클라이언트/서버시스템(Client/Server System): 이는 이름 그대로 인터넷 사용자(Client)가 어떠한 정보를 요구하면 그 정보를 지니고 있는 서버(Server)에서 정보를 제공하는 시스템을 말한다. 인터넷에서 이러한 시스템이 중요한 이유는 인터넷 사용자는 언제나 클라이언트인 동시에 서버가 될 수 있다는 점 때문이다.

(3) 스위칭 시스템(Switching System)
① 회선교환(Circuit Switching): 전화 교환기처럼 타임 슬롯(Time Slot) 메모리 등의 통신망 자원이 각 사용자에게 일정 시간 동안 고정적으로 할당되어 사용자가 이용할 수 있는 대역폭이 일정량으로 고정된다. 따라서 실시간 이용이 가능하고 정보의 교환 및 전송이 하드웨어에 의해 이루어진다.
② 패킷 교환(Packet Switching): 정보를 조그마한 패킷으로 나누어 전송하는 기술이다. 각각의 패킷은 정보의 저장과 함께 도착지의 주소가 입력되어 전송된다. 아무리 큰 정보라 할지라도 작은 패킷으로 나뉘어 전달되기 때문에 그때그때의 상황에 따라 통신 네트워크가 적절하게 이용되어 정보가 전달된다. 즉 통신망 자원이 상황에 따라 이용자에게 할당되므로 이용자의 요구에 유연하게 대처할 수 있다.

(4) 니그로폰테 스위칭(Negroponte Switching): 움직이는 사물과의 커뮤니케이션은 지상파를 이용하며, 정지된 상태에서의 커뮤니케이션은 유선 네트워크를 이용한다. 앞으로 지상파는 점점 희귀해지는 반면에 광통신망은 더 많이 이용될 것이라 예상된다.

2. 멀티미디어 정보전송 기술

(1) 푸시(Push) 기술: 무한한 정보가 있는 인터넷에 몇 개의 관심 채널을 설정하고 자주 사용하는 정보와 사이트를 선택하면 이에 대한 정보를 전송 받을 수 있는 기술이다.

(2) 스트리밍(Streaming) 기술: 정보를 전송 받음과 동시에 바로 재생이 시작되는 실시간 방송이 이루어 질 수 있는 기술이다. 스트리밍 기법을 이용할 경우 정보는 하드 디스크가 아니라 버퍼를 거쳐 바로 화면에 재생되기 시작하며 하드 디스크에 저장되지 않는다. 인터넷에서 방송이나 라디오 형태의 정보를 전송하거나 영화 등 다양한 대용량 정보를 제공하는 데 활용되는 기술이다.

(3) 멀티캐스트(Multicast): 동시에 다수의 사용자들에게 패킷정보를 전송할 수 있는 기술이다. 네트워크를 보다 효율적으로 활용하기 위해 특정 정보를 원하는 이용자들에게만 전송한다. 대표적인 기술은 엠본 (Mbone; Multicast Backbone)을 들 수 있다.

(4) **온 디맨드(On Demand)**: 앞서 설명한 기술 중에 가장 발전적인 형태의 서비스라고 할 수 있다. 이는 매체의 이용자가 이용할 시간과 정보의 종류를 선택하여 결정을 하면 그에 따른 정보의 전송이 이루어지는 것이다. 온 디맨드는 VOD(Video On Demand), MOD(Movie On Demand), BOD(Book On Demand), EOD(Education On Demand), AOD(Audio On Demand) 등의 서비스들에 활용된다.

3. 그 밖의 기술

(1) **자바(Java)**: 1991년 미국 선 마이크로시스템즈(Sun Microsystems)사에서 개발한 인터넷 전용 컴퓨터 프로그래밍 언어로, 월드와이드웹의 상호작용적인 기능을 더욱 발달시켜 역동적인 웹페이지 구성을 가능하게 한다.

(2) **XML(eXtensible MarkupLanguage)**: 확장성 마크업 언어는 HTML(HyperText Markup Language) 같은 고정된 형식이 아니라 사용에 따라 기능의 확장이 자유로운 성격을 가진 새로운 언어체계이다. HTML은 명령어(태그)의 종류가 한정되어 있는 반면 XML은 문서의 내용에 관련된 태그를 사용자가 직접 정의할 수 있으며 그 태그를 다른 사람들이 사용하도록 할 수 있다. 또 HTML이 지원하지 않는 객체지향적인 구조를 가지고 있으며, 웹문서 구조의 검증이 필요한 애플리케이션을 위하여 문법적 검증기능을 내장하고 있기 때문에 전송된 문서의 오류상황을 쉽게 밝혀내고 정정할 수 있다.

(3) **WAP(Wireless Application Protocol)**: 현재의 이동통신망에서 전자우편, 웹, 뉴스그룹 및 IRC(Internet Relay Chat) 등의 인터넷 서비스를 제공할 수 있도록 하기 위하여 Ericsson, Motorola, Nokia와 Phone.Com의 전신인 Unwired Planet 4개 사가 결성한 WAP(Wireless Application Protocol) 포럼에서 정리·종합한 프로토콜들의 규약이다. 휴대 단말기(Client)와 인터넷 서버(Server) 사이에 WAP 게이트웨이(Wireless Application Protocol Gateway)를 두는데 이는 WAP프로토콜과 인터넷 TCP/IP 프로토콜을 중간에서 변환해 주는 것이다.

06 인터넷 서비스

1. 전자우편(E-mail; Electronic Mail)

현재 가장 많이 사용되는 인터넷 서비스이다. 전자우편은 인터넷 사용자들이 보내고자 하는 자료를 인터넷에 연결된 다른 시스템의 사용자에게 전달해 주고, 다른 시스템으로부터 전달된 자료를 확인하기도 하는 서비스이다.

2. 파일전송규약(FTP; File Transfer Protocol)

컴퓨터 네트워크 이용자들이 전세계 인터넷망에 연결된 호스트의 데이터베이스에 저장된 프로그램, 그림파일, 문서파일 등을 받을 수 있도록 하는 기능이다. 즉, 지역적으로 떨어져 있는 다른 컴퓨터(FTP Server)에 접속해서 그곳에 있는 파일을 전송받거나(Download), 자신의 컴퓨터에 있는 파일을 전송해 (Upload) 준다.

3. 원격접속(Telnet)

보통 '텔넷'이라고도 하며, 멀리 떨어진 컴퓨터에 접속하여 그 컴퓨터에 마치 자신이 터미널의 형태로 직접 연결된 것처럼 사용할 수 있게 해준다. 이를 위한 응용프로그램으로는 Telnet과 Rlogin이 대표적이다. 이러한 원격접속 기능은 TCP/IP 프로토콜에서 기본으로 지원되며, 전자게시판(BBS) 및 다양한 도서 데이터베이스(Database), 대학교의 정보시스템, 문자전용 데이터베이스, 데이터파일(Data File) 등에 이 기능을 이용할 수 있다.

4. 뉴스그룹(Newsgroup)

뉴스그룹은 일종의 전자게시판과 같은 기능으로서, 컴퓨터 네트워크 이용자들이 올려놓은 메시지를 다중의 이용자들이 동시에 열람할 수 있다. 인터넷에는 다양한 전문 분야별로 수많은 뉴스그룹이 운영되고 있으며, 유즈넷(USEnet; User's Network)은 전세계 사람들이 참여하는 토론 그룹의 집합으로 특정한 주제에 관심있는 사람들끼리 각 분야의 토론 그룹에 참여한다.

07 정보검색서비스

1. 아키(Archie)

아키 서비스를 제공하는 호스트를 아키서버(Archie Server)라고 부른다. 아키서버는 일정한 간격으로 무명 FTP 서버들로부터 파일목록을 제공받아 데이터베이스로 정리하여 보관한다.

2. 고퍼(Gopher)

고퍼는 본래 '땅다람쥐' 혹은 '부지런한 사람'이라는 뜻인데, 인터넷상의 여러 서비스나 자원을 도메인 네임이나 IP 주소 등을 통해 접속하지 않고도 메뉴를 보며 번호를 선택하는 방식으로 정보 검색을 돕는 도구이다. 이는 하이퍼텍스트(Hyertext)의 개념을 기초적으로 실현하고있는 것으로서, 이러한 고퍼의 특징은 월드와이드웹 서비스가 발전하게 된 기반이 되었다.

3. 웨이즈(WAIS; Wide Area Information Server)

Thinking Machines라는 회사에 의해 고안된 데이터베이스 서비스이다. WAIS는 특히 인덱스(Index)로 정리된 자료를 찾는데 유용한데, 고퍼와 마찬가지로 사용자가 인터넷상의 자료의 실제 위치를 고려할 필요없이 이용할 수 있다.

4. 웹(WWW; World Wide Web)

(1) 1989년 스위스 CERN 입자물리연구소에서 같은 이름의 프로젝트에 의해서 개발되었다. 아키, 고퍼, 웨이즈 등은 Telnet이나 FTP 등을 통한 문자 위주의 기본 서비스 범주에서 크게 벗어나지 않는 반면, 웹 서비스는 음성 및 이미지 등 보다 다양한 형태의 정보를 편리하게 검색해 준다.

(2) 웹이 편리한 이유는 정보들 사이의 연관성을 추적하여 검색할 수 있도록 하이퍼텍스트(Hypertext) 형태로 구성되어 있다는 점이다. 하이퍼텍스트는 문서 중의 단어나 문구 같은 개체(Object)들이 관련된 외부자료에 바로 접근할 수 있는 연결점(Link)을 갖도록 한다. 단순한 문자뿐만 아니라, 그림, 음성, 동화상 등의 다양한 형태의 자료를 포함하고 있는 경우에는 하이퍼미디어(Hypermedia)라고 부른다. 웹을 통해서 이러한 하이퍼텍스트 또는 하이퍼미디어 자료를 찾아 읽는 프로그램이 브라우저(Browser)이다.

5. WHOIS 서비스

인터넷을 통해 접할 수 있는 수 많은 목록(Directory)중 가장 큰 것으로는 WHOIS 데이터베이스, White Pages, KNOWBOT 등이 있다. 이중 대표격인 WHOIS 데이터베이스는 NIC(Network Information Center)에서 총괄운영하고 있으며, 'whois' 명령어를 통하여 등록된 모든 도메인 이름(Domain Name)을 찾을 수 있다.

6. 원격대화(IRC)

인터넷은 접속한 사용자 간에 대화(Chatting)를 할 수 있도록 하는 서비스를 제공하는데, 이를 IRC (Internet Relay Chat)라 한다. IRC는 기존의 원격대화 방식이 특정한 홈페이지를 접속한다든지 PC통신 전용 브라우저를 이용하던 것에 비해, 인터넷만 연결되어 있으면 바로 프로그램을 실행함으로써 여러 원격대화 서버와 여러 대화방을 동시에 열어서 다자간 원격대화를 가능하게 해준다.

08 인터넷 문화

1. 정의

(1) 새로운 테크놀로지에 의해 가능해진 사이버 스페이스에서 이루어지는 문화적 과정과 그 산물, 또는 그러한 문화에 대한 이야기, 즉 담론이라고 정의될 수 있다.

(2) 테크노 문화, 사이버 문화, 포스트휴먼 문화, 하이테크 문화 등이 사용되고 있는데, 이러한 용어의 혼재가 바로 인터넷 문화의 다양성을 보여 주는 것이기도 하다.

(3) 인터넷 문화는 대체적으로 가상 공동체 문화, 온라인 커뮤니케이션 행위와 정체성, 사이버펑크 세 가지를 지칭한다.

2. 새로운 테크놀로지

(1) **텍스트 측면**: 기존의 텍스트가 선형성(Linearity)을 근간으로 한다면 새로운 텍스트는 비선형성, 즉 하이퍼텍스트성(Hypertextuality)이라는 특성을 갖는다(Mitra & Cohen, 1999). 정해진 시작과 끝이 없는 하이퍼텍스트는 마치 미로(Labyrinth)와 같이 얽혀 있어서, 읽는 이의 입장에서 보면 어떤 길을 선택하느냐에 따라 무한한 텍스트'들'의 가능성이 열려 있다.

(2) **커뮤니케이션 구조 측면**: 기존의 커뮤니케이션이 중앙집중화되어 일방향적인 구조를 전제로 한다면, 인터넷으로 대표되는 CMC는 탈집중적(Decentralized) 구조를 보여 준다. 메시지나 텍스트를 생산하는 자가 소수이고 이를 수용하는 자가 다수인, 소위 '방송모델(Broadcast Model)' 대신 다원적인 커뮤니케이터들이 서로 정보를 전달하는 '매개 커뮤니케이션 모델(Mediated Communication Model)'이 새로운 커뮤니케이션 구조로 등장하고 있다.

(3) **인터페이스 측면**: 새로운 테크놀로지는 인간−기계의 합체(Embodiment)를 점진적으로 확대시켜 나가고 있다. 생체 기술(Prosthesis)과 가상현실 기술의 발전은 인간과 기계 간의 경계를 약화시키고 새로운 인간형인 사이보그를 만들어 내고 있다. 사이보그는 공상과학소설의 존재가 아니라 인터넷과 게임을 통해 현실화되고 있는 우리의 모습이다. 인간−기계의 합체에서 중요한 것은 상호작용성과 원격현전(Telepresence)이다.

3. 인터넷 문화의 특징

(1) **기존의 문화에서 관습처럼 굳어져 왔던 다양한 경계들(Boundaries)의 붕괴**: 도나 해러웨이(Donna Haraway)가 지적하고 있는 바와 같이, 진화론에 기반을 둔 생물학의 발전으로 인간의 고유한 특성이라고 할 만한 것이 약화되면서 인간과 동물 사이의 경계가 허물어지고 있고, 생체공학의 발전에 따른 사이보그의 출현으로 인간(유기체)과 기계 사이의 경계가 허물어지고 있다. 또한 미시물리학과 전자공학의 발전은 물리적인 것과 비물리적인 것 사이의 경계를 허물고 있다.

(2) **현대사회의 유동성, 다원성, 불확정성, 탈중심성을 표상**: 하이퍼텍스트의 확대로 저자의 힘이 약화되고 독자가 저자로 역전되는 양상이 나타나고, 인터넷과 같은 탈중심화된 컴퓨터 커뮤니케이션이 보편화되면서 소수 중심의 모순적 커뮤니케이션 구조가 해체되고, 다양한 텍스트들을 접하면서 인간은 다원적인 정체성을 경험하게 된다.

(3) **과거와 같은 산물(Products)의 문화가 아니라 '과정(Process)'의 문화**: 네트워크가 진전되면서 경제 체제는 물질적 상품이 중시되던 산업자본주의와는 달리 과정의 경제(Process Economy)로 전환된다. 가상경제하에서 다양한 소스들이 결합된 '재조합형 상품(Recombinant Commodity)'은 빠르게 네트워크, 즉 사회의 회로를 이동한다. 이런 점에서 사이버 문화는 끊임없이 부유하는 '유목민적 문화(Nomadic Culture)'라고 할 만하다.

1. 정의

인터넷을 이용하여 자신의 의사를 정치에 반영하는 형태의 민주주의를 말하며, 원격 민주주의라고도 한다. 인터넷의 급격한 발달에 따라 기존의 대의 정치의 한계점을 극복하고 시민의 정치 참여를 활성화하여 사실상의 직접 민주주의를 구현할 수 있는 가능성을 가지고 있다. 전자 민주주의가 효율성을 가진 제도로 정착되기 위해서는 정보 통신 기술이 제공한 쌍방향성에 의한 정보 교류가 활발하게 이루어지고, 자유로운 토론이 보장되어야 하며, 시민들도 자발적으로 언어 순화나 타인의 명예를 훼손하는 일을 하지 말아야 한다.

2. 인터넷 민주주의의 요건

(1) **접근성**: 상대적으로 적은 비용으로 컴퓨터 네트워크에 접근할 수 있다는 것이다. 이는 자유롭게 정보에 접근할 수 있다는 것을 넘어, 다른 사람과 관계를 맺고 공개적으로 자신의 의견을 표현하고 인정받을 수 있다는 것을 뜻한다. 따라서 컴퓨터 네트워크에 접근할 수 있는 사람은 누구나 이러한 기회가 동등하게 보장되는 것이다.

(2) **사교적 탈맥락성(Social Decontextualization)**: 자신의 정체성을 감출 수 있다는 것이다. 즉 기존의 사회 관계에서 자신의 정체성을 규정하는 맥락이 되는 실제 이름, 성, 지리적 위치 등이 드러나지 않으며, 사회적 위치 단서들(예 액센트, 글씨나 음성의 특성, 성, 외양 등)을 중립화한다. 이런 점에서 덜 개인적(Personal)이며, 따라서 상대적으로 지위가 낮은 사람도 동등한 조건으로 참여할 수 있기 때문에 이제 사회경제적, 인종적, 기타 다른 장애가 붕괴될 것으로 기대된다.

(3) **이용 관행의 부족**: 이용자들은 자신을 덜 자제하게 되고, 그 결과로 인터넷에서 성적으로 저급하고 공격적인 표현을 하는 플레이밍과 같은 불쾌한 행동을 보이기도 한다. 하지만 다른 한편으로는 다른 사람에 대해 개방적인 태도를 취하기도 한다. 이는 전통적인 위계적 커뮤니케이션 패턴의 붕괴를 초래할 수 있다. 이는 일종의 탈권위적(Anarchic) 특성을 보여 주는 것이다.

(4) **명시적 검열의 부재**: 검열이 있다 하더라도 메시지 내용을 차단하기보다는 저속한 표현물을 선별적으로 가려내고자 하는 것이다. 검열하는 디스커션 리스트도 실제로는 거의 모든 내용을 받은 순서대로 게시한다. 모든 사람들이 자신의 메시지가 다른 사람들에 의해 읽히고 그들로부터 반응을 받을 기회를 동등하게 갖게 된다.

3. 인터넷의 민주적 잠재력

(1) 구조적 측면: 인터넷은 지속적으로 변화해 온 매체이며, 이러한 변화를 지속적으로 수용하기 위해서라도 인터넷은 개방적 구조, 즉 탈중앙집중적(Decentralized) 구조를 갖지 않을 수 없다는 것이다. 이에 따라 텔레비전과 같은 전통적인 미디어에서 볼 수 있는 중앙집중적 통제점은 없다는 것이다. 탈중심화된 개방적 구조 때문에 앞으로도 혁신적인 서비스와 기술들이 지속적으로 개발될 것으로 기대된다는 것이다.

(2) 접근성 측면
   ① 인터넷은 첫째, 접근 비용이 상대적으로 저렴하다.
   ② 다양한 기관들에 의해 인터넷 접근 서비스가 제공된다.

10 ｜ 모바일 인터넷

1. 정의

(1) 모바일 인터넷은 스마트폰이나 노트북과 같은 모바일 장비를 이용해 이동 중에도 인터넷을 매개로 커뮤니케이션, 교제, 정보 검색, 거래, 오락 등을 할 수 있는 발전된 인터넷 서비스를 지칭한다.

(2) 인터넷의 한 서비스인 월드와이드웹과 원래의 인터넷을 구별하지 않고 월드와이드웹을 인터넷의 대명사처럼 쓰고 있듯이, 모바일 웹(Mobile Web)이 실질적인 모바일 인터넷이라 할 수 있다.

(3) 모바일 인터넷에 접근하기 위한 방식은 브라우저 기반(Browser-Based)과 앱 기반(Application-Based)으로 나뉘는데, 2007년 이후 스마트폰이 도입, 확산되면서 모바일 인터넷 접근 경험은 앱 기반으로 급속히 전환되고 있다.

2. 무선 접속 방식

(1) 와이파이(Wi-Fi) 방식
   ① 와이파이는 IEEE 802.11 표준을 이용하는 '무선 근거리 네트워크(Wireless Local Area Network)'를 지칭한다.
   ② 접속점, 즉 AP(Access Points)라 불리는 무선 라우터를 통해 네트워크가 구성된다. 와이파이 네트워크는 DSL, 케이블 모뎀과 같은 인터넷 접근 시스템을 통해 인터넷 네트워크에 연결된다.
   ③ 데이터 비율은 대체로 6~600Mbit/s이고, 와이파이 서비스 범위도 매우 좁아 20~250m 정도인데, 프로토콜, 위치, 주파수, 건물 구조, 기타 방해 요소 등에 따라 데이터 비율과 범위는 매우 가변적이다.

(2) 무선 ISP(Internet Service Provider)

① 일반적으로 저비용의 802.11 와이파이 무선 시스템을 이용해 원거리에서 인터넷 접속이 가능한 광대역 망을 구축할 수 있게 해 준다.

② 유선 접속 방식과 비교할 때, 강력한 보안 시스템을 구축하지 않는 한 보안 위험이 있고, 데이터 비율도 2~50배 정도 느리다. 다른 무선 네트워크, 날씨, 가시선 등의 방해 요인들 때문에 네트워크 안정성도 떨어지는 편이다.

(3) 위성 통신 방식

① 통신위성을 통해 고정 및 무선 인터넷 접근을 제공한다. 가장 고비용의 서비스이고 기상의 영향을 많이 받지만, 넓은 지역을 커버할 수 있는 유일한 방식이다.

② 데이터 비율은 다운스트림 2Kbit/s~1Gbit/s, 업스트림 2Kbit/s~10Mbit/s이다.

(4) 모바일 광대역(Mobile Broadband) 방식

① 휴대전화나 태블릿 PC와 같은 모바일 장비에 기지국을 통해 인터넷 접근을 포함해 통신 서비스를 제공하는 것을 지칭한다.

② 내장된 통신칩이나 PC 카드, USB 모뎀이나 스틱, 또는 동글(Dongle) 등을 갖춘 장비를 통해 신호를 송수신할 수 있다.

03 해킹과 정보보안

01 해킹과 보안의 역사

1. 해킹의 의미

(1) 해킹이라는 용어는 1950년대 말 메사추세츠 공과 대학(MIT)의 동아리 모임에서 사용한 '해크(Hack)'라는 말에서 유래되었으며, 해크는 '난도질하다', '땅을 파다', '(문장 등을) 엉망으로 만들다'라는 뜻을 가지고 있다.

(2) 해킹이라는 용어가 막 등장하던 시기에는 네트워크의 약한 점을 찾아서 그 문제를 해결한다는 좋은 뜻이었으나, 시간이 지나면서 다른 사람의 컴퓨터에 침입하여 정보를 빼내서 이익을 취하거나, 파일을 없애버리거나, 비밀번호를 바꿔버리는 등 나쁜 행동들을 하기 위한 목적으로 번지게 되면서 해킹의 의미 또한 변했다.

(3) 원래 의미대로 다른 사람의 네트워크 침입을 방지하기 위해서 보안의 약점을 찾고 그것을 해결해가는 것은 해킹, 다른 사람에게 피해를 주는 악의적인 행동은 크래킹(Cracking)으로 부르자는 의견도 있지만 여전히 시스템 관리자가 만든 보안망을 뚫고 들어오는 모든 행위를 해킹이라고 보는 것이 일반적인 견해이다.

2. 해킹의 역사

(1) **1960년대(해킹의 태동):** MIT 대학의 모형 기차 제작 동아리에서 첫 해커가 탄생했다. 이중 몇몇이 교내 컴퓨터 시스템 쪽으로 관심을 바꾸어 밤낮으로 컴퓨터에 매달려 새로운 프로그램을 만들고 토론했다.

(2) **1970년대[전화 조작(Phone Phreaking)과 캡틴 크런치]:** 존 드래퍼는 1971년 월남전 참전 중에 군용식량 꾸러미에 들은 '캡틴 크런치'라는 시리얼 음식에서 나온 장난감 호루라기를 불면 2,600MHz의 주파수가 발생하고, 전화기에 이용하면 무료통화도 가능하다는 사실을 발견했다. 그는 전화 조작의 시조가 된 전설적 인물로 전화기를 개조한 혐의로 여러 번 체포되었다. 이후 잡지 에스콰이어에서 그 제작법을 공개하면서 미국 내 전화망 침입이 증가했다. 이중에는 대학생이었던 애플의 설립자 스티브 워즈니악과 스티브 잡스도 있었다.

(3) 1980년대

① 해커 게시판과 해킹 그룹: 전화 조작에서 컴퓨터 해킹으로 이전이 시작됐다. 최초의 전자 게시판(BBS)도 만들어졌다. Sherwood Forest와 Catch-22와 같은 선도적 유즈넷 뉴스그룹과 이메일, 게시판 등에서 탈취한 컴퓨터 암호 및 신용카드 번호를 공유하면서 주목을 받았다. 미국에는 Legion of Doom, 독일에서는 Chaos Computer Club과 같은 해킹 그룹이 형성되기 시작했다.

② 414 gang: 영화 'War Games'를 통해 일반인들에게 해커는 어떤 컴퓨터 시스템에든 침입할 수 있는 사람이라는 메시지가 전해졌다. 같은 해 FBI는 밀워키의 지역번호를 따서 이름 붙인 '414 gang'이란 해커 그룹의 10대 6명을 60대의 컴퓨터(이중에는 노스 알라모스 핵실험소 컴퓨터 포함)에 침입한 죄로 체포했다.

③ 모리스 웜: 국가안보위원회 핵심 과학자의 아들인 코넬 대학교 대학원생 로버트 모리스는 인터넷의 효시가 되는 ARPA넷을 통해 자기 복제 웜을 구동시켰다. 그는 네트워크로 연결된 6,000여 대의 컴퓨터를 감염시켜 정부 및 대학교 시스템을 마비시켰다. 그에게 집행유예 3년, 벌금 일만 달러가 부과됐다. 이를 계기로 미국방부는 1988년 11월 카네기 멜론 대학교에 컴퓨터 비상 대응팀(CERT)을 설립했다.

(4) 1990년대

① 썬데블 작전(Sundevil Operation): 비밀 첩보 기관이 미국 14개 도시에서 신용카드 절도 및 전화망 침입 등의 명목으로 해커들을 체포했다.

② 라디오 방송 경품 해킹: 수배 중인 해커 케빈 폴슨과 그의 친구들은 라디오 방송국 전화망에 침입해서 포르쉐와 여행 상품, 2만 달러에 당첨됐다. 폴슨은 이미 전화회사 침입으로 수배 중이었으며, 해킹으로 5년간 복역(96년 석방 이후 컴퓨터 범죄에 관한 자유 기고가로 활동 중)했다. 또한 최초의 데프콘 해킹 회의가 라스베가스에서 개최되었다. 이는 현재 매년 거행되는 이벤트가 되었다.

③ 해킹 도구 개발: 인터넷 브라우저 넷스케이프가 개발되고 웹 정보 접근이 가능해졌다. 해커들은 자신들의 노하우와 프로그램들을 과거의 BBS에서 웹 사이트로 옮겨놓았다. 다양한 해킹 정보와 사용이 편리한 해킹 도구들이 웹을 통해 본격적으로 공개되기 시작했다. 일부 사용자들은 패스워드 스니퍼같은 툴을 사용해 사적인 정보를 캐기도 하고 은행 컴퓨터 내의 계좌 정보를 변조했다. 언론은 이들을 해커라 불렀고, '해커'란, 더 이상 순수한 목적으로 시스템의 내부를 연구하는 컴퓨터광을 지칭하는 용어로 쓰이지 않게 되었다.

④ 케빈 미트닉 사건: FBI는 20,000개의 신용카드 번호를 훔친 혐의로 케빈 미트닉을 다시 체포했고, 그는 영웅의 반열에 올랐다. 그는 4년간의 감금 후 받은 재판에서 수감 대기기간보다 더 짧은 징역형을 받았다. 러시아 해커갱단이 시티은행의 컴퓨터를 침입해 천만 달러를 인출해 전 세계 은행으로 이체시켰다. 미국 법무부, 공군, CIA, NASA를 포함한 미국정부의 웹사이트를 크래킹해 엉뚱한 내용으로 바꾸는 웹페이지 크래킹이 시작되었다. 이들은 마이크로소프트 NT 운영체제 시스템의 취약점을 집중적으로 공격했다.

⑤ 아메리카 온라인(AOL) 해킹 :아메리카 온라인 침입만을 목적으로 초보 해커와 스크립트 키드들이 사용할 수 있도록 고안된 무료 해킹 툴인 AOHell이 공개됐다. 이후 며칠간 수백만 아메리카 온라인 사용자들의 이메일이 대용량 메일 폭탄으로 공격받았고, 채팅룸은 스팸 메시지로 마비되었다.

⑥ 백 오리피스의 등장: 'Cult of the Dead Cow'란 해킹그룹이 데프콘 회의에서 강력한 해킹도구로 사용될 수 있는 트로이목마 프로그램인 백 오리피스(Back Orifice)를 발표했다. 또한 페르시아만의 긴장이 고조되면서 해커들이 펜타곤 컴퓨터에 침입해서 소프트웨어를 훔쳐냈다. 존 햄르 미국방부 차관은 이를 '조직적인 공격'으로 규정했고, 조사팀은 두 명의 미국 십대를 용의자로 지목했다.

(5) 2000년대

① '서비스 거부(Denial-of-Service)' 공격: Yahoo, eBay, Amazon 등에 대한 대규모 '서비스 거부'공격이 감행되었다. 파키스탄 및 중동 해커들은 카쉬미르와 팔레스타인에 대한 억압에 항의, 이스라엘과 인도 정부에 소속된 웹 사이트들을 공격했다. 또한 그들은 마이크로소프트사의 네트워크에 침입해서 윈도우와 오피스 소스코드를 해킹했다.

② DNS 공격: 마이크로소프트가 DNS 서버를 공격하는 새로운 해킹 기법의 최대 피해자가 되었다. 이는 서비스 거부 공격의 일종으로 마이크로소프트 홈페이지로 통하는 DNS 경로를 마비시켰다. 공격은 수 시간에 그쳤지만, 수백만의 접속자들이 이틀 동안 마이크로소프트 홈페이지에 접속하지 못했다.

③ 웜과 바이러스: 2000년에는 규모면에서 최대의 보안 사고로 기록되고 있는, 러브 버그(Love Bug) 바이러스가 등장해서 87억 5천만 달러의 경제적 손실을 발생시켰다. 전 세계를 공포로 몰아넣은 이 바이러스는 'ILOVEYOU'라는 제목과 '발송 드린 첨부의 LOVELETTER를 확인 부탁드립니다'라는 내용의 본문 메시지, 그리고 'LOVELETTER.TXT.VBS'라는 파일이 첨부되어 있었다.

④ 개인정보 유출과 도용: 2005년 10월부터 2006년 2월 사이에는 주민등록번호 수십만 개가 유출돼, 인터넷 게임 사이트 가입에 사용되는 등 개인정보가 무단 도용된 사건이 있었다. 경찰청 사이버테러대응센터에서 접속 IP를 분석해보니 중국에서 직접 접속한 경우, 국내 사설망 등을 통해 접속한 경우, 해킹으로 중간 경유지를 이용한 경우 등으로 원인이 밝혀졌다.

⑤ 해킹 기술을 이용한 전자상거래 교란: 2006년 7월에는 안심클릭의 허점을 이용한 해킹 사기 사건이 발생했다. 범인들은 해킹 등으로 타인의 카드번호를 입수한 후 인터넷에서 이루어지는 신용카드 결제 방식의 제도적·기술적 취약점을 이용해 물품을 대신 결제해주고 현금을 돌려받아 수억 원을 인출했다.

(7) 2010년대 이후

① 농협 사이버테러: 농협 전산망 마비 사태는 2011년 4월 12일 농협 전산망에 있는 자료가 대규모로 손상되어 수일에 걸쳐 전체 또는 일부 서비스 이용이 마비된 사건이다. 사건 초기에는 협력 업체에 의한 사고 가능성이 제기되었으나, 이후 농협 측에서는 내부 전문가의 사이버 테러일 가능성이 높다고 발표했다. 농협 측의 사건 처리가 미흡했다는 지적이 있었으며, 농협의 일부 업무는 4월 13일 오후, 모든 업무는 여러 차례 연기 끝에 18일 만인 4월 30일에 정상화되었다

② APT(Advanced Persistent Threat) 공격: 지능형 지속 공격은 잠행적이고 지속적인 컴퓨터 해킹 프로세스들의 집합으로, 특정 실체를 목표로 하는 사람이나 사람들에 의해 종종 지휘된다. 지능형 지속 공격은 보통 개인 단체, 국가, 또는 사업체나 정치 단체를 표적으로 삼는다. 이 공격은 오랜 시간 동안 상당한 정도의 은밀함이 요구된다.

③ 해킹 도구이자 해킹 대상이 되는 스마트폰: 대표적인 스마트폰 운영체제인 애플의 iOS와 구글의 안드로이드는 조금 차이가 있지만, 둘 다 그 뿌리는 유닉스(리눅스)와 유사하다. 특히 리눅스에 기반을 두고 있는 안드로이드는 리눅스 해킹 툴을 비교적 쉽게 설치할 수 있다. 또한 스마트폰은 자체적으로 상당히 긴 시간 동안 전원 공급이 가능하고 Wi-Fi망뿐 아니라 3G망이나 LTE망까지 이용할 수 있기 때문에 최상의 해킹 도구인 셈이다.

02 보안의 3대 요소 및 위협공격 사례

1. 기밀성

기밀성은 통신하는 당사자만이 아는 비밀을 말한다. 정보보안에서 가장 많이 요구하는 조건이 바로 기밀이 보장되는 기밀성이다. 군대나 은행, 산업체의 조직에서 기밀성이 필수적으로 요구되며 정보의 보관뿐만 아니라 정보의 전송에도 적용되며 기밀성을 지키기 위해서는 데이터를 다른 사람들이 이해하지 못하도록 암호화하는 방법이 있다.

(1) **스누핑(Snoofing)**: 스누핑은 비인가된 사용자가 중요 데이터에 접근하는 것이나 탈취를 의미한다. 예를 들어, 인터넷으로 전송되는 파일이 기밀정보를 담고 있는데, 나쁜 의도를 가진 자가 그 정보를 가로채고 자신의 이익을 위해 사용하는 경우이다.

(2) **트래픽 분석(Traffic Analysis)**: 데이터를 이해할 수 없더라도 공격자가 온라인상에 전송되는 트래픽을 분석함으로써 다른 정보를 얻을 수 있다. 예를 들어, 공격자는 송수신자의 IP, 또는 이메일 주소, 또는 전송 성향을 추측하는데 도움이 되는 질의, 응답을 수집할 수 있다.

2. 무결성

변경이 허락된 사람에게서 인가된 메카니즘을 통해서만 이뤄져야하는 것을 의미한다. 정보는 시시각각 변화되는데, 이것이 인정된, 인가된 사람만 변경하는 것을 보장해야 한다. 이 중 허가되지 않은 사람이 변경했을때 이를 즉각 알 수 있어야 하는 것이 무결성이다.

(1) **변경(Modification)**: 공격자는 정보를 가로채서 자신에게 이익이 될 수 있게 조작하는 것을 의미한다. 원래는 송신자에게 줘야할 데이터를 중간에 공격자가 가로채서 자신의 주소로 바꾸거나 하는 것이 있다.

(2) **가장(Masquerading)**: 공격자가 인가된 사용자인 척 하는 것을 의미한다. 정보보안에서 스푸핑(Spoofing)이라는 공격 기법이 이에 해당하며 IP나 MAC을 인가된 시스템의 주소로 변경하여 인가된 자인 척 정보를 획득하는 것이다.

(3) **재연(Replaying)**: 재연이라는 것은 우선 공격자가 정보를 가로채고 난 이후 나중에 그 정보를 다시 사용함을 의미한다. 즉, 공격자가 우선 전송된 데이터를 가지고 있다가 자신이 필요할 타이밍에 그 정보를 다시 보내는 것이다. 예를 들어, 어떤 사람이 공격자에게 송금하라고 하는 데이터를 공격자가 가지고 있는데, 이 정보를 계속 이용해서 그 사람의 계좌에서 계속 돈을 공격자에게 보내는 공격이 있다. 그래서 재연이라는 공격을 막기위해 OTP(One-Time Password)를 사용한다.

(4) **부인(Repudiation):** 정보보안에서 부인이라 함은 정보를 전송하거나 변경했을때 그 사실을 인정하지 않는 것을 말한다. 현실에서 나중에 거짓말하지 못하도록 서명이나 도장을 찍듯, 정보보안에서도 디지털화된 서명(Digital Signature)이 적용된다.

3. 가용성

가용성은 정보가 사용가능해야한다는 것이다. 중요한 정보를 사용하지 못할 경우 심각한 피해를 입을 수 있으므로 정보에 대한 접근이나 사용이 인가된 자에 의해서 사용이 가능해야 한다.

- **서비스 거부(Denial of Service):** 서비스 거부 공격은 가용성을 무너뜨리는 가장 일반적인 형태의 공격이다. 이 공격을 통해서 서비스를 느리게 만들거나 아예 시스템을 마비시키는 공격이며 수강 신청 기간에 웹 페이지가 마비되는 현상이 이와 유사한 상황에 해당한다.

03 보안을 위한 윤리의식

1. 정보통신 윤리 강령

(1) 우리는 타인의 자유와 권리를 존중한다.

(2) 우리는 바른 언어를 사용하고 예절을 지킨다.

(3) 우리는 건전하고 유익한 정보를 제공하고 올바르게 이용한다.

(4) 우리는 청소년 성장과 발전에 도움이 되도록 노력한다.

(5) 우리 모두는 따뜻한 디지털 세상을 만들기 위하여 서로 협력한다.

2. 컴퓨터윤리기관(Computer Ethics Institute)에서 발표한 윤리 강령 10계명

(1) 컴퓨터를 타인을 해치는 데 사용하지 않는다.

(2) 타인의 컴퓨터 작업을 방해하지 않는다.

(3) 타인의 컴퓨터 파일을 염탐하지 않는다.

(4) 컴퓨터를 절도해서 사용하지 않는다.

(5) 거짓 증거로 컴퓨터를 사용하지 않는다.

(6) 소유권 없는 소프트웨어를 사용하거나 불법 복제하지 않는다.

(7) 승인이나 적절한 보상 없이 타인의 컴퓨터를 사용하지 않는다.

(8) 타인의 지적 재산권을 침해하지 않는다.

(9) 자신이 만든 프로그램이나 시스템으로 인한 사회적 결과에 책임을 진다.

(10) 동료를 고려하고 존중하는 방식으로 컴퓨터를 사용한다.

3. 인터넷활동협회(IAB; Internet Activities Board)에서 비윤리적인 행동으로 간주하는 행위

    (1) 고의적으로 허가받지 않고 인터넷 자원에 접근하려는 행위

    (2) 인터넷의 이용을 막는 행위

    (3) 의도적으로 시스템과 네트워크의 자원을 낭비하는 행위

    (4) 컴퓨터 기반 정보의 무결성을 파괴하는 행위

    (5) 타인의 사생활을 침해하는 행위

    (6) 인터넷 전반의 실험에 있어서의 과실

04 보안관련 법안

1. 정보통신망 이용촉진 및 정보보호 등에 관한 법률

순번	적용 법조	범죄 내용
1	제70조 제1항	사이버 명예 훼손(사실 유포)
2	제70조 제2항	사이버 명예 훼손(허위사실 유포)
3	제71조 제1호	이용자 개인정보 수집
4	제71조 제3호	개인정보 목적 외 이용 및 제3자 제공
5	제71조 제5호	이용자 개인정보 훼손 · 침해 · 누설
6	제71조 제9호	악성프로그램(바이러스) 유포
7	제71조 제10호	정보통신망 장애 발생
8	제71조 제11호	타인 정보 훼손 및 타인 비밀 침해 · 도용 · 누설
9	제72조 제1항 제1호	정보통신망 침입
10	제72조 제1항 제5호	직무상 비밀 누설 및 목적 외 사용
11	제72조 제1항 제2호	속이는 행위에 의한 개인정보 수집
12	제73조 제1호	정보통신 서비스 제공자 등의 기술적 · 관리적 조치 미이행
13	제73조 제2호	영리목적 청소년유해매체물 미표시
14	제73조 제3호	청소년유해매체물 광고 청소년에게 전송
15	제74조 제1항 제1호	인증기관 인증표시 무단 표시 · 판매 · 진열
16	제74조 제1항 제2호	음란 문언 · 음향 · 영상 등의 배포 · 판매 · 전시
17	제74조 제1항 제3호	사이버 스토킹(공포불안을 야기시키는 말 · 음향 등의 반복 행위)
18	제74조 제1항 제4호	스팸메일 수신거부 회피 관련 기술조치 행위
19	제74조 제1항 제5호	전자우편주소 무단 수집 · 판매 · 유통 · 정보 전송에 이용
20	제74조 제1항 제6호	불법행위를 위한 광고성 정보 전송

2. 정보통신기반 보호법

ISP(Internet Service Provider)나 주요 통신사와 같은 주요 정보통신기반시설에 대한 보호법으로, 다음과 같은 사항을 전자적 침해행위로 규정하고 있다. 주요 정보통신기반시설을 교란·마비 또는 파괴한 자는 10년 이하의 징역 또는 1억 원 이하의 벌금에 처하는 것을 규정하고 있다.

「정보통신기반 보호법」의 주요 범죄 사항

순번	적용 법조	범죄 내용
1	제28조	주요 정보통신 기반 시설 교란·마비·파괴
2	제29조	취약점 분석·평가업무 등의 종사자 비밀 누설

3. 개인정보보호법

「정보통신망 이용 촉진 및 정보보호 등에 관한 법률」, 「신용정보의 이용 및 보호에 관한 법률」 등의 개별 법령에서 다루고 있는 개인정보와 관련된 사항을 통합하여 규정한 법으로 2012년에 시행되었다. 각 규정에 따라 3년~10년의 징역 또는 3천만 원~1억 원의 벌금에 처하고 있다.

「개인정보보호법」의 주요 범죄 사항

순번	적용 법조	범죄 내용
1	제22조	동의 없는 개인정보 수집
2	제23조	민감한 개인정보 수집 및 필요 최소한의 개인정보 이외의 정보를 제공하지 아니했다는 이유로 서비스 제공 거부
3	제24조	동의 받은 목적과 다른 목적으로 개인정보 이용
4	제23조의 2	주민등록번호 외의 회원가입 방법 미조치
5	제24조의 2	이용자 동의 없는 개인정보 제3자 제공
6	제25조	이용자 동의 없는 개인정보 취급 위탁 및 개인정보 취급 위탁 사실 미공개
7	제26조 제1항	영업양도 등 미통지
8	제26조 제3항	영업양수자 등이 당초 목적과 다른 목적으로 개인정보 이용 또는 제3자 제공
9	제27조	개인정보 관리 책임자 미지정
10	제27조의 2	개인정보 취급 방침 미공개
11	제28조 제1항 제1호, 제6호	기술적·관리적 조치 미이행
12	제28조 제1항 제2호~제5호	기술적·관리적 조치 미이행으로 인한 개인정보 누출
13	제23조	개인정보 취급자의 개인정보 훼손, 침해, 누설
14	제29조	개인정보 미파기
15	제30조	이용자의 동의 철회, 열람, 정정 요구 미조치
16	제30조 제5항	개인정보 오류 정정 요청에 대한 필요 조치를 하지 아니하고 개인정보 제3자 제공, 이용
17	제30조 제6항	이용자의 동의 철회, 열람, 정정 요구를 개인정보 수집 방법보다 어렵게 함
18	제31조	법정대리인의 동의 없는 아동 개인정보 수집

4. 통신비밀보호법

통신비밀을 보호하고 통신의 자유를 신장하기 위해 1993년에 처음 제정한 법으로, 다음의 범죄 사실에 대해 10년 이하의 징역과 5년 이하의 자격 정지에 처하고 있다.

[「**통신비밀보호법**」의 주요 범죄 사항]

순번	적용 법조	범죄 내용
1	제16조 제1항 제1호	전기통신 감청 및 비공개 타인 간 대화 녹음 · 청취
2	제16조 제1항 제2호	지득한 통신 및 대화내용 공개 · 누설
3	제16조 제2항 제2호	통신제한조치 집행 등 관여 공무원의 비밀 공개 누설
4	제16조 제3항	통신제한조치 집행 등 관여 통신기관 직원 비밀 공개 누설
5	제16조 제4항	사인의 통신제한조치 취득내용의 외부 공개 및 누설

5. 저작권법

저작자의 권리와 이에 인접하는 권리를 보호하고 저작물의 공정한 이용을 위한 목적으로 2006년 제정되었다. 범죄 사실에 따라 3~5년의 징역 또는 3천만 원~5천만 원의 벌금에 처하거나 이를 병과할 수 있다.

[「**저작권법**」의 주요 범죄 사항]

순번	적용 법조	범죄 내용
1	제16조 제1항 제1호	전기통신 감청 및 비공개 타인 간 대화 녹음 · 청취
2	제16조 제1항 제2호	지득한 통신 및 대화내용 공개 · 누설
3	제16조 제2항 제2호	통신제한조치 집행 등 관여 공무원의 비밀 공개 누설
4	제16조 제3항	통신제한조치 집행 등 관여 통신기관 직원 비밀 공개 누설
5	제16조 제4항	사인의 통신제한조치 취득내용의 외부 공개 및 누설

05 네트워크 보안과 공격

1. 서비스 거부(DoS) 공격

Denial of Service의 약자로, 공격 대상 시스템이 정상적인 서비스를 할 수 없도록 만드는 공격에 해당한다. 이 공격은 가용성을 떨어트리는 것이 목적에 해당한다.

(1) 취약점 공격형: 공격 대상이 특정 형태의 오류가 있는 네트워크 패킷의 처리 로직에 문제가 있을 때, 그 문제를 이용하여 공격 대상의 오동작을 유발시키는 형태의 공격이다.

　① Boink, Bonk, TearDrop 공격: 오류 제어 로직을 악용하여 시스템의 자원을 고갈시키는 공격이다. IP 패킷의 전송이 잘게 나누어졌다가 다시 재조합하는 과정의 약점을 이용한 공격으로, 패킷의 순서, 손실된 패킷의 유무, 손실된 패킷의 재전송 요구 등 3가지 사항을 위반함으로써 공격 대상 시스템에 DoS 공격을 가한다.

㉠ Bonk 공격: 처음 패킷을 1번으로 보낸 후 두 번째, 세 번째 패킷 모두 시퀀스 넘버를 1번으로 조작하는 방식을 사용

　　㉡ Boink 공격: 처음 패킷을 정상적으로 보내다가 중간에 계속 일정한 시퀀스 넘버를 사용

　　㉢ TearDrop 공격: IP 패킷의 Offset 중첩을 이용한 공격으로, 패킷을 겹치게 또는 일정한 간격의 데이터가 손실되도록 전송하여 패킷 재조합 과정에서 오류가 발생하도록 유도하는 방식을 사용

　　㉣ Land 공격: 패킷을 전송할 때 출발지 IP주소와 목적지 IP주소 값을 똑같이 만들어서 공격 대상에게 전송하는 방법이다. 현재는 대부분의 OS가 이 공격을 기본적으로 막을 수 있도록 보안 기능을 제공하여 거의 쓰이지 않는 공격이다.

(2) 자원 고갈 공격형: 네트워크 대역폭이나 시스템의 CPU, 세션 등의 자원을 소모시키는 형태의 공격이다.

　① Ping of Death 공격: 초기 DoS 공격으로 가장 흔히 사용되어 온 공격으로 ICMP 패킷의 재조합을 이용한 공격이다. 네트워크의 연결 상태를 점검하기 위한 Ping 공격을 보낼 때, 패킷을 최대한 길게 (65,500바이트) 보내면 패킷은 네트워크의 특성에 따라 수백, 수천 개의 패킷으로 잘게 분할된다. 결과적으로 공격 대상 시스템은 대량의 작은 패킷을 수신하게 되고, 네트워크가 마비되는 원리다. 즉, 수신의 재조합 과정에서 부하가 발생하거나 BOF(Buffer Over Flow)를 발생시켜 서비스 이용을 막는 공격이다.

　② SYN Flooding 공격: 네트워크에서 서비스를 제공하는 시스템에는 동시 사용자 수의 제한이 있다. SYN Flooding 공격은 존재하지 않는 클라이언트가 서버에 접속한 것처럼 속여 다른 사용자가 서버의 서비스를 제공받지 못하게 하는 것이다. 클라이언트가 서버에 연결하기 위해 SYN 패킷을 보내면 서버는 SYN Receive 상태가 되고 클라이언트로 SYN/ACK를 보낸다. 이 때, 클라이언트는 ACK 패킷을 서버로 보내지 않고 SYN 패킷만을 계속 전송하면 SYN Receive 상태가 지속되며 과부하가 발생한다.

　③ Smurf 공격: ICMP Reply 패킷을 이용한 공격으로 광범위한 효과로 인하여 가장 무서운 DoS 방법 중 하나다. 송신 측의 IP를 공격할 대상의 IP로 설정한 후 수신 측의 IP를 공격대상의 네트워크와 연결된 IP들로 설정하여 패킷을 보내면 이 많은 IP들은 응답 패킷을 공격대상으로 보내게 되고 다수의 응답 패킷 수신으로 인해 과부화를 일으키는 방법이다.

(3) 분산 서비스 거부(DDoS) 공격: 공격자가 한 지점에서 서비스 거부 공격을 수행하는 형태를 넘어 광범위한 네트워크를 이용하여 다수의 공격 지점에서 동시에 한 곳을 공격하도록 하는 형태의 서비스 거부 공격이다. 분산 서비스 거부 공격은 1999년 8월 17일 미네소타 대학에서 처음 발생하여 야후, NBC, CNN 서버의 서비스를 중지시켰다. 피해가 상당히 심각했으나 아직까지 확실한 대책이 없으며 공격자의 위치와 구체적인 발원지를 파악하는 것도 거의 불가능하다.

　① 분산서비스 거부 공격 시스템

　　㉠ 공격자(Attacker): 공격을 주도하는 해커의 컴퓨터

　　㉡ 마스터(Master): 공격자에게 직접 명령을 받는 시스템으로 여러 대의 에이전트를 관리함

　　㉢ 핸들러(Handler) 프로그램: 마스터 시스템의 역할을 수행하는 프로그램

　　㉣ 에이전트(Agent): 공격 대상에 직접 공격을 가하는 시스템

　　㉤ 데몬(Daemon) 프로그램: 에이전트 시스템의 역할을 수행하는 프로그램

② 최근에 발생하는 분산 서비스 거부 공격

    ㉠ PC에서 전파가 가능한 형태의 악성코드를 작성한다.

    ㉡ 분산 서비스 거부 공격을 위해 사전에 공격 대상과 스케줄을 정한 뒤 이를 작성한 악성코드에 코딩한다.

    ㉢ 다음 그림과 같이 악성코드(분산 서비스 거부 공격에 사용되는 악성코드를 봇(Bot)이라고 한다)가 인터넷을 통해 전파되도록 한다. 전파 과정에서는 별다른 공격이 이뤄지지 않도록 잠복한다. 이렇게 악성코드에 감염된 PC를 좀비 PC라고 부르며, 좀비 PC끼리 형성된 네트워크를 '봇넷(Botnet)'이라고 부른다.

    ㉣ 공격자가 명령을 내리거나 정해진 공격 스케줄에 따라 봇넷으로 형성된 좀비 PC들이 일제히 공격 명령을 수행하여 대규모의 분산 서비스 거부 공격이 가능해진다.

2. 스니핑

Sniffing이란 단어의 사전적 의미는 '코를 킁킁거리다', '냄새를 맡다' 등의 뜻이 있다. 사전적인 의미와 같이 해킹 기법으로서 스니핑은 네트워크 상에서 자신이 아닌 다른 상대방들의 패킷 교환을 엿듣는 것을 의미한다. 간단히 말하여 네트워크 트래픽을 도청(Eavesdropping)하는 과정을 스니핑이라고 할 수 있다. 이런 스니핑을 할 수 있도록 하는 도구를 스니퍼(Sniffer)라고 하며 스니퍼를 설치하는 과정은 전화기 도청 장치를 설치하는 과정에 비유될 수 있다.

(1) 스위치 재밍 공격: 많은 종류의 스위치들은 주소 테이블이 가득차게 되면(Full) 모든 네트워크 세그먼트로 트래픽을 브로드케스팅하게 된다. 따라서 공격자는 위조된 MAC 주소를 지속적으로 네트워크에 흘림으로서 스위칭 허브의 주소 테이블을 오버플로우 시켜 다른 네트워크 세그먼트의 데이터를 스니핑 할 수 있게 된다. 이는 보안 원리의 하나인 'Fail Close(시스템에 이상이 있을 경우 보안기능이 무력화되는 것을 방지하는 원리)'를 따르지 않기 때문에 발생한다. 스위치들은 사실상 보안보다는 기능과 성능 위주로 디자인되어 있다.

(2) SPAN 포트 태핑 공격: 이 방법은 스위치에 있는 Monitor 포트를 이용하여 스니핑 하는 방법이다. Monitor 포트란 스위치를 통과하는 모든 트래픽을 볼 수 있는 포트로 네트워크 관리를 위해 만들어 놓은 것이지만 공격자가 트래픽들을 스니핑하는 좋은 장소를 제공한다.

(3) 방어

    ① SSL 적용: HTTP, IMAP, POP, SMTP, Telnet 등은 SSL을 적용하여 HTTPS, IMAPS, POPS, SMTPS, Telnets 등으로 할 수 있다. SSL은 물론 HTTP에 가장 많이 활용되며 이를 적용하여 사용자 이름, 패스워드 및 전자 상거래 결제 정보 등 웹 서핑의 내용을 암호화 할 수 있다.

    ② PGP, S/MIME: SMTP 상으로 보내지는 메일은 기본적으로 암호화 되지 않기 때문에 스니핑하여 그 내용을 쉽게 얻어낼 수 있다. PGP, S/MIME 등을 이용하여 메일에 대한 암호화 기능을 제공할 수 있다.

    ③ SSH: 암호화 통신을 제공하여 Telnet, FTP, RCP, Rlogin 등을 대치할 수 있다.

④ 사설망 혹은 가상사설망(VPN): 스니핑이 우려되는 네트워크 상에 전용선(Leased Line)으로 직접 연결함으로 중간에 도청되는 것을 막는 것이 사설망이다. 하지만 이는 거리가 멀어질수록 인터넷을 이용하는 것에 비해 비용이 매우 비싸질 수밖에 없다. 인터넷 회선을 이용하며 사설망의 효과를 줄 수 있는 것이 VPN이다. VPN 장비 간의 암호화를 통해 도청을 막을 수 있다.

3. 스푸핑

사전적 의미로는 '골탕먹이다', '속여먹다', '우롱', '사취'이다. 즉, 외부 침입자가 특정 인터넷 주소에 사용자의 방문을 유인한 뒤 사전에 지정한 코드가 작동되도록 만들어 사용자 권한을 획득하거나 개인 정보를 빼내는 수법인데 간단하게 말하면 해커가 악용하고자 하는 호스트의 IP 주소를 바꾸어서 이를 통해 해킹을 하는 것을 말한다.

(1) ARP 스푸핑 공격: ARP 프로토콜은 32bit의 IP 주소를 48bit의 네트워크 카드 주소(Mac Address)로 대응시켜 주는 프로토콜이다. 우리가 실제로 IP 주소를 통해 네트워크 연결을 시도하면 TCP/IP에서는 해당 IP에 해당하는 네트워크 카드 주소를 찾아 연결하게 된다. 이러한 IP 주소와 네트워크 카드 주소의 대응 테이블은 스위치나 기타 네트워크 장비 및 사용자 컴퓨터에서 Arp Cache 테이블이라는 곳에 위치하게 된다. 해커가 이 테이블 상의 정보를 위조하게 되면 공격 대상 컴퓨터와 서버 사이의 트래픽을 해커 자신의 컴퓨터로 우회시킬 수 있다. 우회된 트래픽으로부터 해커는 패스워드 정보 등 유용한 정보를 마음껏 획득할 수 있다.

(2) IP 스푸핑 공격: IP 스푸핑은 말 그대로 IP 정보를 속여서 다른 시스템을 공격하는 것이다. IP 스푸핑을 통해 서비스 거부 공격(TCP Syn flooding, UDP flooding, ICMP flooding)을 수행할 수도 있으며, 공격대상 컴퓨터와 서버 사이의 연결된 세션에 대해서 세션 끊기도 가능하다.

(3) DNS 스푸핑 공격: DNS 프로토콜은 인터넷 연결 시 도메인 주소를 실제 IP 주소로 대응시켜 주는 프로토콜이다. 인터넷 연결 시 사용하는 DNS 서버가 IP 주소를 찾아달라는 요청을 받았을 때, 자기 자신의 도메인이 아닌 주소에 대해서는 보다 상위의 DNS 서버로부터 재귀적(recursive)인 방식으로 IP 주소를 찾아 알려준다. 만약 해커가 어떤 도메인의 DNS 컴퓨터를 장악하여 통제하고 있다면 최종적으로 얻어진 IP 주소는 원래 사용자가 찾아가고자 하였던 홈페이지가 아닌 다른 홈페이지로 연결되게 된다.

(4) 이메일 스푸핑: 이메일 발송 시 송신자의 주소를 위조하는 것이다. 간단한 방법으로는 이메일 송신자 From 필드에 별칭(Alias) 필드를 사용할 수 있다. 이메일 발송 시 별칭을 설정한 경우에는 별칭 주소로 이메일이 발송된다. 이러한 경우 메일을 받아보는 사람은 실제 이메일 송신자가 아닌 별칭 필드만을 확인하는 경우에는 이메일의 송신자가 별칭 필드에서 온 것으로 알게 된다.

4. 세션 하이재킹 공격

공격자가 인증 작업 등이 완료되어 정상통신을 하고있는 다른 사용자의 세션을 가로채서 별도의 인증 작업 없이 가로챈 세션으로 통신을 계속하는 행위이다. 인증 작업이 완료된 세션을 공격하기 때문에 OTP, Challenge/Response 기법을 사용하는 사용자 인증을 무력화시킨다.

(1) **TCP Connection Hijacking**: 응용프로그램은 Client-Server간 통신을 개시하기 전에 TCP 연결을 설정하고 연결을 통해 상호 메시지 교환을 개시한다. 메시지를 교환할 때 사용자 인증을 위한 메시지도 포함될 수 있다. 해당 TCP 연결을 가로채는것을 TCP Connection Hijacking이라고 한다.

(2) **HTTP 세션 하이재킹(HTTP Session Hijacking)**: 웹 서버가 웹 브라우저에게 세션 식별자를 할당하면 웹 브라우저는 요청 메시지에 해당 세션 식별자를 포함시킴으로써 해당 메시지가 동일 세션에 포함된 것임을 서버에게 표시한다. 이때 서버는 동일 세션 식별자를 가진 요청 메시지를 모두 동일 접근 권한을 가진 것으로 처리한다. 해당 세션 식별자를 가로챈다면 별도의 인증 없이 사용자의 권한으로 서버를 접근할 수 있게 된다.

06 웹 보안과 공격

1. 웹에 대한 이해

웹 또는 월드와이드웹(World Wide Web)이란 인터넷에 연결된 사용자들이 서로의 정보를 공유할 수 있는 공간을 의미한다. 줄여서 WWW나 W3라고도 부르며, 간단히 웹(Web)이라고 가장 많이 불린다. 일반적으로 인터넷과 같은 의미로 많이 사용되고 있지만, 정확히 말해 웹은 인터넷상의 인기 있는 하나의 서비스일 뿐입니다.

2. HTTP에 대한 이해

HTTP란 Hyper Text Transfer Protocol의 약자로 말 그대로 하이퍼텍스트를 전송하는 프로토콜이다. 다시말해서 HTTP는 클라이언트와 서버 사이에 이루어지는 요청 · 응답 프로토콜이다.

(1) **간단함**: HTTP는 사람이 읽을 수 있도록 간단하게 고안되었다. HTTP/2에서 더 복잡해지기는 했지만 여전히 HTTP 메시지를 프레임별로 캡슐화하여 간결함을 유지하였다.

(2) **확장 가능**: 클라이언트와 서버가 새로운 헤더의 시맨틱에 대해서만 합의한다면, 언제든지 새로운 기능을 추가할 수 있다.

(3) **무상태(Stateless)**: HTTP는 상태를 저장하지 않는다. 즉, 통신간의 연결 상태 처리나, 정보를 저장할 필요가 없기 때문에 서버 디자인이 간단해진다는 장점이 있다. 만약 저장이 필요한 경우에는 쿠키나 세션을 활용해 정보를 저장할 수 있다.

(4) 비연결성(Connectionless): HTTP는 클라이언트와 서버가 한 번 연결을 맺은 후, 클라이언트의 요청에 대해 서버가 응답을 마치면 맺었던 연결을 끊어버리는 성질을 말한다. 이러한 특징의 장점은 컴퓨터마다 매번 연결을 유지할 필요가 없기 때문에 리소스를 줄일 수 있어 그때그때 더 많은 연결을 수행할 수 있다는 장점이 있다. 하지만 연결 해제를 매번 해주어야 때문에 이에 대한 오버헤드가 일어난다는 단점을 가지고 있다.

3. 웹의 주요 취약점 10가지

국제웹보안표준기구 OWASP(The Open Web Application Security Project)에서는 해마다 웹 관련 상위 10개의 주요 취약점을 발표하고 있다.

(1) 명령 삽입 취약점: 클라이언트의 요청을 처리하기 위해 전송받는 인수에는 특정 명령을 실행할 수 있는 코드가 포함되는 경우가 있다. 이를 적절히 필터링하는 등의 처리 과정을 수행하지 못하는 경우 삽입 공격에 대한 취약점이 생긴다. 명령 삽입 공격은 웹 서버와 연동되는 데이터베이스에 임의의 SQL 명령을 실행하여 데이터를 수집할 수 있기 때문에 위험도가 매우 높다.

(2) XSS(Cross Site Scripting) 취약점: XSS는 공격자에 의해 작성된 스크립트가 다른 사용자에게 전달되는 것이다. 다른 사용자의 웹 브라우저 내에서 적절한 검증 없이 실행되기 때문에 사용자의 세션을 탈취하거나, 웹 사이트를 변조하거나 혹은 악의적인 사이트로 사용자를 이동시킬 수 있다.

(3) 취약한 인증 및 세션 관리: 인증이나 세션 관리와 관련된 기능이 올바르게 구현되지 않을 경우, 공격자에게 로그인을 하지 않은 상태로 서비스 페이지에 접근하거나 다른 사용자의 아이디로 가장할 수 있는 방법을 제공하는 것과 마찬가지이다.

(4) 직접 객체 참조: 직접 객체 참조는 파일, 디렉터리, 데이터베이스 키와 같이 내부적으로 구현된 객체에 대한 참조가 노출될 때 발생한다. 접근 통제에 의한 확인이나 다른 보호 조치가 없다면 공격자는 권한 없는 데이터에 접근하기 위해 노출된 참조를 조작할 수 있다.

(5) CSRF(Cross Site Request Forgery) 취약점: CSRF는 특정 사용자를 대상으로 하지 않고, 불특정 다수를 대상으로 로그인된 사용자가 자신의 의지와는 무관하게 공격자가 의도한 행위(수정, 삭제, 등록, 송금 등)를 하게 만드는 공격이다.

(6) 보안 설정 취약점: 디렉터리 리스팅(Directory Listing)은 웹 브라우저에서 웹 서버의 특정 디렉터리를 열면 그 디렉터리에 있는 파일과 목록이 모두 나열되는 것을 의미한다. 물론 관리자가 특정 디렉터리를 리스팅이 가능하도록 일부러 설정하는 경우도 있다. 또는 백업 및 임시파일 존재로 인한 허점일 수 있다.

(7) 취약한 정보 저장 방식: 최근 유명한 국내 웹 사이트가 해킹되어 개인정보가 유출되는 사고가 자주 발생하고 있다. 개인정보 유출의 중요한 원인은 웹 취약점뿐만 아니라, 많은 웹 어플리케이션이 신용카드번호, 주민등록번호, 그리고 인증신뢰정보와 같은 민감한 데이터를 보호하지 않기 때문이다. 따라서 보호하려는 데이터의 중요도에 따라 암호화 로직을 사용하고, 데이터베이스 테이블 단위에서 암호화를 수행해야 한다.

(8) **URL 접근 제한 실패**: URL 접근 제한 실패는 관리자 페이지가 추측하기 쉬운 URL을 가지거나 인증이 필요한 페이지에 대한 인증 미처리로 인해 인증을 우회하여 접속할 수 있는 취약점이다. 이 취약점에 노출되면 일반 사용자나 로그인하지 않은 사용자가 관리자 페이지에 접근하여 관리자 권한의 기능을 악용할 수 있다. 간단하지만 웹 개발자가 의외로 자주 실수하는 부분이다.

(9) **인증 시 비암호화 채널 사용**: 최근에는 인터넷뱅킹과 같이 보안성이 중요한 시스템에서는 웹 트래픽을 암호화한다. 이 때 사용되는 암호화 알고리즘이 약하거나 암호화하는 구조에 문제가 있다면 웹 트래픽은 복호화되거나 위변조될 수 있다.

(10) **부적절한 오류 처리**: 웹 페이지를 이용하다 보면 자동으로 다른 페이지로 다시 전송(Redirect)하거나 전달(Forward)하는 경우가 종종 발생한다. 이때 목적 페이지에 리다이렉트하기 위해 신뢰되지 않는 데이터를 사용하는 경우가 있는데, 적절한 확인 절차가 없으면 공격자는 피해자를 피싱 사이트나 악의적인 사이트로 리다이렉트할 수 있고, 권한 없는 페이지의 접근을 위해 사용할 수도 있다.

07 악성코드(Malicious Code)

1. 정의

멀웨어(Malware)는 'Malicious Software(악의적인 소프트웨어)'의 약자로, 사용자의 의사와 이익에 반해 시스템을 파괴해야 되거나 정보를 유출하게 되는 등 악의적 활동을 수행해지게 의도적으로 제작된 소프트웨어를 말한다. 국내에서는 '악성 코드'로 번역되며, 자기 복제와 파일 감염이 특징인 바이러스를 포함해야 하는 더 넓은 개념이라고 하게 되는 것이다.

2. 악성 프로그램으로 인해 발생할 수 있는 증상

(1) **시스템 관련**: 시스템 설정 정보 변경, 파일 시스템 파괴, CMOS 정보 파괴, 특정 프로그램 자동 실행, 시스템 종료 등

(2) **네트워크 관련**: 대량 메일 발송, 네트워크 속도 저하 등

(3) **하드 디스크 관련**: 하드 디스크 포맷, 하드 디스크의 특정 부분 파괴 등

(4) **파일 관련**: 백도어 및 웜을 위한 백업 파일 생성, 파일 삭제 등

(5) **특이 증상**: 특정음 발생, 이상 화면 출력, 메시지 상자 출력 등

3. 바이러스

정상적인 파일이나 부트영역을 침입하여 그곳에 자신의 코드를 삽입하거나 감염시키는 프로그램을 말한다. 감염방법이나 기법, 동작원리 등에 따라 부트 바이러스, 메모리 상주형 바이러스, 파일 바이러스, 덮어쓰기, 은폐형 등등 여러 가지로 세분화되어 나뉠 수 있는데, 컴퓨터 바이러스는 컴퓨터 사용자 몰래 다른 파일(프로그램)에 자신을 복제하는 프로그램이다.

(1) **체르노빌 바이러스(CIH):** 드라마 '유령'에도 하드 비번으로 사용된 이름으로 이 바이러스가 실행되면 컴퓨터 내부의 exe 파일을 감염시켜 실행되지 못하게 한다.

(2) **예루살렘 바이러스(Jerusalem):** 메모리에 상주하여 실행 파일을 감염시키고 시스템 날짜가 13일이 되면 작동한다.

(3) **LBC 바이러스:** 부트 바이러스로서 하드 디스크 공간을 조작한다.

(4) **멜리사(Melissa) 바이러스:** 메일에 있는 주소록을 이용하여 자신을 감염시킨다.

(5) **라록스(Laroux) 바이러스:** 엑셀의 매크로 기능을 이용한 바이러스로써 엑셀 파일을 감염시킨다.

(6) **백 오리피스(Back Orifice) 바이러스:** 트로이 목마의 한 종류로 시스템 내부에서 파일을 변조 또는 파괴한다.

(7) **님다(Nimda) 바이러스:** 메일을 감염시킨 뒤 readme.exe 파일을 메일로 퍼트려 감염시킨다.

(8) **슬래머(Slammer) 바이러스:** SQL 서버 2000을 목표로 만들어 졌으며 UDP 1434 포트를 이용하여 감염시킨다.

4. 웜(Worm)

웜은 원래 벌레와 증식을 뜻하는 용어인데, 컴퓨터의 기억 장소 또는 내부에 코드 또는 실행파일 형태로 존재한다. 네트워크를 통해 자신을 복제하는 프로그램 실행 시 파일이나 코드를 네트워크와 전자우편 등을 통해 다른 시스템으로 자기 복제를 시도하는 형태이다.

(1) **MASS Mailer형 웜:** 자기 자신을 포함하는 대량 메일 발송을 통해 확산되는 웜이다. 제목이 없거나 특정 제목으로 전송되는 메일을 읽었을 때 감염되며, 시스템 내부에서 메일 주소를 수집하여 끊임없이 메일을 발송하는 형태이다. 대표적으로 베이글(Bagle), 넷스카이(Netsky), 두마루(Dumaru), 소빅(Sobig) 등이 있다.

(2) **시스템 공격형 웜:** 운영체제 고유의 취약점을 통해 내부 정보를 파괴 혹은 컴퓨터를 사용할 수 없는 상태로 만들거나 외부 공격자가 시스템 내부에 접속할 수 있도록 백도어를 설치한다. 시스템 공격형 웜의 종류로는 아고봇(Agobot), 블래스터(Blaster.worm), 웰치아(Welchia) 등이 있다.

(3) **네트워크 공격형 웜:** 특정 네트워크나 시스템에 대해 서비스 거부(DoS) 공격을 수행한다. 분산 서비스 거부(DDoS) 공격을 위한 봇(Bot)과 같은 형태로 발전하고 있으며 네트워크가 마비, 급속도의 속도 저하, 네트워크 장비가 비정상적으로 동작하는 증상을 보인다. 이 유형의 웜은 적은 수의 시스템이 감염되어도 파급효과가 매우 크기 때문에 피해를 막기 위해 안정적인 네트워크 설계와 시스템의 취약점에 대한 지속적인 패치 관리가 필요하다. 대표적으로는 져봇(Zerbo), 클레즈(Klez) 등이 있다.

5. 트로이 목마

자기 자신을 복제하지 않지만 악의적 기능을 포함하는 프로그램으로, 악의적 목적에 적극적으로 활용되는 프로그램 또는 데이터 형태이다.

(1) Spyware: 사용자의 동의 없이 설치되어 사생활 침해 가능성이 있는 유해 가능 프로그램이다.

(2) Adware: 특정 소프트웨어를 설치 후 광고나 마케팅을 목적으로 배포하는 프로그램이다.

(3) Trackware: 사용자 컴퓨터 사용 현황을 수집하는 프로그램이다.

(4) Downloader: 악성코드를 다운하게 하는 프로그램이다.

(5) Dropper: 사용자 몰래 악성코드를 시스템에 설치하는 프로그램이다.

(6) Ransom ware: 사용자 데이터를 암호화 한 뒤 이를 이용해 금품갈취를 목적으로 하는 프로그램이다.

(7) Exploit: 취약점을 이용하여 시스템의 접근 권한을 획득하는 프로그램이다.

(8) Keylogger: 사용자가 입력하는 키를 수집하는 프로그램이다.

6. 악성코드 탐지 및 대응책

(1) **네트워크 상태 점검하기**: 악성코드가 외부 공격자와의 통신이나 서비스 거부 공격 신호를 수신하기 위해 생성한 서비스 포트를 확인한다.

(2) **정상적인 프로세스와 비교하기**: 정상적인 프로세스와 네트워크 상태에서 확인한 프로세스 등을 비교 · 분석한다. iexplorer, csrss, svchost 등이 주로 백도어에 이용된다.

(3) **백도어의 실질적인 파일 확인하기**: 네트워크 상태와 프로세스 분석을 통해 확인한 백도어의 실질적인 파일을 확인한다.

(4) **시작 프로그램과 레지스트리 확인하기**: 백도어가 레지스터를 이용하는 경우가 많으므로 백도어를 삭제할 때 시작 프로그램과 레지스트리 내용을 확인한다.

(5) **백도어 제거하기**: 백도어 프로세스의 중지 → 백도어 파일의 삭제 → 레지스트리 삭제

1. 모바일 운영체제의 역사

(1) **팜 OS**: 1996년에 개발된 운영체제로 주소, 달력, 메모장, 할 일 목록, 계산기와 자신의 정보를 숨기기 위한 간단한 보안 툴이 포함되어 있다.

(2) **윈도 CE**: PDA나 모바일 장치 등에 사용하기 위해서 만들어진 운영체제로 1MB 이하의 메모리에서도 동작이 가능하도록 설계되었다. 1996년에 초기 버전 윈도 CE 1.0이 출시되었다.

(3) **블랙베리 OS**: RIM(Research In Motion)에 의해 만들어진 모바일 운영체제로 메시지와 E-Mail 전송과 관련한 기능과 보안에 초점을 두고 있다. 2000년에 블랙베리 5790 모델에 처음으로 블랙베리라는 명칭이 사용되었다.

(4) **iOS**: 애플의 아이폰과 아이패드에 사용되는 모바일 운영체제이다. 2007년에 출시된 아이폰 오리지널이 첫 번째 버전으로 2021년에 iOS15까지 발표되었다.

(5) **안드로이드**: 구글과 핸드폰 업체들이 연합하여 개발한 개방형 모바일 운영체제이다. 2007년에 최초의 구글폰인 HTC의 Dream(T-Mobile G1)에 안드로이드 1.0이 탑재된 것이 시초이다.

2. 안드로이드와 iOS의 비교

구분	iOS	안드로이드
운영체제	Darwin UNIX에서 파생하여 발전한 OS X의 모바일 버전	리눅스 커널(2.6.25)을 기반으로 만들어진 모바일 운영체제
보안 통제권	애플	개발자 또는 사용자
프로그램 실행권한	관리자(root)	일반 사용자
응용 프로그램에 대한 서명	애플이 자신의 CA를 통해 각 응용 프로그램을 서명하여 배포	개발자가 서명
샌드박스	엄격하게 프로그램 간 데이터 통신 통제	iOS에 비해 상대적으로 자유로운 형태의 어플리케이션 실행이 가능
부팅 절차	암호화 로직으로 서명된 방식에 의한 안전한 부팅 절차 확보	–
소프트웨어 관리	단말 기기별 고유한 소프트웨어 설치 키 관리	–

3. iOS의 취약점

(1) iOS의 보안상의 문제점은 대부분 탈옥(Jailbreak)한 iOS 기기에서 발생한다.

(2) iOS에서는 root의 패스워드가 'alpine'으로 설정되어 있다.

(3) 탈옥된 iOS에서 SSH 서버를 실행한 경우 로컬 또는 원격지에서 로그인 가능하다.

4. 안드로이드의 취약점

(1) 사용자의 선택에 따라 보안 수준을 선택할 수 있다.

(2) 바이러스와 악성코드들이 유포된 상태이며, 백신이 보급되고 있다.

5. 블루투스의 취약점

(1) **블루프린팅(Blueprinting)**: 서비스 발견 프로토콜(SDP; Service Discovery Protocol)을 통하여 블루투스 장치들을 검색하고 모델을 확인한다.

(2) **블루스나프(BlueSnarf)**: OPP(OBEX Push Profile) 기능을 사용하여 블루투스 장치로부터 주소록 또는 달력 등의 내용을 요청해 이를 열람하거나 임의의 파일에 접근할 수 있다.

(3) **블루버그(BlueBug)**: 10~15m 정도의 거리에서 블루투스 기기에 전화 걸기, 불특정 번호로 SMS 보내기, 주소록 읽기 및 쓰기 등을 통해 공격할 수 있다.

01 다음 나열된 정보시스템의 해킹방법에 대한 설명으로 바르지 않은 것은?

① 스니핑은 네트워크 상의 한 호스트에서 그 주위를 지나다니는 패킷들을 엿보는 것이다.

② 스푸핑은 외부 악의적 네트워크 침입자가 임의로 웹사이트를 구성해 일반 사용자들의 방문을 유도하는 것을 의미한다.

③ 백도어는 시스템관리자나 개발자가 정상적인 절차를 우회하여 시스템에 출입할 수 있도록 임시로 만들어 둔 비밀출입문에 해당한다.

④ 웜은 네트워크를 거쳐 송수신하고 있는 데이터를 부정한 방법으로 엿듣는 것을 의미한다.

01
웜은 프로그램 안에서 스스로 자신을 복제하거나 프로그램과 프로그램 사이 또는 컴퓨터와 컴퓨터 사이를 이동하여 전파시키는 프로그램 조각이다. 일반적으로 악성 프로그램은 제작자가 의도적으로 사용자에게 피해를 주고자 만든 것으로 크게 컴퓨터바이러스, 트로이목마, 웜 등으로 분류하는데, 바이러스와 달리 네트워크 환경에서 전파된다.

02 다음 내용에서 설명하고 있는 내용과 관련이 깊은 용어는?

> • 정보의 바다
> • 1984년 윌리엄 깁슨의 『뉴로맨서』에서 처음으로 사용함
> • '가상현실 기술 기반 컴퓨터 네트워크'를 지칭함

① 소셜 네트워크 시스템

② 사이버 스페이스

③ 인터넷

④ 월드와이드웹

02
컴퓨터로 제어할 수 있는 가상의 공간 개념으로, '컴퓨터로 자동 제어화 한다'는 의미의 사이버네이트(Cybernate)와 '공간'이라는 뜻인 스페이스(Space)를 합성한 용어이다. 즉, 사이버 스페이스는 컴퓨터 네트워크로 구성된 가상의 커뮤니케이션 공간이다.

정답 01 ④ 02 ②

안심Touch

03
디지털신호는 일정한 거리 이상으로 나아가면 출력이 감쇠하는 성질이 있으므로 장거리 전송을 위해서는 이를 새로이 재생시키거나 출력 전압을 높여 주는 장치가 필요한데, 리피터는 바로 전송신호의 재생중계 장치이다. 디지털통신 네트워크에서 근거리통신망의 역할이 커지면서 LAN이 처음 구성할 때보다 크게 늘어나기 마련인데, 리피터를 이용하면 LAN을 서로 접속시킬 수 있고, 리피터를 하나의 LAN 중간 중간에 설치하여 거리나 접속 시스템 수를 확장시킬 수 있다.

04
미국 과학재단이 아르파넷을 흡수하여 슈퍼컴퓨터를 연결하는 NSFnet(National Science Foundation network)을 만들었다. 이는 전 미국의 교육 연구 분야를 포함한 미국 과학재단 산하 네트워크로, 슈퍼컴퓨터 사이트를 연결하기 위해 구축한 광역의 고속 네트워크에 해당한다.

05
• LAN(Local Area Network): 단일 건물이나 학교 같은 소규모 지역에 위치하는 호스트로 구성된 네트워크이다. 규모가 아주 작을 때는 단일 전송 케이블로 모든 호스트를 연결할 수 있다.
• MAN(Metropolitan Area Network): 도시 단위의 지역을 지원하는 네트워크 구조이다.
• WAN(Wide Area Network): 국가 이상의 넓은 지역을 지원하는 네트워크 구조이다. 그러나 점대점(Point-to-Point)으로 연결된 WAN 환경에서는 전송과 더불어 교환 기능이 필수이다.

정답 03 ① 04 ③ 05 ①

03 네트워크 연결장비 중 받은 신호를 증폭시켜 먼 거리까지 정확하게 전달하는 장치는?

① 리피터
② 라우터
③ 게이트웨이
④ 허브

04 20세기 말 과학기술에서 일어난 변화로 바르지 않은 것은?

① 폰 노이만의 설계를 반영하여 에니악이 탄생하였으며, 에니악은 2진수를 이용하여 컴퓨터의 연산속도를 비약적으로 발전시켰다.
② 미국 국방부는 핵전쟁에 신속히 대처하기 위해 컴퓨터와 소프트웨어들을 서로 연결할 수 있는 아르파넷을 활용하였다.
③ 미국 과학재단이 아르파넷을 흡수하여 슈퍼컴퓨터를 연결하는 엑스트라넷을 개발하였다.
④ 월드와이드웹은 스위스에 있는 세계 최대의 입자물리학 연구소인 유럽 입자물리연구소에서 만들어졌다.

05 다음 빈칸에 들어갈 내용으로 적절한 것은?

> 컴퓨터 통신에서 빌딩이나 제한된 영역 내에 있는 컴퓨터끼리 연결하는 (㉠)과 전국적 혹은 전 세계적으로 퍼져있는 컴퓨터들을 연결해주는 (㉡)을 통한 정보고속도로의 구축이 가속화되고 있다. 빈칸에 들어갈 말을 순서대로 고른 것은?

	㉠	㉡
①	LAN	WAN
②	VAN	MAN
③	WAN	VAN
④	WAN	LAN

06 인터넷의 발전과정과 관련이 없는 것은?

① 미국 국방부에서 핵전쟁에 대처하기 위해 아르파넷이라는 통신망을 구축하였다.

② 아르파넷은 국사목적의 밀넷과 일반인을 지원하는 아르파넷으로 분리되었다.

③ NSFnet은 미국 내 5개소의 슈퍼컴퓨터 센터를 접속하기 위하여 구축되어 아르파넷을 대신하여 일반인들에게 인터넷을 보급하였다.

④ 우리나라는 1980년대 초부터 TCP/IP를 기반으로 하는 인터넷 상용서비스를 시작하였다.

07 다음 근거리 통신망 구성방식 중 데이터의 전달이 항상 중앙 장치를 통해 이루어지는 방식은?

① 스타형

② 링형

③ 트리형

④ 버스형

08 다음 중 독립된 네트워크 간의 경로를 설정하고 연결시켜 주는 장치는?

① 라우터

② 리피터

③ 게이트웨이

④ 허브

06

우리나라의 인터넷 보급 역사 1단계는 1982년부터 1993년까지 인터넷이 일반인에게 상용화되기 이전 단계로서 연구기관이나 국가기관에 의해서 인터넷이 도입된 시기였다. 2단계는 1994년부터 현재까지로 인터넷이 일반인에게 상용화되어 대중화되는 시기였는데 인터넷 사용자의 폭발적인 증가에 따라 대중화되는 시기라고 할 수 있다.

07

① 스타형(Star): 모든 장치들이 중앙에 위치한 한 장치에 연결되어 있는데, 데이터의 전달은 항상 중앙 장치를 통해 이루어진다. 가장 많이 사용되는 방식이다. LAN과 WAN의 구분은 GateWay 내부에 있으면 LAN 또는 내부 네트워크라고 하고, GateWay 바깥에 인터넷을 연결하는 선을 WAN이라 한다.

오답의 이유

② 링형(Ring): 링형에서는 장치들이 원형 체인 방식으로 연결되어 있으며, 데이터 전송을 위해 토큰(Token)을 사용한다.

④ 버스형(Bus): 하나의 통신 회선에 장치들을 연결한다. 데이터를 목적지 주소와 함께 버스에 연결된 모든 장치들에게 전송하면 데이터를 받은 장치들은 목적지 주소를 확인하여 자신에게 보내진 데이터일 때 이를 받아들인다.

08

라우터는 인터넷 연결을 위한 필수장비로, 둘 혹은 그 이상의 네트워크와 네트워크 간 데이터 전송을 위해 최적 경로를 설정해 주며, 데이터를 해당 경로를 따라 한 통신망에서 다른 통신망으로 통신할 수 있도록 도와주는 인터넷 접속장비이다. 네트워크 상에서 전송한 디지털신호를 송신정보(패킷)에 담긴 수신처 주소에 맞게 최적의 경로를 찾아 통신망에 전송해 준다.

정답 06 ④ 07 ① 08 ①

정보사회의
새기술

01 사물인터넷

01 사물인터넷의 정의

사물인터넷(IoT)은 기존 인터넷의 개념을 확장하여 다양한 주변 사물이 인터넷에 참여하는 사물 대 사물, 사람 대 사물 간의 네트워크를 포괄하는 차세대 인터넷의 패러다임이다.

1. 사물 중심 정의

RFID 국제 표준화 기관인 GS1/EPCglobal의 연구 그룹인 Auto-ID Labs는 유일한 식별자인 EPC(Electronic Product Code)를 가지는 사물 중심으로 최초의 IoT를 정의하였다. 이는 사물에 EPC를 가지는 RFID 태그를 부착하여 전 세계에 설치된 RFID 리더를 통해 실시간으로 코드를 읽고 그 정보를 IoT 인프라인 분산시스템에 저장관리 함으로써 사물의 인식과 글로벌한 위치추적 및 트래킹을 가능케 하였다.

2. 인터넷 중심 정의

ITU(International Telecommunication Union)와 같이 어떠한 사물이든지 언제, 어디서나, 누구에게나 연결 가능하도록 하기 위한 네트워크 구축에 주안을 둔 인터넷 중심의 정의가 있다. EC(European Commission)에서도 RFID 중심의 사물지향 연구에서 벗어나 모바일 인터넷, RFID, 센서 네트워크를 포함하여 수많은 주변 사물들을 연결하고 사물들이 서로 자율적인 통신을 하는 세상으로 IoT를 정의하고 있다.

3. 시맨틱 중심 정의

시맨틱 중심의 IoT 정의는 IoT에 포함될 수많은 사물들과 이러한 사물들로부터 생산되는 정보를 어떻게 표현하고, 저장하며, 검색하고, 체계화해야 하는 지에 대한 관점으로 IoT를 바라보고 있다.

1. 서비스

ITU(국제전기통신연합)에서는 IoT를 현재와 진화하는 상호 운영 가능한 정보통신 기술을 바탕으로 물리적 또는 가상의 사물들을 연결하여 서비스를 제공해 주는 세계적인 기반 구조로 정의하였다. 이 정의에서 이미 IoT는 서비스를 위한 기반으로 보고 있으며 통신, 네트워크, 소물(小物) 기기들은 서비스를 제공해 주기 위한 요소(Component) 기술로 볼 수 있다. 따라서 서비스에 대한 고려 없는 IoT 기술은 존재 가치가 작아질 수밖에 없다.

2. 다양성

우선 공간 측면에서 집안의 기기들을 연결하여 편의성을 제공하는 스마트 홈, 건물 내의 효율적인 시설물 관리를 위한 스마트 빌딩, 도시 문제 해결을 위한 스마트 시티 등이 있다. 그리고 서비스 목적 측면에서 보면 맞춤형 의료를 위한 스마트 헬스, 효율적인 자원 사용을 위한 스마트 에너지, 효율적인 제품 생산을 위한 스마트 팩토리 등이 있다. 그리고 이 서비스들은 감지기나 작동기와 같은 매우 다양한 기기들이 필요하며, LTE, Wi-Fi, 블루투스와 이더넷 같은 다양한 유무선 통신과 네트워크 기술들로 이들 기기들을 연결하여 클라우드, 빅데이터, 인공지능 같은 다양한 소프트웨어 기술들이 활용되어야 한다.

3. 진화

ITU에서 정의한 IoT 개념에 이미 진화하는 기술을 포함하고 있다. 예를 들어, 저전력 블루투스(BLE; Bluetooth Low Energy) 기술은 웨어러블 기기와 비콘(Beacon) 시장들을 확대시키고 있으며 2017년에 새로이 정의한 Flooding 기반의 블루투스 Mesh 기술은 스마트 조명 시장의 주목을 받고 있다. 또한 아마존의 알렉사와 같은 음성 인식 기반 가상 비서 서비스가 2017년도부터 보편적으로 활용되기 시작하였다. 이와 같이 새로운 기술들이 지속적으로 개발되면서 IoT 서비스 시장이 확대되고 있다.

03 사물인터넷의 발전과정

1. 무선 센서 네트워크

USN(Ubiquitous Sensor Network)이라고도 불리는 무선 센서 네트워크는 근거리 무선 통신 기능을 포함하고 있는 소형의 센서 장치들이 결합하여 산불 감시, 하천 범람, 건물 내 온도 분포 등 특정 장소의 상태 및 환경 변화 정보를 종합적으로 수집하여 관리하기 위한 기술이다.

2. M2M(Machine-to-Machine)

사물 간 센싱, 제어, 정보교환 및 처리가 가능한 기술을 일컫는다. 병원에서는 응급상황, 환자의 상태모니터링, 의학 데이터 등을 연결하여 건강관리 시스템을 구축하기도 한다. 은행의 현금지급기(ATM)나 택시에 설치된 카드 결제기가 대표적인 예에 해당한다.

3. 표준화 단체

ITU와 같은 다양한 표준화 단체들이 관련기술의 표준화를 추진하고 있다. 특히, 사물인터넷에서 중요한 와이파이(Wi-Fi)나 블루투스(Bluetooth)와 같은 근거리 무선 통신기술들은 이미 오래전에 표준화가 완료된 상태이다.

4. 소형화와 저전력화

사물인터넷 관련 기술의 표준화와 함께 주목해야 할 것은 부품의 소형화 및 저전력화이다. MEMS나 나노기술(Nano-Technology) 등 반도체 기술의 발전은 전자소자를 수 밀리미터(mm) 수준으로 작게 만들 수 있도록 하며, 소형화된 전자소자는 그만큼 적은 전력을 소모하게 된다.

04 데이터 생성

1. 센서(Sensor)

(1) 온도, 압력, 속도와 같은 물리적인 환경 정보의 변화를 전기적인 신호로 바꿔주는 장치를 말한다.

(2) 센서는 크게 물리적인 센서와 소프트웨어적인 센서가 있다. 물리적인 센서는 온도나 압력, 소리, 가스 등의 변화가 전기적인 값의 변화를 일으키는 소자로 구성된다.

(3) 가상 센서(Virtual Sensor)라 불리는 소프트웨어적인 센서는 물리적인 센서가 만들어낸 값들을 결합하여 새로운 값을 만들어내는 센서를 말한다.

(4) 사물인터넷 장치에는 센서가 기본적으로 들어간다. 우리가 가장 많이 이용하는 스마트폰에는 가속도 센서, 지자계 센서, 자이로 센서, 온도 센서, 조도 센서, 근접 센서, 소리 센서, 이미지 센서, 지문 센서, 터치 화면 등 무려 10여 종의 20여 개 센서가 사용되고 있다.

2. MEMS(Micro Electro-Mechanical Systems)

(1) '미세 전자 기계시스템'을 뜻하며, MEMS 센서는 초소형 고감도 센서로 물리적, 화학적, 생물학적 감지를 통해 외부 환경에 대한 감시, 검출 및 모니터링을 위한 도구로 활용되고 있다.

(2) 작게는 마이크로미터(㎛)에서 크게는 밀리미터(mm) 정도의 크기를 가지는 전자기계 소자기술을 말한다. MEMS 기술을 이용해서 만들어지는 장치들은 크기가 매우 작기 때문에 일반적인 크기의 기기들과는 매우 다른 물리적 특성을 보인다.

(3) MEMS 기술을 이용하는 대표적인 센서는 가속도 센서로 스마트폰이나 스마트밴드처럼 제품의 움직임이나 움직임의 방향 정보를 이용하는 대부분의 스마트 디바이스에 이용되고 있다.

3. 엑추에이터(Actuator) 기술

(1) 모터나 스위치, 스피커, 램프처럼 전기적인 신호의 변화를 이용하여 물리적인 상태를 바꿔주는 장치를 말한다.

(2) 사물인터넷 시대에는 물리적인 움직임의 변화뿐만 아니라, 소리의 변화, 빛의 변화, 온도의 변화, 농도의 변화 등 바뀌는 상태의 유형에 따라 엑추에이터를 구분하기도 한다. 예를 들어, 스피커나 도어벨(Doorbell) 같은 것은 소리의 변화와 관련된 엑추에이터이며, 스마트 LED 램프나 LED 전광판 등은 빛의 변화와 관련된 엑추에이터이다.

(3) 사물인터넷 시대의 대표적인 엑추에이터 제품은 드론(Drone)이다.

4. 음성인식기술

(1) 컴퓨터가 마이크와 같은 소리 센서를 통해 얻은 음향학적 신호(Acoustic Speech Signal)를 단어나 문장으로 변환시키는 기술을 말한다.

(2) 애플의 시리 출시 이후, 구글은 '구글 나우(Google Now)', 마이크로소프트는 '코타나(Cortana)'와 같은 음성인식 기반의 개인 비서 서비스를 출시했다.

(3) 아마존이 '대쉬(Dash)'나 '에코(Echo)'와 같은 음성인식 기반의 서비스 장치(Service Device)를 출시하고 있으며, 구글의 '온허브(OnHub)'처럼 음성인식 기반의 스마트홈 허브 장치들도 다양하게 출시되고 있다.

5. RFID

(1) 무선 주파수(RF; Radio Frequency)를 이용하여 물건이나 사람 등과 같은 대상을 식별할 수 있도록 해 주는 기술을 말한다.

(2) 안테나와 칩으로 구성된 RFID 태그에 정보를 저장하여 적용 대상에 부착한 후, RFID 리더를 통하여 정보를 인식하는 방법으로 활용된다.

(3) RFID는 바코드에 비해 많은 양의 데이터를 허용한다. 그런데도 데이터를 읽는 속도 또한 매우 빠르며 데이터의 신뢰도 또한 높다. RFID 태그의 종류에 따라 반복적으로 데이터를 기록하는 것도 가능하며, 물리적인 손상이 없는 한 반영구적으로 이용할 수 있다.

(4) 매일 이용하는 교통카드가 대표적인 RFID 태그 중의 하나이며, 고속도로의 하이패스도 RFID 기술을 이용하고 있다.

6. 비콘(Beacon)

(1) 등대나 봉화대처럼 일정한 신호를 보냄으로써 자신의 위치를 알려주거나 혹은 그에 따르는 정해진 일들을 수행하도록 하는 기기를 말한다.

(2) 사물인터넷에서 말하는 비콘 혹은 아이비콘은 일반적으로 블루투스(Bluetooth)라는 통신방식을 이용해서 주기적으로 신호를 보냄으로써 자신의 위치를 알려주거나 정해진 동작을 수행하도록 한다.

(3) 아이비콘은 애플이라는 기업이 사용하는 비콘 기술의 하나다. 따라서 다른 비콘들처럼 비콘 신호의 송수신에는 일반적인 저전력 블루투스(Bluetooth Low Energy) 기반의 표준 프로토콜을 이용한다.

7. 사람인식기술

(1) 사물인터넷 서비스를 사람에게 전달하기 위해서는 그 사람이 누구이며 어디에 있는지 등을 알아야만 하는데 사물인터넷 서비스의 대상이 되는 사람을 알아내는 데 이용되는 기술을 사람인식기술이라고 한다.

(2) 초음파나 적외선 센서를 이용해서 자동문 앞에 사람이 왔는지를 인식하는 방법에서부터 사람의 얼굴이나 동작, 생체정보 등을 이용해서 사람을 인식할 수도 있다. 또한, 사람이 이용하고 있는 스마트폰, 스마트워치, 스마트밴드 등과 같은 스마트 디바이스를 이용해서 간접적으로 확인할 수도 있다.

(3) 서비스의 대상이 되는 사람을 정확히 알아내기 위해서는 주민등록증과 같은 고유한 식별자 혹은 그러한 식별자를 포함하고 있는 장치가 있어야 한다. 대표적인 것이 사람마다 다른 지문이나 홍채 등과 같은 생체 정보가 될 것이다.

8. 서비스 디바이스

(1) 디바이스 자체의 고유 기능을 제공하기보다는 기존의 혹은 새로운 서비스를 더욱 잘 이용할 수 있게 하려고 사용되는 장치들을 서비스 디바이스라고 한다.

(2) 스마트 도어락(Smart Doorlock)이나 스마트 도어센서(Smart Door Sensor)는 현관문을 편리하게 여닫거나 창문이 열려있는지의 여부를 확인하는 데 사용될 수 있지만, 출동보안 서비스와 결합하여 사용될 수도 있다.

(3) 아마존은 고객이 자신들이 취급하는 제품이나 서비스들을 더욱 편리하게 구매할 수 있게 하려고, 제품의 주문, 결제, 배송 등의 과정에서 발생하는 불편함을 최소화하기 위한 노력을 다양하게 진행하고 있는데 그러한 노력 중의 하나가 바로 서비스 디바이스인 '대시(Dash)'와 '에코(Echo)'이다.

1. 와이파이(Wi-Fi)

(1) 우리가 이더넷(Ethernet) 혹은 유선랜(Wired LAN)이라 부르는 컴퓨터 네트워킹 기술을 무선화(無線 化)한 것이다.

(2) IEEE 802.11 표준과 와이파이가 사실상 동의어로 사용되고 있으나, 엄밀하게 말하면 조금 다르다. IEEE 802.11은 무선랜을 위한 기술적 표준이며 와이파이는 이 표준을 바탕으로 개발된 무선랜 제품 들에 대한 와이파이 얼라이언스(Wi-Fi Alliance)라는 단체의 상표명이다.

(3) ISM 대역(Industrial Scientific and Medical Band)으로 지정된 2.4GHz 대역과 5GHz 대역의 주파 수를 이용한다. 이 주파수 대역은 산업, 과학, 의료용 기기들을 위해 할당된 주파수 대역으로, 기본적 인 규칙만 준수한다면 이동통신처럼 해당 주파수 대역을 이용하기 위해 별도의 이용료를 내거나 하지 않아도 된다.

[다양한 버전의 IEE 802.11 표준 및 주요 특성 비교]

구분	802.11 b	802.11 a/g	802.11n	802.11ac
주파수 대역	2.4GHz	5GHz(11a) 2.4GHz(11g)	2.4/5GHz	5GHz
전송 방식	DSSS	OFDM	OFDM	OFDM
안테나 기술	SISO	SISO	MIMO (up to 4 streams)	MU-MIMO (up to 8 streams)
채널 대역폭	20MHz	20MHz	20/40MHz	20/40/80/160MHz
최대 전송률	11Mbps	54Mbps	600Mbps	6.9Gbps

2. 블루투스

(1) BLE는 무선 이어폰/헤드폰에 가장 많이 적용된 기존의 무선개인영역통신(Wireless Personal Area Network) 기술의 하나인 블루투스를 관장하는 블루투스 SIG(Special Internet Group)가 비슷한 거 리 범위에서도 전력을 현저히 적게 사용하도록 개발한 통신 기술이다.

(2) 블루투스 SIG는 블루투스 스마트란 브랜드로 표현한다. 2006년 노키아의 Wibree에서 시작하였으며 2010년의 기존의 블루투스 표준과 블루투스 핵심 스펙 버전 4.0으로 통합되어 릴리즈되었다.

(3) iOS, 안드로이드, 윈도우폰 그리고 블랙베리 등의 OS를 가지는 대부분의 스마트폰, Windows 8 이상, 리눅스 3.4 이상이 이 기술을 수용하고 있는 사실이 가장 강력한 장점이 되고 있다.

(4) 블루투스의 응용 중 하나인 비콘은 원래 배가 기차의 위치를 확인하거나 특정 목적의 메시지를 전달하 기 위해 주기적으로 신호를 보내는 장치를 가리킨다.

3. 저전력 메쉬네트워크

(1) 관리가 쉽지 않은 열악한 환경에서 온도, 습도 등의 환경을 감지하는 많은 수의 센서의 정보를 비교적 가까운 거리에 전달하기 위한 통신 기술이다.

(2) 거리의 제약을 없애기 위해 디바이스가 다른 디바이스의 정보를 전달해 주는 기능을 가지므로 메쉬 네트워크라 한다. 지그비(Zigbee)와 지웨이브(Z-wave)가 대표적인 적용기술이다.

(3) 지그비: IEEE 802.15.4를 기반으로 이루어져 있다. 2.4GHz, 915MHz(미국), 868MHz(유럽)의 주파수대를 가지고 있다. 각각의 주파수별로 16채널/250Kbps, 10채널/40Kbps, 1채널/20Kbps의 채널과 속도를 얻을 수 있다. 또한 슬립모드가 있어 필요 없는 수신 에너지를 낭비하지 않는다.

(4) 지웨이브: 908.42MHz(미국) 및 주변의 주파수 밴드에서 동작하며 ITU-T에서 Sub-1GHz 협대역 무선 디바이스를 위한 1, 2계층 표준(G.9959)으로 등록되어 있다. Wi-Fi, Bluetooth, ZigBee 등 활용처가 높아 혼잡한 2.4GHz 주파수 기반의 통신 기술에 비해 간섭에 자유로운 점이 장점이며 초기의 9600bps를 넘어 100Kbps의 속도로 발전하고 있다.

(5) 지그비는 스마트그리드나 원격검침, 자연재해 감시 등과 같은 산업용 센서네트워크 분야에서 이용되기 시작하였으나, 최근 스마트빌딩이나 스마트홈 분야로 응용 영역을 넓히고 있다. 반면, 지웨이브는 태생부터 스마트홈 및 스마트팩토리(Smart Factory)가 주 응용 분야였다.

4. LPWAN(저전력 광역통신망)

(1) 현재 사용되는 대부분의 무선 광역통신망은 스마트폰 등으로 사람이 음성, 영상, 데이터를 주고받기 위한 이동통신 네트워크를 얘기한다. 3G, 4G망 등이 그 주요 예이다. 그러나 저전력 광역통신망은 사물인터넷 디바이스들을 위한 이동통신망이라 할 수 있다.

(2) 가장 중요한 특징은 초저전력성이다. 대부분의 서비스 제공자들은 최소한 1~20년 이상의 지속성을 보장하려 한다.

(3) 가장 먼저 서비스에 적용되어 시작하는 기술은 UNB(Ultra Narrow Band)이다. Sigfox라는 프랑스 회사에서 서비스를 시작했고 ETSI라는 유럽 표준화단체에서 LTN(Low Throughput Networks)이란 이름으로 표준화가 이루어지고 있다.

(4) 영국의 뉼네트워크(Neul Networks)라는 회사 등이 주축이 되어 도시의 공공 쓰레기통이 찼는지 확인해 주는 등의 시범사업에 적용되어 표준화가 진행되고 있는 미국의 'Onramp Wireless' 회사에 의해 미국의 석유 유정에 적용되면서 IEEE에서 표준화가 진행될 예정인 RPMA(Random Phase Multiple Access) 등이 있다.

5. 다이렉트 통신 기술

(1) 디바이스와 디바이스를 1:1로 연결해 주는 통신 기술을 다이렉트(Direct) 통신 기술이라 하며, 블루투스, 와이파이 다이렉트, LTE 다이렉트 등과 같은 기술들이 존재한다.

(2) 첫 번째 통신 방식은 허브 장치를 중심으로 여러 장치가 연결된다고 해서 '허브 앤 스포크(Hub and Spoke)' 방식이라고 말하며, 두 번째 통신 방식은 두 디바이스가 별도의 장치를 필요로 하지 않고 직접 통신을 하는 것을 '다이렉트 통신 방식'이라고 한다.

(3) 다이렉트 통신 방식은 패밀리 레스토랑에서 직원들이 무전기를 이용하거나 군사작전 중인 군인들이 임시로 통신망을 구축하는 것처럼 주로 특정한 공간에서 제한된 수의 장치가 직접 연결되는 방식으로 동작한다. 다이렉트 통신 방식은 이처럼 특별한 목적을 위해 사용된다고 해서 애드혹(AD-Hoc) 방식이라고도 한다.

(4) 블루투스(Bluetooth)는 IEEE 802.15.1 표준 규격을 이용하는 근거리 무선통신기술(WPAN; Wireless Personal Area Network)의 산업표준으로, 유선으로 두 디바이스를 직접 연결하는 USB 기술을 대체하기 위해 개발되었다.

(5) LTE 다이렉트 기술은 LTE를 지원하는 장치들이 이동통신 기지국을 거치지 않고 다른 LTE 지원 장치와 직접 통신을 할 수 있도록 하는 기술이다. LTE 다이렉트 역시 두 LTE 장치 사이에서 대용량의 파일을 공유하거나 동영상 스트리밍을 전송하는 것이 주된 용도이다.

6. 미러링과 캐스팅(Mirroring and Casting)

(1) 미러링과 캐스팅은 스마트폰에 표시되어야 할 내용을 주변의 다른 장치에 표시되도록 하는 기술이다.

(2) 사용자가 항상 휴대하고 다니지 않지만, 사용자의 주변에 존재하는 장치를 통해 사용자와 관련된 정보를 제공해 주는 기술을 미러링(Mirroring) 혹은 캐스팅(Casting)이라고 한다.

(3) 미러링 기술은 거울(Mirror)처럼 스마트폰에 표시되는 내용을 다른 장치의 화면(Cast Screen)에 그대로 보여주도록 하는 기술이다.

(4) 캐스팅 기술은 스마트폰에 표시되었어야 할 내용을 다른 장치의 화면에만 보여주고, 스마트폰에는 캐스트 스크린과는 다른 내용을 보여주도록 하는 기술이다.

7. 스마트홈 게이트웨이(Smart Home Gateway)

(1) 스마트홈 게이트웨이는 가정 내의 다양한 사물인터넷 장치들을 사용자의 간섭 없이 자연스럽게 인터넷 통신망에 접속시키기 위한 네트워크 장치를 말한다.

(2) 네트워크 기술에서 허브(Hub)와 게이트웨이(Gateway)는 여러 종류의 네트워크 장치들을 연결해주는 일종의 중계 장치를 말한다. 그러나 이러한 장치들을 같은 통신 방식의 네트워크에 연결해주느냐 다른 통신 방식의 네트워크에 연결해주느냐에 따라 허브 혹은 게이트웨이라 부르게 된다.

(3) 일반적으로 각 가정에서 인터넷 서비스에 가입하게 되면 인터넷 공유기나 IPTV를 위한 셋톱박스를 함께 설치하게 되는데, 바로 이러한 장치들이 일종의 허브 혹은 게이트웨이 장치가 된다.

(4) 인터넷(Internet) 혹은 WAN으로 연결되는 케이블도 데스크톱 컴퓨터나 노트북에 연결되는 케이블과 같은 형태의 케이블을 이용하게 되는데, 이는 인터넷 공유기가 허브 역할을 함을 알 수 있다.

(5) 사람들과 소통하기 위한 사용자 인터페이스를 포함할 것이다. 예를 들면, 사람의 음성 명령을 이해하고 그에 대한 답변을 소리나 화면을 통해 전달하게 된다. 음성 명령을 인식하여 거실의 램프를 켤 수도 있고, 외출 시 가스 불이 켜져 있는 사실을 스마트폰을 통해 알려줄 수도 있을 것이다.

(6) 인공지능을 지니게 될 것이다. 스마트홈 게이트웨이가 가족들의 생활 패턴을 분석한 후 알아서 가족들에게 알맞은 형태로 보일러나 에어컨, 조명, 가전제품 등을 조절하게 될 것이다.

8. CoAP와 MQTT

(1) 사물인터넷 디바이스들의 제한적인 환경을 위해 HTTP와 유사한 목적으로 사용하도록 만들어진 기술이다. 대표적인 것이 CoAP(Constrained Application Protocol), MQTT(Message Queueing Telemetry Transport)이다.

(2) 대표적으로 공식 지정된 응용별 포트는 다음 표와 같다.

Port 번호	적용되는 수송 프로토콜	응용(프로토콜) 이름
20, 21	TCP	FTP
23	TCP	텔넷
25	TCP	이메일(SMTP)
53	TCP/UDP	도메인(DNS)
80	TCP/UDP	웹(HTTP)
110	TCP	이메일 가져오기(POP3)
443	TCP/UDP/SCTP	암호화웹(HTTPS)
1883	TCP/UDP	MQTT
5683	UDP	CoAP

1. 기계학습(Machine Learning)

(1) 인공지능의 한 분야이다. 1959년 아서 사무엘(Arthur Lee Samuel)은 기계학습을 '컴퓨터에 명시적인 프로그램 없이 배울 수 있는 능력을 부여하는 연구 분야'라고 정의하였다. 즉 사람이 학습하듯이 컴퓨터에도 데이터를 줘서 학습하게 함으로써 새로운 지식을 얻어내게 하는 분야이다.

(2) 기계학습은 인공 신경망 분야의 기술에 속하는데, 이 분야에서 딥러닝(Deep Learning)이 두드러진 발전을 이루었다.

(3) 다층 구조로 설계하여 깊어진 인공신경망이 학습이 잘 이루어지지 않은 전통적인 문제를, 학습을 위한 데이터를 비지도 학습(Unsupervised Learning)을 통해 전처리하면 신경망이 깊어져도 학습이 잘된다는 원리를 이용한 것이 딥러닝이다.

(4) 딥러닝을 통한 기계학습의 큰 성공은 많은 기업의 경쟁을 유발하고 있다. 2014년 초에 구글은 3년밖에 되지 않은 딥마인드(Deep Mind)라는 회사를 4억 달러가 넘는 금액으로 인수하였다. 가트너는 2014년 주목할 만한 기술분야 중 하나로 딥러닝을 꼽았다.

2. 사물인터넷 플랫폼

(1) 사물인터넷의 두뇌 역할을 하는 부분이다. 실재에 존재하는 사물들과 네트워크로 상호 연결하여 사람과 사물, 사물과 사물끼리 언제 어디서나 소통하게 하여 사물들의 데이터를 수집하거나 사물에 대한 제어방법을 제공하고 궁극적으로 수집한 데이터를 중심으로 지능적인 서비스를 사람들에게 제공하기 위한 서비스 프레임워크 기술이다.

(2) 글로벌한 사물인터넷 표준인 OneM2M은 CSE(Common Services Entity)에 여러 가지 핵심적이고 공통적인 기능들을 표현하였다.

(3) 대표적인 것을 설명하면 디바이스 관리, 디스커버리, 로케이션, 등록의 4가지는 대부분 사물인터넷 디바이스들의 라이프사이클 등을 관리하고 찾아주고 위치관리를 하고 등록하기 위한 기능들이다.

(4) 해외의 많은 사례들이 있지만 역시 독자적인 생태계를 구축한 애플이 선두를 달리는 중이다. 2014년에 공개한 홈킷과 헬스킷이 좋은 예이다. 아이폰과 애플워치 등을 연동하여 스마트 홈과 스마트 헬스케어를 견인하고 있다.

3. 스마트홈 플랫폼

(1) 스마트홈을 이루기 위한 사물인터넷 디바이스들을 등록하고 관리하고 사용하기 위해서는 집 안팎에서 사물인터넷 서비스를 관리하는 중앙장치들과 디바이스 사이에 필요한 정보를 주고받기 위한 일정한 약속구조가 필요한데, 바로 이것이 스마트홈 플랫폼이다.

[주요 스마트홈 플랫폼 컨소시엄]

주요 스마트홈 플랫폼 컨소시엄	주요 참여 기업 · 기관
AllSeen Alliance(AllJoyn)	Premier Members: 캐논, 일렉트로룩스, 하이얼, 엘지, 마이크로소프트, 파나소닉, 퀴오(Qeo), 퀄컴, 샤프, 실리콘 이미지, 소니
OIC(Open Interconnect Consortium)	Diamond Members: 시스코, GE Software, 인텔, 미디어텍, 삼성
Thread	Sponsors Members: 암, 빅애스팬즈, 프리스케일, 네스트, 퀄컴, 삼성, 실리콘랩스, 솜피(Somfy), 타이코(Tyco), 예일(Yale)
OneM2M	Partner 1 Members: ATIS, TIA(북미), ARIB, TTC(일본), CCSA(중국), ETSI(유럽), TSDSI(인도), TTA(한국)

(2) 최근의 스마트홈 플랫폼은 oneM2M을 얘기할 수 있다. IoT/M2M 분야 주요국의 표준화 단체들이 모여 결성한 컨소시엄이자 플랫폼 표준에 대한 이름이다. 이 단체는 직접적인 소프트웨어 프레임워크의 주요 부분을 구현하지는 않고 표준만 제시한다. 우리나라도 주요 참여국이다.

4. 오픈소스 하드웨어

(1) **OSHW(Open Source Hardware)**: 하드웨어의 설계 결과물[회로도, 자재명세서(BOM; Bill of Meterials), PCB 도면 등]뿐 아니라 그것을 목적에 맞게 구동하는 소프트웨어(Firmware, OS, 응용프로그램 등)의 소스 결과물까지 무료로 공개함으로써, 다수에 의해 공유되고 논의되고 발전 · 확대되면서 나름대로 오픈 소스 문화와 그 결과물을 만들어 나간다.

(2) **아두이노(Arduino)**: 이탈리아 작은 도시의 예술과 IT의 융합을 가르치던 대학원에서 공학도가 아닌 예술학도도 쉽게 접근할 수 있는 저렴한 전자교육용으로 탄생한 보드 제품으로, 나오자마자 꾸준히 전 세계적인 인기를 끌고 있다.

(3) **라스베리파이(Raspberry Pi)**: 영국의 라즈베리파이 재단이 학교에서의 기초 컴퓨터 과학 교육용 프로젝트의 목적으로 개발한 초소형 · 초저가 PC이다. 2006년에 개념이 형성되고 재단이 만들어져 2012년 처음 제품이 나온 이후 2013년 1월 초에 백만 대가 판매되었다.

(4) **갈릴레오(Galileo)**: 모바일과 임베디드 분야에서 암(ARM) 쪽에 주도권을 빼앗긴 인텔이 사물인터넷 분야에서 주도권을 재탈환하기 위해 OSHW의 트렌드에 편승하는 첫 제품이다. 이를 시작으로 인텔은 '에디슨', '큐리' 등 다양한 시도를 계속 하고 있다.

(5) **비글본 블랙(BeagleBone Black)**: 라즈베리파이와 비슷한 배경에서 생겨난 오픈소스 하드웨어 플랫폼이다. 개발능력에 상관없이 쉽게 접근할 수 있는 환경을 제공하며 값싼 작은 컴퓨터에 원하는 주변기기를 붙여 초보 개발자를 포함한 누구나 자신이 원하는 임베디드 시스템을 구성할 수 있도록 설계되어 교육용으로도 적합하다.

5. 오픈소스 소프트웨어

(1) OSS는 그 저작권자가 누구든지 어떤 목적으로든 학습하고 수정하고 배포할 수 있는 권한을 제공하는 라이센스로 이루어진 소스코드의 소프트웨어를 말한다.

(2) 대표적인 OSS 가운데 하나는 리눅스(Linux)이다. 현재에는 OSHW와 OSS를 구분하는 것은 큰 의미가 없다.

07 사물 인터넷 서비스 및 활용

1. 클라우드 서비스

(1) 사용자 입장에서 사용자 인터페이스(User Interface) 기능을 제외한 모든 컴퓨팅 자원은 인터넷 클라우드에 있음을 표현한 클라우드 컴퓨팅은 'ICT as a Service', 즉 모든 ICT 기술 및 기능을 플러그에 꽂으면 전기를 사용할 수 있듯이 ICT 서비스를 받을 수 있다는 개념적 특징을 지향하고 있다.

(2) 가상 하드웨어를 단 몇 분 만에 구축하고 없앨 수 있어 기민성이 뛰어나다. 당연히 필요한 만큼 사용하기 때문에 비용절감이 쉽다.

(3) SaaS(Software as a Service): 제공자가 소유하고 운영하는 소프트웨어를 웹 브라우저 등을 통해 사용하는 서비스이다. 대표적인 예로는 지메일 등이 포함된 Google Workspace와 네이버의 Works Mobile 서비스를 들 수 있다.

(4) PaaS(Platform as a Service): 개발자가 개발환경을 위한 별도의 하드웨어, 소프트웨어 등의 구축비용이 들지 않도록 개발하고 구축하고 실행하는 데 필요한 환경을 제공하는 서비스이다. 마이크로소프트의 애저(Azure)는 PaaS에 특화된 서비스의 예이다.

(5) IaaS(Infrastructure as a Service): 응용서버, 웹서버 등을 운영하기 위해서는 기존에는 하드웨어 서버, 네트워크, 저장장치, 전력 등 여러 가지 인프라가 필요하다. 이런 것들을 가상의 환경에서 쉽고 편하게 이용할 수 있게 제공하는 서비스이다. 가장 중요한 기술이 가상화 기술이다. 이는 SaaS, PaaS의 기반이 된다. 대표적인 예는 아마존의 AWS 서비스이다.

2. 클라우드 컴퓨팅 기술

(1) 가상화 기술은 간단히 말해 하드웨어, 저장장치 등 물리적인 리소스의 특성들을 감추며 IT 자원을 제공하는 기술이다.

(2) 대규모 분산처리 기술의 사례로 하둡은 큰 컴퓨터 클러스터에서 동작하는 분산 응용 프로그램을 지원하는 프리웨어 자바 소프트웨어 프레임워크이다. 복수의 컴퓨터를 논리적인 하나의 컴퓨팅 자원으로 이용할 수 있는 것으로 볼 수 있다.

(3) API(Application Programming Interface, 응용 프로그래밍 인터페이스): 전통적으로 한 ICT 자원의 서비스를 응용프로그램에서 이용하기 위해 발전해 왔다. 이는 웹 서비스의 활성화와 함께 누구나 이용하여 웹의 활용성 증대를 도모할 수 있도록 오픈 인터페이스로 확장되고 있다.

(4) 그 외 클라우드 컴퓨팅 기술은 다음과 같다.

주요 기술	개념 및 의미	요소기술
가상화 기술	• 물리적인 하드웨어의 한계를 넘어서 시스템을 운용할 수 있는 기술 • 여러 대의 전산자원을 마치 한 대처럼 운영하거나 한 대의 전산자원을 마치 여러 대의 자원처럼 나눠서 이용	Resouroe Pool, Hypervisor, 가상 I/O, Partition Mobility 등
대규모 분산처리	대규모(수천 노드 이상)의 서버 환경에서 대용량 데이터를 분산 처리하는 기술	분산처리기술
오픈 인터페이스	• 인터넷을 통하여 서비스를 이용하고 서비스 간에 정보 공유를 할 수 있는 인터페이스 기술 • 클라우드 컴퓨팅 기반의 SaaS, PaaS 등에서 기존 서비스에 대한 확장 및 기능 변경 등에 적용	SOA, Open API, Web Service 등
서비스 프로비저닝	• 서비스 제공자가 실시간으로 자원을 제공하는 기술 • 서비스 신청부터 자원 제공까지의 업무를 자동화하여 클라우드 컴퓨팅의 경제성과 유연성 증가에 기여	자원 제공
자원 유틸리티	전산자원에 대한 사용량을 수집하고, 이를 바탕으로 사용한 만큼만 비용을 지불하도록 하는 기술 개념	사용량 측정, 과금, 사용자 계정관리 등
SLA (서비스 수준관리)	외부 컴퓨터 자원을 활용하여 클라우드 컴퓨팅의 특성상 서비스 수준이라는 계량화된 형태의 운영 품질 관리 필요	서비스 수준 관리 체제
보안 및 프라이버시	외부 컴퓨팅 자원에 기업 또는 개인의 민감한 정보를 저장함에 따라 해당 정보에 대한 보안이 주요한 이슈로 부각	방화벽, 침입방지기술, 접근권한 관리 기술 등
다중 공유 모델	• 하나의 정보자원 인스턴스를 여러 사용자 그룹이 완전히 분리된 형태로 사용하는 모델 • 소프트웨어 서비스(SaaS)를 제공하는 데 필수 요소	–

3. O2O(Online to Offline)

(1) 온라인과 오프라인이 결합하는 현상을 의미하며, 최근에는 주로 전자상거래 혹은 마케팅 분야에서 온라인과 오프라인이 연결되는 현상을 말한다.

(2) O2O 트렌드가 본격적으로 활성화되기 시작한 것은 소셜커머스이다. '반값 공동구매'로 유명해진 소셜커머스는 사실 전자상거래와 마케팅이 교묘하게 결합한 비즈니스 모델이다. 즉, 소비자들에게는 저렴하게 상품이나 서비스를 구매할 기회를 주면서, 동시에 해당 제품이나 매장을 홍보하는 수단이 되기도 했다.

(3) O2O 트렌드는 스마트폰이 본격적으로 보급되면서 더욱 빠른 속도로 퍼지고 있다. 이제는 컴퓨터보다는 스마트폰에서의 구매 행위가 더 많은 비중을 차지하고 있으며, 그런 연유로 M2O(Mobile-to-Offline)라고 말하기도 한다.

4. 사물인터넷 기기 관리 기술

(1) 사물인터넷 서비스 플랫폼은 사물인터넷 서비스에 이용되는 다양한 유형의 디바이스를 관리해야 한다. 이러한 디바이스들은 플랫폼과 연결해주는 네트워크에 대한 의존성이 강하기 때문에 일반적으로 복수의 표준을 준용하고 그와 연동할 수 있는 인터페이스를 정의한다.

(2) OMA DM은 무선인터넷 솔루션 및 서비스 규격과 관련한 국제 표준화 단체인 OMA(Open Mobile Alliance)에서 만든 기기 관리(Device Management) 표준이다.

(3) LWM2M은 OMA에서 소형장치들을 포함하는 다양한 기기를 지원하기 위해 개발된 사물인터넷 기기 관리 표준 프로토콜이다. 소형 장치를 위한 응용데이터 전달 프로토콜인 CoAP(Constrained Application Protocol)를 기반으로 하여 메시지가 작고 빠르며, 작은 코드 크기 및 실행 공간을 요구하기 때문에 다양한 사물인터넷 기기를 지원할 수 있다.

5. 사물인터넷 보안 기술

(1) 디바이스나 네트워크의 보안 취약점을 이용하여 사물인터넷 디바이스의 동작이나 디바이스와 관련된 사물인터넷 서비스를 비정상적으로 만드는 등의 다양한 보안 위협에 대처하기 위한 기술을 말한다.

(2) 악의적인 사용자에 의해 불법적으로 데이터가 수집되거나 변조된다면, 개인의 프라이버시를 침해하는 것뿐만 아니라 심각한 보안 사고까지 일으킬 수 있다. 사물인터넷 서비스는 가상세계와 현실 세계를 연결하는 것이기 때문에, 사이버 공간에서의 해킹은 그대로 물리적인 공간의 위험으로 전이될 수 있기 때문이다.

[사물인터넷 구성 요소별 보안 위협]

구성 요소	보안 위협
서비스	데이터 위·변조, 데이터의 기밀성·무결성, 프라이버시 침해, 비인가된 어플리케이션 및 사용자의 접근
네트워크	데이터 위·변조, 인증 방해, 신호 데이터의 기밀성·무결성 침해, 정보유출, 서비스 거부(DoS)
장치/센서	장치의 기밀성·무결성 침해, 비인가 접근, 복제 공격

6. 암호화 기술

(1) 악의적인 사용자가 사물인터넷 디바이스나 서비스에 비인가 접근을 하게 되면, 정보 유출은 물론 데이터의 위·변조, 서비스 거부, 프라이버시 침해 등 다양한 보안 위협에 노출될 수 있다. 이러한 보안 위협에 대처하는 방법의 하나가 디바이스가 생성한 데이터를 암호화해서 전달하는 것이다.

(2) 암호화는 대부분의 경우 사물인터넷 디바이스가 사용하는 통신 기술에 의해 결정되며, 대표적인 암호화 기술에는 AES 및 DTLS 등이 있다.

(3) AES(Advanced Encryption Standard)는 이전 DES 암호화 기술이 가지고 있던 문제를 해결하기 위해 새롭게 개발된 128bit 블록 암호화 방식이다.

(4) DTLS(Datagram Transport Layer Security) 프로토콜은 TLS(Transport Layer Security) 프로토콜을 기반으로 하여 암호화된 데이터그램을 전송할 수 있도록 해주는 UDP(User Datagram Protocol)를 위한 보안 프로토콜이다.

7. 3D 프린터

(1) 전통적인 프린터(printer)는 종이와 같은 2차원 평면에 인쇄하는 장치를 말한다. 이런 관점에서 3D 프린터는 3차원의 입체적인 공간에 인쇄하는 장치라 할 수 있다.

(2) 일반적인 프린터가 텍스트나 이미지로 구성된 문서 데이터를 이용하는 반면에, 3D 프린터는 3차원 도면 데이터를 이용하여 입체적인 물품을 생성하게 된다.

(3) 3D 프린터는 입체 형태의 인쇄물을 만드는 방식에 따라 적층형과 절삭형으로 구분된다. 적층형은 아주 얇은 2차원 면을 층층이 쌓아 올리는 방식이며, 절삭형은 커다란 덩어리를 조각하듯이 깎아서 인쇄물을 만들게 된다. 절삭형의 경우 소재의 불필요한 부분을 깎아내기 때문에 재료의 손실이 발생하지만, 적층형은 재료의 손실이 없어서 최근 보급되는 3D 프린터는 대부분 적층형 프린터이다.

(4) 3D 프린터는 전통적으로 항공이나 자동차와 같은 제조업 분야에서 주로 활용되었으나, 최근에는 그 활용 영역을 빠르게 넓혀 가고 있다. 가장 대표적인 분야가 의료, 건설, 소매, 식품, 의류 산업이다.

02 데이터베이스

01 데이터베이스의 정의

1. 공유 데이터(Shared Data)

특정 조직의 여러 사람이 함께 소유하고 이용할 수 있어야 하는 공용 데이터이다.

2. 통합 데이터(Integrated Data)

최소의 중복과 통제 가능한 중복만 허용하는 데이터이다.

3. 저장 데이터(Stored Data)

컴퓨터가 접근할 수 있는 매체에 저장된 데이터이다.

4. 운영 데이터(Operational Data)

조직의 주요기능을 수행하기 위해 지속적으로 꼭 필요한 데이터이다.

02 데이터베이스의 특성

1. 실시간 접근성

사용자의 데이터 요구에 실시간으로 응답한다.

2. 계속 변화

데이터의 계속적인 삽입, 삭제, 수정을 통해 정확한 데이터를 유지한다.

3. 동시 공유

서로 다른 데이터를 동시에 사용할 수 있고 같은 데이터 역시 동시에 사용이 가능하다.

4. 내용 기반 참조

데이터가 저장된 주소나 위치가 아닌 내용으로 참조한다.

03 데이터베이스 관리 시스템

1. 정의

(1) 데이터베이스 관리 시스템(DBMS; DataBase Management System)은 파일 시스템이 가진 문제를 해결하기 위해 제시된 소프트웨어이다.

(2) 데이터베이스 관리 시스템은 조직에 필요한 데이터를 데이터베이스에 통합하여 저장·관리한다.

(3) 데이터베이스 관리 시스템은 응용 프로그램을 대신하여 데이터베이스에 존재하는 데이터의 검색·삽입·삭제·수정을 가능하게 한다.

2. 기능

(1) **정의 기능**: 데이터베이스 구조를 정의하거나 수정할 수 있다.

(2) **조작 기능**: 데이터를 삽입·삭제·수정·검색하는 연산이 가능하다.

(3) **제어 기능**: 데이터를 정확하고 안전하게 유지하는 기능을 한다.

3. 장단점

장점	단점
• 데이터 중복을 통제 • 데이터 독립성 확보 • 데이터 동시 공유 가능 • 데이터 보안 향상 • 데이터 무결성 유지 가능 • 표준화 가능 • 장애 발생 시 회복 가능 • 응용 프로그램 개발 비용 줄어듦	• 비용이 많이 듦 • 백업과 회복 방법이 복잡 • 중앙 집중 관리로 인한 취약점 존재

04 데이터베이스 시스템

1. 정의

데이터베이스 시스템(DBS; DataBase System)은 데이터베이스에 데이터를 저장·관리하여 조직에 필요한 정보를 생성해주는 시스템이다.

2. 구조

(1) 스키마와 인스턴스: 스키마(Schema)란 데이터베이스에 저장되는 데이터 구조와 제약조건을 정의한 것이며, 인스턴스(Instance)는 스키마에 따라 실제로 저장된 값을 의미한다.

(2) 3단계 데이터베이스 구조

① 외부단계
  ㉠ 데이터베이스를 개별 사용자 관점에서 이해하고 표현하는 단계
  ㉡ 데이터베이스 하나에 외부 스키마가 여러 개 존재 가능

② 개념단계
  ㉠ 데이터베이스를 조직 전체의 관점에서 이해하고 표현하는 단계
  ㉡ 데이터베이스 하나에 개념 스키마가 하나만 존재함

③ 내부단계
  ㉠ 데이터베이스를 저장 장치의 관점에서 이해하고 표현하는 단계
  ㉡ 데이터베이스 하나에 내부 스키마가 하나만 존재함

1. 객체지향 데이터베이스

(1) 멀티미디어 정보를 저장하고 관리 그리고 이용할 수 있도록 등장하게 된 데이터베이스이다. 여기서 객체란 유형이나 무형으로 현실 세계에 존재하는 하나하나를 추상화한 것으로 서로 구별되는 개념적인 단위를 말한다.

(2) 기능

① 다중 버전을 저장하고 관리하는 버전 관리 기능이 있다.

② 객체의 기본 특성을 지원하기 위하여 객체 지향 패러다임을 활용하고 있다.

(3) 장점

① 오디오나 비디오와 같은 비정형 데이터를 지원한다.

② 다양한 객체 지향 프로그램과 자연스런 통합이 가능하다.

(4) 단점

① 모델 자체의 표준 개념이 미흡하여 수학적 이론 기반이 부족하다.

② 데이터 모델이 논리적, 물리적으로 복잡하다.

2. 객체지향 질의 모델

(1) 객체지향 데이터베이스에서는 질의 대상이 클래스이고 질의 결과는 클래스에 속하는 객체 집합이다.

(2) 객체지향 데이터베이스에서 클래스 하나 또는 클래스 하나와 해당 클래스의 하위클래스 전체를 대상으로 하는 질의를 단일 오퍼랜드(Single Operand) 질의라 한다. 그리고 여러 클래스를 대상으로 하는 질의를 다중 오퍼랜드(Multiple Operand) 질의라고 한다.

3. 분산 데이터베이스 시스템

(1) 정의: 물리적으로 분산된 데이터베이스 시스템을 연결하여 하나의 중앙 집중식 데이터베이스 시스템처럼 사용하는 시스템이다.

(2) 구성: 분산 처리기, 분산 데이터베이스, 통신 네트워크가 있다.

(3) 목표: 위치 투명성, 중복 투명성, 단편화 투명성, 병행 투명성, 장애 투명성 등을 보장한다.

(4) 장점: 신뢰성, 가용성, 지역 자치성, 효율성, 확장성 지원 등이 있다.

(5) 단점: 개발 및 관리 비용이 많이 소요된다.

(6) 구조: 전역 개념 스키마, 단편화 스키마, 할당 스키마, 지역 스키마 구조가 있다.

4. 멀티미디어 데이터베이스 시스템

(1) **정의**: 다양한 미디어가 조합된 멀티미디어 데이터를 저장하고 관리하는 시스템이다.

(2) **데이터 유형** : 텍스트, 그래픽, 이미지, 비디오, 오디오 등의 유형이 있다.

(3) **멀티미디어 데이터의 특성**

① **대용량 데이터**: 일반적으로 크기가 몇 바이트에서 수십 바이트 정도인 숫자나 문자 데이터와 달리, 크기가 수 킬로바이트에서 수십 메가바이트 이상이다. 그래서 압축해서 저장해야 하므로 일반 데이터와는 다른 구조로 별도의 저장 공간을 구성하여 관리해야 한다.

② **검색 방법이 복잡한 데이터**: 멀티미디어 데이터는 일반 데이터와 달리 검색 방법이 복잡하다. 멀티미디어 데이터를 검색하는 방법에는 설명 기반 검색과 내용 기반 검색이 있다.

③ **설명 기반 검색(Description-Based Retrieval)**: 초기의 멀티미디어 검색 시스템에서 많이 사용된 방법이다. 멀티미디어 데이터의 특성을 나타내는 키워드나 자세한 설명을 멀티미디어 데이터와 함께 저장해두었다가 이를 검색에 이용한다. 많은 양의 멀티미디어 데이터를 처리하는 데 적합하지 않고, 설명을 작성하는 사람의 주관적인 관점이 반영되어 같은 멀티미디어 데이터에 대한 설명이 달라질 수 있다.

④ **내용 기반 검색(Content-Based Retrieval)**: 멀티미디어 데이터의 실제 내용을 이용하여 검색하는 방법이다. 특정 객체를 포함한 멀티미디어 데이터를 검색한다.

⑤ **구조가 복잡한 데이터**: 멀티미디어 데이터는 원시 데이터(Raw Data), 등록 데이터(Registration Data), 서술 데이터(Description Data) 등으로 구성된다.

5. 웹 데이터베이스

(1) 웹 서비스의 특성과 데이터베이스 시스템의 데이터 관리 기능을 통합한 것으로 다양한 웹 서비스 분야에서 활용할 수 있다.

(2) 웹 데이터베이스의 올바른 수행을 위해서는 웹 서비스와 데이터베이스 시스템을 연결해주는 미들웨어(Middleware)가 필요하다. 웹 서비스는 미들웨어를 통해 데이터베이스 시스템의 기능을 제공받는다. 그래서 미들웨어를 데이터베이스 통로(Database Gateway)라고도 한다.

6. 데이터 웨어하우스

(1) **정의**: 데이터베이스 시스템에서 의사 결정에 필요한 데이터를 미리 추출하여 원하는 형태로 변환하고 통합한 읽기 전용의 데이터 저장소이다.

(2) **특성**

① 주제 지향적(Subject-Oriented) 내용이다.

② 통합된(Integrated) 내용이다.

③ 시간에 따라 변하는(Time-Variant) 내용이다.

④ 비소멸성(Nonvolatile)을 가진 내용이다.

03 빅데이터

01 빅데이터의 정의

1. 일반론

빅데이터는 적절한 시기에 효율적인 비용으로 기존의 수치 데이터를 넘어서 문자나 영상 데이터까지 포함한 대규모 데이터를 분석하면서 새로운 비즈니스 가치를 추출하고 그 결과까지 분석하는 기술을 의미한다. 기존에 존재했던 데이터보다 그 규모가 너무 방대해져 기존의 사용했던 방법이나 도구로는 수집이나 저장, 분석 등이 어려운 정형 및 비정형 데이터들을 말한다. 이러한 빅데이터는 과거 아날로그 시대에 생성되었던 데이터의 규모보다 훨씬 방대해지고, 데이터의 생성주기도 짧아지고 있다.

2. 가트너

미국의 IT 자문기관인 가트너(Gartner)는 빅데이터를 "높은 통찰력, 의사결정, 프로세스 자동화를 위해 비용효과가 높은 혁신적인 정보처리 과정을 요하며, 대용량의 데이터 규모(High-Volume), 빠른 속도(High-Velocity), 높은 다양성(High-Variety)을 지닌 정보자산"이라고 정의하였다. 또한, 가트너는 빅데이터를 "21세기의 원유와 같으며 다양한 종류의 많은 데이터는 기업이 감당할 수 없을 정도로 빠르게 생성되는 하나의 현상"으로 정의하였다.

3. 매킨지(2011)

빅데이터를 "기존 방식으로의 저장, 관리, 분석을 할 수 있는 범위를 초과하는 대규모 데이터"로 정의하였다.

4. IDC(2011)

빅데이터를 "데이터로부터 가치를 추출하고 데이터를 초고속으로 수집하고 발굴하여 분석할 수 있도록 고안된 차세대 기술과 아키텍처"로 정의하였다.

5. SERI(2010)

빅데이터를 "기존 관리 및 분석 체계로는 감당할 수 없을 정도로 거대한 데이터의 집합"으로 정의하였다.

02 | 전통적 데이터와 빅데이터의 특성 비교

구분	전통적 데이터	빅데이터
양	기가바이트(GB)	테라바이트(TB), 페타바이트(PB)
생산 주기(속도)	시간, 일	실시간
구조	구조적	반구조 및 비정형
데이터 원천	중앙집중	분산
데이터 통합	쉬움	어려움
데이터 저장	RDBMS	HDFS, NoSQL

03 | 빅데이터의 특징

1. 규모(Volume)

데이터의 크기를 의미한다. 비즈니스 특성에 따라 빅데이터의 크기는 달라질 수 있지만 일반적으로 수십 테라바이트 혹은 수십 페타바이트 이상의 크기를 가진 데이터를 빅데이터라 말한다. 그만큼 빅데이터가 방대하기 때문에 기존의 파일 시스템에 저장하기도 어렵고 기존의 데이터 분석 방법으로는 한계가 있다. 이런 문제점의 해결을 위해서는 확장이 가능한 방법으로 데이터를 저장하고 분석하는 분산 컴퓨팅 솔루션을 사용해야 한다. 현재 사용되는 방법에는 구글의 GFS, 아파치의 하둡 등이 있고, 대용량 병렬 처리 데이터베이스로는 EMC의 GreenPlum, HP의 Vertica, IBM의 Netezza, 테라데이터의 Kickfire 등이 있다. 데이터의 크기는 물리적 크기뿐 아니라 데이터를 처리하는 데에 어려움이 있는지 없는지를 의미하는 데이터의 속성과도 관계가 있다.

2. 속도(Velocity)

데이터의 생성 및 처리가 진행되는 능력을 의미한다. 많은 양의 데이터를 빠른 속도로 생산해 내는 오늘날에는 데이터의 생산과 저장, 수집, 분석이 실시간으로 이루어지고 있다. 예를 들어 최근에는 온라인 서점에서 책을 검색하거나 주문하면, 동시에 사용자와 비슷한 성향의 이용자들이 구입한 다른 책도 함께 추천해주는 서비스가 제공된다. 이렇게 데이터를 실시간으로 처리하기도 하지만 대량의 데이터를 다양한 방법으로 분석하는 작업은 장기적인 접근 방식을 필요로 한다. 빅데이터 시대에서 속도는 데이터가 생성된 후 저장되기까지의 속도와 필요한 가치를 추출해내기까지의 속도 그리고 추출한 데이터를 분석하여 목적을 달성하기까지의 속도를 의미한다.

3. 다양성(Variety)

데이터의 다양한 형태를 의미한다. 빅데이터는 수많은 종류의 데이터들로 구성되는데, 종류에 따라 정형 (Structured) 데이터, 반정형(Semi-Structured) 데이터, 비정형(Unstructed) 데이터로 나눌 수 있다. 기존의 전통적인 기업 분석에는 수치나 텍스트가 주된 데이터로 활용되었지만, 오늘날 빅데이터 분석을 요하는 데이터는 90% 이상이 비정형 데이터이다.

4. 복잡성(Complexity)

기존에는 규모, 속도, 다양성이 빅데이터의 3대 구성 요소로 꼽혔으나 최근 데이터의 복잡성이 새롭게 추가되었다. 데이터 형태별로 처리하는 과정이 복잡함을 의미한다. 데이터가 빠른 속도로 생산되는 빅데이터 시대에는 데이터가 구조화되지 않고 저장 방식도 다양하며 데이터 관리 방법과 처리하는 방식 또한 복잡하다. 데이터의 형태별로 적용하는 방식도 다르기 때문에 기존보다 더욱 복잡하고 심화된 관리 및 처리 방법을 통해 필요한 가치를 추출할 수 있다. 예컨대 영상 데이터의 경우 다양한 인코딩 포맷을 이용하고 있기 때문에 구조화된 데이터를 기준으로 데이터를 분류하고 분석하는 작업이 필요하다.

구분	내용
규모 (Volume)	• 페타바이트(PB), 엑타바이트(EB), 제타바이트(ZB) 등 기존에 사용하고 있는 데이터 단위를 넘어서는 엄청난 양 • 급격한 기술의 발전과 IT의 일상화가 진행되면서 매년마다 디지털 정보의 량이 기하급수적으로 폭발하여 제타바이트(ZB)로의 진입
속도 (Velocity)	• 데이터의 생성과 흐름의 속도가 매우 빠르게 진행 • 사물정보(센싱, 모니터링), 스트리밍(Streaming) 정보 등 실시간 데이터가 증가 • 데이터 처리 및 분석 속도는 대규모 데이터를 처리하고 중요한 실시간 정보를 활용하는 데 매우 중요
다양성 (Variety)	• 음성, 사진, 동영상 등 기존의 구조화된 데이터 형태가 아닌 다양한 형태의 정보 • 로그기록, 소셜 데이터, 위치 데이터, 현실데이터 등 데이터 종류가 증가 • 멀티미디어와 같은 비정형화된 데이터 유형의 증가
복잡성 (Complexity)	• 데이터의 형태 및 발생의 복잡성 • 구조화 되지 않은 데이터와 데이터 종류의 확대로 인한 관리대상 증가

04 빅데이터의 유형

1. 정형(Structured) 데이터

(1) **기술 내용**: 고정된 필드에 저장된 데이터이다. 예 관계형 데이터베이스, 스프레드시트

(2) **수집 난이도**: 대부분 내부시스템인 경우가 많아 수집이 쉽다.

2. 반정형(Semi-Structured) 데이터

(1) 기술 내용: 정형구조 데이터의 한 형태로써 공정된 장소에 저장되어 있지는 않지만 메타데이터나 스키마 등을 포함하는 데이터이다. 예 XML, HTML 텍스트

(2) 수집 난이도: API형태로 제공되어 데이터 처리 기술이 요구된다.

3. 비정형(Unstructured) 데이터

(1) 기술 내용: 데이터 구조가 일정하지 않으며 규격화된 장소에 저장되지 않는 데이터이다. 예 텍스트 문서, 메신저로 나눈 대화, 이미지, 동영상, 음성데이터, 통화 내용, 스마트폰에 기록되는 위치 정보

(2) 수집 난이도: 파일을 데이터 형태로 파싱해야 하기 때문에 수집데이터 처리가 어렵다.

05 빅데이터의 처리 과정

1. 정보 수집

정보화 사회에서는 사회 모든 영역에 정보가 존재하고 그 정보는 빠르게 증가하고 있다. 각종 정보뿐만 아니라 SNS에서 이루어지는 각종 소통 및 감정을 포함하는 우리의 모든 행동 및 커뮤니케이션 역시 정보가 된다. 세상에 존재하는 그 모든 것이 정보가 되는 것이다. 빅데이터는 세상 곳곳에 널려 있는 정보를 수집하는 것에서 출발한다.

2. 데이터화

정보는 일정한 가공과정을 거쳐 데이터로 전환되어야 한다. 정보가 빅데이터에 의해 관리·분석될 수 있도록 정보를 데이터로 전환하는 것을 '데이터화'라고 부를 수 있다. 정보가 데이터가 되기 위해서는 정보가 문자 등을 통하여 기록되어야 하며, 기록되지 않은 정보는 시간적인 영속성을 지닐 수 없기 때문에 쉽게 망각되고 정보로서의 의미가 감소된다. 정보가 데이터가 되기 위해서는 수량화 과정이 필요하며, 수를 통해 측정될 수 있어야 한다.

3. 데이터 분석 및 시각화

정보가 데이터화를 거쳐 데이터가 되면 이를 분석하고 시각화하는 과정을 거치는데 이를 '데이터 마이닝(Data Mining)이라고 부른다. 데이터 마이닝은 빅 데이터를 분석하여 새로운 통찰이나 가치를 발견하는 과정이다. 데이터 마이닝은 대상에 따라 숫자로 구성된 정형 데이터와 텍스트 마이닝(Text Mining), 웹마이닝, 오피니언 마이닝의 비정형 데이터로 구분되며 비정형 데이터의 비중이 커지고 있다. 웹마이닝은 인터넷을 이용하는 과정에서 생성되는 웹로그 정보나 검색어 등으로부터 유용한 통찰이나 가치를 추출하며, 오피니언 마이닝은 태도, 감정 등을 분석하는 것이다. SNS를 대상으로 하는 데이터 마이닝이 대표적인 오피니언 마이닝이다.

1. 텍스트 마이닝(Text Mining)

텍스트 마이닝은 자연어 처리방식을 기본으로 하는 분석방법으로 언어학, 기계학습 등을 기반으로 하며, 자연어처리기술을 활용하여 반정형 데이터 또는 비정형 데이터인 문장(텍스트)을 정형화하여 유의미적인 패턴 또는 관계 등을 추출하는 것을 의미한다. 이러한 텍스트 마이닝은 문장에서 단순히 단어뿐만 아니라 그 단어의 의미까지 추출한다. 텍스트 마이닝과 같이 대량의 문장 분석을 효율적으로 하기 위하여 문서검색, 문서조직화, 지식발굴 등의 기술을 사용하며, 이를 구조화하여야 한다.

2. 오피니언 마이닝(Opinion Mining)

텍스트 마이닝의 관련 분야로는 오피니언 마이닝, 혹은 평판 분석이라고 불리는 기술이 있다. 소셜 미디어 등의 정형·비정형 텍스트의 긍정, 부정, 중립의 선호도를 판별하는 기술이다. 소셜 미디어의 텍스트 문장을 대상으로 자연어처리기술과 감성분석기술을 적용하여 특정 서비스 및 상품에 대한 시장규모 예측, 소비자의 반응, 사용자의 의견을 분석하는 것으로 마케팅에서는 버즈(Buzz, 입소문) 분석이라고도 한다. 정확한 오피니언 마이닝을 위해서는 전문가에 의한 선호도를 나타내는 표현 및 단어 자원의 축적이 필요하다.

3. 소셜 네트워크 분석(Social Network Analysis)

간단히 소셜 분석으로 나타내며, 수학의 그래프 이론에 뿌리를 두고 있다. 소셜 네트워크 연결구조 및 연결강도 등을 바탕으로 사용자의 명성 및 영향력을 측정한다. 수집은 일반적인 웹환경(HTTP, RSS)에서 수집가능 정보들의 웹 크롤러를 통하여 수집하고, 데이터의 중복성 및 품질을 검사하여 유의미한 정보만을 선별한 후 분석과정에서 쉽게 처리하기 위해 다양한 수집형식을 고려하여 일관된 방식을 저장 및 관리해야 한다.

4. 클러스터 분석(Cluster Analysis)

비슷한 특성을 가진 개체를 합쳐가면서 최종적으로 유사 특성의 그룹을 발굴하는 데 사용된다. 예를 들어 트위터 상에서 주로 사진·카메라에 대해 이야기하는 사용자 그룹이 있을 수 있고, 자동차에 대해 관심 있는 사용자 그룹이 있을 수 있다. 이러한 관심사나 취미에 따른 사용자 그룹을 군집분석을 통해 분류할 수 있다.

01 컴퓨터의 특징에 대한 설명으로 바르지 않은 것은?

① 입력, 기억, 제어, 연산을 수행하는 장치들이 서로 연결되어 작동한다.
② 대량의 데이터를 저장할 수 있고, 기억된 데이터를 신속하게 검색한다.
③ 수치, 문자, 영상, 음성 등 다양한 데이터를 처리할 수 있다.
④ 대용량 데이터 처리에 있어 시간적, 공간적 한계를 극복할 수 없다.

01
빅데이터의 시대를 맞아 컴퓨터는 점점 더 많은 데이터를 시공간적 한계를 극복하여 처리할 수 있게 되었다.

02 다음 빈칸 안에 들어갈 가장 적합한 용어는?

> 송신측의 메일 서버는 메일 전송을 위해 수신 메일 서버의 주소를 (   )를 통해 알아낸다.

① DNS
② SMTP
③ ISDN
④ LAN

02
Simple Mail Transfer Protocol의 약어로 인터넷 상에서 전자 메일을 전송할 때 쓰는 표준적 프로토콜이다.

03 도메인 이름과 그에 대응하는 IP주소에 관한 데이터베이스를 유지하고 있다가 원하는 컴퓨터에게 제공하는 서버는?

① 데이터 서버
② DNS 서버
③ 메일 서버
③ WWW 서버

03
Domain Name System 서버의 약어로 도메인 이름에서 IP 주소를 추출하는 역할을 하는 서버이다. DNS 서버는 분산형 데이터 베이스로, 어떤 DNS 서버에서 IP 주소를 알지 못하면 상위의 DNS 서버를 검색하게 된다. 인터넷을 경유하여 메일을 주고받기 위해서는 메일 서버 이름을 DNS 서버에 등록해야 한다.

정답 01 ④ 02 ② 03 ②

04
빅데이터의 특징은 3V로 요약하는 것이 일반적이다. 즉 데이터의 크기(Volume), 데이터 생성 속도(Velocity), 형태의 다양성(Variety)으로 나눈다. 최근에는 가치(Value)나 복잡성(Complexity)을 덧붙이기도 한다.

04 다음 중 빅데이터의 주요 특징이 아닌 것은?

① 규모 증가
② 다양성 증가
③ 데이터 크기 증가
④ 복잡성 증가

05
클라우드 컴퓨팅 서비스의 종류에는 SaaS (Software as a Service), PaaS(Platform as a Service), 그리고 IaaS(Infrastructure as a Service)가 있다.

05 다음 중 클라우드 컴퓨팅 서비스가 아닌 것은?

① 빅데이터 서비스
② 소프트웨어 서비스
③ 플랫폼 서비스
④ 인프라 서비스

06
데이터 마이닝(Data Mining)이란 대규모 데이터에서 가치 있는 정보를 추출하는 것을 말한다. 즉, 의미심장한 경향과 규칙을 발견하기 위해서 대량의 데이터로부터 자동화 혹은 반자동화 도구를 활용해 탐색하고 분석하는 과정이다.

06 다음 내용에서 설명하는 것은?

> 많은 데이터 가운데 숨겨져 있는 유용한 상관관계를 발견하며, 미래에 실행 가능한 정보를 추출해 내고 의사 결정에 이용하는 과정

① 데이터 통합
② 데이터 튜닝
③ 데이터 마이닝
④ 머신 러닝

07
사물인터넷을 구현하기 위한 기술 요소로는 유형의 사물과 주위 환경으로부터 정보를 얻는 '센싱 기술', 사물이 인터넷에 연결되도록 지원하는 '유무선 통신 및 네트워크 인프라 기술', 각종 서비스 분야와 형태에 적합하게 정보를 가공하고 처리하거나 각종 기술을 융합하는 '서비스 인터페이스 기술'이 핵심이며, 대량의 데이터 등 사물 인터넷 구성 요소에 대한 해킹이나 정보 유출을 방지하기 위한 '보안 기술'도 필수적이다.

07 다음 중 사물인터넷의 필수 요소가 아닌 것은?

① 센싱 기술
② 로봇 데이터
③ 유 · 무선 네트워크
④ 서비스 인터페이스

정답 04 ① 05 ① 06 ③ 07 ②

08 모든 사람들에게 프로그램의 코드를 사용, 수정, 배포할 권리와 원래의 조건과 동일한 배포조건으로 해당 프로그램 또는 2차적 프로그램을 재배포할 수 있는 권리를 가진 오픈소스 웹서버로 사용이 가능한 것은?

① 리눅스
② 아파치
③ 파이어폭스
④ 펄

08
아파치는 패치파일을 꾸준히 개선해 제공하고 있으며, 최고 수준의 성능을 발휘하기 때문에 월드와이드웹 서버용 소프트웨어로 가장 많이 사용되고 있다. 오픈소스(Open Source) 라이선스에 따라 무료로 배포되어 원하는 사람들이 자유롭게 사용할 수 있다.

09 다음 내용에서 설명하고 있는 것은?

> 컴퓨터가 여러 데이터를 이용하여 마치 사람처럼 스스로 학습할 수 있도록 한 기계학습 기술로, 인간의 두뇌를 모델로 하는 인공신경망을 기반으로 한다.

① 인공지능
② 인공 신경망
③ 딥 러닝
④ 미러링

09
딥 러닝은 사물이나 데이터를 군집화하거나 분류하는 데 사용하는 기술이다. 예를 들어 컴퓨터는 사진만으로 개와 고양이를 구분하지 못한다. 하지만 사람은 쉽게 구분할 수 있다. 딥 러닝을 위해 '기계학습(Machine Learning)'이라는 방법이 고안됐다. 많은 데이터를 컴퓨터에 입력하고 비슷한 것끼리 분류하도록 하는 기술이다. 저장된 개 사진과 비슷한 사진이 입력되면, 이를 개 사진이라고 컴퓨터가 분류하도록 한 것이다.

10 다음 중 분산 컴퓨팅으로 클라이언트-서버 구조에 대한 설명으로 바르지 않은 것은?

① 다수의 컴퓨터를 1대의 컴퓨터처럼 사용하여 접속할 때마다 인증이 필요하다.
② 여러 대의 컴퓨터 자원을 하나의 시스템 안에 연결한다.
③ 빅데이터를 처리하기 위한 병렬처리도 포함한다.
④ 비트코인과 블록체인도 분산 컴퓨팅의 한 형태이다.

10
다수의 컴퓨터 간에 애플리케이션을 분산 처리하기 위한 환경을 말한다. 분산 컴퓨팅 환경(DCE)은 네트워크 전체가 마치 1대의 컴퓨터인 것처럼 동작하므로 사용자는 프로그램이나 데이터가 어디에 있는지 신경 쓸 필요 없다.

정답 08 ② 09 ③ 10 ①

참고문헌

강정인, 『한국정치의 민주화』, (세종연구소, 1995)

게리 바이너척, 김진희 역, 『크러싱 잇! SNS로 부자가 된 사람들』, (천그루숲, 2019)

고영남, 『특허와 지식재산권법』, (탑북스, 2019)

공병호 · 김은자, 『리스트럭처링』, (한국경제연구원, 1994)

권찬호, 『집단지성의 이해』, (박영사, 2018)

김경신, 『정보보안과 사이버해킹의 기초』, (복두출판사, 2021)

김경화, 『모든 것은 인터넷에서 시작되었다』, (다른, 2020)

김계수 외, 『프로세스 중심의 경영혁신』, (대경, 2008)

김남옥, 『마누엘 카스텔』, (커뮤니케이션북스, 2016)

김병태 · 서도원, 『우량기업 로드맵』, (대경, 2007)

김수연 외, 『빅데이터』, (한국과학기술기획평가원, 2018)

김영임 외, 『미디어와 현대사회』, (나남, 2014)

김영진, 『빅 데이터 활용과 인권보호』, (과학기술법연구 제23집 제1호, 2017)

김재경 외, 『포스트트루스 : 가짜 뉴스와 탈진실의 시대』, (두리반, 2019)

김종숙, 『정보화사회의 사회학』, (한국문화사, 2008)

남수현 · 노규성, 『스마트워크 2.0』, (커뮤니케이션북스, 2011)

노규성 외, 『스마트워크 2.0』, (커뮤니케이션북스, 2011)

노규성 외, 『스마트융합 비전과 국가 전략』, (내하출판사, 2012)

노규성 · 변종봉 · 김귀곤, 『스마트워커의 역량모델에 관한 연구』, (한국디지털정책학회, 2011)

노규성 · 조남재, 『경영정보시스템 : 전략적 비전 실현을 위한 경영정보 활용법』, (사이텍미디어, 2010)

노나카 이쿠지로, 나상억 역, 『지식경영』, (이십일세기북스새날, 1998)

다니엘 벨, 박형신 · 김원동 역, 『탈산업사회의 도래』, (아카넷, 2006)

디지털중독연구회, 『인터넷 중독 상담과 정책의 쟁점 – 디지털 중독 대응 총서 2』, (시그마프레스, 2015)

대한서울상공회의소, 『우리기업의 전략적 제휴 실태조사』, (대한서울 상공회의소, 1997)

마샬 맥루한, 박정규 역, 『미디어의 이해』, (커뮤니케이션북스, 1999)

명승환, 『스마트 전자정부론 : 정보체계와 전자정부의 이론과 실제』, (율곡출판사, 2020)

미셸 푸코, 오생근 역, 『감시와 처벌』, (나남, 2020)

미즈구치 카츠야, 이승룡 역, 『모두의 네트워크』, (길벗, 2018)

박철규 · 김하균, 『사이버불링 특성이 행위에 대한 태도와 가해행동에 미치는 영향에 관한 연구』, (아시아태평양융합
    연구교류논문지, 2021)

배영 · 최항섭, 『지능정보사회의 이해』, (나남출판, 2021)

백광현, 『데이터베이스 입문』, (문운당, 2019)

서경환 외, 『사물인터넷 개론』, (배움터, 2018)

서이종, 『지식 · 정보사회학 : 이론과 실제』, (서울대학교 출판부, 1998)

설헌영 외, 『지식정보사회와 윤리』, (조선대학교 출판부, 2003)

앤서니 엘리엇, 김봉석 역, 『현대사회이론의 모든 것』, (앨피, 2020)

엘빈 토플러, 김진욱 역, 『제3의 물결』, (범우사, 2014)

염재호 외, 『정보격차의 정치 · 경제 · 사회문화적 영향에 관한 연구』, (한국정보문화진흥원, 2007)

위르겐 하버마스, 장춘익 역, 『의사소통행위이론 1, 2』, (나남, 2006)

유양근, 『디지털 정보사회의 이해』, (한국디지틀도서관포럼, 2015)

윤덕균,『품질경영 ABC』, (민영사, 2007)

이상진,『정보보안개론』, (인피니티북스, 2019)

이성훈·이동우,『융복합 시대의 사물인터넷에 관한 연구』, (한국디지털정책학회, 2014)

이용갑,『블록체인 화폐혁명』, (좋은땅, 2019)

이욱한·조수영,『초연결사회와 개인정보보호』, (아모르문디, 2019)

이재현,『인터넷과 사이버사회』, (커뮤니케이션 북스, 2000)

이제영,『커뮤니케이션 입문』, (시간의 물레, 2017)

이진규,『현대경영학』, (법문사, 2019)

이창호·신나민·하은빈,『청소년 사이버불링 실태 및 대응방안 연구』, (한국청소년정책연구원, 2014)

이형규·김말희·방효찬,『사물인터넷(Internet of Things) 기술 동향 및 발전방향』, (한국정보처리학회, 2014)

임상수 외,『(일상생활에서 지켜야 할) 디지털 시대의 정보윤리』, (학지사, 2009)

장 보드리야르, 하태환 역,『시뮬라시옹』, (민음사, 2001)

장종욱,『SNS와 스마트세상 이해』, (한산출판사, 2011)

정부혁신지방분권위원회,『참여정부의 전자정부』, (대통령자문 정부혁신지방분권위원회, 2008)

정연덕,『저작권의 이해』, (세창출판사, 2019)

정지훈,『거의 모든 인터넷의 역사』, (메디치미디어, 2014)

정충식,『성공한 대통령 VS 실패한 대통령 : 디지털 정부혁신의 관점에서』, (서울경제경영출판사, 2021)

정충식, 김동욱,『전자감시사회론』, (서울경제경영, 2017)

제임스 베니거, 윤원화 역,『컨트롤 레벌루션』, (현실문화, 2009)

조경행,『아웃소싱지도사 직무분석』, (엠에이엠클라임, 2009)

조수선 외,『뉴미디어 뉴커뮤니케이션』, (이화여자대학교출판부, 2014)

조준서,『전자상거래 : e비즈니스.2』, (한국외국어대학교 지식출판콘텐츠원, 2020)

조지 오웰, 정회성 역,『1984』, (민음사, 2003)

존 나이스비트·도리스 나이스비트, 우진하 역,『미래의 단서 글로벌 메가트렌트 최종 결정판』, (부키, 2018)

최동수,『정보사회의 이해』, (법문사, 2010)

추병완,『정보 윤리 교육론』, (울력, 2005)

추병완,『정보사회윤리학』, (이한, 2005)

카스텔 마누엘, 김묵한·박행웅·오은주 역,『네트워크 사회의 도래』, (한울, 2009)

프랭크 웹스터, 조동기 역,『현대 정보사회이론』, (나남, 2016)

피터 드러커, 이재규 역,『21세기 지식경영』, (한국경제신문, 2002)

피터 드러커, 이재규 역,『자본주의 이후의 사회』, (한국경제신문, 2002)

피터 센게, 안중호 역,『제5경영』, (세종서적, 1996)

한국외국어대학교 편집부,『커뮤니케이션 이론과 실제』, (한국외국어대학교출판부, 2004)

한국포렌식학회,『디지털포렌식 이론』, (미디어북, 2018)

한균태 외,『현대사회와 미디어』, (커뮤니케이션북스, 2018)

한상진 외,『정보문화와 현대사회』, (울산대학교출판부, 2020)

행정안전부,『내 삶을 바꾸는 공공 빅데이터(빅데이터 사례집)』, (한국정보화진흥원, 2018)

행정자치부,『지방행정혁신 표준메뉴얼』, (행정자치부, 2005)

행정자치부 CS행정팀,『국민을 열성팬으로 만드는 '행복 바이러스'』, (행정자치부, 2006)

홍석보·송병선·김창원·이내풍,『전략적 경영혁신기법』, (학문사, 2003)

황수영,『질베르 시몽동』, (커뮤니케이션북스, 2018)

Davila·Tony·Epatein, Marc J. & Shelton·Robert,『Making Innovation Work: How to Manag』, 2006

좋은 책을 만드는 길
독자님과 함께하겠습니다.

도서나 동영상에 궁금한 점, 아쉬운 점, 만족스러운 점이
있으시다면 어떤 의견이라도 말씀해 주세요.
SD에듀는 독자님의 의견을 모아 더 좋은 책으로 보답하겠습니다.

www.sdedu.co.kr

2023 ALL-IN-ONE 군무원 정보사회론

개정1판1쇄 발행	2023년 01월 10일 (인쇄 2022년 09월 15일)
초 판 발 행	2022년 01월 20일 (인쇄 2022년 01월 05일)
발 행 인	박영일
책 임 편 집	이해욱
편 저	조한
편 집 진 행	강상희 · 주민경
표지디자인	조혜령
편집디자인	조은아 · 장성복
발 행 처	(주)시대고시기획
출 판 등 록	제10-1521호
주 소	서울시 마포구 큰우물로 75 [도화동 538 성지 B/D] 9F
전 화	1600-3600
팩 스	02-701-8823
홈 페 이 지	www.sdedu.co.kr
I S B N	979-11-383-3282-8 (13350)
정 가	25,000원